D1678652

बाबू जगजीवन राम और दलित आन्दोलन

प्रथम संस्करण आई.सी.एच.आर., नयी दिल्ली
के सहयोग से प्रकाशित

बाबू जगजीवन राम और दलित आन्दोलन

(अंग्रेजी शासनकाल एवं स्वतन्त्रता के पश्चात्)

सन्त सरन

वाणी प्रकाशन

प्रकाशन के उत्कृष्टतम 62 वर्ष

vaniprakashan.com

प्रथम संस्करण : 2016
द्वितीय संस्करण : 2017

वाणी प्रकाशन

4695, 21-ए, दरियागंज, नयी दिल्ली-110 002

फ़ोन : + 91 11 23273167, 23275710

शाखाएँ

अशोक राजपथ, पटना-800 004, बिहार

कॉफ़ी हाउस कैम्पस, महात्मा गांधी मार्ग, प्रयागराज-211 001, उत्तर प्रदेश

महात्मा गांधी अन्तरराष्ट्रीय हिन्दी विश्वविद्यालय, वर्धा-442 001, महाराष्ट्र

sales@vaniprakashan.in
vaniprakashan@gmail.com

BABU JAGJEEVAN RAM AUR DALIT AANDOLAN
by Sant Saran

ISBN : 978-93-5000-436-4

Criticism

© सन्त सरन

मूल्य : ₹ 695

इस पुस्तक के किसी भी अंश का किसी भी माध्यम में उपयोग
करने के लिए प्रकाशक से लिखित अनुमति लेना अनिवार्य है।

जी.एस. ऑफ़सेट, दिल्ली-110 095 में मुद्रित

वाणी प्रकाशन का लोगो मक़बूल फ़िदा हुसैन की कूची से

——समर्पण——

मेरा शोधकार्य समाज के उन मेहनतकश श्रमिकों को
समर्पित है
जो तन्मयता से गगनचुम्बी इमारतों को तैयार करते हैं,
एवं खेतों में अन्न उपजाते हैं,
जो देश के विकास के असली भागीदार हैं,
लेकिन स्वयं उनकी सुबह भूख से शुरू होती है
और कभी-कभी रात में भूखे ही सो जाते हैं।

आभार

मैं इतिहास अनुसन्धान परिषद्, नयी दिल्ली (आई.सी.एच.आर.) का आभारी हूँ। शोध के दौरान सन् 2009 से 2011 तक मुझे कनिष्क शोध अध्येतावृत्ति इसी परिषद् से प्राप्त हुई।

साथ ही मेरा शोधकार्य पूर्ण होने के बाद इसे प्रकाशित करने में इतिहास अनुसन्धान परिषद्, नयी दिल्ली (आई.सी.एच.आर.) जो आर्थिक मदद कर रहा है, उसके प्रति मैं दिल से आभार प्रकट करता हूँ।

वाणी प्रकाशन के श्री अरुण माहेश्वरी जी का भी आभार प्रकट करता हूँ, जिनके सहयोग से इस शोधकार्य का प्रकाशन सम्भव हो सका।

आभार के साथ,

–डॉ. सन्त सरन

प्रस्तावना

अरस्तू ने कहा था—"असमानता क्रान्ति की जड़ है।" विश्व में जितनी लड़ाइयाँ, विद्रोह एवं क्रान्तियाँ हुई हैं, उनमें से अधिकतर समानता और स्वतन्त्रता के लिए हुई हैं। भारत ही नहीं, विश्व का हर देश इस अपवाद से नहीं बच पाया। नस्ल, वंश, जाति, धर्म, और रंग के आधार पर, लोगों ने मानव समाज में भेदभाव किया हैं।

प्राचीन काल से ही भारत एक समृद्ध और सांस्कृतिक देश रहा है, और कला, धर्म, दर्शन के क्षेत्र में अन्य देश की तुलना में सम्पन्न रहा है। सिन्धु सभ्यता के पतन के उपरान्त देश में आर्य यानी वैदिक कालीन सभ्यता की जकड़ में आया। जहाँ एक ओर सिन्धु सभ्यता नगरीय सभ्यता थी, वहीं वैदिक कालीन सभ्यता ग्रामीण सभ्यता के रूप में आयी।

समाज में चार वर्ण थे—ब्राह्मण, क्षत्रिय, वैश्य व शूद्र और फिर जातियों में विभाजन जिनके अपने-अपने व्यवसाय थे, यानी सभी अलग-अलग कार्य करते थे जो आज तक बरकरार है।

अब लोगों को कार्य के नाम से नहीं बल्कि उनके वर्ग के नाम से जाना गया और व्यवसाय परम्परागत हो गये। कोई दूसरे वर्ण का व्यवसाय नहीं चुन सकता था। यदि चुनता तो दण्ड का भागी होता और इसी समय एक नये वर्ण पंचम या अंत्यज का भी आविर्भाव हुआ। जो समाज में शूद्र वर्ण था, उसे शासक वर्गों (पुरोहित व ब्राह्मण) ने अपनी सुविधा के अनुसार विभिन्न जातियों और उपजातियों में बाँटा, और इन्हें ही प्राचीन काल से लेकर आधुनिक भारत में अनेकानेक नामों से जाना गया। इसके अतिरिक्त 'अछूत' जिन्हें दक्षिण भारत में 'पंचमा' कहकर पुकारते थे, उनकी स्थिति और बदतर थी।

आजकल भारत में प्रचलित इनके लिए सर्वमान्य व तार्किक शब्द 'दलित' प्रयुक्त हो रहा है। लेकिन इनके रूपान्तरण की प्रक्रिया बहुत ही जटिल, अन्धकारमय, तिरस्कृत, शोषणपूर्ण रास्तों से गुजर कर आयी है।

आज के समय में लोग जब सिर उठाकर कहते हैं कि हम दलित हैं तो उसके पीछे एक बहुत बड़ा त्याग, बलिदान व संघर्षों का इतिहास झलकता है।

दलित आन्दोलन को जानने से पहले 'दलित' शब्द की व्याख्या एवं जानकारी

होना आवश्यक है। दलित शब्द दलन, वंचन, पीड़ा, दुख को दर्शाता है, यानी जिसको दबाया गया हो, सताया गया हो, वह दलित है। इतिहास ने भी दलितों के साथ बहुत अन्याय किया है। या फिर इस तरह से कह लें कि विश्व की महान सभ्यताओं में से एक सिन्धु सभ्यता के सृजनकर्ताओं के बारे में कोई स्पष्ट जानकारी अभी तक नहीं मिल पायी है। जो यहाँ के शासक थे, भारत के मूलनिवासी थे। बाहर से आये आक्रान्ताओं ने उन्हें लूटा, कत्लेआम किया, नरसंहार किया और उनको दास बना लिया। "आर्यों ने दलितों की संस्कृति को विकृत किया है।" शासक वर्ग अपनी आवश्यकता के अनुसार उनका नामकरण करता रहा, वे स्वीकार करते गये और कभी भी विरोध न कर सके। मध्यकाल में मुस्लिम आक्रान्ताओं ने, जो यहाँ लूट करने के उद्देश्य से आये, लेकिन यहाँ की सामाजिक स्थिति, वर्ण संघर्ष और जातीय श्रेष्ठता जैसी कुप्रथाओं का लाभ उठाकर सात सौ वर्षों तक शासन किया। वे सिर्फ अपने साम्राज्य व धर्म के फैलाने के उद्देश्य से आगे बढ़े। सामाजिक स्थिति में कुछ खास हस्तक्षेप नहीं किया। कमजोर अछूतों के विषय में कभी सोचा भी नहीं, जबकि दिल्ली सल्तनत और मुगल बादशाहों के जुबान से निकला शब्द ही संविधान हुआ करता था। वे सिर्फ विद्रोह दबाने, साम्राज्य बढ़ाने, राजपूतों को मनसबदार बनाने और अपनी सेना सुदृढ़ करने में लगे रहे। उन्होंने राजपूतों को अपनी सेना में शामिल किया था। उच्च पदों पर उनको ही पीठासीन किया।

वैश्विक परिदृश्य में यदि हम देखें तो यूरोपीय पुनर्जागरण के बाद यूरोपियों का भारत में आगमन होने से भारतीय समाज पश्चिम के मूल्यों से प्रभावित हुआ। 1688 ई. में ब्रिटेन में रक्तहीन क्रान्ति हुई। इस गौरवशाली क्रान्ति ने सम्राट पर संसद की सर्वोच्चता को स्थापित किया। कुछ समय बाद 1776 ई. में अमेरिका में क्रान्ति हुई, देश में उपनिवेशी राजा के स्थान पर राष्ट्रपति प्रणाली की शुरुआत की गयी। वह विश्व में लिखित संविधान वाला पहला देश बना। विश्व इतिहास में इन सबसे ज्यादा लोकतान्त्रिक क्रान्ति फ्रांस की 1789 ई. की क्रान्ति ही थी, जिसने परम्परागत सम्राट को सत्ता से अलग ही नहीं किया, बल्कि विश्व भर में मानवीय मूल्यों और उच्च आदर्शों को स्थापित किया। हर व्यक्ति की सम्प्रभुता एवं समानता को स्थापित किया। किसी प्रणेता या किसी विशेष व्यक्ति को इस क्रान्ति का श्रेय नहीं जाता। परन्तु भारत में उपरोक्त क्रान्तियों से कमजोर वर्गों के सामाजिक परिवर्तन में कोई प्रभाव नहीं पड़ा।

भारत के आदर्शों एवं मानवीय मूल्यों को यदि हम दूर से देखें तो अन्तर्राष्ट्रीय सौहार्द, उच्च नैतिक आदर्श दिखते हैं, वह भी सिर्फ तथाकथित ग्रन्थों में। सौहार्द एवं समानता की बात करने वाले "हिन्दू समाज में स्त्री और दलित इसके सबसे बड़े उपनिवेश हैं।" दलितों को या स्त्रियों को सदैव तथाकथित उच्च आदर्शों वाले समाज ने उपभोग की वस्तु ही समझा है। इस तरह के अमानवीय कृत्यों को इतिहासकारों

या समाजशास्त्रियों ने उजागर नहीं किया, न ही उस क्षेत्र में वास्तविकता का निरूपण किया। उन्होंने सिर्फ विजेता राजा, सम्राटों, बादशाहों के लिए साहित्य का सृजन किया है। हाँ, आधुनिक भारत में हिन्दी साहित्य ने दलित-विमर्श पर जरूर ध्यान दिया है और महत्त्वपूर्ण योगदान दिया है।

सैकड़ों वर्षों से चली आ रही अमानवीय कुप्रथाओं को दलित समाज यह मानकर सहता और पालन करता रहा कि उच्च वर्णों का आदेश न मानने या विरोध करने पर वे नाराज हो जायेंगे या फिर उनकी बात न मानने से पाप होगा। ऐसी बहुत सी प्रथाएँ ग्रामीण अंचलों में आज भी प्रचलित हैं जिन्हें दलित समाज अपनी नियति मानकर सह लेता था। उच्च वर्ण सदैव दलितों की मेहनत पर निर्भर रहता है और उन्हीं के साथ छलावा कर स्वयं आगे बढ़ जाता है, जबकि दलितों की स्थिति हजारों वर्षों से जैसी की तैसी है।

ब्रिटिश ईस्ट इण्डिया कम्पनी के स्थापित हो जाने से और उसके शासन के मामलों में हस्तक्षेप से स्थिति काफी सुधरी। अब अछूत वर्गों से भी लोग आये जो अपनी समस्याओं का हल स्वयं खोजने में लग गये। आज अछूतों का मानना है कि "उनकी मुक्ति उनके अपने हाथों से होगी।"

दलित गरीबी से उतना पीड़ित नहीं, जितना कि सामाजिक अपमान से उनकी यह वेदना सुनने वाला कोई नहीं। ब्रिटिश साम्राज्य ने जब भारत में पैर फैलाने की सोची तो सबसे पहले उसे सेना की आवश्यकता थी, इसकी पूर्ति हेतु अछूतों, अंत्यजों, पंचमों को सेना में भर्ती किया। ब्रिटिश भारत में हुए रेल, बन्दरगाहों के विकास के फलस्वरूप जब व्यक्ति ने परम्परागत कार्यों को त्याग कर एक प्रान्त से दूसरे प्रान्त में रोजगार की तलाश में जाना शुरू किया, तो वह एक दूसरी तरह की समस्याओं और अच्छाइयों से रूबरू हुआ।

भारतीय रेल के विकास ने गाँव के स्थिर मानव खासकर अछूतों को गाँव से शहर जाने पर भी अवसर प्रदान किया। वह भी सम्मान के साथ अन्य लोगों के साथ एक साथ बैठ सकते थे और भले ही मजदूरी करने हेतु शहरों की तरफ पलायन क्यों न हो, ब्रिटिश कालीन भारत में उद्योग-धन्धे, कम पड़ते जा रहे थे, शिल्पी वर्गों को कच्चे माल की पूर्ति नहीं हो पा रही थी। क्योंकि कच्चा माल इंग्लैण्ड भेजा जा रहा था और तैयार माल वहाँ से आता था इसलिए परम्परागत शिल्पियों का वर्ग भी खत्म होता नजर आ रहा था। वे केवल खेतिहर मजदूर बनकर रह गये थे। खेतों में जमींदार शोषण करते थे। जजमानी प्रथा के चलते अछूतों को वर्ष में एक या दो बार अनाज का कुछ तयशुदा भाग, जो सैकड़ों साल से नियत था, मिलता था। इससे उसके लिए अपने परिवार का तो क्या, अपना पेट पालना और (भरण-पोषण) दो वक्त की रोटी का इन्तजाम ही नहीं हो पाता था।

वैसे 'दलितों' के रूपान्तरण में हजारों साल लग गये। उन्हें अतिशूद्र, अछूत,

अंत्यज, पंचमा, अस्पृश्य, हरिजन, पीड़ित, दलित एवं पद दलित, मूक, मजलूम, सर्वहारा अथवा डाउन ट्रोडेन तथा डिप्रेस्ड क्लास (Depressed Class) जैसे अमानवीय नामों से जाना गया। इतिहास अतीत का दर्पण होता है, लेकिन दलितों का इतिहास लिखा ही नहीं गया। इतिहास से ऐसी अपेक्षा रखी जाती है कि उसमें पारदर्शिता हो, जो जैसा कुछ हो रहा हो, वैसा ही चित्रित, वर्णित हो, लेकिन भारतीय इतिहासकारों ने वस्तुनिष्ठता का निरूपण नहीं किया। भारतीय इतिहास में केवल ब्राह्मण व क्षत्रिय ही नायक बने रहे।

दलितों के विषय में इतिहास और इतिहासकार, मानवशास्त्र और मानवशास्त्री, समाजशास्त्र और समाजशास्त्री मौन रहे या कहिए उनके प्रति उपेक्षा भाव दिखा रहे हैं। यही हाल प्राचीन, मध्यकाल व आधुनिक युग में भी देखा जा सकता है। स्वतन्त्रता संग्राम में दलितों ने बढ़-चढ़कर हिस्सा लिया, फिर भी वह इतिहास का अंग नहीं बन पाये। इतिहासकारों ने उपेक्षा का ही निरूपण किया है।

इस तरह से बदलते परिदृश्य में दलित वर्गों में चेतना का संचार हुआ। उन्होंने एकजुट होकर इन जातिगत निर्योग्यताओं के विरुद्ध समाज में विद्रोह किया, जिसे दलित आन्दोलन का नाम दिया गया, जिसका स्वरूप राष्ट्रीय था।

दलित आन्दोलन उन्हीं के ऊपर हो रहे अमानवीय शोषण की 'स्वानुभूति' क्रियाओं और प्रतिक्रियाओं की देन था। भारत में दलित आन्दोलन के प्रारम्भिक चरण में शोषण को हल करने के बजाय पहल करने पर ज्यादा ध्यान दिया गया। जो समाज उपेक्षित था, जिसे हर समय किसी न किसी तरह से शोषित किया जाता रहा है। जहाँ एक ओर नवजागरण काल में भारतीय समाज में महिलाओं की स्थिति पर विचार-विमर्श चल रहा था, समाज में सभी प्रकार की बुराइयों को चिह्नित कर उनके विरुद्ध आवाज बुलन्द की जा रही थी; वहीं अछूत आबादी पुरातनपंथी एवं द्वेषपूर्ण जीवन जीने पर मजबूर थी। नवजागरण के समय भारतीय समाज के पुनर्जागरण की दिशा में अहम प्रश्न था, अछूत-प्रश्न। अस्पृश्यता हमारे समाज की काफी पुरानी समस्या थी। ब्रिटिश भारत में (बर्मा को छोड़कर) अछूतों की आबादी कुल आबादी का करीब बीस फीसदी थी। वे जातियों के जटिल सोपान के सबसे निचले पायदान पर थे, उन्हें कोई सामाजिक, धार्मिक और राजनैतिक अधिकार नहीं हासिल था। मैला, कूड़ा-कचरा साफ करने से लेकर खेतों में हलवाही करने तक सेवा तथा उत्पादन के क्षेत्र में अपने महत्त्वपूर्ण योगदान के बावजूद, जन्म से लेकर मृत्यु तक हिन्दुओं के सभी महत्त्वपूर्ण कर्मकाण्डों में अपनी अहम भूमिका के बावजूद अन्य सभी हिन्दुओं के लिए वे अछूत थे। उनके खाने-पीने की वस्तुएँ छूने से ही दूषित हो जाती थीं। उन्हें पृथक टोलों में अलग-थलग गाँव के दक्षिण दिशा में रहने दिया जाता था ताकि गन्दी आबो-हवा का असर सवर्णों तक न पहुँचे। मन्दिरों तथा स्कूलों में उनका प्रवेश वर्जित था, कुओं और तालाबों से उन्हें पानी नहीं लेने दिया

जाता था। कुओं से दूर बने कुण्डों से पानी पीना पड़ता था, जिसमें पशु-पक्षी, पालतू जानवर या आवारा जानवर पानी पीते थे।

वे ऐसा खाना खाते थे, जिसे समाज के दूसरे हिस्से के लोग खाने से परहेज करते थे। थोड़ी सी गलती पर जुल्म ढाए जाते थे, और उच्च वर्ण के लोग गाली-गलौज या दुत्कार कर ही बात करते थे। उनका उठना-बैठना, जीना-मरना सब कुछ सवर्ण समुदायों की मर्जी पर निर्भर था। आखिर आबादी के इतने बड़े समुदाय को सभी अधिकारों से वंचित रखकर कोई समाज स्वयं अपनी मुक्ति के सपने कैसे देख सकता था।

दलित समाज के उत्थान हेतु भारत के प्रथम महान क्रान्तिकारी ज्योतिबा फूले ने पूना से आवाज उठाई। उन्होंने दलितों की शिक्षा के लिए 15 मई 1848 ई. में पूना के नानपेठ में स्कूल स्थापित किया, जो स्त्रियों और अछूतों के लिए था। अब शूद्रों, अतिशूद्रों के लिए भी शिक्षा के द्वार खोल दिये गये। शिक्षा के क्षेत्र में दलितों के लिए ब्रिटिश अधिकारियों ने भी सहायता की।

औपनिवेशिक काल के अनेक सर्वेक्षणों, यात्रा-वृत्तान्तों और जिला रिपोर्टों में इन अछूत समुदायों का काफी वर्णन मिलता है, तथापि व्यवस्थित रूप से इन समुदायों का वर्गीकरण बीसवीं सदी के आरम्भ की जनगणनाओं के दौरान ही किया गया।

भारतीय सामाजिक आन्दोलनों के परिदृश्य में दलित आन्दोलन का इतिहास जितना स्पष्ट और व्यापक होना चाहिए, उतना नहीं है। सामाजिक आन्दोलनों की घटनाओं का अध्ययन राजनीतिशास्त्र के कुछ विद्वानों और कुछ इतिहासविज्ञों ने किया है। किसी एक आन्दोलन के पक्ष को लेकर विभिन्न राज्यों में अध्ययन किये गये हैं। कोई भी आन्दोलन अपने देश की परिस्थितियों और आवश्यकताओं से जन्म लेता है। प्रत्येक आन्दोलन के दो पक्ष होते हैं। एक तो उस आन्दोलन का सैद्धान्तिक और वैचारिक पक्ष और दूसरा व्यावहारिक और क्रियान्वयन का पक्ष। आन्दोलन दोनों को मिलाकर ही सम्पूर्ण होता है, परन्तु जब वह व्यापक जन समुदाय में फैलता है तो उसका सम्बन्ध क्रियात्मक पक्ष से अधिक होता है।

इसी बीच बाबू जगजीवन राम एक राष्ट्रवादी, समतावादी एवं समन्वयवादी दलित मसीहा के रूप में उदित हुए। अछूत जाति में जन्म लेने से जगजीवन राम को बचपन से ही जातीय शोषण से रूबरू होना पड़ा और उनका प्रारम्भिक जीवन अमानवीय और असमानतापूर्ण जातीय व्यवस्था में बीता। इन्हीं सभी दुर्भावपूर्ण व्यवस्थाओं के कारण उनमें समाज में व्याप्त इन कुरीतियों से लड़ने की ऊर्जा प्राप्त हुई। समाज में जो लोग जाति एवं वर्ग के नाम पर शोषण कर रहे थे, बाबू जगजीवन राम ने बड़ी शालीनता से उनके विरुद्ध प्रहार किया, और समस्या का निदान भी किया। सामाजिक बुराइयों को समाप्त करने के साथ-साथ उन्होंने विद्यार्थी जीवन में ही जन-सम्पर्क स्थापित करना प्रारम्भ कर दिया था।

वे प्रत्येक स्तर पर जरूरतमन्द लोगों के लिए सदैव खड़े रहे और दलित समाज में व्याप्त नशे एवं अशिक्षा की प्रवृत्ति जैसी बुराइयों को भी दूर करने हेतु प्रयासरत रहे। उनकी मान्यता थी कि यदि दलितों का उद्धार न हुआ और वे इसी प्रकार दीन-हीन दशा में हिन्दू समाज के तिरस्कृत व बहिष्कृत अंग बने रहेंगे तो आजादी प्राप्त करने पर भी हिन्दू समाज के उच्च वर्गों द्वारा इनका शोषण नही मिटेगा।

वे दलितों के अन्दर ऐसा शन्तिपूर्ण परिवर्तन लाना चाहते थे, जिससे उनके न केवल रहन-सहन का स्तर सुधरे बल्कि वे अपने योगदान के बार में भी सजग रहें। वे दलितों की दयनीय दशा बदलना चाहते थे ताकि उनकी आर्थिक स्थिति सृदृढ़ हो और वे अपने बच्चों को अच्छी शिक्षा दिलाकर उन्हें संगठित कर सकें। वे देश के बुनियादी ढाँचें में क्रान्तिकारी परिवर्तन लाने के पक्षधर थे।

बाबूजी आजादी की लड़ाई में शामिल रहते हुए ऐसे गरीबों, पिछड़ों, शोषितों की आवाज बुलन्द करते थे, जिनका कोई ऐसा संगठन या मंच नही था जिससे वे अपनी बात कह सकें या अपने सुख-दुःख को बाँट सकें। वे चाहते थे कि दलितों के सारे नेता चाहे, वे किसी भी दल के हों, एक मंच पर एकत्रित होकर आवाज उठाएँ। इनके प्रयासों से ही 'अखिल भारतीय दलित संघ' का निर्माण हुआ। बीसवीं शताब्दी के मध्यान्तर तक आते-आते वे 'गरीबों का मसीहा' के रूप में स्थापित हो चुके थे। बाबू जी की प्रेरणा से अनेक दलित आजादी की लड़ाई में सम्मिलित हुए और उसे शक्ति दी।

उन्होंने श्रम मन्त्री के रूप में बड़ी तन्मयता एवं बडी सूझ-बूझ के साथ श्रमिकों की समस्याओं का निपटारा किया एवं श्रमिकों के हितों को सुरक्षित किया। बाबू जी ने यह प्रावधान कराया कि जो हरिजन जिस जिस जमीन पर मजदूर के रूप में खेती करता आ रहा है, वह उसका मालिक बना दिया जाये। समय-समय पर भूमिहीन दलितों और गरीबों के बीच भूमि वितरित की गयी। फलस्वरूप बड़ी तादाद में भूमिहीन मजदूर भू-स्वामी बन गये।

बाबू जगजीवन राम डॉ. आम्बेडकर के प्रति सम्मान के बावजूद, महात्मा गाँधी के नेतृत्व को चुनौती देने और धर्म परिवर्तन जैसी आम्बेडकर की राह का अनुसरण करने से इन्कार कर दिया और भारतीय राष्ट्रीय कांग्रेस की नीतियों को मानते हुए कांग्रेस के ध्वज तले अछूतोद्धार में लगे रहे। उनका मानना था कि समाज की मुख्य धारा में रहकर ही बहुमुखी समेकित विकास की बात की जा सकती है। साथ ही उनका यह भी विश्वास था कि बिना आर्थिक, सामाजिक और मनोवैज्ञानिक क्रान्ति के दलित वर्ग के लोग सम्मान, सत्ता और मर्यादा नहीं पा सकेंगे। वे दलित आन्दोलन को राष्ट्रीय धारा से जोड़ने में पूर्णतः सफल रहे। राष्ट्रवादी नेता के रूप में जगजीवन राम का मानना था कि सबसे पहले देश, फिर समाज, उसके बाद धर्म व जाति का स्थान आता है। उन्होंने जीवन भर इस विचार को चरितार्थ किया।

जगजीवन राम ने भारतीय राष्ट्रीय कांग्रेस के प्रति जीवन भर वफ़ादारी से साथ निभाया लेकिन कांग्रेस ने उनके साथ को सिर्फ वोट बैंक की राजनीति तक ही सीमित रखा। कांग्रेस को जब-जब जिन विभागों में समस्या आती दिखायी पड़ी, तब-तब विपत्ति के समय ही सभी मन्त्री पद उनको दिये गये। जब देश में खाद्यान्न की समस्या थी उस समय भारत को अमेरिका से पी.एल-480 की शर्मनाक शर्तों पर सड़ा गेहूँ लेने पर मजबूर होना पड़ा था। तब बाबू जगजीवन राम को खाद्य मन्त्री बनाया गया। इसके अलावा जब पूर्वी पाकिस्तान की समस्या का स्थाई हल निकालने हेतु वह रक्षामन्त्री बनाये गये तो उन्होंने चुनौतीपूर्वक समस्याओं का सामना किया और पार्टी एवं देश को विश्वपटल पर गौरवान्वित किया। अपनी मेहनत, लगन, ईमानदारी, निष्ठा और बेहतर प्रशासनिक क्षमता के बलबूते पर ही उन्होंने सफलता प्राप्त की।

–डॉ. सन्त सरन

अनुक्रम

दलितों की ऐतिहासिक पृष्ठभूमि

दलित भारतीय समाज का वह वृहद् समुदाय है जिसको हिन्दू धर्म की चतुर्वर्णीय व्यवस्था से बाहर रखकर अस्पृश्य करार दिया गया था। आधुनिक समय में अस्पृश्य समुदाय के लिए 'दलित' शब्द अस्तित्व में आया। गाँधी मानसिकता के तहत 'हरिजन' संज्ञा से अभिहीत किया गया। जाति विमर्श के चलते दलितों ने स्वाभाविक ही इसे सन्देह की नजर से देखा। इसके विपरीत दलित संज्ञा अस्पृश्य जातियों के लिए कॉमन समुच्चय बोधक अवधारणा बनकर उभरी। यह संज्ञा अकादमिक एवं व्यवहारिक स्तर पर भी इस्तेमाल की जाने लगी। यह दलित समुदाय द्वारा स्वयं सृजित की गयी अवधारणा थी। इस शब्द में किसी अन्य द्वारा दलन किये जाने का भाव व्यंजित था। स्पष्ट ही दलितों की दुर्दशा के लिए उच्च जातीय एवं वर्णीय सम्भ्रान्त वर्ग को इंगित किया गया था। यह अवधारणा ऐतिहासिक काल क्रम में दीर्घकालीन शोषण को अपने में समेटे थी।

औपनिवेशिक शासन से मुक्त होकर देशी शासकों ने स्वायत्त रूप से सत्ता पर कब्जा किया, तब भी दलित समुदाय से सस्ता श्रम पाने की प्रक्रिया शासकों के लिए आवश्यक थी। इसलिए जाति व्यवस्था को चिरस्थाई बनाया गया। यद्यपि इसके स्वरूप में समयानुसार किंचित परिवर्तन हुए, किन्तु दलित अस्मिता अखिल भारतीय रूप में आज भी विद्यमान है। इसका बहुलांश हाड़ तोड़ मेहनत करता है लेकिन श्रम करने के बावजूद श्रम की गरिमा से वंचित है। शहरों तक में जाति भेद खुल जाने पर दलितों को प्रताड़ना बर्दाश्त करनी पड़ती है और प्रतिरोध करने पर क्रूरता। वह आज भी अपमान और जलालत की जिन्दगी जीता है और अपने अस्तित्व को क़ायम रखने के लिए अत्याचारों को सहन करता है।[1]

भारतीय समाज का सामाजिक संरचनात्मक ढाँचा लोकतान्त्रिक नहीं है।[2] यह जन्मजात असमानताओं पर आधारित है, और अनेक जातियों, उपजातियों में बँटा हुआ है, जिसमें दलित समाज सबसे निचले पायदान पर विराजमान है और जिनका अतीत बेहद दुखद है। वर्तमान समय में जब दलित समाज ने अपनी निगाहें अपने अतीत को भूलकर भविष्य की ओर उठाई, साथ ही साथ जब-जब दलित समाज अपने अतीत के आइने में झाँक कर देखता है, तो उसके सामने विवश, विकृत

और विखंडित उसका अपना प्रतिबिम्ब दिखाई पडता है और जब वह भविष्य की ओर सिर उठाकर देखता है तो उसके समक्ष एक बहुत बड़ा पहाड़ सदृश अवरोध खड़ा दिखता है।

हजारों वर्षों से दलित, शोषण, वंचन और उत्पीड़न का शिकार रहे हैं।[3] आजादी के पूर्व तक दलितों के सर्वांगीण विकास की सभी उपयोगी चीजों पर उच्च जातियों द्वारा प्रतिबन्ध लगा दिया गया था, क्योंकि हिन्दू वर्ण व्यवस्था के आधार पर ब्राह्मण, क्षत्रिय, वैश्य को सभी अधिकार दिये गये, जबकि शूद्र व अंत्यज में अछूत अर्थात् दलितों को अधिकार विहीन रखा गया। वे मात्र सेवा का कार्य कर सकते थे और बिना किसी प्रतिक्रिया के उन्हें सभी कार्य करने पड़ते थे, जो उच्च वर्ग के लोग चाहते थे। किन्तु 20वीं सदी के पूर्वार्द्ध के पश्चात् यूरोपीय पुनर्जागरण एवं भारतीय नवजागरण से प्रभावित कुछ निम्न वर्गों के लोग तर्क आधारित अमानवीय कार्यों को समझ कर प्रतिक्रिया व्यक्त करने लगे थे।

समाज में जाति आधारित इन समस्याओं को, जो तर्क के आधार पर सही नहीं थीं, हल करने की पहल हुई, किन्तु परम्परागत अधिकार प्राप्त लोगों को निम्न वर्ग में बढ़ती अधिकार चेतना व अधिकारिता (Empowerment) के प्रति विरोध होना स्वाभाविक था।

समाज सुधारकों के प्रयासों व स्वतन्त्रता प्राप्ति के पश्चात् देश में नवीन संविधान के लागू होने के बाद इनकी स्थिति में कुछ सुधार अवश्य हुआ। यद्यपि भारतीय संविधान में दलितों को बहुत अधिकार दिये गये जिनके साथ कहीं न कहीं छुआछूत, जातिगत भेदभाव हुआ था। संविधान में समतामूलक लोक कल्याणकारी समाज की बात भी कही गयी, लेकिन सैद्धान्तिक रूप में ही, व्यावहारिक जीवन में इसे क्रियान्वित करना सरल न था। परिणामस्वरूप दलित अमानवीय अत्याचार व भेदभाव का शिकार होता रहा।[4]

प्रस्तुत शोध प्रबन्ध के इस अध्याय में दलितों की प्राचीन ऐतिहासिक पृष्ठभूमि का क्रमिक विश्लेषण प्रस्तुत किया गया है। साथ ही यह विश्लेषण भी किया गया है कि वे कौन से उत्तरदायी तत्त्व थे जिनके कारण बाबू जगजीवन राम ने निम्न वर्गों के शोषण के विरुद्ध आवाज बुलन्द की। वे बचपन से उन चीजों से रूबरू हुए जो समाज में व्याप्त थीं, छुआछूत जैसे जातीय भावना से प्रेरित व्यवहार से आहत हुए। उन्होंने इन समस्याओं के मूल में जाकर उन्हें कमजोर करने एवं समाज से हटाने का कार्य किया।

वैसे भारतीय उपमहाद्वीप में सभ्यता के उदय से ही मानव में अपनी श्रेष्ठता के लिए अनेक संकल्पनाएँ दी हैं, जो धीरे-धीरे समय के साथ बदलती गयीं एवं मानवीय नहीं रह गयीं।

मानव के असभ्य से सभ्य बनने के क्रमिक विकास में हजारों-लाखों वर्ष लगे।

पहले नग्नावस्था में रहने वाला आदिमानव समय के साथ-साथ पेड़ के पत्तों एवं छालों व खालों से शरीर ढकने लगा। उत्तर पुरा-पाषाणकाल का मानव धीरे-धीरे पाषण के उपकरणों का प्रयोग करने लगा, जिससे उसे शिकार एवं अपनी सुरक्षा में मदद मिली।

पुरातत्ववेत्ताओं ने इन मानवों के खाद्य पदार्थों का अनुमान लगाया है, किन्तु उनके अनुसार इस युग में मानव के हृदय में किसी प्रकार की धार्मिक भावना का उदय नहीं हुआ था। "वे शवों को दफनाते नहीं वरन् इधर-उधर फेंक देते थे।"[5] इस समय तक मानव मस्तिष्क एवं हृदय में समाज के किसी तत्त्व के विद्यमान होने के प्रमाण नहीं मिले हैं। लेकिन मध्य पाषाण युग आते-आते मानव ने अपने शवों को सानुष्ठान दफनाना प्रारम्भ कर दिया था। "इन शवों के सिर के पास अनेक प्रकार के पत्थर के औजार मिले हैं। मध्य भारत के लेखनियां में शवों को सानुष्ठान दफनाने के प्रमाण मिले हैं"[6] जिससे यह स्पष्ट होता है कि मनुष्य में अब परिवर्तन होने लगा।

धीरे-धीरे मानव ने आदिम बर्बर समाज से सभ्य समाज में जीना सीखा। अब सामाजिक जीवन के भाव उत्पन्न होने लगे। "प्रकृति सहजता, क्षुधा शान्त करने के प्रक्रम और स्वच्छन्द यौन-आचरण आदिम समाज में मानव सम्बन्धों के प्रकार थे।"[7]

वैसे पुरातत्ववेत्ताओं एवं नृविज्ञानियों के अनुसार भारत में मानवीय कार्य-कलाप के जो प्राचीनतम चिह्न अब तक मिले हैं, वे 4,00,000 ई.पू. से 2,00,000 ई.पू. के हैं, जो दूसरे व तीसरे हिमयुगों के सन्धि के हैं, और ये इस बात का साक्ष्य प्रस्तुत करते हैं कि उस समय पत्थर के उपकरण काम में लाये जाते थे। इसके पश्चात् एक लम्बे समय तक विकास मन्दगति से होता गया। उसमें अन्तिम समय में जाकर तीव्रता आयी और 2300 ई.पू. के लगभग उसकी परिणति सिन्धु घाटी की आलीशान सभ्यता अथवा नवीनतम नामकरण के अनुसार हड़प्पा संस्कृति के रूप में हुई।[8]

भारतीय इतिहास का प्रारम्भ सरस्वती के प्रवाह या सिन्धु घाटी सभ्यता के फलने-फूलने से माना जाता है। सिन्धु घाटी से प्राप्त प्रमाणों से स्पष्ट होता है कि इनका सामाजिक जीवन सरल, सादा, उन्नत तथा मानवीय अभिरुचियों की परिष्कृत अनुभूतियों से ओत-प्रोत था। समाज की इकाई परम्परागत परिवार ही थी। "इस सभ्यता के उदय के साथ-साथ बर्बर आचरण की सभ्यता मिटी।"[9] जबकि इसके पहले के काल खण्ड पुरापाषाण युग में मानव नग्नावस्था और बर्बरता की स्थिति में जीवन व्यतीत करता था।

इस काल में नारी की अतिसंख्यक मूर्तियों की प्राप्ति से आभास मिलता है कि तत्कालीन समाज (सिन्धु) मातृ प्रधान था। मातृ प्रधानता दक्षिण भारतीय द्रविड़ सभ्यता की भी विशेषता है। मातृ देवी की मृण्मूर्तियाँ मिली हैं जो उर्वरता की उपासना एवं मातृ देवी की पूजा का संकेत देती हैं।[10]

सिन्धु घाटी सभ्यता अत्यधिक विकसित थी तथा नागरिक अनुशासन और अर्थ व्यवस्था का प्रतिनिधित्व करती थी। वह एक विकसित कृषि प्रधान अर्थव्यवस्था थी और समुद्रतटीय तथा विदेशी व्यापार के फलस्वरूप खूब धनी और समृद्ध थी।[11]

"Indus Valley Civilization (2500 BC-1500 BC). Its script has not been deciphered as yet but there is no evidence at all that the people living in its towns practiced caste in any form."[12]

परन्तु सिन्धु सभ्यता में जाति-प्रथा अथवा वर्ग भेद के कोई प्रमाण प्राप्त नहीं हुए हैं। सिन्धु सभ्यता में, यहाँ तक कि लिंगीय भेद-भाव बिल्कुल भी नहीं था। महिलाओं को समान अधिकार प्राप्त थे। स्त्रियों को भी पुरुषों के समान आदर प्राप्त था।

सिन्धु सभ्यता के 1700 ई.पू. तक ह्रास के बाद 1500 ई.पू. के लगभग ईरान से भारतीय आर्यों के प्रव्रजन के फलस्वरूप उत्तर-पश्चिमी भारत की सांस्कृतिक पृष्ठभूमि में कुछ नयी विशेषताओं का समावेश हुआ।[13]

विश्व की प्राचीन सभ्यताओं में से एक सिन्धु सभ्यता, जो हड़प्पा सभ्यता के नाम से भी प्रसिद्ध है, की सामाजिक, आर्थिक, सांस्कृतिक स्थिति एवं रहन-सहन के पहलुओं पर प्रकाश डालने पर पता चलता है कि उस समाज में बहुत ही व्यवस्थित ढंग से जीवन-यापन होता था। परन्तु सिन्धु सभ्यता में जाति-प्रथा अथवा वर्ग भेद के कोई प्रमाण प्राप्त नहीं हुए हैं।

सिन्धु सभ्यता के पतन के बाद वैदिक सभ्यता का प्रार्दुभाव हुआ। जहाँ सिन्धु सभ्यता पूर्णतः नगरीकृत सभ्यता थी, वहीं वैदिक सभ्यता पूर्णतः ग्रामीण सभ्यता थी। इसी समय समाज को चतुर्वर्णीय समाज—ब्राह्मण, क्षत्रिय, वैश्य और शूद्र, में बाँटा गया।

प्रत्येक मनुष्य को ज्ञात है कि शूद्र वर्ण आर्यों का चौथा वर्ण है; किन्तु यह जानने की चेष्टा बहुत कम ने की है कि शूद्र कौन हैं और चौथे वर्ण की उत्पत्ति कैसे हुई? निस्सन्देह यह जानना परमावश्यक है कि शूद्र वर्ण का समाज में चौथा स्थान कैसे हो गया? यह समाज की विकास-परम्परा से हुआ अथवा समाज में विप्लव से हुआ? यह जानने के लिए कि "शूद्र कैसे हुए और चौथा वर्ण कैसे बना", वर्ण-व्यवस्था का प्रारम्भ जानना अत्यावश्यक है।[14]

वर्ण-व्यवस्था की उत्पत्ति का प्रथम ज्ञान ऋग्वेद के दसवें मण्डल के पुरुष सूक्त से मिलता है जिसमें कहा गया है कि "ब्राह्मण की उत्पत्ति विराट् पुरुष (अर्थात् ब्रह्मा) के मुख से, राजन्य की बाहु से, वैश्य की जंघा से तथा शूद्र की पैरों से हुई है।"[15]

जब आर्य भारत में आये, उस समय उनके तीन ही वर्ग थे, जो व्यवसायपरक थे—पुरोहित, योद्धा और कारीगर। इस त्रिवर्ण समाज में वर्ण का अर्थ एक विशेष सामाजिक कृत्य और संस्कृति तथा जीवन-शैली का अपना-अपना अलग स्तर था[16]

जो भारत के मूल निवासियों (सिन्धु सभ्यता के लोगों) से बिल्कुल अलग था। घुमक्कड़ आर्यों की आँखें दुश्मन (सिन्धुवासी) की बस्तियों में संचित सम्पत्ति पर लगी हुई थीं और उसे हड़पने के लिए दोनों में संघर्ष होता रहता था।[17] युद्ध में हारने पर जो बर्ताव शत्रुओं के साथ होता था वही अनार्यों के साथ हुआ। उस कालक्रम ने इनकी शिक्षा, संस्कार, संस्कृति, संगठन, संघर्ष की शक्ति, चेतना, साहित्य, श्रम की महत्ता, रोजगार, व्यवसाय, सम्मान सब कुछ नष्ट कर दिया। जब सब कुछ नष्ट हो गया, न कोई अस्तित्व बचा, न कोई पहचान, ऐसे में जीविकोपार्जन हेतु दास बनकर जीवन व्यतीत करना पड़ा।[18]

जब आक्रमणकारी आर्यों और मूल निवासियों के बीच टकराव हुआ तो उसके परिणाम स्वरूप संस्कृतिपरक भेदभाव अधिक उत्कट हुए। साथ ही व्यवसायपरक भेदभाव भी अधिक बढ़ गये। उसी समय चौथी जाति शूद्र का प्रादुर्भाव हुआ और हमारा समाज चतुर्वर्ण्य बन गया। ऋषियों-मुनियों ने वर्ण व्यवस्था को सनातन तथा शाश्वत की संज्ञा दी और धीरे-धीरे लोगों में यह विश्वास फैल गया कि जाति प्रथा ईश्वर प्रदत्त व्यवस्था है।[19]

"दास और दस्यु या तो जंगली के थे या वैदिक आर्यों से भिन्न थे। जो लोग लड़ाई में पकड़ लिए गये, वे गुलाम बना लिए गये और शूद्र कहलाये।"[20]

श्री काणे, जोकि पश्चिमी मत के मानने वाले हैं, का कहना है कि—"दास का अर्थ है गुलाम। इसका मतलब यह है कि ऋग्वेद में दास वे लोग हैं जिनको आर्यों ने हराया और गुलाम बना लिया। मनुस्मृति में कहा गया है कि शूद्र ब्राह्मणों की सेवा के लिए बनाये गये हैं। तैत्तिरीय संहिता, तैत्तिरीय ब्राह्मण तथा ब्राह्मणों में शूद्रों की वही स्थिति बताई गयी है जो वेदों में कही गयी है। इससे यही सिद्ध होता है कि दासों को आर्यों ने हराया। वही लोग शूद्र कहलाये।"[21]

Vedic Period (1000 BC- 600 BC) 'Varana or the caste system of four castes developed during the later Vadic period but there is evidence it was not rigid with a Rigveda hymn saying , "I am a poet, my father is a doctor and my mother is grinder of corn."[22]

चतुर्वर्ण उस समय के समाज का वास्तविक स्वरूप था। पुरुष सूक्त ने तो केवल इसे वास्तविक स्वरूप का आदर्श स्वरूप प्रदान किया। किसी भी समाज ने अपने वास्तविक स्वरूप को कानूनी परिधान नहीं पहनाया। केवल पुरुष सूक्त ने ही चतुर्वर्ण को कानूनी जामा पहनाया।[23]

आरम्भ में चतुर्वर्णीय समाज के विभाजन का आधार व्यवसाय था, लेकिन उत्तर वैदिक युग आते-आते यह वंशानुगत हो गया और धीरे-धीरे उत्तर वैदिक काल के बाद सूत्रकाल में जाति प्रथा, जो कि चतुवर्णीय व्यवस्था नहीं थी, देखने में आयी। आर्यों को अपने गोरे रंग पर अभिमान था, वे सांस्कृतिक दृष्टि से अपने को ऊँचा

समझते थे, वे अपनी नस्ल की शुद्धता बनाये रखना चाहते थे। इन कारणों से चतुर्वर्ण्य समाज में बहुत सी जातियाँ और उपजातियों का प्रादुर्भाव हुआ।[24]

पुरुष सूक्त में जातीय एकता के बदले जातीय विभाजन पर क्यों जोर दिया गया है? ऋग्वेद से पुरुष सूक्त का मेल करने पर ये समस्याएँ जाहिर होती हैं, सामाजिक दृष्टि से और भी अनेक समस्याएँ सामने आ खड़ी होती हैं।

आदर्श की धारणा अच्छी और आवश्यक है। "कोई व्यक्ति या समाज बिना आदर्श के उन्नति नहीं कर सकता, परन्तु समय तथा दशा के अनुसार आदर्श बदलना चाहिए। यह परिवर्तन तब सम्भव है जबकि संस्थाएँ धर्म की आड़ में न पनपें। पुरुष सूक्त ने चतुर्वर्ण को धार्मिक शासन तथा ईश्वरीय आदेश का स्थान दे दिया। पुरुष सूक्त ने चतुर्वर्ण को ऐसा क्यों बना दिया कि न उसमें कुछ अदल-बदल हो सके और न ही उसमें किसी प्रकार की त्रुटि बतायी जा सके। सामाजिक दृष्टिकोण से यह पहली पहेली है"[25], और यहीं से शुरू हुआ जातीय शोषण का युग; जो 21वीं शताब्दी में आज भी हावी है।

आधुनिक समाज के सन्दर्भ में स्वतन्त्रता, समानता, मानवता, व्यक्तित्व की गरिमा की रक्षा, आत्मसम्मान से जीने का हक, सामाजिक अधिकारिकता के लिए परम आवश्यक है। इसके लिए समानता सर्वाधिक महत्त्वपूर्ण है, क्योंकि व्यक्ति व समाज में धर्म, जाति-उपजाति के आधार पर भेद नहीं किया जा सकता, लेकिन परम्परागत तथा कथित सभ्य समाज में ऐसा ही होता रहा है। समानता के साथ स्वतन्त्रता का तत्त्व भी बहुत महत्त्वपूर्ण होता है। बाकी के तीनों तत्त्व कमोबेश इन्हीं दोनों तत्त्वों से व्युत्पन्न है।

इस कसौटी पर यदि हम परम्परागत सामाजिक विधान तथा परम्परागत संस्थात्मक संरचना को परखें तो पायेंगे कि परम्परागत भारतीय समाज सामाजिक अन्याय पर आधारित था। वैदिक विधान, शास्त्र, स्मृतियाँ सभी भेदभावपूर्ण हैं और तत्युगीन समाज में यह भेदभाव कतिपय वर्गों के साथ बहुत अधिक था, विशेषरूप से निम्न वर्णीय लोगों व स्त्रियों को दासतापूर्ण जीवन व्यतीत करना पड़ता था। उन्हें स्वतन्त्रता नहीं थी, समानता का अधिकार नहीं था, समाज में उनका कोई सम्मान नहीं था, उनके व्यक्तित्व का कोई मूल्य नहीं था, उनके साथ अच्छा व्यवहार नहीं होता था।[26]

जिस समय वेदों का प्रचार एवं प्रसार किया जा रहा था, उस समय चार्वाक ने अपने तर्कों एवं ज्ञान के आधार पर वेदों के आडम्बरों एवं उससे होने वाले शोषण का विरोध किया। वेदों पर प्रहार करते हुए उन्होंने कहा कि—"त्रय वेदस्य कर्तारो, भांड़, धूर्त, मूर्खः।"

वेदों को लिखने वाले भांड़ (झूठी बात को बढ़ाकर प्रस्तुत करने वाले), धूर्त और मूर्ख थे। भौतिकतावादियों ने वास्तविक दर्शन प्रस्तुत किया। तार्किक वक्तव्यों

के माध्यम से आडम्बरों पर प्रहार किया। धूर्त ब्राह्मणों ने अलौकिक सत्ता, ईश्वर, आत्मा तथा स्वर्ग का प्रलोभन देकर क्षीण बुद्धि वाले सीधे-साधे लोगों को बेवकूफ बनाया।[27]चार्वाक ने तर्क देते हुए कहा कि–

"यावज्जीवेत् सुखं जीवेत् ऋणं कृत्वा घृतं पिवेत्,
भस्मी भूतस्य देहस्य पुनरागमनं कुतः।" षडदर्शन समुच्चय[28]

जब तक जियो, सुखपूर्वक जियो, ऋण लेकर भी घी पिओ, शरीर भस्म हो जाने पर (या मर जाने के बाद) मनुष्य पुनः लौटकर नहीं आता। उनका तात्पर्य है कि घी आदि उत्तम भोजन करो तथा शरीर को सुन्दर और स्वस्थ्य रखो। सबसे पहले ब्राह्मणों के वर्चस्व पर तार्किकता से चार्वाक ने कटाक्ष किया और समाज को नयी दिशा दी।[29]

तत्कालीन सामाजिक ढाँचा स्तरीकृत असमानता के सिद्धान्त पर गठित था तथा सम्पत्ति एवं भौतिक संसाधनों पर स्वामित्व में भारी विषमता थी। वर्तमान में भारतीय उपमहाद्वीप में जाति का अस्तित्व हिन्दू समाज में ही नहीं, अपितु मुस्लिम, ईसाई, सिख सहित प्रायः सभी समाजों में देखने को मिलता है। अतः यह कहा जा सकता है कि जाति पर आधारित असमानता और भेदभाव केवल हिन्दू समाज में नहीं वरन् भारतीय उपमहाद्वीप के सभी समाजों में विद्यमान थी। दूसरे शब्दों में कहें तो "सामाजिक अन्याय की स्थिति परम्परागत भारतीय समाज के सभी घटकों में विद्यमान थी।"[30]

हमारे इतिहास की ऐसी कोई भी व्याख्या, विचार योग्य नहीं हो सकती जिसमें जाति व्यवस्था की भी व्याख्या सम्मिलित न हो।[31]

इन अन्यायपूर्ण कृत्यों को परम्पराओं व शास्त्रों की सहायता से न्यायोचित ठहराया जाता रहा है, जिनके विरुद्ध समय-समय पर अनेक महापुरुषों ने आवाज बुलन्द की। इन्होंने क्षेत्रीय आधार पर तार्किक रूप से पहल कर कुछ समस्याओं को खत्म भी किया, परन्तु जातिपरक असमानता पूरे भारतीय उपमहाद्वीप पर विद्यमान रही। ब्राह्मणों द्वारा रचित पुस्तकों में बहुधा विश्वोत्पत्ति का वर्णन तथा वर्ण-व्यवस्था की व्याख्या पायी जाती है।[32]

ब्रिटिश कालीन भारत में उच्च वर्ण का एक तबका था, जो अंग्रेजों के लिए ही काम कर रहा था। उसमें राष्ट्रीयता के भाव न के बराबर थे। जॉन शीले के अनुसार–"अंग्रेज भारत में व्यापार करने आये थे तथा उनकी कोई राजनैतिक महत्त्वाकांक्षा नहीं थी। उन्हें कोई प्रदेश प्राप्त करना नहीं था और न ही अपने कमाये हुए धन को (लाभ) युद्धों में लगाना था। फिर भी उन्हें परिस्थितियों ने घेर लिया, और वे प्रदेश जीतने पर बाध्य हो गये।"[33]

भारत में अंग्रेजी राज की स्थापना के बाद जहाँ एक ओर औपनिवेशिक शासन के खिलाफ संघर्ष की शरुआत हुई, वहीं दूसरी ओर भारतीय समाज की

कमजोरियों का आकलन, विश्लेषण तथा उनके निवारण की कोशिशें भी तेज हुईं। अपने समाज की अन्दरूनी कमियों को लेकर प्रबुद्ध भारतवासियों के बीच गहन आत्ममंथन का दौर चला। इसी आत्ममंथन के बीच से कई धर्म सुधार तथा समाज सुधार आन्दोलनों का जन्म हुआ, कुछ नयी राजनीतिक विचारधाराएँ सामने आयीं और कुछ महत्त्वपूर्ण विचार-शाखाओं की नींव रखी गयी। उपनिवेशवादी ताकतों के हृदयस्थल में क्रियाशील वैचारिक स्कूलों का भी अध्ययन-मनन किया गया और प्रगतिशील समाज के निर्माण के सन्दर्भ के रूप में उनका भरपूर उपयोग किया गया। इन्हीं परिस्थितियों के बीच दलित आन्दोलन का प्रादुर्भाव हुआ।

1857 के स्वतन्त्रता-संग्राम की विफलता के करीब 28 वर्षों बाद भारतीय राष्ट्रीय कांग्रेस की स्थापना (1885) के समय तक समाज सुधार के प्रयासों ने अखिल भारतीय पैमाने पर संगठित रूप लेना शुरू कर दिया था। भारतीय राष्ट्रीय कांग्रेस को इन सामाजिक प्रश्नों से रूबरू होना पड़ा। उसके आरम्भिक अधिवेशनों में राजनीतिक आन्दोलन और समाज सुधार आन्दोलनों के अन्तःसम्बन्धों पर जमकर बहसें हुई।[34]

इतिहास का कोई ऐसा युग नहीं हुआ जब जाति या वर्ण व्यवस्था के विरुद्ध विद्रोह न हुआ हो। इस अर्थ में तथागत भगवान बुद्ध पहले सामाजिक क्रान्तिकारी थे जिन्होंने कुछ समय तक ब्राह्मणवादी वर्चस्व को चुनौती देने में सफलता प्राप्त की। उन्होंने एक सीधे-सादे धर्म की शिक्षा दी, जिसमें आचरण की शुद्धता पर बल दिया गया।[35]

भारतीय समाज की पुर्नरचना की दिशा में अहम प्रश्न था 'अस्पृश्यता'। अछूतों की समस्या काफी पुरानी थी। ब्रिटिश कालीन भारत में (वर्मा को छोड़कर) अछूतों की आबादी कुल जनसंख्या की करीब 20 फीसदी थी। वे जातियों के जटिल सोपान के सबसे निचले पायदान पर थे। ब्राह्मण वर्ग ने पौरोहित्य, विद्याध्ययन, राज्य का नीति-निर्धारण एवं मन्त्रणाकारों, गृहस्थ धर्म में धार्मिक अनुष्ठानों के सम्पादन आदि का कार्यभार सम्भाल रखा था। स्मृतिकारों ने उनकी सामाजिक स्थिति को पहले से ही सुदृढ़ रखा था।

Manu Smriti (200 BC-200 AD) codified caste into a fourfold system by putting Brahmins at the top of the social order as priests and teachers; Kshatriyas as rulers and soldiers; Vaishyas as traders, artisans and farmers and the Sudras as the uneducated workers who served the other three castes.[36]

जाति प्रथा में ब्राह्मणों की स्थिति स्वाभाविक रूप से उनके पुरोहितों के दायित्वों से और जाति-प्रथा को संरक्षण देने वाले धर्म पर उसके एकाधिकार से निर्धारित हुई। विभिन्न व्यवसायों के संचालन में भी उनके विचारों की अनिवार्यता थी। सम्भवतः

इसीलिए कोसांबी का विचार है कि उनकी स्थिति अंशतः पंचांग पर उनके अधिकार से भी निर्धारित हुई क्योंकि कृषिकार्य के नियमन के लिए इसका अत्यधिक महत्त्व था।[37]

ब्राह्मण सामाजिक चक्र के केन्द्र में स्थित होने से सर्वपूज्य सर्वमान्य थे। जन्म से मृत्यु तक मानव जीवन के हर कार्य में उनकी सलाह ली जाती थी। वे जाति प्रथा के मेरुदण्ड थे। उनके समस्त क्रिया-कलाप, ब्राह्मणत्व के प्रतीक शिखा यज्ञोपवीत, तिलकछाप, यहाँ तक कि वस्त्र, सभी उन्हें श्रेष्ठ मानव घोषित करने में सहायक थे।

Buddhist era (500 BC-1000 AD): The caste system came under attack as Buddhism became India's main religion and enjoyed royal patronage. But the decline of Buddhism by Adi Shankaracharya returned caste to prominence.[38]

M.N. Srinivas says, "A Common assumption shared by several important sociological and anthropological studies holds that caste has existed since its inception as pan-Indian institution with a common ideology and norms. This has been due to a large Extent, to the presence in early Hindu 'Scriptures' of the influential concept of varna, which divides society into four unequal, stratified groups according to occupation. Varna reinforces the idea of caste or *jati,* with its origin in birth, as a uniform, clear, and immutable all-India hierarchy composed of only four groups with the occasional addition of dalits."[39]

अछूतों को कोई सामाजिक, धार्मिक और राजनीतिक अधिकार हासिल नहीं था। मैला, कूड़ा-कचरा साफ करने से लेकर खेतों में हलवाही करने तक सेवा तथा उत्पादन के क्षेत्र में अपने महत्त्वपूर्ण योगदान के बावजूद जन्म से लेकर मृत्यु तक हिन्दुओं के लिए वे अछूत थे। उनके छूने मात्र से खाना-पीना दूषित माना जाता था। उन्हें बस्तियों में अलग स्थान बनाकर रहने दिया जाता था। मन्दिरों तथा स्कूलों में उनका प्रवेश वर्जित था।

अस्पृश्य लोगों की एक संहिता होती है। इस संहिता के नियमों का अस्पृश्यों को पालन करना होता है। इन नियमों का पालन न करना अपराध माना जाता है।[40]

अछूतों के लिए सामाजिक निर्योग्यता आधारित नियम निम्न थे–

– अछूतों को सवर्णों से पृथक रहना चाहिए।
– अछूतों की बस्ती सामान्यतया दक्षिण दिशा में होनी चाहिए क्योंकि दक्षिण दिशा अशुभ होती है।
– अछूतों को सवर्णों से दूर रहना चाहिए क्योंकि उनका स्पर्श यहाँ तक कि उनकी छाया भी सवर्णों को अपवित्र कर सकती है।
– अछूतों के लिए भूमि या सम्पत्ति का संग्रह करना अपराध है।

– अछूतों के लिए खपरैल अथवा पक्की छत का मकान बनाना अपराध है।
– अछूतों के लिए अच्छा कपड़ा पहनना, जूता, घड़ी तथा सोने के आभूषण पहनना अपराध है।
– अछूतों को अपने बच्चों का नाम अच्छा नहीं बल्कि घृणास्पद रखना चाहिए।
– अछूतों को सवर्णों के सम्मुख खाट या कुर्सी पर बैठना मना है।
– सवर्णों की बस्ती में अछूत को घोड़ा या पालकी चढ़कर जाना वर्जित है।
– अछूतों द्वारा सवर्णों का अभिवादन न करना अपराध है।[41]

अछूतों की ऐसी ही अमानवीय सामाजिक निर्योग्यताओं को समाज में ऐसी तिरस्कृत दृष्टि से देखा जाता था, जबकि उच्च वर्णों के सभी प्रकार के कार्य अछूत ही करते थे।

अछूतों के ऊपर इस तरह के अत्याचारों को ईश्वरीय ताने-बाने में रखा गया। "राहुल सांकृत्यायन वेद शास्त्रों की सत्ता को ही दिमागी गुलामी कहते हैं और यही दिमागी गुलामी जाति व्यवस्था को सुरक्षित रखती है। राहुल सांकृत्यायन ने यहाँ सहमत दिखायी देते हैं। या दूसरे शब्दों में राहुल जी भी मानते हैं कि शुद्ध राष्ट्रीयता तब तक नहीं आ सकती, जब तक जाति-पाति तोड़ने पर तैयार न हो।"[42] यदि जाति संस्था समाज में व्याप्त रहेगी तो समाज में कभी एक राष्ट्र की भावना का उदय नहीं हो सकेगा।

आधुनिक भारतीय समाज में भी अछूतों के साथ होने वाले भेदभावपूर्व व्यवहार के सम्बन्ध में दलित चिन्तक एस.एस. गौतम की 'थ्री-यू थ्योरी' महत्त्वपूर्ण है। इनके अनुसार–

Unseenability : सवर्ण समाज, पंचम, अंत्यज, अतिशूद्र आदि नामों से पहचाने जाने वाले समाज के साथ 19वीं शताब्दी के पहले तक मात्र उनकी परछाई पड़ जाने से ही अपवित्र हो जाता था। उनको सार्वजनिक गलियों, रास्तों, मोहल्लों में गुजरने नहीं दिया जाता था। अगर सार्वजनिक रास्ते पर गुजरना है तो देर रात या फिर तेज धूप में ही उन रास्तों से गुजर सकते थे। शुभ कामों में उनकी उपस्थिति ही अशुभ मानी जाती थी। पुरोहिती करने वाले ब्राह्मणवादी विचारधारा के लोग जातीय श्रेष्ठता को अब तक जीवित रखने में महत्त्वपूर्ण भूमिका रही है। क्योंकि जातीय श्रेष्ठता खत्म होने से उनके अस्तित्व को खतरा उत्पन्न होगा। अतएव वह बदलते परिदृश्य में अपने को बदलते हुए और समाज उन्हें श्रेष्ठ मानता गया। दक्षिण भारत एवं और भी कई प्रान्तों में ऐसी कुप्रथाओं का प्रचलन आजादी के पहले तक भी देखने में मिलता रहा है।

Untouchability : इसका शाब्दिक अर्थ 'न छूना' होता है। इसी के आधार पर शासक, सवर्ण समाज ने अपनी जरूरत के हिसाब से उपरोक्त अतिशूद्र वर्ग को 'अछूत' की संज्ञा दी। आजादी के बाद भारत में नया संविधान लागू होने के बाद

कोई भी व्यक्ति जाति और धर्म के आधार पर विभेद नहीं कर सकता। लेकिन यह सब सिर्फ सैद्धान्तिक रूप में ही ज्यादा प्रभावी रहा। वह समाज जो आपको देखना नहीं चाहता था आज बड़ी-बड़ी जोतों के मालिक होने के साथ-साथ खेती में कार्य और पशुओं की देख-भाल करवा रहा है। निराई-गुड़ाई, फसल बोना, काटना और उसके घर तक अन्न पहुँचाना सिर्फ भण्डारण तक ही सीमित है जबकि उनकी रसोई में पहुँच जाने पर अन्न आपके देखने से ही अपवित्र हो जाता है।

Unacceptability : इन वर्गों से (अछूत) निकले महापुरुषों ने मानव की गरिमा को स्थापित किया। व्यक्ति की गरिमा तार्किक आधार पर उसके कर्मों से होनी चाहिए न कि उसकी जाति से, जबकि समाज में आज भी भूमण्डलीकरण के दौर में व्यक्ति की श्रेष्ठता और गुणों का आधार जाति से ही शुरू होता है, और जाति पर ही आकर खत्म होता है। दलित समाज से सम्बन्ध रखने वाला व्यक्ति यदि प्रथम श्रेणी का अधिकारी है और उसका चपरासी तथाकथित उच्च वर्ण से सम्बन्ध रखता है तो वह अपने अधिकारी का सम्मान तो नहीं ही करता है, स्वयं को ही श्रेष्ठ समझता है। यदि आप अपनी मेहनत, लगन, ईमानदारी, पूरी निष्ठा के साथ ज्ञानार्जन करते हैं तो भी सवर्ण समाज का अनपढ़ व्यक्ति भी आपके ज्ञान को स्वीकार नहीं करता है।[43] दरअसल दलितों पर ये कुछ थोपी गयीं निर्योग्यताएँ थीं।

कुओं तथा तालाबों से उन्हें पानी नहीं लेने दिया जाता था, वे ऐसा खाना खाते थे जिसे समुदाय के दूसरे लोग छूने से परहेज करते थे, थोड़ी सी गलती पर जुल्म ढाये जाते थे, गाली-गलौज के बिना जिनसे लोग बात तक नहीं करते, और जिनका उठना-बैठना, जीना-मरना सब कुछ सवर्ण समुदायों की मर्जी पर निर्भर था। आखिर आबादी के इतने बड़े समुदाय को सभी अधिकारों से वंचित रखकर कोई समाज खुद अपनी मुक्ति के अधिकारों के सपने कैसे देख सकता था। औपनिवेशिक काल के अनेक सर्वेक्षणों, यात्रा-वृतान्तों और जिला-रिपोर्टों में इन अछूतों के सामाजिक समुदायों का काफी वर्णन मिलता है तथापि व्यवस्थित रूप से इन समुदायों का वर्गीकरण 20वीं सदी के आरम्भ की जनगणनाओं के दौरान ही किया गया।

अंग्रेजों के शासक बनने के साथ ही पाश्चात्य शिक्षा, सभ्यता, संस्कृति भी आयी। पाश्चात्य सभ्यता और संस्कृति की निकटता के कारण दलित वर्गों में नव जागरण का संचार हुआ। इसी समय विश्व में शोषण और अन्याय के खिलाफ समाजशास्त्रियों, मानवशास्त्रियों व इतिहासकारों ने नयी-नयी संकल्पनाएँ दीं। यूरोप के साथ-साथ ब्रिटिशों का शासन भारतीय महाद्वीप में होने से अछूत और कमजोर वर्गों में शोषण के विरुद्ध आवाज उठाने के लिए ईसाई मिशनरियों ने खुलकर काम किया। अछूतों (दलितों) के लिए यह एक परिवर्तन था। उसके पहले सदियों से वे सवर्ण हिन्दुओं के दास बने रहे। उनकी ओर से अचानक यह परिवर्तन क्यों? यह परिवर्तन ब्रिटिश शासन का ही परिणाम था।[44]

"सवर्ण समाज द्वारा दलित समाज के ऊपर हो रही शोषणपूर्ण ज्यादतियों ने दलित समाज को एकत्र कर शोषण के विरुद्ध एकजुट होकर आवाज उठाई। जो न सिर्फ एक विद्रोह तक सीमित नहीं रहा, बल्कि दलित आन्दोलन का रूप धारण किया और दलित समाज में क्रान्तिकारी परिवर्तन भी किये।"[45]

दलित आन्दोलनों ने न केवल हिन्दू समाज की विकृतियों और ज्यादतियों की आलोचना की बल्कि साथ ही हिन्दू धर्म के ऊपर प्रहार भी किया। यदि हम (दलित) शोषण से बचना चाहते हैं, तो इस बात की आवश्यकता है कि नीची जातियों पर ब्राह्मणवादी समाज के द्वारा लादे हुए धर्म को नकार दे।[46] सवर्णों ने धर्म को आधार बनाकर एक हथियार की तरह दलितों के विरुद्ध प्रयोग किया।

ब्रिटिश औपनिवेशिक काल के अनेक सर्वेक्षणों, रिपोर्टों आदि में अछूत समुदायों का वर्णन मिलता है। ब्रिटिशकालीन भारत की जनगणना में समाज में ऐसे जाति-समूहों को वर्गीकृत करने की कोशिश की गयी, जिनकी संख्या प्रति हजार आबादी में एक से अधिक हो, जो किसी निश्चित धार्मिक मानदण्डों पर खरे नहीं उतरते हों अथवा जो कुछ धार्मिक अयोग्यताओं के शिकार रहे हों। उदाहरण के लिए ऐसे लोग जो–

1. ब्राह्मणों के प्रभुत्व को नहीं मानते,
2. ब्राह्मण अथवा अन्य मान्य हिन्दू गुरु जिन्हें मन्त्र-दीक्षा नहीं देते,
3. वेदों को नही मानते,
4. प्रमुख हिन्दू ईश्वरों की उपासना नहीं करते,
5. अच्छे ब्राह्मण जिन्हें पुरोहित के रूप में अपनी सेवाएँ नही देते,
6. जिनका अपना कोई ब्राह्मण पुरोहित नहीं होता,
7. आम हिन्दू मन्दिरों के गर्भ-गृहों में जिनका प्रवेश वर्जित है,
8. जिनके स्पर्श से अथवा एक निश्चित दूरी पर जिनकी उपस्थिति से लोग अपवित्र हो जाते हैं,
9. जो मृतकों को दफनाते हैं,
10. जो गाय की पूजा नहीं करते और गोमांस खाते हैं।[47]

बिहार की स्थिति

ब्रिटिश भारत में 1911 की जनगणना के दौरान कुछ ईसाई और मुस्लिम प्रतिनिधियों ने अछूतों को हिन्दुओं की आबादी में शुमार किये जाने का विरोध किया था।[48] जैसे 1857 के विद्रोह के बाद कुछ सुधारमूलक कदम उठाने का सुझाव देते हुए कैनेथ मैक्वीन ने 'हू इज टु ब्लेम फार इण्डियन म्यूटिनी' में मिशनरियों को अपना ध्यान निम्न वर्गों पर केन्द्रित करने की ताकीद की थी।[49]

अछूतों के वर्गीकरण की कोशिशों और उन्हें हिन्दू आबादी में शामिल करने

अथवा न करने के प्रश्न पर उन दिनों 'मॉडर्न बिहार' नामक पत्रिका में राजमोहन प्रसाद, बी.ए. का लेख प्रकाशित हुआ था—'द हिन्दू डिप्रेस्ड क्लासेज।' अप्रैल, 1911 में प्रकाशित यह लेख एक बिहारी बुद्धिजीवी द्वारा दलित वर्गों के बारे में लिखे गये आरम्भिक लेखों में से एक है और लेखक ने उपर्युक्त बहस में सशक्त हस्तक्षेप करते हुए लिखा है कि "कुछ लोग ऐसे मानदण्ड बनाने की बात कर रहे हैं, जिससे तय किया जा सके कि कौन हिन्दू है। इस तरह से निम्न वर्गों को हिन्दू आबादी से अलग करना चाहते हैं।"

उनका कहना है कि सिर्फ हिन्दू है जो प्रमुख हिन्दू ईश्वरों की उपासना करते हैं और चूँकि निम्न वर्गों को पूजा करने के लिए हिन्दू मन्दिरों में प्रवेश करने नहीं दिया जाता, इसलिए वह हिन्दू नहीं है और इस प्रकार से हिन्दू धर्म में अनेक वाद-विवादों का सरोकार उपस्थित है।[50]

साइमन कमीशन ने बिहार और उड़ीसा प्रदेश में दलित वर्गों की आबादी 50 लाख बताई थी, जो कुल आबादी का 14.5 प्रतिशत और हिन्दू आबादी का 20 प्रतिशत थी।

भारत में अंग्रेजी राज्य की स्थापना के फलस्वरूप राजनीतिक शक्ति संरचना में बहुत परिवर्तन हुए। राजनीतिक शक्ति के इस विचलन का जाति व्यवस्था पर जटिल प्रभाव पड़ा। नीचे के स्तर पर गाँवों में पारम्परिक जजमानी श्रम व्यवस्था अस्तित्व में बनी रही। एक विद्वान क्रिस फुलर की मान्यता है कि भूतपूर्व सामन्तवादी राज्यों की समाप्ति के बाद गाँवों में प्रभुत्व वाली जातियाँ शक्तिशाली हो गयीं।[51] ये वही जातियाँ थीं, जिनके पास अधिक खेती वाली जमीन थी और यह वर्ग शासक या सामन्त वर्ग से कभी न कभी सम्बन्धित था।

बाबू जगजीवन राम का जन्म बिहार प्रान्त के चंदवा नामक गाँव में 20वीं शताब्दी के पहले दशक में हुआ था। चंदवा जिला भोजपुर (जो पहले शाहाबाद जिले के नाम से जाना जाता था) में स्थित है। वहाँ पर अछूतों की जो आबादी थी उनकी बहुत दुर्दशा थी। वे जानवरों का मांस खाते थे। उनके पास भूमि नहीं थी। वे सवर्णों की बेगार करते थे।

साथ ही साथ सवर्णों के वहाँ वे बन्धुआ दास थे। यह स्थिति चंदवा के इर्द-गिर्द के चमारों एवं अन्य अछूत परिवारों की थी। साथ ही साथ मुसहर समुदाय के लोग तो चूहे एवं बिलार खाते थे। उनकी औरतें और बच्चे जमीदारों के खेतों में फसल कट जाने के बाद कुछ एक पड़े अन्न को बीनकर एवं उस खेत में जानवर चराने के बाद जो गोबर होता था, उसमें अन्न के दाने निकालकर अपनी और अपने परिवार की आजीविका चलाते थे। दूसरे डोम जाति के लोग जो थे, जो पशुओं से भी गये गुजरे समझे जाते थे। छुआछूत व सामाजिक-जातीय असमानता का उन पर प्रचण्ड प्रकोप था। सवर्ण हिन्दू इन अछूतों को देखकर 40 कदम दूर भाग जाते थे। चंदवा

गाँव में अछूतों का जीवन बहुत ही दर्दनाक था।[52]

जगजीवन राम के पिता शोभी राम का जन्म सन् 1864 ई. मोरसिया में हुआ था। खेतों में मजदूरी करने, दबकर रहने और छुआछूत के व्यवहार का बोझ होने के अतिरिक्त शोभी राम के प्रारम्भिक जीवन में अन्य कोई चारा नहीं था। घोर गरीबी के कारण वे अपने फूफा के साथ पंजाब (जहाँ इनके फूफा फौज में नौकर थे) में फौज में अंग्रेजों की सेवा में लग गये। अंग्रेजों के सम्पर्क में शोभी राम ने अंग्रेजी सीखी और फौज के ही अस्पताल में उन्हें नौकरी मिल गयी। लेकिन स्वाभिमानी शोभी राम का मन अंग्रेजों के साथ ज्यादा दिन काम करने में नहीं लगा। कुछ दिनों के बाद शोभी राम चंदवा आकर खेती करने लगे।

चंदवा गाँव में अछूतों का कोई कुआँ नहीं था। एक कायस्थ के कुएँ के कुण्ड से सभी अछूत[53] पानी लेते थे। शोभी राम भी इसी कुण्ड से गन्दा एवं कीचड़ युक्त पानी पीते थे। यह कुआँ अछूतों की बस्ती से दूर तो था ही, साथ ही साथ वर्षा के दिनों में रास्ता इतना खराब हो जाता था कि चलना दूभर हो जाता था और गर्मी के दिनों में तो कुण्ड में पानी खत्म हो जाता था। उस समय अछूतों को प्यास बुझाने के लिए सवर्णों की दया पर निर्भर रहना पड़ता था, कि कब वह कुएँ से कुण्ड[54] में पानी भरेंगे और इसके लिए कई दिनों इन्तजार करना पड़ता था। या फिर तालाब या दूसरे गाँव से अछूतों को प्यास बुझाना पड़ता था। शोभी राम का स्वाभिमान जागा और उन्होंने निश्चय किया कि हम अपना कुआँ बनायेंगे।

इस तरह से शोभी राम का स्वाभिमान देखकर सवर्णों में खलबली मच गयी। चमार कुएँ से पानी पियेंगे वह भी अपना कुआँ बनाकर? सवर्णों को यह कैसे बर्दाश्त होता? उन्होंने शोभी राम का स्वयं का कुआँ होने के मसले को लेकर विरोध किया। इस बात पर प्रगतिशील शोभी राम जी ने कहा "सवर्णों के सारे कुएँ अछूत ही खोदते हैं।"

ब्राह्मण, क्षत्रिय और वैश्य तो जिस प्रकार हल की मुठिया पकड़ना धर्म के विरुद्ध समझता है उसी भाँति कुआँ खोदना, फावड़ा पकड़ना सवर्णों के धर्म के विरुद्ध है। अछूत कुआँ खोदकर तैयार कर देता है तो सवर्ण उस पर कब्जा कर लेते हैं, वह उनका हो जाता है। जब सभी कुएँ अछूत ही खोदते हैं व उनको बनाते हैं तो वे अपने लिए क्यों नहीं कुआँ खोद सकते? शोभी राम का स्वाभिमान लबा-लब था। उन्होंने सवर्णों के विरोध की परवाह नहीं की और कुँआ बना डाला। वे सवर्णों के हर जुल्म का मुकाबला करने को तैयार थे। उनके स्वाभिमान के कारण उनका उच्चवर्णों से तनाव रहता था।[55]

उन्होंने विरोध की परवाह किये बगैर तथाकथित सभ्य समाज, जो रूढ़िवादी था, को मनोवैज्ञानिक रूप से झुकने पर मजबूर किया। अपने तर्क एवं ज्ञान के आधार पर सामाजिक शोषण और जुल्म के खिलाफ कार्य किया।

उन दिनों देश में ब्रिटिश शासन था। ब्रिटिश शासन की जड़ें इतनी गहरी हो चुकी थीं कि उसे समाप्त करना असम्भव प्रतीत हो रहा था। अंग्रेजों का प्रयास था कि भारतीय समाज सदैव विघटित रहे। इसकी परिणति यह हुई कि वे हिन्दू और मुस्लिम समाज में फूट डालने में वह सफल रहे। भारतीय राष्ट्रीय कांग्रेस से मुस्लिम लीग का अलग घोषणा-पत्र अलग था एवं वह अलग-अलग रास्तों पर चल रही थी, और ब्रिटिश हुकूमत को अभी भी लग रहा था कि बहुसंख्यक हिन्दू अब भी अविभाजित थे। उनमें जातीयता एवं ऊँच-नीच जैसी कुरीतियाँ व्याप्त थीं।

इन्हीं सभी सामाजिक बुराइयों का फायदा उठाते हुए अंग्रेज कूटनीतिक अधिकारी, राष्ट्रवादी आन्दोलन को कमजोर करने लगे। साथ ही लघुउद्योग धन्धों को समाप्त करने से शिल्पी वर्ग लगभग खत्म कर दिये गये ताकि उन्हें अधिक से अधिक कच्चा माल अपने मिलों-कारखानों के लिए सुरक्षित मिल सके और वे अधिक से अधिक लाभ कमा सके।

इन सबके अलावा मध्यम श्रेणी के कारखानों को समाप्त कर ऐसे कारखाने स्थापित किये गये जो बड़ी मशीनों के द्वारा वस्तुओं का निर्माण करते थे। अंग्रेजों ने भारतीय नागरिकों की आवश्यकता के प्रतिकूल उत्पादन सामाग्रियाँ जुटाई जिनकी आवश्यकता उनको अधिक थी। उन्होंने परम्परागत भारतीय कपड़ा उद्योग नष्ट किया। उसके लिए उन्होंने कपड़े के उत्पादन पर ज्यादा कर (शुल्क) लगाया ताकि भारतीय बाजार में उपभोक्ताओं की कम क्रय शक्ति के कारण उसका विक्रय सम्भव न हो सके। भारतीय शिल्पियों, कारीगरों के व्यापार को क्षति पहुँचाने के लिए अंग्रेजों ने अनेक कानून बनाये। परिणाम स्वरूप भारत का खादी-हथकरघा कपड़ा उद्योग बुरी तरह पिछड़ गया।

ब्रिटिश पूँजीपतियों के कारखाने में निर्मित कपड़ा राष्ट्रीय और अन्तर्राष्ट्रीय बाजारों में बिकने लगा। अंग्रेज नीति-निर्धारक बढ़ते कर प्रणाली को नियन्त्रित न करके अधिक से अधिक फायदा उठाना चाहते थे।

भारत में रेल के विकास के साथ जहाँ एक ओर रेलमार्गों का निर्माण इस उद्‌देश्य से किया कि उद्योगों के लिए कच्चे माल को भारत के अनेक प्रान्तों से बन्दरगाहों तक पहुँचाने की और बहुमूल्य लकड़ी की सुविधा मिले, जिससे अंग्रेजों की नौ सैनिक शक्ति और सुदृढ़ करने की योजना थी। इसके अलावा इंग्लैण्ड से आयात की गयी वस्तुओं को बन्दरगाहों से देश के अनेक समुद्र तटीय प्रान्तों से उपभोक्ताओं तक पहुँचाना था। दूसरा उद्‌देश्य था रेल मार्गों के निर्माण से ब्रिटिश सेवा की गतिशीलता को बढ़ाना ताकि बिट्रिश शासकों के विरुद्ध जगह-जगह देश में स्वतन्त्रता के लिए हो रहे आन्दोलनों को सुगमता से दबाया जा सके।[56]

अंग्रेजों के अत्याचारों से सम्पूर्ण भारत बुरी तरह टूट चुका था। आवश्यकता इस बात की थी कि तनावपूर्ण वातावरण में सभी भारतीयों को देश की स्वतन्त्रता

के लिए एकता के सूत्र में बाँधकर कैसे संगठित किया जाये? अंग्रेज शासकों तथा आम भारतीयों के मध्य विरोध ने उग्ररूप धारण कर लिया था।

समाज में अनेक प्रकार के जातीय शोषण के अनेक उत्तरदायी कारण मौजूद थे। चमार जाति में जन्म होने से जगजीवन राम को बचपन में ही इन सबसे रूबरू होना पड़ा। प्राइमरी स्कूल में अछूत बच्चों के लिए सफेद धोती पहनाना निषेध था इसलिए जगजीवन राम गेरूआ धोती और लाल टोपी पहनकर स्कूल जाते थे। नगरपालिका द्वारा संचालित स्कूल में सवर्ण बच्चों के लिए बेंच तथा अछूत बच्चों के लिए टाट पर जमीन पर बैठने का प्रबन्ध था।[57]

इस तरह से उनका अमानवीय, असमानतापूर्ण प्रारम्भिक जीवन बीता। इन्हीं सभी दुर्भावपूर्ण व्यवस्थाओं के कारण उनमें समाज में व्याप्त इन कुरीतियों से लड़ने की ऊर्जा प्राप्त हुई।

विद्यार्थी जीवन में हुए अनेक भेदभावों के कारण जगजीवन राम के मन में एक पीड़ा थी। उन्होंने छुआ-छूत की भावना को जो मनुष्य-मनुष्य के बीच असमानता और अमानवीयता पैदा करती है, करीब से महसूस किया था। आरा टाउन स्कूल में जब जगजीवन राम पढ़ रहे थे। एक दिन की घटना है, स्कूल में पानी पीने के दो घड़े रहते थे, एक 'मुस्लिम बच्चों के लिए' एवं दूसरा 'हिन्दू बच्चों के लिए' तो इन्होंने हिन्दू वाले घड़े से लोटे से पानी पी लिया। पानी पीते हुए एक उच्च जाति के विद्यार्थी ने उनकी शिकायत स्कूल के प्रधानाचार्य से कर दी। और यह बात सभी शिक्षकों एवं विद्यार्थियों के मध्य प्रचारित हो गयी। लोगों को बुरा लगा। जबकि चपरासी अछूतों के बच्चों को लोटे से दूर से ही पानी पिला दिया करता था। पूरे प्रकरण की जानकारी प्रधानाचार्य तक पहुँची। प्रधानाचार्य ने जगजीवन राम से पूछा, "क्या तुमने हिन्दू घड़े से पानी पिया है?" जगजीवन राम ने तुरन्त उत्तर दिया, 'हाँ' मैंने हिन्दू घड़े से पानी पिया है, क्योंकि मैं हिन्दू हूँ।"[58]

प्रधानाचार्य ने कहा, "कल से तुम्हारे लिए एक और घड़े की व्यवस्था की जायेगी और तुम उसी घड़े से पानी पीना।"

जगजीवन राम ने प्रधानाचार्य का आदेश स्वीकार तो कर लिया लेकिन जब अछूतों के लिए स्कूल में तीसरा घड़ा रखा गया तो यह उन्हें अमानवीय लगा। उन्होंने इस जातीय असमानतापूर्ण बर्ताव के लिए विरोध किया और इस तीसरे घड़े को भी तोड़ दिया।

स्कूल के प्रधानाचार्य जी को इस घटना के बारे में बताया गया। वह शान्त रहे। उन्होंने कोई टिप्पणी नहीं की। उनके आदेशानुसार टूटे हुए घड़े के स्थान पर नये घड़े की व्यवस्था की गयी। अवसर पाते ही बाबूजी ने इस दूसरे घड़े को भी पत्थर मारकर तोड़ दिया। स्कूल के सभी विद्यार्थीयों व शिक्षकों को इस घटना की जानकारी हुई। वातावरण में एक कौतूहल-सा हुआ।

प्रधानाचार्य जी को इस घटना के बारे में भी पूरी जानकारी दी गयी। उन्होंने आदेश दिया कि एक और घड़ा अछूत छात्रों के लिए तुरन्त रखवाया जाये। फिर वैसा ही हुआ जैसा पहले दो घड़ों का हुआ था। उस घड़े को पैर से ठोकर मारते हुए चकनाचूर कर दिया गया। स्कूल के सभी विद्यार्थियों और अध्यापकों ने इस घटना को देखा और उन्हें एहसास हुआ कि जो भी जगजीवन राम ने किया है, वह उचित है और मानवता के पक्ष में ही किया है।

स्कूल के प्रधानाचार्य ने स्कूल में आदेश दिया कि अछूत कहे जाने वाले छात्र हिन्दू घड़े से ही पानी पिएँगे। इस प्रकार यह भी परिवर्तन आया, "यदि किसी सवर्ण हिन्दू को उस घड़े से पानी पीने में कोई आपत्ति हो तो वह अपने पीने के पानी की व्यवस्था स्वयं कर सकता है।"[59]

जगजीवन राम ने मात्र 14 वर्ष की उम्र में सामाजिक समता का यह कार्य किया। इस उम्र तक साधारण छात्र तो अपने और पराये की समझ ही विकसित कर पाते है। उन्होंने 1922 में यह कारनामा कर दिया जो रूढ़िवादिता और अन्यायपूर्ण कार्य था। मनोवैज्ञानिक ढंग से ही खत्म किया। भविष्य में यह कार्य उनके जीवन में 'मील का पत्थर' साबित हुआ। इसी घटना से सामाजिक क्रान्ति के संघर्ष का प्रारम्भ और विजय हुई। इस तरह से उन्होंने समस्याओं को बचपन से ही ऐसे हल करके एक सामाजिक बदलाव को 'मनसा-वाचा-कर्मणा' में शामिल किया।

बाबू जगजीवन राम के जीवन की सामाजिक क्रान्ति से जुड़ी एक और महत्त्वपूर्ण घटना है। बरसात का मौसम खत्म हो चुका था। हल्की-हल्की ठण्डक होने लगी थी। अक्टूबर का महीना था। खोपिरा गाँव जहाँ पर एक आदमी सन्देशा लेकर आया कि धान की फसल कट चुकी है। धान तैयार कर दिया गया है। चलकर ले आओ, जगजीवन राम बैलगाड़ी लेकर धान लेने खोपिरा गाँव चल दिये। खोपिरा गाँव में कुछ जमीन ठेके पर ले रखी थी। इनके साथ खोपिरा का सन्देश वाहक भी साथ में ही था।[60]

जब बैलगाड़ी गाँव के नजदीक पहुँची और ठाकुरों की बस्तियाँ पास आने लगीं तो उस आदमी (सन्देशवाहक) ने जगजीवन राम से कहा कि बबुआ[61] बैलगाड़ी से नीचे उतर जाओ। बाबू साहब लोग देखेंगे तो ऐतराज करेंगे।

इस पर जगजीवन राम ने पूछा ऐसा क्यों? वह बोला कि यहाँ का यही रिवाज है। हम लोग इन लोगों (जमीदारों, सवर्ण हिन्दुओं) के सामने न छाता लगा के निकल सकते हैं और न जूता पहनकर निकल सकते हैं, न ही बैलगाड़ी पर चढ़कर जा सकते हैं, उनके घरों के सामने से सिर झुकाकर निकलना होता है नहीं तो ये लोग बुरा मानते हैं।[62] वे हम लोगों (अछूतों) पर नाराज होते हैं, और मारते-पीटते हैं।

इस तरह उस आदमी की बात सुनकर जगजीवन राम के मन में विचार आया कि चलिए आज हम इस परम्परा को समाप्त करेंगे। बबुआ बोले—हम नहीं उतरेंगे,

देखें कैसे कोई मारता है या गाड़ी पर से उतारता है। यह सुनकर वह बेचारा आदमी (सन्देशवाहक) बहुत डरने-घबराने लगा, परन्तु जगजीवन राम अपनी दृढ़ इच्छाशक्ति पर अड़े रहे।

बैलगाड़ी बाबू साहब (ठाकुरों) की बस्ती से होकर गुजरी, परन्तु किसी ने नहीं टोका और लौटते समय जब बैलगाड़ी धान लेकर उन्हीं के मकानों के सामने से गुजरी, तब भी किसी ने नहीं रोका या विरोध किया। "उसी दिन से वहाँ के अछूतों में आत्म-सम्मान की भावना जाग गयी और पुरातन से चली आ रही इस रूढ़िवादी परम्परा को जगजीवन राम ने तोड़ दिया। साथ ही साथ वहाँ के बाबू साहब लोगों ने भी इस परम्परा को तोड़ दिया।"[63]

यह एक महत्त्वपूर्ण कार्य था। समाज में किसी खास जाति एवं वर्ग के नाम पर जो लोग शोषण कर रहे थे, जगजीवन राम ने उन्हीं के विरुद्ध बड़ी शालीनता से प्रहार किया और समस्या का निदान भी किया। सामाजिक बुराइयों को समाप्त करने के साथ-साथ विद्यार्थी जीवन में ही जन-सम्पर्क स्थापित करना प्रारम्भ कर दिया था। अस्पृश्य बच्चों को पढ़ाने के लिए उत्साहित करना, गरीब बीमारों को डाक्टरी सहायता दिलवाना तथा अत्याचारियों पर मुकदमा करना, आदि जन कल्याणकारी कार्य बचपन से ही किया करते थे। इस तरह अध्ययन के साथ-साथ बाबू जगजीवन राम ने अछूतों के उद्धार हेतु प्रयास शुरू कर दिये और उनमें विश्वास जगाया।[64]

1919 के भारत सरकार अधिनियम में एक अनिवार्य शर्त यह थी कि अधिनियम के कार्य प्रणाली का लेखा-जोखा करने के लिए दस वर्ष बाद ब्रिटिश सरकार द्वारा एक रॉयल कमीशन की नियुक्ति होगी, जो जरूरत पड़ने पर अधिनियम में संशोधन के लिए भी रिपोर्ट देगा। उस शर्त के अनुसार 1928 में सर जान साइमन की अध्यक्षता में रॉयल कमीशन नियुक्त किया गया। उस कमीशन में किसी भारतीय को शामिल नहीं किया गया। यह भारतीय स्वाभिमान पर आघात था। इसकी प्रतिक्रिया सारे भारत में हुई और साइमन कमीशन का पूरे भारत में विरोध हुआ। 'साइमन वापस जाओ' के नारे लगाये गये।

Colonial India in caste system stage ; Historian Susan Bayly says that there is some doubt about the "very existence of an ancient pan-Indian caste system" and it was the British who reinforced caste stereotypes and even created them, such as the martial race.[65]

"सन् 1930 ई. तक दलित वर्गों के संघर्ष को महात्मा गाँधी और कांग्रेस ने देखा ही नहीं। सन् 1932 के गोलमेज के सम्मेलनों के दौरान जब इसकी उपेक्षा सम्भव न हो सकी, तो महात्मा गाँधी और कांग्रेस ने उनके जायज अधिकारों के खिलाफ जान लगाकर लड़ाई लड़ी। किन्तु 17 अगस्त 1932 को यह देखकर बड़ा धक्का लगा कि उस समय का नेतृत्व उनके अधिकारों और पहचान दोनों को प्राप्त

कर सकता है। कांग्रेस और महात्मा गाँधी के लिए यह बड़ी बात थी। 20 सितम्बर 1932 को गाँधी दलित वर्गों के जायज अधिकारों को नकारने हेतु आमरण अनशन कर बैठे और अन्याय के तरीकों से दलित वर्गों पर पूना समझौता थोप दिया गया। इसी के साथ 24 सितम्बर 1931 को दलित वर्गों पर संयुक्त निर्वाचन थोप कर और पृथक निर्वाचन छीनकर पूना-समझौता किया गया।"[66]

1930 के मध्य में साइमन कमीशन ने अपना प्रतिवेदन पेश किया। ब्रिटिश सरकार ने उस विरोध को शान्त करने के लिए एक चाल चली और घोषणा हुई कि अधिनियम लागू करने से पहले भारतीय प्रतिनिधियों से राय ली जायेगी।

उसी आश्वासन के तहत लन्दन में एक गोलमेज सम्मेलन आयोजित किया गया। उसमें ब्रिटिश संसद और सरकारी प्रतिनिधि थे। भारतीय राष्ट्रीय कांग्रेस इस सभा में शामिल नहीं हुई। वह गोलमेज सम्मेलन लगभग असफल रहा। गोलमेज सम्मेलन के तुरन्त बाद कांग्रेस कार्य समिति के जितने सदस्य गिरफ्तार किये गये थे, उन्हें छोड़ दिया गया। गोलमेज सम्मेलन के प्रतिनिधियों के भारत लौटने पर गाँधी जी से आग्रह किया गया कि वे लार्ड इरविन से भेंट करें और कांग्रेस की नीति के अनुसार समझौता करें। दिसम्बर 1930 में मुस्लिम लीग के इलाहाबाद अधिवेशन में सविनय अवज्ञा आन्दोलन, जो कांग्रेस द्वारा चलाया जा रहा था, का खुलेआम विरोध किया गया। इसके फलस्वरूप लार्ड इरविन को शह मिली कि वे दावे के साथ कह सकते हैं कि गाँधी और कांग्रेस पूरे भारतवासियों का प्रतिनिधित्व नहीं करती।[67]

17 फरवरी 1931 से दिल्ली में गाँधी इरविन समझौता आरम्भ हुआ और 5 मार्च 1931 को सम्पन्न हुआ। महात्मा गाँधी अब सविनय अवज्ञा आन्दोलन को वापस लेने और गोलमेज सम्मेलन में भाग लेने के लिए राजी हो गये। अब ब्रिटिश सरकार यह समझने लगी थी कि गाँधी और कांग्रेस के आन्दोलन के चलते मध्यमवर्गी हिन्दू उसके खिलाफ हो गये हैं। इसी के फलस्वरूप तथाकथित मैकवेलियन नीति के तहत साम्प्रदायिक राजनीति आरम्भ करके ब्रिटिश शासक अपना शासन मजबूत करने में प्रयत्नशील हो गये।

भारतीय इतिहासकारों का कहना है कि ब्रिटिश अफसरों ने स्वतन्त्रता आन्दोलन को कमजोर करने के लिए यह प्रमाणित करने का प्रयास किया कि कांग्रेस केवल सवर्ण हिन्दुओं की प्रतिनिधि संस्था है, मुसलमान, सिख, अछूतों की नहीं। ब्रिटिश सरकार द्वारा सामाजिक समता की दृष्टि से नहीं, साम्राज्यवादी स्वार्थ के लिए अंग्रेज सरकार द्वारा यह विश्लेषण किया गया था कि कांग्रेस सिर्फ सवर्ण हिन्दुओं का ही संगठन है, इसके अलावा न तो अछूत इससे अलग हैं, बल्कि अन्य पिछड़ी जातियाँ भी इससे अलग हैं।[68]

ब्रिटिश सरकार को अपनी इस चाल में काफी सफलता मिली। इसी की परिणाति के सन्दर्भ में तत्कालीन प्रधानमन्त्री रैम्जे मैकडोनाल्ड द्वारा 17 अगस्त

1932 को की गयी कुख्यात 'साम्प्रदायिक घोषणा' उल्लेखनीय है। इसमें साम्प्रदायिक प्रतिनिधित्व देने की बात कही गयी थी। इस घोषणा के तहत मुसलमान, दलित वर्ग, काश्तकार, मजदूर, सिख महिला (सामान्य), महिला (मुस्लिम), महिला (ईसाई), महिला (एंग्लोइण्डियन) आदि को अल्पसंख्यक रूप में मान्यता दी गयी।

इस घोषणा 'कम्युनल अवार्ड' के तहत हिन्दू केवल हिन्दू को वोट दे सकता था। मुसलमान केवल मुसलमान को। यही स्थिति सबकी थी। घर-घर में अधिकारिता के नाम पर फूट का बीज बोया गया था। पति और पत्नी को अलग-अलग प्रतिनिधियों को चुनने का अवसर दिया गया था। पुरुष केवल पुरुषों को एवं स्त्री केवल स्त्री प्रत्याशी को मत देने का अधिकार रखती थीं।

इस तरह से इस व्यवस्था में अलगावाद को प्रोत्साहन देने के लिए उकसाया गया। साम्प्रदायिक घोषणा के तहत दलितों को प्राप्त सीटों की संख्या इस तरह थी—मद्रास-18, सिन्धसहित बम्बई-10, बंगाल-10, संयुक्त प्रान्त-12, बिहार और उड़ीसा-7, सेन्ट्रल प्रान्त-10, असम-4; यानी कुल मिलाकर 71 सीटों का बँटवारा किया गया था।

इस तरह से भारतीय स्वतन्त्रता आन्दोलन के विरोधाभाषों और अंग्रेजों द्वारा की जा रही अलगाववादी नीतियों के साथ जगजीवन राम का समाज में कार्य करने का अपना अलग तरीका था। वह सतही स्तर पर जरूरत मन्द लोगों के लिए सदैव खड़े रहे। जिस समय बनारस में अपने साथ जातीय भेदभाव के बाद वे आगे की पढ़ाई के लिए कलकत्ता गये, उस समय बी.एससी. में दाखिला लिया। पढ़ाई के साथ-साथ एक सुधारवादी नेता के रूप में पहचाने जाने लगे। अब उन्होंने राजनीति में भाग लेना प्रारम्भ कर दिया। उन्होंने कलकत्ता के विलिंग्टन स्क्वायर में जनवरी 1929 में मजदूरों व दलितों की एक सभा का आयोजन किया, जिसमें कलकत्ता ही नहीं, अपितु बंगाल व अन्य भागों—बिहार, उडीसा तथा उत्तर प्रदेश के मजदूरों व दलितों ने भी भाग लिया। उस सभा में जगजीवन राम ने श्रमिकों को संगठित करते हुए कहा कि "देश का विकास हम सभी पर निर्भर करता है। हमें दुश्मन से सावधान व संगठित रहन की आवश्यकता है।"[69]

इस सभा में लगभग पचास हजार लोगों ने हिस्सा लिया। सभा के सफल आयोजन का प्रभाव ऐसा पड़ा कि कलकत्ता विश्वविद्यालय के कुलपति, प्राध्यापकों, विद्यार्थियों, मिल मालिकों, मजदूरों, नेताओं और लोक प्रशासकों ने बाबू जगजीवन राम की खूब सराहना की। इसी समय बिहार और दूसरे क्षेत्रों के असंगठित मजदूरों के साथ एक मंच तैयार कर अगस्त 1929 को 'अखिल भारतीय रविदास सभा' की स्थापना की।[70] इस सभा के मुख्य उददेश्य थे—

1. दलितों को संगठित करना।
2. उनकों शिक्षित करने का प्रयास करना।

3. नशाबन्दी का प्रचार करना।

– उनका मानना है कि संस्था अपने उद्दश्यों को तभी पूरा कर सकेगी जब तक उसके समाज एवं समुदाय के लोग जागरूक न हो जायें।

– उनकी यह भी मान्यता थी कि दलित समाज के लोग यदि नशा छोड़ देंगे तो वह बचत कर सकेंगे। तब ये लोग इस धन से घरेलू रोजमर्रा की वस्तुएँ खरीद सकेंगे।

– अच्छा खायेंगे तथा स्वस्थ रहेंगे और जब उनके घरों का वातावरण अच्छा होगा तो अपने बच्चों को अच्छी शिक्षा भी दिलायेंगे।

– शिक्षा से उनका बौद्धक और शारीरिक विकास होगा। उन्हें अपने समाज के प्रति कर्तव्यों का बोध होगा और वे संगठित होंगे।

वे मजदूरों के सभी समुदायों और गरीबों में सहानुभूति एवं जागरूकता और शोषण के विरुद्ध आवाज उठाना अपना कर्तव्य समझते थे। वे जानते थे कि कोई भी राष्ट मजदूरों में अनुशासन पैदा किये बिना प्रगति नहीं कर सकता है। कलकत्ता में ही एक सभा को सम्बोधित करते हुए उन्होंने कहा "मजदूर राष्ट की रीढ़ की हडडी है।"[71]

असंगठित क्षत्रों में श्रमिकों की समस्याओं पर ध्यान केन्द्रित करने वाले वे प्रथम भारतीय थे, जिन्होंने उनकी (मजदूरों) की समस्याओं को देखा, परखा एवं निवारण किया। वे मजदूरों की मुक्ति में ही राष्ट की सच्ची सेवा समझते थे।

डॉ. आम्बेडकर का विचार था कि धर्म संस्कृति को बदलता है, और इसी बदलाव के लिए उन्होंने दलितों के लिए बौद्ध धर्म को स्वीकार किया था। पर उनकी दृष्टि में आर्थिक विकास और मुक्ति समाजवादी व्यवस्था में ही है। "वे भारत में मजदूरों की सरकार चाहते थे, न कि सामन्तों और पूँजीपतियों की।"[72]

शुरुआती समय में कम्पनी (ब्रिटिश ईस्ट इंड़िया) व्यापार करने के लिए भारत में प्रविष्ट हुई थी, जो अपने साथ सूती वस्त्र खरीदने के लिए बुलियन (चाँदी और सोने के रूप में वस्तुओं के बदले दिया जाने वाला मूल्य) के द्वारा भारतीय वस्तुओं की क्रय करती थी। लेकिन जब भारत में उसका पूर्णतः एकाधिकार हो गया, तब वह भारतीयों पर कर लगाकर सैनिकों के खर्चे का निपटारा करने लगी। इस प्रकार भारतीय किसानों एवं खेतिहर मजदूरों पर जुर्म होने लगा।

अंग्रेजों ने देश की कृषि आधारित अर्थ व्यवस्था में भी महत्त्वपूर्ण परिवर्तन किये ताकि इन परिवर्तनों से उन्हें अधिक लाभ हो और किसानों को ज्यादा कुछ न मिले। उनका मानना था कि जब किसानों को ज्यादा कुछ नहीं मिलेगा, तो वे मजदूर बनकर रह जायेंगे। साथ ही ब्रिटिश अधिकारियों ने जमींदारी व्यवस्था को जन्म दिया। जमींदारी प्रथा में भूमि के राजस्व को एकत्रित करने के लिए किसी भी क्षेत्रीय प्रतिष्ठित उच्च वर्ण के लोगों को यह कार्य दिया जाता था।

मालगुजारी के लिए उत्तरदायी लोगों को भूमि के व्यक्तिगत अधिकार दिये जाने से वितरण व्यवस्था की संरचना नष्ट हो गयी। पहले कई स्तरों का जटिल संस्तरण मौजूद था, पर अब गाँव में नीचे का आधा हिस्सा ही बचा है (जजमानी व्यवस्था)। ऊपर का आधा हिस्सा समाप्त हो गया है और इसका सरकार तथा स्वामी के बीच ही सम्पर्क रह गया है, जो पहले की व्यवस्था से भिन्न था।[73]

इस व्यवस्था के अनुसार अंग्रेजों के समर्थकों तथा उसमें भी अधिक बोली लगाने वाले को ही प्रस्तावित क्षेत्र का राजस्व एकत्रित करने का अधिकार मिलता था। इसके चलते जमींदार अधिक बोली लगाये जाने के कारण अकाल, सूखा, बाढ़ आदि प्राकृतिक विपदाओं के आने के बावजूद भी करों में कोई कटौती नहीं करते थे, और अधिक से अधिक कर वसूलने में लगे रहते थे। जिसके कारण खेतिहर मजदूरों का शोषण होने लगा। भूमिकर वसूली करने वाले जो भारतीय अंग्रेजों के गुलाम जमींदार, जागीरदार, तालुकेदार थे। वे बड़ी-बड़ी पदवियों जैसे—राय साहब, राय बहादुर व सरसाहब आदि से सुशोभित किये जाते थे।[74]

ये पदवीधारी बड़ी-बड़ी जोत के मालिक होते थे, जो शोषण के अनेकानेक तरीके प्रयोग करके अधिक से अधिक राजस्व प्राप्त करते थे। साथ ही साथ जजमानी व्यवस्था के तहत श्रमिकों को जमींदारों के यहाँ काम करना होता था, वे पीढ़ी दर पीढ़ी उनकी सेवा में लगे रहते थे। जजमानी प्रथा में कार्य के बदले भू-स्वामियों की ओर से उत्पादन का तय शुदा भाग ही मिलता था। वह तयशुदा भाग बाबा-आदिम के जमाने, सैकडों वर्षों से चला आ रहा था। उस तयशुदा भाग से श्रमिक का परिवार के भरण-पोषण तो क्या बल्कि स्वयं का गुजारा नहीं हो पाता था।

दलितों में जाति प्रथा की संकल्पना और उसका व्यवहार अभिजात वर्ग के विचार पर आधारित है और लोकतन्त्र की विचारधारा के सर्वथा प्रतिकूल है। फिर भी पुराने युग में इसने समाज को तनिक स्थिरता दी। वर्ण व्यवस्था में आचार और व्यवहार की जो सीमाएँ बाँधी गयीं थीं उनके भीतर हम लोग स्वतन्त्र थे परन्तु यह स्वतन्त्रता अत्यन्त सीमित थीं। अधिकतर ग्रामवासी दासों जैसा जीवन व्यतीत करते थे, शासक चाहे कोई भी हो। जुलाहे, बढ़ई, चमार, नाई, धोबी और अन्य कारीगरों की समृद्धि इस बात पर निर्भर थी कि वे प्रतिदिन श्रम करते हैं या नहीं। राजनीतिक परिवर्तनों से उनकी आजीविका पर कोई प्रभाव नहीं पड़ता था।[75]

सभ्यता के उदय से ही भारत कृषि प्रधान देश माना गया। यहाँ की लगभग 80 प्रतिशत जनता कृषि पर आधारित है। कृषि के लिए पूँजी, भूमि और श्रम की आवश्यकता होती है। इसमें 'श्रम' सबसे महत्त्वपूर्ण तत्त्व है। कार्ल मार्क्स ने इतिहास की 'आर्थिक व्याख्या' के सिद्धान्त का प्रतिपादन किया।

इसकी वैधता के बारे में काफी मतभेद उभरा। मार्क्स ने इसे सिद्धान्त के रूप में नहीं वरन श्रमिकों को दिशा दिखाने के रूप में प्रतिपादित किया था कि यदि

श्रमिक वर्ग अपने हितों को सर्वोपरि महत्त्व दें, जैसाकि स्वामी वर्ग अपने हितों को देता है, तो इतिहास के जीवन के आर्थिक पहलुओं को पहले से बेहतर तरीके से उजागर करेगा।[76]

बाबू जगजीवन राम को उन दिनों साम्यवादी विचारधारा ने भी प्रभावित किया था। उन्होंने 'कम्युनिस्ट मेनीफेस्टो' तथा कार्ल मार्क्स रचित 'दास कैपिटल' का गहन अध्ययन किया और सर्वहारा वर्ग को सबल बनाने की पूरी कोशिश की।

देश की आजादी में लड़ रहे अनेक क्रान्तिकारियों जैसे चन्द्रशेखर 'आजाद' और मन्मथनाथ गुप्त आदि से सम्पर्क स्थापित किया। नेता जी सुभाष चन्द्र बोस उन दिनों कांग्रेस के गरम दल के नेता के रूप में जाने जाते थे। उनके अछूतोद्धार सम्बन्धी विचारों का बाबू जगजीवन राम पर गहरा असर पड़ा। उन्होंने कलकत्ता में नेता जी सुभाष चन्द्र बोस से सम्पर्क किया और अपने कार्यों का पूर्ण विवरण दिया। सुभाष बाबू की यह मान्यता थी कि "जिस दिन इन पीड़ित (शोषित) वर्गों में अपनी दयनीय स्थिति के प्रति असन्तोष उत्पन्न होगा उस दिन इनमें विद्रोह की आग सुलगेगी और ये वर्ग ज्वालामुखी के समान भभक उठेंगे। उनके इस विद्रोह से देश में जन क्रन्ति होगी जो न केवल हिन्दू समाज की काया पलट देगी वरन राष्ट्रीय जीवन को ही नये मार्ग पर ला खड़ा करेगी।"[77]

जगजीवन राम ने गम्भीरतापूर्वक विचार किया कि यदि दलितों का उद्धार न हुआ और वे इसी प्रकार दीन-हीन दशा में हिन्दू समाज के तिरस्कृत व बहिष्कृत अंग बने रहे तो आजादी प्राप्त करने पर भी हिन्दू समाज के उच्च वर्गों द्वारा इनका शोषण नहीं मिटेगा।

इस पिछड़ेपन से देश के राजनीतिक जीवन में इन करोड़ों दलितों का कोई स्थान न होगा। उनकी कोई आवाज न होगी इसीलिए उन्होंने दलितों को संगठित करने का कार्य प्रारम्भ कर दिया।

जब सन् 1929 ई. में लाहौर में रावी के तट पर 'पूर्ण स्वराज्य' की घोषणा करने वाला भारतीय राष्ट्रीय कांग्रेस का अधिवेशन हुआ, तब इन्होंने उस अधिवेशन के साथ-साथ एक अछूत सम्मेलन का भी सफल आयोजन किया।[78]

वे दलितों के अन्दर ऐसा शन्तिपूर्ण परिवर्तन लाना चाहते थे, जिससे उनके न केवल रहन-सहन का स्तर सुधरे बल्कि वे अपने योगदान के बार में भी सजग रहें। वे दलितों की दयनीय दशा बदलना चाहते थे ताकि उनकी आर्थिक स्थिति सृदृढ़ हो और वे अपने बच्चों को अच्छी शिक्षा दिलाकर उन्हें संगठित कर सकें।

सन् 1931 में अंग्रेजों ने ब्रिटिश भारत[79] में जातिगत जनगणना सम्पन्न करवायी। इस जनगणना के अनुसार देश में खेतिहर मजदूरों की संख्या 3 करोड़ 40 लाख थी। उन दिनों जगजीवन राम कलकत्ता विश्वविद्यालय के छात्र थे। उन्हीं दिनों बड़ी-बड़ी मिलों और फैक्ट्रियों में काम करने वाले असंख्य कुशल, अर्ध-कुशल और

गैर कुशल श्रेणियों की अनेक यूनियनें अंग्रेजी प्रशासनिक दमन-चक्र से पीड़ित थी, और न्यूनतम मजदूरी के निर्धारण, निर्धारित कार्य अवधि, दोपहर के भोजन के लिए समय का निर्धारण, छुट्टी के दिनों में वेतन, कार्य करने की दशाओं में सुधार को लेकर हड़तालें हो रही थी। कलकत्ता में मिलें और फैक्ट्रियाँ अधिक थीं।

अनेक स्थानों पर तो मिल मालिक तालाबन्दी का सहारा लेकर मजदूरों को नौकरी से निकालने में जुट पड़े थे। कलकत्ता में मजदूरों की दशा अधिक दयनीय थी। वहाँ की जूट मिलों, सूती मिलों, हड्डी उर्वरकों की मिलों में श्रमिकों का हित न होकर सिर्फ पूँजीपतियों का ही ध्यान दिया गया था। 1934 ई. में वे गाँधी जी द्वारा स्थापित हरिजन सेवक संघ बिहार के महामन्त्री बने। फिर देखा कि इस संगठन से काम नहीं चलेगा तो 1935 में 'अखिल भारतीय दलित वर्ग संघ' की नींव रखी। इस संस्था के द्वारा दलितों को संगठित किया।[80]

ब्रिटिश कालीन भारतीय उपमहाद्वीप में प्रत्यक्ष मजदूरी पाने वाले श्रमिक भी शोषित किये गये। बाद में धीरे-धीरे कारखानों का उत्पादन बढ़ा। अनुपम सेन द्वारा प्रस्तुत आँकड़े बताते हैं कि 1894 में 815 कारखानों में औसतन 3,50,000 श्रमिक काम करते थे। 1919 में 3400 कारखानों में 11,71,000 श्रमिक काम करते थे। 1939 में कारखानों की संख्या बढ़कर 10,464 हो गयी और श्रमिकों की संख्या 1,751,000, इस उपमहाद्वीप को देखते हुए यह संख्या अधिक नहीं थी। लेकिन श्रमिकों की आवश्यकता रेलों, बन्दरगाहों तथा सब तरह के निर्माण कार्यों और सिंचाई के लिए भी थी। महत्त्वपूर्ण तथ्य यह है कि इन श्रमिकों का प्रयोग न केवल भारत में बल्कि सम्पूर्ण साम्राज्य में किया जाता था। दलित तथा नीची जातियों के श्रमिक बागानों में काम करने के लिए अपने इलाके से पलायन कर जाते थे। वेस्ट इण्डीज, दक्षिण अफ्रीका, दक्षिण पूर्व एशिया तथा फिजी में ऐसे ही प्रवासी भारतीय गये थे।[81]

बाबू जगजीवन राम ने न्यूनतम मजदूरी की समस्याओं पर ब्रिटिश सरकार को उनकी (श्रमिकों) की ओर से ज्ञापन दिया और साथ ही साथ इस सम्बन्ध में मजदूरों के साथ धरना भी दिया तथा मजदूरों की गृहिणियों को एकत्र कर सदैव घरों की सफाई रखने और बच्चों को शिक्षित करने को कहा जिससे मजदूर का बेटा फिर मजदूर न बने।

इसके तहत उन्होंने कलकत्ता की अनेक बस्तियों मे पाठशालाएँ स्थापित कीं, जिससे श्रमिकों के बच्चों को शिक्षा सुलभ हो सके। वे देश के बुनियादी ढाँचें में क्रान्तिकारी परिवर्तन लाने के पक्षधर थे। भारत में बीसवीं शताब्दी के चौथे दशक में मजदूरों पर अत्याचार चरम पर था, इन बातों को देखते हुए उन्होंने 1937 में खेतिहर मजदूर सभा बनायी, जो मुख्यतः खेतों में काम करने वाले श्रमिकों के शोषण के खिलाफ वास्तविक संगठन थी।

'खेतिहर मजदूर सभा' द्वारा खेतों में बेगार करवाने, कम मजदूरी पर काम करवाने और श्रमिकों पर ज्यादतियों के विरोध में बिहार एसेम्बली पर खेत मजदूरों का प्रदर्शन भी किया गया। युवा जगजीवन राम ने श्रमिकों को संगठित किया और उनमें अपने अधिकारों के प्रति जागरूकता पैदा की, साथ ही साथ 1938 के भारतीय राष्ट्रीय कांग्रेस के वार्षिक अधिवेशन (हरिपुरा) के समय 'खेतिहर मजदूर सभा' का अधिवेशन हरिपुरा में करवाया। यह गुजरात वालों को अच्छा नहीं लगा।[82]

सरदार पटेल को डर था कि उनके द्वारा बनायी गयी 'किसान सभा' कहीं जगजीवन राम द्वारा बनायी गयी 'खेतिहर मजदूर सभा' के समक्ष कमजोर न पड़ जाय। अतः उन्होंने यह कह कर इसका विरोध किया कि इससे खेत मजदूर और किसानों के अलग-अलग खेमे बन जायेंगे।

इस पर बाबूजी ने तर्क दिया कि किसान और मजदूर दो अलग-अलग वर्ग हैं। उनका हित भी अलग-अलग है एवं समस्यायें भी भिन्न हैं। उस समय किसान सभा का मुख्यकार्य जमीदारों से लड़ना और जमींदारी प्रथा खत्म करना था, जो प्राकृतिक आपदा के समय भी राजस्व में कोई छूट या माफी नहीं देते थे। जबकि 'खेत मजदूर सभा' का कार्य खेतों में मजदूरी करने वालों को उचित मजदूरी दिलवाने, उन पर होने वाले अत्याचारों से मुक्ति-दिलाने के लिए संघर्ष करना था। 'खेत मजदूर सभा' का कार्य क्षेत्र बिहार एवं संयुक्त प्रान्त में 2-3 वर्षों तक बहुत तेजी से सक्रिय रहा।

लेकिन 1940 ई. में 'व्यक्तिगत-सत्याग्रह' के समय दिसम्बर में बाबू जी 'पीरो से गिरफ्तार किये गये। उनकी गिरफ्तारी तथा हजारी बाग जेल में जाने के बाद नेतृत्व न होने की वजह से 'खेतिहर मजदूर सभा' का संघर्ष कमजोर पड़ गया। 'खेतिहर मजदूर सभा' का कार्य मुख्यतः बड़ी-बड़ी जोतों में पीढ़ी दर पीढ़ी कार्य करने वाले श्रमिकों की समस्याओं का निवारण करना और परम्परागत अधिकार प्राप्त व तथाकथित सभ्य समाज के उच्च वर्गों के लोगों के द्वारा शोषण के विरुद्ध संघर्ष करना था। यह सभा बड़े पैमाने पर कार्य कर रहे श्रमिकों के शोषण के खिलाफ तो सफल रही, लेकिन गाँवों, कस्बों में कृषि मजदूरी में संलिप्त श्रमिको की आवाज नहीं बन सकी।

बाबूजी आजादी की लड़ाई में शामिल रहते हुए ऐसे गरीबों, पिछड़े, शोषितों की आवाज बुलन्द करते थे, जिनका कोई ऐसा संगठन या मंच नही था जिससे वे अपनी बात कह सके या अपने सुख-दुःख को बाँट सके। बीसवीं शताब्दी के मध्यान्तर तक आते-आते वे 'गरीबों का मसीहा' के रूप में स्थापित हो चुके थे।

सामान्य रूप से दलित भौगोलिक आधार पर शहरों में कम, गाँव में अधिक रहते थे, उनके जीविकोपार्जन का साधन भू-स्वामियों की खेती में कार्य करके पारितोषिक लेना था। पारितोषित से यहाँ अभिप्राय मुद्रा के रूप में न होकर आवश्यक वस्तुओं से था। इसमें आनाज या पका हुआ खाना (जो स्वामियों के घर

के सदस्यों से ज्यादा हो जाता था वह) भी शामिल था।

श्रमिक हल चलाने से लेकर खेती में बीजारोपण, पानी लगाना, निराई करना, उसकी देखभाल करना, फसल पकने पर काटना, अनाज का दाना निकालना, अनाज एकत्र करके भू-स्वामियों की इच्छानुसार उसे बिक्री के लिए खलिहानों से, बाजार ले जाना आदि कार्य कृषि मजदूरों के ही होते हैं। इस तरह से इतनी मेहनत के बावजूद उनके मौलिक जरूरतों की वस्तुएँ, दिये गये मेहनताना से जुट नहीं पाती थीं। प्रजातन्त्र में एक राजनीतिक दल को सरकार बदलने का अधिकार है, लेकिन उसे अपने राजनीतिक स्वार्थों के लिए कामगारों के शोषण का अधिकार नहीं।

("In a democracy, a political party has the right to change the Government, but it has no right to exploit workers for its political end.")[83]

युवा जगजीवन राम बचपन से श्रमिकों की इन्हीं समस्याओं से रूबरू ही नहीं हुए, बल्कि बहुत करीब से देखा था, अतएव श्रमिकों के लिए संघर्ष एवं उनके प्रति विचारों को देखते हुए अन्तरिम सरकार ने 2 सितम्बर 1946 को गठित मन्त्रिमण्डल में उन्हें श्रम मन्त्रालय दिया गया।[84]

वे अन्तरिम सरकार में गठित मन्त्रिमण्डल में सबसे कम उम्र के मन्त्री थे। उन्होंने तन्मयता से एवं बडी सूझ-बूझ के साथ श्रमिकों की समस्याओं का निपटारा किया एवं श्रमिकों के हितों को सुरक्षित किया। उस समय लागू 'श्रमिक विधान', जो श्रमिकों के हितों में बाधा बने हुए थे, उन्हें संशोधित किया ताकि वे श्रमिकों के हितों की रक्षा करे या उनके स्थान पर उन्होंने नवीन अधिनियम बनाये जो श्रमिकों के लिए कल्याणकारी थे।[85]

पूँजीपतियों की लूटपाट और शोषण की चर्चा करते हुए उन्होंने कहा था, "यद्यपि हमें 15 अगस्त 1947 को राजनीतिक स्वतन्त्रता प्राप्त हुई है, लेकिन अब भी हम आर्थिक स्वतन्त्रता प्राप्त करने में असमर्थ रहे हैं। वास्तविक स्वतन्त्रता गरीबी और निरक्षरता के उन्मूलन में तो है ही, साथ ही देश के लाखों मेहनतकश लोगों को समुचित आश्रय, स्वस्थ रहने की परिस्थितियाँ और प्रतिदिन कम से कम दो बार भोजन मुहैया कराने में निहित है। यह तभी सम्भव हो सकता है जब पूँजीपति और श्रमिक आपस में जुड़वां भाइयों की तरह व्यवहार करेंगे और श्रमिकों की कठिनाइयों को समझते हुए धन को कुछ ही हाथों में संचय होने से रोकेंगे।"[86]

उनमें गरीब श्रमिकों के प्रति बहुत ही आदर-भाव था। वे उद्योग में एवं समाज के साथ ही साथ एक राष्ट निर्माण में मेहनतकश लोगों को भागीदार मानते थे। जहाँ एक ओर बाबू जगजीवन राम ने उत्पादन की गुणवत्ता सुधारने पर जोर दिया, तो दूसरी ओर उन्होंने श्रमिकों को संगठित रहने का आह्वान किया। उन्होंने लिखा है कि "हम उन श्रमिकों की अनदेखी नहीं कर सकते कि श्रमिक अपनी माँगों और परेशानियों को मालिकों, जनता और सरकार के समक्ष रख सकें।"[87]

राष्ट्रवादी नेता के रूप में बाबू जगजीवन राम के विचार व कार्यशैली अन्य नेताओं से अलग थी। 8 अप्रैल, 1946 को शिमला में दलित वर्ग संघ के अध्यक्ष के रूप में ब्रिटेन आये कैबिनेट मिशन के सामने बाबू जगजीवन राम ने स्पष्ट कहा कि कि भारत का दलित समाज अपने देश की स्वतन्त्रता चाहता है। बाबू जी की प्रेरणा से अनेक दलित आजादी की लड़ाई में सम्मिलित हुए और उसे शक्ति दी। इसके फलस्वरूप भारत आजाद हुआ। अछूतिस्तान की माँग पर बाबू जी ने तीसरे विभाजन को रोकने में महत्त्वपूर्ण भूमिका अदा की।[88]

उन्होंने श्रमिकों के लिए अपना विशेष योगदान दिया। चूँकि ज्यादातर श्रमिक दलित वर्ग से ही सम्बन्ध रखते थे तथा उनका शोषण जोरों पर था। अतः उन्होंने मजदूरों के लिए उनके शोषण के विरुद्ध विधान बनाये और पारित करवाये। उनका मानना था कि कृषि प्रधान देश में आरक्षण का लाभ मुट्ठी भर दलित ही पा सकेंगे और खेत में काम करने वाले करोड़ों भूमिहीन दलितों की दशा वैसे ही दीन-हीन बनी रहेगी।

आजादी के पूर्व दलित खेती तो करते थे, परन्तु वह जमीन के मालिक नहीं थे। जमींदार, जागीरदार, राय साहब, सर साहब आदि पदवियों से सम्मानित शोषित लोगों के यहाँ जजमानी प्रथा के तहत बेगार आदि करने पर मजबूर थे। वे इस तरह की कुप्रथाओं के शिकार थे।

बाबू जी ने यह प्रावधान कराया कि जो हरिजन जिस जिस जमीन पर मजदूर के रूप में खेती करता आ रहा है, वह उसका मालिक बना दिया जाये। समय-समय पर भूमिहीन दलितों और गरीबों के बीच भूमि वितरित की गयी। फलस्वरूप बड़ी तादाद में भूमिहीन मजदूर से भू-स्वामी बन गये। इन्हीं सब कमजोर तबकों के लिए किये गये कार्यों को देखते हुए राष्ट्रीय स्तर पर कमजोर वर्ग के नेता के रूप में स्थापित होने से उन्हें अन्तरिम सरकार (1946) में गठित मन्त्रिमण्डल में श्रम मन्त्री बनाया गया क्योंकि उन्होंने ही अछूतों की दर्दनाक स्थिति को अपनी आँखों के सामने देखा और झेला था।

"Mazdoors did not only mean physical labourers but mean also those who work with pen and brain."[89]

उन्हें भी समाज में व्याप्त जातिगत ऊँच-नीच का मर्म ज्ञात था। भारत के अछूत लोग अपने ही देश में सदियों तक दर्दनाक तकलीफों और कष्टों से गुजरे हैं। भारत की तुलना में गुलामों, नीग्रो तथा यहूदी लोगों के कष्ट और अपमान कुछ भी नहीं हैं। जब हम किसी मानव द्वारा दूसरे मानव की अमानवीयता के बारे में सोचते हैं, तो अछूतों के खिलाफ हिन्दुओं के सनातनवाद का कहीं कोई सानी (बराबरी) नहीं है। India since 1947: The founding fathers of the Indian republic outlawed caste based discrimination. But caste survives in many forms because of political and social reasons. The framers of the constitution wanted a casteless society.[90]

भारत के अछूत सदियों से दुनिया के सबसे गये-गुजरे गुलाम बने रहे। भारत में ब्राह्मणवाद के अन्दर ऐसे विषैले जीवाणु थे कि इसने निकृष्टतम किस्म के अन्याय के खिलाफ विद्रोह करने की इच्छा को ही मार डाला।

इस तरह भारत के अछूतों ने शताब्दियों तक कठिनाईपूर्वक समय झेला है। उनके लिए उस युग को अन्धकार युग कहा जा सकता है। सदियों से त्रस्त पद-दलित, प्रताड़ित एवं उपेक्षित इस वर्ग के लिए उत्थान की बात किसी शासक या सम्राट ने नहीं की बल्कि उसी समाज से निकले लोगों ने जिन्हें भोगी हुई पीड़ा का एहसास था। उन महापुरुषों ने समाज में व्याप्त इन अमानवीय असमानताओं का खुलकर विरोध किया।

भारत में अंग्रेजों के आने से पाश्चात्य मूल्यों एवं शिक्षा के प्रभाव से शोषणापूर्ण अमानवीय अव्यवस्थाओं का विरोध होने लगा। ब्रिटिश शासन के दौरान काफी लम्बे समय तक इन अछूतों (दलितों) को पाश्चात्य शिक्षा और सभ्यता का सम्पर्क प्राप्त हुआ।

भारत के इतिहास में वैसे ही कुछ शूद्र और अतिशूद्र वर्गों के महामानवों ने दलितों के अन्दर शोषण के विरुद्ध विद्रोह की भावना को पैदा कर बलवती किया। इस तरह से बीसवीं शताब्दी के आरम्भ से ही अछूतों (दलितों) को लगभग पूरे भारत में छुआछूत तथा सामाजिक अन्यायपूर्ण व्यवस्था के खिलाफ दलित समाज एक होकर पहले जाति-व्यवस्था तोड़ने में नाकाम रहा लेकिन बाद में तोड़ने के बजाय अपनी ही जाति-व्यवस्था को मजबूत करने में लग गया। अब वह एक मजबूत शक्ति के रूप में आकर उभरा।

यानी हम संसाधनों व पहुँच में अपने विरोधी से कमजोर हैं लेकिन संख्या में तो ज्यादा हैं। अतएव एकजुट होकर दलित समाज आर्थिक, सामाजिक, राजनैतिक अधिकार प्राप्त करने के लिए अग्रसर हुआ। लेकिन अभी भी सवर्ण समाज, भारतीय शासक वर्ग अंग्रेजों की अधीनता को स्वीकार कर सकता था लेकिन मूलनिवासियों, अछूतों (दलितों) को थोड़ा भी अधिकार देने से घबरा जाता है। इस तरह से दलितों को सामाजिक समानता प्राप्त करने में अनेक अड़चनें थीं। शुरुआती जीवन में बाबू जगजीवन राम को जातिगत दंश झेलना पड़ा जो उन्हें पूरे जीवन में एक शक्ति प्रदान करता रहा और दलितों को सशक्त बनाने में महत्त्वपूर्ण कार्य किया।

सन्दर्भ

1. पीपुल वॉयस, हिन्दी मासिक पत्रिका, वर्ष-08, अंक-07, फरवरी 2012, सम्पादक : डॉ. मुकेश कुमार, प्रकाशन : न्यू सिपाही टोला, पूर्णिया बिहार से प्रकाशित

2. डॉ. रामविलास भारती; शोध पत्र 'बीसवीं सदी के उत्तरार्द्ध में दलित समाज : एल. इलैयापेरुमल रिपोर्ट के आलोक में', इतिहास दृष्टि : दिसम्बर 2009, प्रकाशक : सैयद नजमुल रज़ा रिजवी, प्रकाशन : दी.द.उ. गोरखपुर विश्वविद्यालय, पृ. 175
3. डॉ. माता प्रसाद (पूर्व राज्यपाल अरुणाचल प्रदेश); दलित चिन्तक, से साक्षात्कार का एक अंश
4. रोहित कुमार 'राहुल'; दलित चिन्तक
5. प्रकाश, ओम; प्राचीन भारत का सामाजिक एवं आर्थिक इतिहास; 2001, विश्व प्रकाशन (न्यू एज इन्टरनेशनल) नयी दिल्ली, पृ. 3
6. प्रकाश, ओम; प्राचीन भारत का सामाजिक एवं आर्थिक इतिहास; 2001, पूर्वोद्धृत, पृ. 8
7. चन्द्रा आर., चंचरीक कन्हैयालाल; आधुनिक भारत का दलित आन्दोलन; 2003 यूनिवर्सिटी पब्लिकेशन, नयी दिल्ली पृ. 1
8. थापर, रोमिला; भारत का इतिहास, राजकमल प्रकाशन, नयी दिल्ली, 1975 XIX संस्करण, 2004, पृ. 19
9. चन्द्रा आर, चंचरीक, कन्हैयालाल; आधुनिक भारत का दलित आन्दोलन, पूर्वोद्धृत, पृ. 2
10. चक्रवर्ती, दिलीप कुमार; आद्य इतिहास; झा दिजेन्द्र नारायण, कृष्ण मोहन श्रीमाली; प्राचीन भारत का इतिहास, प्रथम संस्करण 1981, प्रकाशक : हिन्दी माध्यम कार्यान्वयन निदेशालय, दिल्ली विश्वविद्यालय, नयी दिल्ली, पृ. 95
11. चोपड़ा, पी.एन.; पुरी, बी.एन.; दास, एम.एन.; भारत का सामाजिक, सांस्कृतिक, और आर्थिक इतिहास, संस्करण, 2004, मैकमिलन प्रकाशन, नयी दिल्ली, पृ. 22
12. Times of India, 'Daily News Paper, Special Report: Caste in Stone, 16 may 2010, Published From Lucknow
13. थापर, रोमिला; भारत का इतिहास, पूर्वोद्धृत, पृ. 19
14. आम्बेडकर, डॉ. बी.आर.; शूद्रों की खोज, सातवीं आवृत्ति 15 जून 2008, प्रकाशक : गौतम बुक सेन्टर, शाहदरा, दिल्ली, पृ. 11
15. ऋग्वेद, 10.90.12 : ब्राह्मणोऽस्य मुखामासीत् बाहुः राजन्यः कृतः। उरुत्तदस्य यद्वैश्यः पद्भ्यां शूद्रोऽजायत्।।
16. राम, जगजीवन; भारत में जातिवाद और हरिजन समस्या, संस्करण 1996, प्रकाशक : राजपाल एण्ड सन्ज, कश्मीरी गेट, दिल्ली, पृ. 10
17. ऋग्वेद, 4. 30. 13.; 5. 40. 6. 10. 69. 6 /शर्मा रामशरण, शूद्रों का प्राचीन इतिहास, प्रथम संस्करण 1992, प्रकाशक : राजकमल प्रकाशन, नेताजी सुभाष मार्ग, नयी दिल्ली, पृ. 17
18. हंस, बुद्ध शरण; (लेख) दलित जीवन की चेतना के आयाम; जन चेतना का सजग प्रहरी, हिन्दी मासिक पत्रिका, अंक मई 1998, नयी दिल्ली, पृ. 37
19. राम, जगजीवन; भारत में जातिवाद और हरिजन समस्या, पूर्वोद्धृत, पृ. 10
20. Statement of Prof. John Webester, 'Dalit Thinker and Historian, during interview on 21.08.2010
21. आम्बेडकर, डॉ. बी.आर.; शूद्रों की खोज, सातवीं आवृत्ति 15 जून 2008, प्रकाशक : गौतम बुक सेन्टर, शाहदरा, दिल्ली, पृ. 37
22. Special Report: Caste in Stone, Times of India, 'Daily News Paper', 16 may 2010, Published From Lucknow
23. आम्बेडकर, डॉ. बी.आर.; शूद्रों की खोज, सातवीं आवृत्ति 15 जून 2008, प्रकाशक : गौतम बुक सेन्टर, शाहदरा, दिल्ली, पृ. 13

24. राम, जगजीवन; भारत में जातिवाद और हरिजन समस्या, पूर्वोद्धृत, पृ. 10
25. आम्बेडकर डॉ. बी.आर.; शूद्रों की खोज, पूर्वोद्धृत, पृ. 16
26. सिंह, डॉ. रामगोपाल; सामाजिक न्याय एवं दलित संघर्ष, द्वितीय संस्करण, 2006, हिन्दी ग्रन्थ अकादमी, जयपुर, पृ. 36
27. जोशी, शान्ति; नीतिशास्त्र, 1956, प्रथम संस्करण, प्रकाशक, ज्ञान मण्डल, बनारस, पृ. 565
28. सिंह, बद्रीनाथ; भारतीय दर्शन, 2005, आशा प्रकाशन, वाराणसी, पृ. 101
29. कुमार, रोहित 'राहुल'; दलित चिन्तक, से 25-4-2010 को शोधार्थी द्वारा लिया गया साक्षात्कार
30. सुधीर, हिलसायन; दलित चिन्तक व बाबा साहेब राइटिंग एवं स्पीचेज, कलेक्टेड वर्क्स, के सम्पादक से 21-12-2010 को शोधार्थी द्वारा लिया गया साक्षात्कार
31. हबीब, इरफान; भारतीय इतिहास में जाति और मुद्रा; जून 2006, प्रकाशक : पीपुल्स पब्लिशिंग हाउस, नयी दिल्ली, पृ. 3
32. आम्बेडकर, डॉ. बी.आर.; शूद्रों की खोज, पूर्वोद्धृत, पृ. 19
33. ग्रोवर, बी.एल., यशपाल; आधुनिक भारत का इतिहास, प्रथम संस्करण, 1981, प्रकाशक : एस. चाँद प्रकाशन, नयी दिल्ली। पृ. xxv
34. चौधरी, प्रसन्न कुमार, श्रीकान्त; बिहार में दलित आन्दोलन 1912-2000, वाणी प्रकाशन, 2005, नयी दिल्ली, पृष्ठ 9
35. राम, जगजीवन; भारत में जातिवाद और हरिजन समस्या, पूर्वोद्धृत, पृ. 12
36. Times of India, Special Report : Caste in Stone, 16 May 2010, Published From Lucknow
37. कोशांबी, डी.डी.; एन इन्ट्रोडक्शन टू दि स्टडी ऑफ इंडियन हिस्ट्री, नयी दिल्ली, पृ. 236
38. Special Report : Cast in Stone, Times of India , 16 May 2010, Published From Lucknow
39. Srinivas, M.N., Social Change in Modern India, Edition 1966,Published by University of California Press, Barkeley, p. 3
40. आम्बेडकर, डॉ. बी.आर; राइटिंग और स्पीचेस, संस्करण 1991, वाल्यूम-10, प्रकाशक : एजूकेशन डिपार्टमेन्ट, गवर्नमेन्ट ऑफ महाराष्ट्र, पृ. 43
41. सिंह, आर.जी.; भारत में सामाजिक परिवर्तन एवं सामाजिक समस्याएँ, संस्करण 1987, प्रकाशक : मध्य प्रदेश हिन्दी ग्रन्थ एकादमी, भोपाल, पृ. 166-167
42. भारती, कंवल; राहुल सांकृत्यायन और डॉ. आम्बेडकर; बौद्ध धर्म, आर्य सिद्धान्त और अछूतोद्धार, प्रथम संस्करण 2007, प्रकाशक : साहित्य उपक्रम, दिल्ली, पृ. 01
43. एस.एस. गौतम; गौतम पब्लिशर्स एण्ड डिस्ट्रीब्यूटर्स, नयी दिल्ली, से 18 सितम्बर 2011 को डॉ. बी. आर. आम्बेडकर पी.जी. छात्रावास, हजरतगंज, लखनऊ, में शोधार्थी द्वारा लिया गया साक्षात्कार।
44. मा. कांशीराम; चमचा युग, चतुर्थ संस्करण 2008, प्रकाशक : सिद्धार्थ बुक्स, शाहदरा, दिल्ली, पृ. 8
45. डॉ. आकाश, गौतम; दलित चिन्तक, से लखनऊ में शोधार्थी द्वारा 08.03.2010 को लिया गया साक्षात्कार
46. ओमवेट, गेल; दलित और प्रजातान्त्रिक क्रान्ति : उपनिवेशीय भारत में डॉ. आम्बेडकर एवं दलित आन्दोलन, 2009 संस्करण, सेज पब्लिकेशन, नयी दिल्ली
47. जनगणना रिपोर्ट, 1931
48. चौधरी, प्रसन्न कुमार, श्रीकान्त; बिहार में दलित आन्दोलन 1912-2000, पूर्वोद्धृत, पृ. 12
49. झा, जयशंकर; रीजनल रेकर्ड सर्वे कमिटी, बिहार (1965-67) में उद्धृत, पृ. 80-81
50. माडर्न बिहार, खण्ड II, संख्या-I, अप्रैल 1911, बांकीपुर

51. ओमवेट, गेल; दलित और प्रजातान्त्रिक क्रान्ति : उपनिवेशीय भारत में डॉ. आम्बेडकर एवं दलित आन्दोलन, 2009, सेज पब्लिकेशन, नयी दिल्ली
52. सागर, एस.एल.; दलितों के बाबूजी, 1993, सागर प्रकाशन, मैनपुरी, पृ. 4
53. शोधार्थी यहाँ पर 'अछूत' शब्द इसलिए प्रयोग कर रहा है क्योंकि चतुर्वर्णीय व्यवस्था में तथाकथित निम्न जातियाँ जो उच्च वर्णों की सेवा का कार्य करती थीं उन्हे प्राचीन भारत में शूद्र, अंत्यज, पंचम की संज्ञा दी गयी। 'अछूत' शब्द यहाँ पर इसलिए भी प्रयुक्त हो रहा है क्योंकि तब न तो 'अनुसूचित जाति' और न ही 'दलित' शब्द प्रचलन में था।
54. कुण्ड गाँवों में कुएँ के पास एक विशेष प्रकार की नांद बना दी जाती थी जिसमें गाय, बैल, भैंस, कुत्ते आदि अवारा पशु, पक्षी पानी पीते थे। उन्हीं में से अछूत लोगों को पानी पीना होता था।
55. सागर, एस.एल.; दलितों के बाबूजी, द्वितीय संस्करण 1993, सागर प्रकाशक, मैनपुरी, पृ. 5
56. मौर्य, ओम प्रकाश; आधुनिक भारत के निर्माता बाबू जगजीवन राम, पूर्वोद्धृत, पृ. 2
57. सागर, एस.एल.; दलितों के बाबूजी, द्वितीय संस्करण 1993, सागर प्रकाशन, मैनपुरी, पृ. 7
58. मौर्य, ओम प्रकाश; आधुनिक भारत के निर्माता बाबू जगजीवन राम, पूर्वोद्धृत, पृ. 10
59. मौर्य, ओम प्रकाश; आधुनिक भारत के निर्माता बाबू जगजीवन राम, पूर्वोद्धृत, पृ. 11
60. राम, इद्राणी जगजीवन; देखी सुनी बीती बातें, प्रथम संस्करण 1994, प्रकाशक : जगजीवन विद्या भवन, झण्ड़ेवालान, नयी दिल्ली, पृ. 60
61. बबुआ : बिहार में भोजपुरी भाषा में बच्चे को प्यार से बबुआ कहते हैं। इस सम्बोधन से मुख्यतः बाबू साहब (जो सवर्ण समाज के लोग होते थे) को गरीब (निम्न) वर्ग की जनता (सामान्यजन) आदरपूर्वक पुकारती थी। और उन्हीं के बच्चों को 'बबुआ' कहते हैं।
62. Loksabha Secretariat, Babu Jagjivan Ram in Parliament, Accommemarative Volume, 2005, Publisher : Lok Sabha Secretariat, p. 38
63. राम, इन्द्राणी जगजीवन; इनका संघर्षमय जीवन, पूर्वोद्धृत, पृ. 6
64. राम, इन्द्राणी जगजीवन; देखी सुनी बीती बातें, पूर्वोद्धृत, पृ. 60
65. Times of India, Daily News Paper, Special Report : Caste in Stone, 16 May 2010, Published From Lucknow
66. मा., कांशीराम; चमचा युग, पूर्वोद्धृत, पृ. 8
67. राम, इन्द्राणी जगजीवन; देखी सुनी बीती बातें, पूर्वोद्धृत, पृ. 80
68. राम, इन्द्राणी जगजीवन; देखी सुनी बीती बातें, पूर्वोद्धृत, पृ. 81
69. गुर्टू, शचीरानी; जगजीवन राम आन लेबर प्राब्लम, 1951 प्रथम संस्करण, प्रकाशन : आत्माराम एण्ड संस, न्यू दिल्ली, पृ. 3
70. मौर्य, ओम प्रकाश; आधुनिक भारत के निर्माता बाबू जगजीवन राम, पूर्वोद्धृत, पृ. 15
71. मौर्य, ओम प्रकाश; आधुनिक भारत के निर्माता बाबू जगजीवन राम, पूर्वोद्धृत, पृ. 15
72. आम्बेडकर, डॉ. बी.आर.; राइटिंग और स्पीचेज, वाल्यूम-10, पूर्वोद्धृत, पृ. 43
73. क्रिस, फ्यूलर; ब्रिटिश इण्डिया आर ट्रेडिशनल इण्डिया : लैण्ड, कास्ट एण्ड पावर, हामजा आल्वी और जान हैरिस (सम्पादित) सोश्यालॉजी ऑफ डेंवलपमेंट सोसाइटीज, साउथ एशिया, संस्करण 1989, प्रकाशक : मैकमिलन प्रकाशन, लन्दन पृ. 34
74. सागर, एस.एल.; दलितों के बाबू जी, 1993, पूर्वोद्धृत, पृ. 26
75. राम, जगजीवन; भारत में जातिवाद और हरिजन समस्या, पूर्वोद्धृत, पृ. 14-15
76. सामाजिक न्याय सन्देश, मासिक पत्रिका, अंक-12, दिसम्बर 2008, भारत सरकार, सामाजिक न्याय और आधिकारिता मन्त्रालय, नयी दिल्ली, पृ. 28

77. राम, इन्द्राणी जगजीवन; देखी, सुनी, बीती, बाते, पूर्वोद्धृत, पृ. 75
78. वही, पृ. 75
79. ब्रिटिश भारत : ब्रिटिश भारत से तात्पर्य उन क्षेत्रों से है, जो भारत में अंग्रेजों के अधीन थे।
80. कुमार, मंजुल; बाबू जगजीवन राम, जन्म शताब्दी वर्ष, 2007, पत्रिका, प्रकाशक : डॉ. राजेन्द्र प्रसाद एकेडमी, राजेन्द्र भवन, नयी दिल्ली, पृ. 19
81. ओमवेट, गेल; दलित और प्रजातान्त्रिक क्रान्ति : उपनिवेशीय भारत में डॉ. आम्बेडकर एवं दलित आन्दोलन, 2009 संस्करण, सेज पब्लिकेशन, नयी दिल्ली, पृ. 82
82. राम, इन्द्राणी जगजीवन; देखी सुनी बीती बातें, पूर्वोद्धृत, पृ. 106
83. Gurtu, Shachi Rani; Jagjivan Ram on Labour Problems, First Edition 1951, Publisers : Atama Ram and Sons, New Delhi, p. 158
84. कुमार, मंजुल; बाबू जगजीवन राम, जन्म शताब्दी वर्ष, 2007, पूर्वोद्धृत, पृ. 14
85. मौर्य, ओम प्रकाश; आधुनिक भारत के निर्माता बाबू जगजीवन राम, पूर्वोद्धृत, पृ. 114
86. गुर्ट, शचीरानी; जगजीवन राम आन लेबर प्राब्लम्स, पूर्वोद्धृत, पृ. 11
87. मौर्य, ओम प्रकाश; आधुनिक भारत के निर्माता बाबू जगजीवन राम, पूर्वोद्धृत, पृ. 115
88. डॉ. माता प्रसाद (पूर्व राज्यपाल अरुणाचल प्रदेश); से 16-05-2010 को लिया गया साक्षात्कार
89. Gurtu, Shachi Rani; Jagjivan Ram on Labour Problems, First Edition 1951, Publisers : Atama Ram and Sons, New Delhi, p. 159
90. Special Report : Caste in Stone, Times of India , 'Daily News paper,' 16 May 2010, Published From Lucknow

भारत में नवजागरण और दलित आन्दोलन

विश्व के सर्वाधिक वृहद एवं महत्त्वपूर्ण महाद्वीप एशिया के अन्तर्गत भारत अपनी सभ्यता एवं संस्कृति की प्राचीनता, कला, दर्शन, साहित्य की उच्चता एवं वीरता की पराकाष्ठा के लिए प्रसिद्ध है।

नवजागरण के गर्भ में सामाजिक-सांस्कृतिक सुधार के बीज समाहित थे। नवजागरण का आन्दोलन वहीं आरम्भ हुआ जहाँ सामाजिक, सांस्कृतिक कुरीतियों के विरुद्ध संघर्ष और आन्दोलन का बिगुल बजा। भारत पर मुगलों और अंग्रेजों का शासन सैकड़ों वर्षों रहा है। इसलिए समाज पर इनका भी काफी प्रभाव पड़ा।

इनके शासन काल में अनेक सामाजिक कुरीतियाँ भी उत्पन्न हुईं, जो समाज के लिए कलंक बन गयीं। पिछड़ापन, रूढ़िवादिता, अन्धविश्वास, ढोंगी प्रथाएँ, अशिक्षा आदि सामाजिक बुराइयाँ किसी भी समाज को आगे बढ़ने के बजाय पीछे ढकेलती हैं। इसी समय भारतीय समाज पर पश्चिम के उदारवादी विचारों का भी प्रभाव पड़ रहा था।

सदियों से ब्राह्मणवादी संस्कृति के शिकार के रूप में शूद्र और अतिशूद्र रहे, जो आज पिछड़ी जातियों एस.सी. जातियों और ओ.बी.सी. के रूप में जाने जाते हैं। ये पहले एक अन्धकार युग के दौर से गुजर रहे थे। सन् 1848 ई. के आस-पास ज्योतिबा फूले[1] ने ब्राह्मणवादी संस्कृति के खिलाफ बिगुल बजाया था। 20वीं शताब्दी के शुरू से ही दलित वर्गों ने पूरे भारतवर्ष में ब्राह्मणवादी संस्कृति के विरुद्ध बगावत की शुरुआत की।

इसी के साथ वर्णों में बँटे समाज में जहाँ शासक वर्ग एवं नीति-निर्धारक वर्गों ने समाज में अनेक बुराईयों को संरक्षण दिया है। यह संरक्षण सभ्यता के उदय के साथ-साथ आज भी व्याप्त है। एक तो भारतीय समाज पितृसत्तात्मक है। उससे भी महत्त्वपूर्ण 'जाति प्रथा' 'भारतीय इतिहास की विशिष्टतम और कुछ लोगों के विचार में विलक्षण सामाजिक संस्था है।'[2] हमारे इतिहास और संस्कृति की किसी व्याख्या की परिधि में यदि जाति प्रथा को नहीं समेटा जाता, तो उसे गम्भीरता से नहीं लिया जायेगा।

Caste in stone : 'Caste has existed in India from ancient times evolving from a fluid social structure to a rigid oppressive hierarchy that comdomns some individuals on the besis of their birth.'[3]

दामोदर धर्मानन्द कोसाम्बी की विद्वता की एक स्थाई उपलब्धि यह है कि उन्हें ऐतिहासिक विकास के आलोचनात्मक विश्लेषण के साथ मानवशास्त्री छानबीन की एक जीवंत भावना को सफलतापूर्वक समन्वित किया है। उनके विचार में हमें अन्य जातियों के सापेक्ष किसी जाति विशेष की एक खास श्रेणी भी माननी होगी जो उस जाति-विशेष के सापेक्ष अन्य जातियों की 'शुद्धता' और 'अशुद्धता' की कोटियों में अभिव्यक्त होती है। साथ ही यह प्रत्येक जाति के विशिष्ट रीति-रिवाजों और आचार-व्यवहार में भी अभिव्यक्त होती है।[4]

सोपान के सिद्धान्त के अनुसार जाति-व्यवस्था का मूल तत्त्व, उसका उत्स मानते हैं। इसके बिना जाति प्रथा का अस्तित्व सम्भव ही नहीं है। यह प्रश्न मात्र शब्दों का सवाल नहीं है। यह प्रश्न जाति-प्रथा के इतिहास को और साथ ही अपनी सभ्यता के इतिहास को समझने के लिए अत्यधिक महत्त्वपूर्ण है।

लुई ड्यूमो के विचार में जाति-प्रथा को मूलतः धार्मिक (हिन्दू) विचार धारा की दृष्टि से समझा जाना चाहिए, क्योंकि इस प्रथा के तमाम रूपों में यही विचार धारा व्याप्त है। इसकी अभिव्यक्ति श्रेणियों की अनंत, जटिल और परस्पर-विरोधी व्यवस्थाओं में होती है, जिनमें उत्तम श्रेणी हमेशा ही ब्राह्मणों की होती है। ये पवित्रतम होते हैं और अधिकांश कर्मकाण्डों का संचालन करते हैं।

सेरोकिन ने कहा कि प्रत्येक संगठित समाज स्तरीकरण में विभाजित है। संसार के सभी देशों में अपने प्रकार के स्तर हैं, जिसे वार्ड कहता है 'द लो' निम्न। रोम में 'प्लेबियनस', स्पार्टन में 'हीलोट्स', अंग्रेजी में 'वीलेन्स', इजिप्शियन में 'गुलाम', अमेरिका में नीग्रो, जर्मन में 'ज्यूस'। हिन्दुओं में अस्पृश्य, गिरीजन एवं हरिजन है। हरिजन के अलावा सभी देशों में उपर्युक्त वर्ग समाप्त हो चुके हैं, केवल भारत में अभी भी अस्पृश्य हैं। यह इस बात का द्योतक है कि भारत में एक श्रेणी असुविधा भोगियों की है। इस असुविधा भोगी श्रेणी को सामान्यतया पिछड़ा वर्ग की संज्ञा दी जाती है। इसकी भी निम्नलिखित तीन श्रेणियाँ हैं–

1. अनुसूचित जन जातियाँ, गिरीजन्स (Scheduled Tribes, Girijan)
2. अनुसूचित जाति, हरिजन्स (Scheduled Castes, Harijans)
3. अन्य पिछड़ी जातियाँ (Other Backword Castes)

प्राचीन हिन्दू सामाजिक व्यवस्था में अनुसूचित जातियों का हिन्दू व्यवस्था में एकदम पृथक स्थान था, जैसे वह पाँचवाँ वर्ण हो। इसलिए इन्हें पंचम भी कहा गया।[5]

यह श्रेणीकरण शक्ति या सम्पत्ति के वितरण से उत्पन्न नहीं होता और न उसके संगत होता है, बल्कि यूँ कह लें कि शुद्धता और अशुद्धता के मूलभूत

सिद्धान्तों के निरूपण से उत्पन्न होता है। इस प्रकार जातियाँ वर्गों का कोई 'चरम रूप' नहीं हैं। न ही जाति-प्रथा संस्तरीकरण की कोई व्यवस्था है क्योंकि यह सम्पत्ति या वितरण के संगत नहीं आती और न ही इसका ऐसा होना आवश्यक है।[6] जाति प्रथा का उद्गम 'शुद्धता' की विचारधारा में है, जो सापेक्ष 'शुद्धता' के आधार पर एक सोपान के रूप में निरूपित हुई है और इसके पीछे आर्थिक संवृत्तियों की कोई भूमिका नहीं रही तो फिर भारतीय समाज के अन्दर आर्थिक शक्तियों का आवेग बहुत ही कमजोर रहा होगा। फिर जाति प्रथा के कारण भारत में एक अपरिवर्तनशील सोपान का विकास हुआ।

20वीं शताब्दी के आरम्भ से ही भारत बड़े-बड़े परिवर्तनों का साक्षी रहा है। इस बदलते भारत में दलित भी पीछे नहीं रहे। सवर्ण हिन्दू स्वराज्य के लिए लड़ रहे थे और दलित आत्मसम्मान के लिए संघर्ष कर रहे थे, गुलाम स्वराज्य और स्वतन्त्रता के लिए संघर्ष कर रहे थे जबकि गुलामों के गुलाम शेष दुनिया के अनजान-अज्ञात, युगों पुराने दमन, दासता एवं अपमान से मुक्ति के लिए संघर्ष कर रहे थे। सवर्ण हिन्दू ब्रिटिश शासकों को फुसला कर सत्ता की बागडोर अपने हाथों में पाने के लिए संगठन बना रहे थे। दलित वर्ग इस विचार से भयभीत हो रहे थे कि उनके लिए किसी प्रकार की राहत और भविष्य में सम्मानपूर्वक जीवन के लिए यह सब घटित होने जा रहा है जहाँ युगों-युगों से उनके उत्पीड़क लोगों को भारत की सत्ता हस्तान्तरित कर उन्हें पुनः शासक बनाया जा रहा है।[7]

अछूतों (दलितों) के लिए यह एक परिवर्तन था। उसके पहले सदियों से वे सवर्ण हिन्दुओं के दास बने रहे। उनकी ओर से अचानक यह परिवर्तन क्यों? यह परिवर्तन ब्रिटिश शासन का ही परिणाम था। अंग्रेजों के शासन बनने के साथ ही पाश्चात्य शिक्षा, सभ्यता, संस्कृति भी आयी। पाश्चात्य सभ्यता और संस्कृति की निकटता के कारण दलित वर्गों में नव जागरण का संचार हुआ। इसी समय विश्व में शोषण और अन्याय के खिलाफ समाजशास्त्री, मानवशास्त्री व इतिहासकारों ने नयी-नयी संकल्पनाएँ दीं। यूरोप के साथ-साथ ब्रिटिशों का शासन भारतीय महाद्वीप में होने से अछूत और कमजोर वर्गों में शोषण के विरुद्ध आवाज उठाने के लिए ईसाई मिशनरियों ने खुलकर काम किया।

इसी दौरान हम दलित वर्गों को भारत में छुआछूत और अन्यायपूर्ण सामाजिक व्यवस्था के विरुद्ध खड़े होते हुए देखते हैं। भारत के भौगोलिक नक्शे पर नजर डालें तो पंजाब से लेकर बंगाल तक आदि धर्मी जाटव, कुरीलों, पासियों, पासवानों और नामशूद्रों को आप सम्मान के लिए लड़ते देखते हैं और नीचे जाने पर अहिरवारों, वीरवारों, सतनामियों, महारों, आदि-आन्ध्रों, आदि-कन्नड़ों, आदि-द्रविणों, पुलयों और एझवाओं तथा अन्य दलित समूहों को ब्राह्मणवादी संस्कृति के दमनकारी प्रतीकों के विरुद्ध लड़ते हुए देखते हैं।[8]

पिछले सौ या इससे अधिक वर्षों में अगर वंशगत श्रम-विभाजन की व्यवस्था चूर-चूर नहीं हुई है, तो बहुत कुछ कमजोर पड़ी है। फलस्वरूप जाति-प्रथा के अवशेषों में यह पहलू पृष्ठभूमि में चला गया है। लेकिन इसके शुद्धतः धार्मिक और वैयक्तिक पक्ष कम प्रभावित हुए हैं। भारत में जड़ता, पुरातनपंथी सोच व सिद्धान्त को सबसे पहले ब्रिटिश भारत में देखने को मिलते हैं। भारतीय धन सम्पदा और ऐश्वर्य से प्रभावित यूरोपीय शक्तियों ने भारत से व्यापार सम्बन्ध स्थापित करने के लिए सागरीय मार्गों का अन्वेषण प्रारम्भ कर दिया। वैसे प्राचीन समय से भारत से यूरोप में व्यापार रोम और यूनान से होता था।

बाद में उस्मानी वंश के उदय के साथ कुस्तंतुनिया पर अधिकार कर लेने के बाद यूरोपवासियों ने भारत से व्यापार का अलग मार्ग खोजा। क्योंकि यूरोप में ठण्डा प्रदेश होने की वजह से मांस अधिक खाया जाता है इसलिए मांस के लिए मसाले की आवश्यकता को पूरा करने के लिए यूरोपियों का दक्षिण एशिया से व्यापार करना आवश्यक हो गया था।

सर्वप्रथम 'केप ऑफ गुड होप' होते हुए वास्कोडिगामा नामक पुर्तगाली ने भारत के सामुद्रिक मार्ग का अन्वेषण किया। सर्वप्रथम भारत का व्यापार पुर्तगाल के साथ प्रारम्भ हुआ। तदनन्तर अंग्रेजों एवं फ्रांसीसियों ने भी व्यापार करना प्रारम्भ कर दिया। अन्ततः केवल फ्रांसीसी और अंग्रेजों के मध्य सम्पर्क क्षेत्र रह गया। इन विदेशी शक्तियों ने व्यापार के साथ भारत की राजनीति में भी रुचि लेनी आरम्भ कर दी। मुगल सभ्यता का स्थान पाश्चात्य सभ्यता[9] ने ले लिया।

वैसे तो तेरहवीं शताब्दी में तुर्क विजेताओं के साम्राज्य स्थापित करने से भारत में एक नयी संस्कृति ने प्रवेश किया। इस प्रक्रिया से एक जटिल स्थिति पैदा हुई, यद्यपि इससे भारतीय समाज के जातीय एवं आर्थिक आधार पर अधिक बदलाव नहीं आया। उद्योग एवं व्यापार की पद्धति में कोई आधारभूत परिवर्तन हुआ ही नहीं। वे ज्यों के त्यों चलते रहे। हिन्दू और मुस्लिम समाज का दो वर्गों—अधिकार-सम्पन्न भूस्वामी शासक वर्ग तथा प्रशासन कार्यों में भाग न लेने वाला अधिकारहीन लोक वर्ग—में विभाजन कायम रहा।

13 वीं शताब्दी से लेकर 16 वीं शताब्दी तक भारत में एक द्वन्द्वात्मकता की स्थिति थी जिसमें उच्च वर्गीय जाति प्रथा के विरुद्ध आक्रोश और विद्रोह दोनों ही उबाल पर थे। समाज में ब्राह्मणों के उच्च स्थान और उनके प्रभुत्व को लेकर विचार मन्थन आरम्भ हो गया था। दुखी, पीड़ित, शोषित, प्रताड़ित निम्न जाति के व्यक्ति पशु सा जीवन व्यतीत कर रहे थे।[10]

राजनीतिक प्रणाली में कोई अन्तर नहीं आया। प्रशासन और जनता का सम्बन्ध कच्चे धागे से बन्धा था, क्योंकि प्रशासन का कार्य-क्षेत्र सीमित था, जैसे कि प्रतिरक्षा के विचार से और अव्यवस्था को रोकने के लिए एक सेना खड़ी कर

लेने का खर्च उठाने के लिए कर (Tax) की उगाही करना आदि।

विधि-निर्माण उसके कार्य-क्षेत्र से बाहर था। इसी प्रकार न्याय-व्यवस्था का अधिकांश भाग भी उसके कार्य-क्षेत्र के अन्तर्गत नहीं आता था। विधान निर्माण करने वाली संस्थाएँ नहीं थीं और दीवानी तथा व्यक्तिगत मामले अधिकतर गैर-सरकारी संस्थाओं द्वारा निपटाये जाते थे।[11] शासकों के द्वारा जुबान से निकले शब्द ही संविधान का रूप होते थे और जनता को निर्णय मानना होता था। चाहे वह अधीनस्थ राजा ही क्यों न हो। धार्मिक क्षेत्र में निम्न वर्ग तथाकथित अन्धविश्वासों में डूबा हुआ था जबकि अधिकांश बुद्धिजीवी वर्ग पर इस्लाम का कम प्रभाव पड़ा। परन्तु हिन्दू-मुसलमानों में विचारों का आदान-प्रदान हुआ और फलतः हिन्दुओं में कई मतों तथा सम्प्रदायों ने जन्म लिया। साहित्य और कला के क्षेत्र में हिन्दू और मुस्लिम शैलियों का बहुत अधिक सम्मिश्रण हुआ। कानून के क्षेत्र में पारस्परिक आदान-प्रदान कम हुआ। यद्यपि सांस्कृतिक सामंजस्य हुआ पर वर्ग और सम्प्रदाय के कठोर साँचे में जकड़े होने के कारण राष्ट्रीय चेतना जागृत नहीं हो पायी। न तो राज्य ने इस चेतना को बढ़ावा दिया और न ही आर्थिक एवं सामाजिक विकास ने प्रादेशिक देशभक्ति या समस्त देशवासियों के साथ व्यक्ति की एकरूपता की भावना को बढ़ावा दिया। "दलित मुक्ति संग्राम नवजागरण की देन है।"[12]

अन्ततः 1857 के विद्रोह ने कम्पनी के अध्याय को समाप्त कर ब्रिटिश साम्राज्य के शासकीय अध्याय का आरम्भ किया, जिसके अन्तर्गत संवैधानिक आन्दोलन, संवैधानिक सुविधाएँ, योजनाबद्ध की गयीं, किन्तु राष्ट्रवाद की धारा 19वीं शताब्दी के अन्त में प्रवाहित हुई।

भारत में राष्ट्रीय जागरण के साथ ही व्यापक सामाजिक सुधारों का सिलसिला प्रारम्भ हुआ जिसमें जातिवाद व अस्पृश्यता निवारण तथा दलित जातियों के उत्कर्ष को प्रमुखता दी गयी। भारतीय धार्मिक, सामाजिक और आर्थिक जीवन का नया अध्याय उन्नीसवीं शताब्दी में भारतीय पुनर्जागरण से प्रारम्भ हुआ।

इस युग में पारम्परिक रूढ़िवाद का त्याग कर आधुनिक विचार धारा के भानु के प्रकाश को ग्रहण किया। भारतीय नवजागरण ने भारतीयों को स्वविकास की भावना से प्रेरित किया गया। आधुनिक शिक्षा ने भारतीयों के जनमानस की बौद्धिक चेतना एवं विकास के द्वार का मार्ग प्रशस्त किया। भारत में स्त्रियों की स्थिति सुधारने का प्रयत्न हो गया और सर्वतोन्मुखी रूप से पाश्चात्य आदर्शों, शिक्षा, दर्शन और जीवन स्तर, कला एवं संस्कृति को स्वीकार कर लिया गया। सम्पूर्ण भारत पर ब्रिटिश आधिपत्य होने से भारतीय उद्योगों को काफी क्षति उठानी पड़ी, तथापि रेल, डाक, तार संचार व्यवस्था में अवश्य प्रगति हुई।[13] यूरोप में 16वीं शताब्दी में ही धार्मिक, सामाजिक और सांस्कृतिक सुधारों का श्री गणेश हो गया था। 1688 ई. में जहाँ गौरवमयी क्रान्ति ने सम्राट (राजा) को नियन्त्रित करते हुए संसद की सर्वोच्चता

को स्थापित किया वहीं 17वीं और 18वीं शताब्दी में नये-नये आविष्कारों ने बुद्धि और चेतना को नये आयाम प्रदान किये और व्यावहारिक व्याख्याएँ प्रस्तुत की गयी।

भारत के सामाजिक-वैचारिक इतिहास में 19वीं शताब्दी नवजागरण का युग है। पाश्चात्य शिक्षा, सभ्यता और संस्कृति से प्रभावित भारत के अभिजात्य वर्ग में एक नयी सांस्कृतिक-वैचारिक चेतना जागी। लेकिन आश्चर्य है कि दलितों, शोषितों और पिछड़े वर्गों में इस चेतना के कहीं दर्शन नहीं होते।

भारतीय सामाजिक आन्दोलनों के परिदृश्य का इतिहास जितना स्पष्ट और व्यापक होना चाहिए था, नहीं है। सामाजिक आन्दोलनों की घटनाओं का अध्ययन कुछ राजनीति शासन के विद्वानों और कुछ इतिहासविज्ञों ने किया हैं। किसी एक आन्दोलन के पक्ष को लेकर विभिन्न राज्यों में अध्ययन किये गये हैं। कोई भी आन्दोलन अपने देश की परिस्थितियों और आवश्यकताओं से जन्म लेता है। प्रत्येक आन्दोलन के दो पक्ष होते हैं। एक तो उस आन्दोलन का सैद्धान्तिक और वैचारिक पक्ष और दूसरा व्यावहारिक और क्रियान्वयन का पक्ष। आन्दोलन दोनों को मिलाकर ही सम्पूर्ण होता है, परन्तु जब वह व्यापक जन समुदाय में फैलता है, तो उसका सम्बन्ध क्रियात्मक पक्ष से अधिक होता है।[14]

ऊँचे-कुलीन लोग भी पाश्चात्य विचारों से प्रभावित होकर अपने क्षेत्रों में सामाजिक कुरीतियों को दूर करने के लिए उद्यत हुए।[15] भारत के आधुनिक इतिहास में उन्नीसवीं शताब्दी का अपना महत्त्वपूर्ण योगदान है, क्योंकि इस युग में भारत ने अपनी प्रौढ़ता के प्रथम सोपान पर पग रखा। इस समय भारत को नवीन सृजनात्मक प्रेरणाओं तथा आध्यात्मिक शक्ति से परिचय प्राप्त हुआ। भारतीय पुनर्जागरण सांस्कृतिक जीवन की नवीन योजनावस्था थी, जिसने प्राचीन सिद्धान्तों को बिना त्याग किये नवीन वेश-भूषा ग्रहण की।

निःसन्देह भारतीय नवजागरण ने धर्म, समाज में परिवर्तन लाकर भारतीय आत्मा को स्वयं से परिचित कराया और इस नवचेतना ने मानव जीवन के विभिन्न पक्षों को महत्त्वपूर्ण परिवर्तन से लाभान्वित किया। यद्यपि 21वीं शताब्दी का इतिहास भारत के एक नये युग का सूत्रपात करता है, किन्तु इसमें भी संशय नहीं कि 20वीं शताब्दी के भारतीय राजनैतिक, सामाजिक, आर्थिक प्रगति एवं सफलता का रहस्य 19वीं शताब्दी के नवजागरण के अधःस्थल में निहित है।

भारत में अंग्रेजों ने अपनी राजनीतिक और आर्थिक सत्ता के साथ-साथ पाश्चात्य सभ्यता एवं संस्कृति का भी बीजारोपण किया। ब्रिटिश जब व्यापार करने के दृष्टिकोण से भारत आये तो यहाँ सामाजिक, धार्मिक, विविधता एवं फूट का फायदा उठाते हुए 'बाँटो और राज करो' की नीति का अनुसरण किया, जिससे उन्होंने भारतीय राजनीति, धर्म, आर्थिक और सामाजिक सभी क्षेत्रों में दखल देना प्रारम्भ किया, धन लूटा और लोगों को ईसाई धर्म में परिवर्तित किया। ईसाई

मिशनरियों ने देश में व्याप्त अन्धविश्वास और रूढ़िवादी सोच के विरुद्ध आवाज उठाई। भारतीय समाज ने 'जड़वत असन्तुलन' को सन्तुलित करने का प्रयास किया। उस समय अछूतों के सामाजिक क्षेत्र में उच्च जातियों (हिन्दुओं) द्वारा उत्पीड़न व अस्पृश्यता का शिकार होना आम बात थी। किन्तु जो सामाजिक एवं आर्थिक रूप से पिछड़ी जातियाँ (जिन्हें सवर्ण समाज 'प्रजा'[16] कहकर सम्बोधित करता था) थी, जैसे नाई, धोबी भी अछूतों (दलितों) के साथ भेदभाव बरतते थे। ये लोग उच्च जाति के हिन्दुओं के बहकावे में आकर अपनी जीविका को ध्यान में रखकर भयवश शूद्रों व अछूतों के बाल नहीं काटते थे और न ही कपड़ा धोते थे। साथ ही साथ बहुत सी ऐसी घटनाएँ घटित हुईं जो प्रकाश में नहीं आयीं। इस तरह से अछूतों को उनके ही समाज के द्वारा जीना दूभर किया गया। साथ-ही-साथ उसको धर्म की चादर ओढ़ाई गयी और कहा गया कि अतिशूद्रों (अछूतों) को सवर्णों की सेवा करने से पुण्य मिलता है और मोक्ष की प्राप्ति होती है। सवर्णों के अपने एकाधिकार को बनाये रखने में भारतीय राजतन्त्र व्यवस्था ही महत्त्वपूर्ण कारक थी।

पश्चिमी संस्कृति तथा विचारों के आदान-प्रदान ने न केवल भारतीयों में एक नवीन दृष्टिकोण उत्पन्न किया वरन् पारम्परिक विचारधाराओं का स्थान नवीन विचारधाराओं और शिक्षा ने लिया। इसी के फलस्वरूप राष्ट्रव्यापी पुनर्जागरण का मार्ग सुलभ हो गया। जहाँ विदेशी सभ्यता, संस्कृति एवं धर्म ने मानसिक पट के द्वार खोले, वहाँ इस नवीन चेतना ने एक चेतावनी का रूप धारण कर राष्ट्र जागरण तथा स्वदेशी भावना के प्रति जागरूकता उत्पन्न की।

पश्चिमी शिक्षा ने साहित्य और दर्शन एवं विज्ञान का मार्ग प्रेषित कर भारतीय युवाओं, विद्यार्थियों एवं बुद्धिजीवियों के समक्ष नवीन विचारों का संसार खोल दिया। पाश्चात्य शिक्षा ने भारतीयों के मानस पटल पर दो प्रकार से कार्य किया। पहले, यूरोपीय शिक्षा एवं प्रगति ने भारतीय प्राचीन सभ्यता में आधुनिक संस्कृति का सम्मिश्रण किया क्योंकि एक सभ्यता का दूसरी सभ्यता में परिवर्तन होना असम्भव है किन्तु एक सभ्यता को दूसरी संस्कृति का स्वयं में समावेश कर लेना सम्भव है। दूसरे पश्चिमी शिक्षा ने अप्रत्यक्ष रूप से भारतीय नवयुवकों तथा शिक्षित वर्ग में राष्ट्र भावना की ज्योति प्रज्वलित की। हजारों साल तक दलित खेतिहर मजदूर या बन्धुआ गुलाम बने रहे। घरेलू दस्तकारियों में लगे रहे। जंगल-पर्वतों, नदी तटों पर निवास करते रहे। घुमन्तू जीवन (Nomadic Life) जीते रहे। अकाल, सूखा, बाढ़, महामारी, युद्धों से सर्वाधिक जनहानि एवं धनहानि उन्हीं की हुई। ऊँची-संगठित जातियों के लिए श्रम करते रहे। उन्हें ईश्वर और धर्म के भुलावे में रखा गया। गाँव में बसने वाले अस्पृश्य-दलित घोर उपेक्षा और उत्पीड़न का शिकार बने। नगरीय संस्कृति में वे राजन्य, पुरोहित और वैश्य वर्ग द्वारा आर्थिक शोषण, सामाजिक दासता, ऊँच-नीच के व्यवहार का निशाना बने।

ईस्ट इंडिया कम्पनी के शासनकाल में भारत की समाज व्यवस्था, जातिभेद, अस्पृश्यता और असामान्यता का अध्ययन-विश्लेषण प्रारम्भ हुआ। इस दौरान ईसाई धर्म प्रचारकों ने समाज में विद्यमान विसंगतियों का भरपूर फायदा उठाया और दलित-शूद्र और नीचे तबके की अस्पृश्य-गरीब जनता का धर्मान्तरण करने में वे नहीं चूके। कभी धन का लालच देकर तो कभी धर्म को बहाना बनाकर धर्म परिवर्तित किया। इससे पहले मुस्लिम आक्रान्ता और मुगल शासक हिन्दुओं की ऊँची जातियों के सताए शूद्र-दलितों का इस्लाम धर्म में धर्मान्तरण कर चुके थे और अंग्रेजों की अधीनता में भी यह क्रम चलता रहा। हालाँकि अब स्वरूप बदल चुका था। अब एक विशेष प्रकार के मनोवैज्ञानिक एवं तार्किक आधार पर पुरातनपंथी धर्म छोड़ना एवं नये धर्म को अपनाना था, जो कि शोषण मुक्त हो। इससे देखा जाये तो शोषण एवं दमन के विरुद्ध जो धर्मान्तरण होता था अब वह धर्म बदल जाने के साथ भी न धर्म बदला और न ही वर्ग। इसको देखते हुए ईसाई मिशनरियों ने भारत में धनालोलुप को आगे कर धर्मान्तरण किया।

भारत में अंग्रेजी राज्य की स्थापना के बाद भारत ने एक ऐसा वर्ग पनपने लगा था जो सामाजिक बुराइयों को मिटाने एवं अंग्रेजों की सही नीतियों का समर्थन एवं गलत नीतियों का विरोध करने की क्षमता रखता था।

"1853 ई. में ब्रिटिश राज के परिणामों की विवेचना करते हुए मार्क्स ने भविष्यवाणी की थी कि रेल-व्यवस्था से उत्पन्न आधुनिक उद्योग उस वंशगत श्रम-विभाजन को नष्ट कर देगा जिस पर भारत की प्रगति और शक्ति में निर्णायक रूप से बाधक भारतीय जातियाँ आधारित हैं।"[18] सामाजिक असमानता को समानता में बदलने के लिए भारतीय रेल का महत्त्वपूर्ण योगदान रहा है। वह व्यक्ति जो अपने या समाज में परम्परागत कार्य (जो उसके पुरखे, (पूर्वज) करते आ रहे थे) चाह कर भी उससे अलग नहीं हो सकता था, दूसरा काम कोई करवाता नहीं। अतएव 19वीं और 20वीं शताब्दी में औद्योगिक क्रान्ति ने ग्रामीण-जनजीवन को प्रभावित किया और रोजगार के अवसर सीमित होने से उन्हें काम की तलाश में गाँव से दूर शहर को पलायन करना पड़ा। ऐसे में उन्हें ट्रेन पर शहर में उच्च वर्ण के लोगों के साथ बैठने एवं बोलने का अवसर मिला, जिससे उनके मन में क्रान्तिकारी विचार आना अवश्यसम्भावी थे। अब उन्हें समानता एवं असमानता के बीच फर्क करना आ गया और साधारण लोग भी अपने ऊपर हो रहे जातीय असमानता की समस्या से रूबरू होने लगे।

ब्रिटिश शासन से पूर्व भारत का ग्रामीण अर्थतन्त्र ऐसा था कि सारा गाँव, उस गाँव की जमीन का मालिक होता था। ग्राम पंचायत गाँव की पूरी आबादी का प्रतिनिधित्व करती थी, और जोत-खण्डों के रूप में जमीन को किसान परिवारों के बीच बाँट देती थी। भूमि पर गाँव की जनता के परम्परागत अस्तित्व को न तो

किसी राजा-महाराजा ने, और न उसके किसी प्रतिनिधि ने ही कभी चुनौती दी।

गाँव के लोगों की जरूरतों को पूरा करना ही ग्रामीण कृषि का परम उद्देश्य था। गाँव में जिन वस्तुओं का उत्पादन होता था उनका विनिमय गाँव की ही जनता करती थी। इसके साथ-साथ गाँवों में कई जातियों के लोग रहते थे जो कि एक-दूसरे की आवश्यकताओं की पूर्ति करते थे। गाँवों की कृषि और उद्योग की तकनीक निम्न स्तर की थी, जिसका असर आगे देखने को मिला। अकाल पड़ने के बाद की स्थिति बहुत दयनीय हो जाती थी। ऐसे समय गरीब 'असहाय' दलित ही भूखों मर जाते थे। परम्परागत खेती करने के तरीके, संसाधनों की कमी, मानसून पर निर्भरता और औद्योगिक पिछड़ेपन की वजह से कमजोर वर्गों के लोग दिन प्रतिदिन गरीब होते जा रहे थे। कृषि और उद्योग के अपर्याप्त विशिष्टीकरण के चलते श्रम विभाजन बहुत नहीं हो सका। मुख्यतः कृषि केन्द्रित होने पर भी किसान परिवार सूत कातने का काम करते थे। साथ ही, कारीगरों को ग्राम पंचायत से खेत प्राप्त था और साल के कुछ दिन उन्हें मूलतः खेती में ही संलग्न रहना पड़ता था।

नवजागरण से दलित समाज में बहुत प्रगतिशीलता आयी। निरीह, अछूत, दास, अस्पृश्य जीवन जीने वाला समाज अब मुख्य धारा में आने को लालायित था। भारतीय साहित्य, इतिहास और संस्कृति का आधुनिक काल स्पष्टतः उन्नीसवीं सदी के उत्तरार्द्ध से शुरू होता है और दलितों में अपने इतिहास के अतीत से वर्तमान और भविष्य की तरफ समृद्धि की ओर उन्मुख होने का भाव है। भारत में नवजागरण की शुरुआत सुधार आन्दोलनों की तरफ अग्रसर मानव की श्रेष्ठता एवं समानता का वीड़ा उठाने वाले महापुरुषों से हुई, जो मुख्यतः अंग्रेजों के भारत आगमन के पश्चात ही सम्भव हुई। इस तरह से भारत में अंग्रेजों के आगमन के पश्चात ही दलितों में अपनी दलित-गलित दशा के प्रति नवीन-चेतना का संचार हुआ और इस चेतना से लैस होकर उन्होंने अपनी लड़ाई को अपने ढंग से लड़ना शुरू किया। अन्यथा इसके पूर्व दलितों की मानसिकता और स्थिति यथास्थितिवादी ही थी।[19] इस सम्बन्ध में लिखा गया है—"अंग्रेजों के आगमन से पहले अस्पृश्य, अस्पृश्य रहने में ही सन्तुष्ट थे। अस्पृश्यों का भाग्य हिन्दू भगवान द्वारा पूर्व निर्दिष्ट था और हिन्दू राजा द्वारा उस पर आचरण कराया जाता था। इसलिए उससे छुटकारा पाने की कोई गुंजाइश नहीं थी।"

भाग्यवश अथवा दुर्भाग्यवश ईस्ट इंडिया कम्पनी को उसकी फौज में सिपाहियों की आवश्यकता थी और उसे अस्पृश्यों के अतिरिक्त और कोई नहीं मिला। ईस्ट इंडिया कम्पनी ने आरम्भ में अपनी सेना में अस्पृश्यों को रखा, यद्यपि अब अस्पृश्य लड़ाकू जातियों से बाहर कर दिये गये हैं। "ईस्ट इंडिया कम्पनी की सेना में भारतीय सैनिकों तथा उनके बच्चों के लिए अनिवार्य शिक्षा की व्यवस्था थी। अस्पृश्यों को सेना में जो शिक्षा मिली और उससे उनको जो लाभ हुआ वह

अभूतपूर्व था। इससे उन्हें नयी दिशा और नयी दृष्टि मिली। इससे दलितों में चेतना जगी कि उनकी दुर्दशा चिरस्थाई नहीं है, उससे बचा जा सकता है। वह उनके व्यक्तित्व पर पुजारियों के षड्यन्त्र का नतीजा है, जो कलंक है। इससे उन्हें बड़ी लज्जा का अनुभव हुआ। ऐसा अनुभव उन्हें पहले कभी नहीं हुआ था, इसलिए उन्होंने इससे छुटकारा पाने का निश्चय किया।"[20] इस तरह से दलित चेतना के तहत लगभग सम्पूर्ण भारत में दलित आन्दोलन सभी क्षेत्रों में जोरशोर से सामाजिक बुराई के विरुद्ध लामबद्ध हो गये।

महाराष्ट्र में 'महार आन्दोलन', बंगाल में 'नाम-शूद्र', उत्तर भारत में 'आदि हिन्दू', तमिलनाडु में 'आदि द्रविड़', आन्ध्रप्रदेश में 'नामशूद्र', केरल में 'वायकोम सत्याग्रह' व 'गुरुवायूर सत्याग्रह', पंजाब में 'आदि धर्म' आदि दलित आन्दोलन शुरू हुए। तब से लेकर आज तक दलित चेतना अपने विभिन्न रूपों में सक्रिय है।

नवजागरण और दलित के बीच काफी गहरा सम्बन्ध है या हम यों कह सकते हैं कि "दलितों में पुरातनपंथी रूढ़ियों के मिटाने एवं नये संचार से ही नवजागरण आया।" या फिर हम इसे दूसरे शब्दों में कह सकते हैं कि "नवजागरण से ही दलितों में नयी सामाजिक सोच, बुराइयों के प्रति लड़ने एवं अपने ऊपर हो रहे अत्याचार के विरोध का भाव आया।" उनके (दलितों) ऊपर अत्याचारों के विरुद्ध मध्यकाल में निम्न वर्ण से सम्बन्ध रखने वाले सन्तों व ज्ञानियों ने आवाज उठायी। इसके विपरीत आधुनिक युग में अत्याचारों के विरुद्ध आवाज उच्च वर्ण या वर्ग में जन्में प्रगतिशील, प्रबुद्धशाली, पाश्चात्य शिक्षा प्राप्त, महापुरुषों ने भी उठाई। इसके अलावा जो सबसे महत्त्वपूर्ण बात थी वह यह कि वे ऐसे लोग थे जिन्होंने दूसरे के ऊपर समस्या या अत्याचार होते हुए देखकर या समाज में उसे अनुभव करते हुए विरोध किया।

दूसरे वे लोग थे जिन्होंने अत्याचार को स्वयं झेलकर अपने अनुभव एवं ज्ञान से उसके विरुद्ध चेतना जाग्रत की। आधुनिक काल में नवजागरण और तथाकथित स्वतन्त्रता संग्राम के दिनों में महात्मा ज्योतिराव फूले, शाहू जी महाराज, ई.वी. रामास्वामी नायकर पेरियार, नारायण गुरु, स्वामी अछूतानन्द, बिरसा मुण्डा, तिलका माँझी सिद्धू-कान्हू, ऊदा देवी, झलकारी बाई, अजीवन बाई, महाबीरी देवी भंगी, लोचन मल्लाह, सन्त गाडगे, मंगूराम, बल्लू मेहतर, सरदार ऊधमसिंह, जुब्बा साहनी, बेगुलाकुर्मय्या आदि के संघर्ष और त्याग-बलिदान से एक वास्तविक दलित चेतना बनती दिखाई देती है, जो साहित्य, संस्कृति, समाज और राजनीति में विभिन्न रूपों में दृश्यमान है। इन महापुरुषों ने जो जागरण किया वह बहुत विस्तृत था। इन्होंने अन्धविश्वास, जातीय ऊँच-नीच, मानव श्रेष्ठता, साहित्य, संस्कृति, धर्म, जाति, वर्ण, लिंग, पुरातनपंथी रूढ़ियाँ—सभी स्तरों पर भारतीय समाज को प्रभावित किया।[21]

अंग्रेजी शिक्षा, पश्चिमी ज्ञान-विज्ञान, यातायात के साधन और नयी अर्थव्यवस्था

ने एक ही साथ यहाँ की सामाजिक-सांस्कृतिक जड़ता, जो कि भक्तिकाल में प्रायः बद्धमूल हो चुकी थी, को तोड़ डाला। नये और पुराने मूल्यों और संस्कारों में यहाँ प्रायः भयानक द्वन्द्व शुरू हो गया।

19वीं सदी के पहले और दूसरे दशक में ईसाई मिशनरी एवं तत्कालीन भारतीय प्रगतिशील वर्ण के लोगों ने भारतीय समाज में व्याप्त बुराइयों को खत्म करने का प्रयास किया। इसके साथ ही कुछ लोगों को ऐसा लगा कि अब समाज के बीच जाकर ही बात बनेगी। नये-पुराने संस्कार और नैतिक मूल्यों में सामंजस्य बिठाने के लिए बहुत सारे संगठन सक्रिय हो गये।

ऐसे सामंजस्य और संघर्षों के बीच भारत में नये समाज के निर्माण की प्रक्रिया शुरू हुई जिसे पुनर्जागरण, पुनरुत्थान, नवजागरण आदि अनेक नामों से अभिहित किया जाता है। यह प्रक्रिया 19वीं शताब्दी के उत्तरार्द्ध से 20वीं शताब्दी के आरम्भ तक चलती रही।

इस समय (नवजागरणकाल) में जिन भारतीय महापुरुषों ने अपनी सक्रिय भागीदारी निभायी, उनमें सबसे अग्रणी राजा राम मोहन राय थे। इसके अलावा केशवचन्द्र सेन, दयानन्द सरस्वती, महात्मा फूले, रामास्वामी पेरियार, स्वामी विवेकानन्द, तिलक, आगरकर, रानाडे आदि प्रमुख थे। इस सुधार आन्दोलन में ब्रह्म समाज, प्रार्थना समाज, आर्य समाज, सत्यशोधक समाज, रामकृष्ण मिशन आदि ने महत्त्वपूर्ण भूमिका अदा की। पश्चिमी संस्कृति तथा विचारों के आदान-प्रदान ने न केवल भारतीयों में एक नवीन दृष्टिकोण उत्पन्न किया, वरन् पारम्परिक विचारधाराओं का स्थान नवीन विचारधाराओं और शिक्षा ने ले लिया।

नवजागरण के गर्भ में सामाजिक सांस्कृतिक सुधार के बीज समाहित थे। नवजागरण का आन्दोलन वहीं आरम्भ हुआ जहाँ सामाजिक, सांस्कृतिक कुरीतियों के विरुद्ध संघर्ष और आन्दोलन का बिगुल बजा। भारत पर मुगलों और अंग्रेजों का शासन सैकड़ों वर्षों रहा है। इसलिए समाज पर इनका काफी प्रभाव पड़ा। इनके शासन काल में अनेक सामाजिक कुरीतियाँ भी उत्पन्न हुईं जो समाज के लिए कलंक बन गयीं। जैसे पिछड़ापन, रूढ़िवादिता, अन्धविश्वास, ढोंगी प्रथाएँ, अशिक्षा आदि। ये सामाजिक बुराइयाँ किसी भी समाज को आगे बढ़ने के बजाय पीछे ढकेलती हैं। इसी समय पश्चिम के उदारवादी विचारों का भी भारतीय समाज पर प्रभाव पड़ रहा था। इन परिस्थितियों में राजा राम मोहन राय का जन्म हुआ।[22]

इसी के फलस्वरूप राष्ट्रव्यापी पुनर्जागरण का मार्ग सुलभ हो गया। जहाँ विदेशी सभ्यता, संस्कृति एवं धर्म ने मानसिक पट के द्वार खोले, वहाँ इस नवीन चेतना ने एक चेतावनी का रूप धारण कर राष्ट्र जागरण तथा स्वदेशी भावना के प्रति जागरूकता उत्पन्न की। विदेशी शिक्षा ने साहित्य, दर्शन और विज्ञान का मार्ग प्रेषित कर भारतीय युवा, विद्यार्थियों एवं बुद्धिजीवियों के समक्ष नवीन विचारों का संसार

खोल दिया। पश्चिमी शिक्षा ने भारतीयों के मानस क्षितिज पर दो प्रकार से कार्य किया। प्रथम, यूरोपीय शिक्षा एवं प्रगति ने भारतीय प्राचीन सभ्यता में आधुनिक संस्कृति का सम्मिश्रण किया क्योंकि एक सभ्यता का दूसरी सभ्यता में परिवर्तन होना असम्भव था। किन्तु एक सभ्यता का दूसरी संस्कृति का स्वयं में समावेश कर लेना सम्भव है। दूसरे, पश्चिमी शिक्षा ने अप्रत्यक्ष रूप से भारतीय नवयुवकों तथा शिक्षित वर्ग में राष्ट्र भावना की ज्योति को प्रज्ज्वलित किया।

भारतीय नवजागरण का एक प्रमुख कारण अंग्रेजी शिक्षा का प्रभाव था। लार्ड मैकॉले ने अपने निर्णय से भारतीय शिक्षा क्षेत्र में एक, क्रान्तिकारी परिवर्तन को सफल रूप प्रदान किया। इसके साथ ही सर चार्ल्स वुड के प्रेषित पत्र को भारत में अंग्रेजी शिक्षा का महत्त्वपूर्ण राजकीय आज्ञा पत्र बताया गया, जिसमें भारतीय शिक्षा को विश्वविद्यालय स्तर पर लाये जाने की व्यवस्था के प्रस्ताव किये गये। इस नयी शिक्षा ने लोगों के विचारों और दृष्टिकोण में परिवर्तन किया। इस विशाल मानसिक प्रगति ने युवा विद्यार्थियों के समक्ष नवीन विचारों का संसार खोल दिया। वस्तुतः भारतीय पुनर्जागरण अंग्रेजी साहित्य, आधुनिक दर्शन और विज्ञान के अध्ययन से ही प्रारम्भ होता है। अंग्रेजी शिक्षा ने भारतीयों पर अपना व्यापक प्रभाव डाला और उनका मानसिक क्षितिज पश्चिमी शिक्षा द्वारा विस्तृत हो गया। पश्चिमी शिक्षा के द्वारा ही भारतीय नवयुवकों तथा शिक्षित मध्यम वर्ग में अपने देश के प्रति राष्ट्रभावना का उद्भव हो रहा था।

नवीन शिक्षा के आधार पर जहाँ पाश्चात्य ज्ञान-विकास की उपलब्धि हुई वहीं ज्ञान के साथ-साथ ईसाई धर्म-प्रवर्तकों ने हिन्दू धर्म एवं समाज पर धार्मिक आक्रमण किये। उन्होंने ईसाई धर्म को सर्वश्रेष्ठ घोषित करने की पूर्ण चेष्टा की। परिणामस्वरूप जहाँ शिक्षित वर्ग के हृदय में ईसाई धर्म के प्रति अनुराग उत्पन्न हुआ, वहीं दूसरी ओर तीव्र सन्देह की भावना भी जागृत हुई। ईसाई धर्म के प्रचार एवं प्रसार का क्षेत्र अछूत, अस्पृश्य, दलित थे। अतएव ईसाई मिशनरियों ने सबसे पहले उनमें व्याप्त परम्परागत बुराइयों को मिटाने का प्रयास किया। इस तरह से ईसाई धर्म के प्रचार से भारतीय पुनर्जागरण को अप्रत्यक्ष रूप से प्रेरणा मिली। धार्मिक आन्दोलन के द्वारा रूढ़िवादी श्रृंखलाएँ एक के पश्चात एक विखण्डित होनी प्रारम्भ हो गयीं।

ब्रह्म समाज, प्रार्थना समाज, सत्यशोधक समाज और रामकृष्ण मिशन आदि सुधारवादी संगठनों ने हिन्दू धर्म, समाज तथा संस्कृति में सुधार लाने के प्रयास किये। इन संगठनों ने समाज में शिक्षा के बूते सामाजिक, धार्मिक और सांस्कृतिक विचारधारा को नवीन मार्ग एवं दिशा प्रदान की। इन संगठनों का उद्देश्य सुधारवादी उद्देश्य कमोबेश एक ही था। नये परिवेश में जाति-प्रथा, छुआछूत, धार्मिक आडम्बर, जो गरीबों के ऊपर लादे गये थे, स्त्री और दलितों की सामाजिक स्थिति और उनकी हीनावस्था का विरोध करना शामिल था। कुछ ऐसे महापुरुष थे जो निम्न वर्ग से

उठकर आये थे, उन्होंने स्त्री और दलित मुक्ति के सवाल भी खड़े किये, जिसमें महात्मा ज्योतिबा फूले जी और पेरियार के आन्दोलन प्रमुख थे। इसके अलावा उत्तर भारत में स्वामी अछूतानन्द ने भी बाद के वर्षों में उनका कार्य आगे बढ़ाया। "राजाराममोहन राय ने जाति प्रथा को अमानवीय और राष्ट्र विरोधी कहा। रानाडे भी जाति-पांति प्रथा के विरुद्ध और अन्तर्जातीय विवाह के पक्षधर थे।"[23] भारतीय राष्ट्र में एकता और धार्मिक विचारधाराओं में एक विशेष तारतम्य है, क्योंकि धार्मिक सुधारों से ही राष्ट्रीय एकता की भावनाओं को प्रगतिशील बनाया जा सकता है। लेकिन जाति एवं धर्म के नाम पर प्राचीन काल से आज तक शोषण होता रहा है। भारत राष्ट्र की एकता को बनाये रखने में भारतीय धर्म एवं समाज सुधारकों का सर्वदा महत्त्वपूर्ण स्थान रहा है। पाश्चात्य विद्वानों ने अपने ग्रन्थों द्वारा भारत को इसकी सभ्यता, संस्कृति और साहित्य से परिचित कराया, साथ ही साथ देश की राजनीतिक, आर्थिक और सामाजिक दुर्दशा को भी प्रकट किया। प्रगतिशील शिक्षित वर्ग का अपने देश की स्थिति का यह ज्ञान भारतीय पुनरुत्थान के लिए वरदान बन गया।

इसके अतिरिक्त प्रेस के विकास ने विचारों की प्रगति में महान योगदान दिया। किसी भी देश के उत्थान एवं प्रगति में उस देश के साहित्य, पत्रों एवं पत्रिकाओं का अपना महत्त्वपूर्ण योगदान होता है। अंग्रेजी शिक्षा ने अपने साहित्य के साथ-साथ भारतीयों को भी उनके साहित्य प्रोत्साहन हेतु सहयोग प्रदान किया।

विवेकानन्द भी स्त्री और दलितों के लिए अत्यन्त चिन्तित थे और उनकी स्पष्ट मान्यता थी कि उन्हें मुख्य धारा में लाये बिना इस देश का विकास असम्भव है। विवेकानन्द की मान्यता थी कि "जब पड़ोसी भूखा मरता हो तब मन्दिर में भोग चढ़ाना पुण्य नहीं, पाप है।" इसके अलावा विवेकानन्द ने दलितों के बारे में कहा था कि "निम्न वर्गों को मत भूलो, उन्हें मत भूलो, जो अज्ञानी दरिद्र और अनपढ़ हैं—मोची हैं, मेहतर हैं, वे भी तुम्हारे ही रक्त और मांस हैं, तुम्हारे ही बन्धु हैं।"[24]

इस प्रकार विवेकानन्द ने मानवतावाद को प्रोत्साहित कर मानव की श्रेष्ठता पर बल दिया। किसी जाति विशेष या धर्म विशेष में जन्म लेने पर नहीं। वह कहते थे कि "मैं उस ईश्वर का पुजारी हूँ जिसे अज्ञानी व्यक्ति मनुष्य कहता है।" परिवर्तन युग के स्वप्नदृष्टा इस तरह के विचारों से परिपूर्ण क्रान्तिकारी थे।

तार्किकता एवं पाश्चात्य शिक्षा के विकास के कारणों द्वारा भारत ने अनेक युगों की निद्रा भंग करके उसमें नव चेतना का समावेश किया। इस प्रकार के विचारों के आदान-प्रदान से और पाश्चात्य सभ्यता के सम्पर्क से समाज और धर्म सुधारकों के प्रयत्नों द्वारा भारतीयों में नवीन स्फूर्ति का संचार हुआ।

धर्म और विश्वास का स्थान विवेक और न्याय ने ले लिया। अन्धविश्वास ने विज्ञान के सामने आत्मसमर्पण कर दिया और अज्ञान के क्षेत्र को त्याग कर नवीन

शिक्षा के साथ से सुशिक्षित लोग आधुनिक युग के विस्तृत क्षेत्र तक पहुँचने लगे। इस पुनरुत्थान ने भारत में राजनीतिक, सामाजिक, धार्मिक, साहित्यिक, बौद्धिक, वैज्ञानिक और आर्थिक क्षेत्रों में जागरण की क्रान्ति उत्पन्न कर दी। प्रत्येक देश में समय-समय पर पुनर्जीवन प्रदान करने हेतु प्राकृतिक विधान के द्वारा उचित नियम के अधीन सदैव से पुनरुत्थान काल का उद्भव होता रहा है। उसी नियम के अधीन भारत में भी 19वीं शताब्दी का पूर्वार्द्ध भारतीय नवजागरण और भारतीय सामाजिक पुनरुत्थान का काल था।

राजनैतिक क्षेत्र में जो जागृति हुई, उसने राष्ट्रीयता की लहर को समस्त देश में व्याप्त कर दिया। सामाजिक क्षेत्र में भारतीय नवजागरण ने देश का कायाकल्प कर दिया। भारत में व्याप्त सती प्रथा, बाल विवाह, पर्दा-प्रथा, अस्पृश्यता, दास प्रथा, बालिका शिशुवध प्रथा, ठगी प्रथा, अन्धविश्वास, बहु-विवाह, विधवाओं के विवाह की अनुमति नहीं थी। उन्हें सम्पत्ति रखने के अधिकार से वंचित रखा गया था। ऐसे घातक और अनिष्टकारी कुप्रथाएँ थीं, जिससे देश का पतन होता जा रहा था, नवाभ्युत्थान के कारण निवारण हो गया। इस आन्दोलन के सृष्टा राजा राममोहन राय थे। शिरॉल के अनुसार "राजा विश्वमानवता के विचार के सन्देशवाहक थे और विश्व इतिहास में विश्व-मानवता का दिग्दर्शन करते थे।"

राजाराममोहन राय ने 'ए ब्रिजमेंट ऑफ दि वेदान्त' के विषय-प्रवेश में लिखा है—"मेरा मुख्य ध्येय उन धार्मिक कार्य-कलापों का विरोध करना है जो कि हिन्दू मूर्ति-पूजकों ने समाज में प्रचलित कर दी तथा जो समाज को खोखला कर रही हैं।"

"कोई भी आन्दोलन अपने देश की परिस्थितियों और आवश्यकताओं से जन्म लेता है।"[25]

राजा राम मोहन राय ने आधुनिक समाज-सुधार हेतु तीन सिद्धान्तों की स्थापना की। प्रथम, तर्कवाद, जो उन्नीसवीं शताब्दी के बुद्धिजीवी वर्ग को सर्वाधिक महत्त्वपूर्ण देन थी। इसके अनुसार राजा राममोहन राय ने विभिन्न धर्मों के अनुयायी बुद्धिजीवियों से सत्य और असत्य के मध्य अन्तर स्पष्ट करने का सुझाव दिया। द्वितीय, मानवतावाद, जिसके अन्तर्गत राजा राममोहन राय ने 'मानव प्रतिष्ठा' की स्थापना का प्रयास किया। इस सिद्धान्त के द्वारा राजा राममोहन राय ने स्त्रियों एवं अछूतों के साथ हो रहे अमानवीय व्यवहार का अन्त करके प्रत्येक मनुष्य के साथ समान व्यवहार का सिद्धान्त दिया जो कि सुधारकों के लिए प्रमुख रूप से बोधवाक्य बन कर उभरा।

तृतीय, अन्तर्आत्मा का सुधार, जिसके अन्तर्गत उन्होंने पुरानी परम्पराओं एवं पुराने मूल्यों के आधार पर आधुनिक मूल्यों एवं परम्पराओं की स्थापना का सुझाव दिया। राजा राममोहन राय ने भारतीय सभ्यता का पूर्व और पश्चिम के साथ तारतम्य करने का पूरा प्रयास किया। राजाराममोहन राय ने धार्मिक, सामाजिक

सुधारों के लिए पूरा योगदान दिया। राजा राममोहन राय ने पत्रकारिता की स्वतन्त्रता के लिए प्रयास किया। पत्रकारिता ने दलितों एवं कमजोर वर्गों में जनजाग्रति का कार्य किया।

सती प्रथा के सम्बन्ध में लोगों के विचार सतही तौर पर देखने वाले व्यक्ति को हिन्दू समाज की सामान्य क्रियाविधि जटिल लगती है, किन्तु वे स्त्रियों से सम्बन्धित तीन असाधारण रीतियाँ प्रस्तुत करते हैं। ये हैं–

1. सती या विधवा को उसके मृत पति के साथ जलाना।
2. थोपा गया आजीवन विधवापन जिसके अन्तर्गत एक विधवा को पुनः विवाह करने की आज्ञा ही नहीं है।
3. बालिका विवाह।

संन्यास के बाद भी विधुर व्यक्ति में विकट लिप्सा होती है, परन्तु कुछ मामलों में यह शुद्ध मानसिक कारणों से ही सम्भव है। वैसे भी आज तक इन सामाजिक प्रथाओं के उद्‌भव की कोई वैज्ञानिक व्याख्या सामने नहीं आयी है। इन प्रथाओं की प्रतिष्ठा में अनेक दार्शनिक सिद्धान्त प्रतिपादित किये गये हैं, परन्तु कहीं से इनके उद्‌भव और अस्तित्व का संकेत नहीं मिलता। सती सम्माननीय हैं (ए.के. कुमार स्वामी : वोल्यूम, 4, 1913) क्योंकि वह पति-पत्नी के बीच शरीर और आत्मा की सम्पूर्ण एकात्माकता और श्मशान से परे तक समर्पण को दर्शाता है, क्योंकि इनमें पत्नीत्व को साकार रूप दिया गया है, जैसा कि (शंकर की पत्नी) उमा ने अच्छी तरह उस समय स्पष्ट किया है, जब उन्होंने कहा था, "हे महेश्वर, अपने पतिदेव के लिए नारी का समर्पण ही उसका सम्मान है, यही उसका शाश्वत स्वर्ग है।"[26] भावुकता में वह आगे कहती है, "मेरी धारणा है कि आप मुझसे सन्तुष्ट नहीं हैं, तो मेरे लिए स्वर्ग की कामना करना बेकार है।"

आजीवन वैधव्य क्यों सम्माननीय है, मैं नहीं जानता, न ही मुझे कोई ऐसा व्यक्ति मिला है, जो इसकी प्रशंसा करता हो। हालाँकि इसका पालन करने वाले अनेकानेक लोग हैं। बालिका विवाह की प्रशंसा में डॉ. केतकर कहते हैं, "एक सच्चे आस्थावान स्त्री अथवा पुरुष को विवाह सूत्र में बँधने के बाद अन्य पुरुष स्त्री से लगाव नहीं रखना चाहिए। इस प्रकार की पवित्रता न केवल विवाह के उपरान्त, बल्कि विवाह से पूर्व भी आवश्यक है, क्योंकि न केवल चरित्र, बल्कि यही सही आदर्श है। किसी अपरिणीता को पवित्र नहीं माना जा सकता, यदि वह उस व्यक्ति से प्रणय करती है। यदि वह ऐसा करती है, तो यह पाप है। इसलिए एक लड़की के लिए अच्छा होगा कि काम वासना जाग्रत होने से पूर्व उसे यह पता होना चहिए कि उसे किससे प्रेम करना है।"[27] तब उसका विवाह किया जाये।

ऐसी तर्कहीन, पूर्वाग्रही बातें तो प्रमाणित करती हैं कि ऐसी प्रथाओं को क्यों सम्मानित किया गया, परन्तु हमें यह नहीं बताती कि ये रिवाज कैसे और क्यों पड़े? यह सब पुरोहितों द्वारा तथाकथित धर्म की रक्षा हेतु होता चला आया है।

नवजागरण के समय राजा राममोहन राय, दयानन्द सरस्वती, रामकृष्ण परमहंस, विवेकानन्द आदि आचार्यों के सभी आन्दोलनों का उद्देश्य प्रकारान्तर से एक ही था-हिन्दुत्व के ढाँचे में भारतीय समाज का सुधार करना। अर्थात् वर्णवादी व्यवस्था के ढाँचे को बरकरार रखते हुए उस संस्कृति का पुनरुत्थान करना। एक तरह से ये बाह्य संस्कृतियों से हिन्दू संस्कृतियों की रक्षा के प्रयत्न थे, जिसमें बहुत हद तक सफलता भी मिली।[28] वस्तुतः भारतीय नवजागरण ने महिलाओं के प्रति हो रहे शोषण अत्याचार, अन्धविश्वास, कुरीतियों के प्रति सचेत होकर समस्याओं को उजागर किया और उनके विरुद्ध कानून बनवाये। लेकिन इसके साथ ही "पुनरुत्थानवाद स्पष्ट रूप से एक आक्रामक हिन्दू अस्मिता को स्थापित करने में सहायक हुआ।"[29] इससे भी दलित, शूद्र-अस्पृश्यों के साथ वर्ण-व्यवस्था के अन्तर्गत सामाजिक-भेदभाव और अस्पृश्यता, जातिभेद और सामाजिक बहिष्कार, आर्थिक-शोषण और जीवन के हर कार्य-व्यापार में धर्म-सम्मत उत्पीड़न को सनातन और अन्यायपूर्ण बना दिया गया और यह किसी भी उन्नत समाज के लिए जो अपनी संस्कृति और इतिहास पर गर्व करता है, लज्जा की बात थी कि समाजोपयोगी, सेवा भावी, उत्पादन, निष्णात बहुसंख्यक समाज जातीय विकास के लिए अवसरों से वंचित कर दिया जाय। दलित और स्त्रियों को लेकर सबसे अधिक चिन्ता और पीड़ा महात्मा जोतिराव फूले को थी, जिन्होंने ब्राह्मणवाद[30] के खिलाफ आक्रामक आन्दोलन छेड़ा।

भारत में दलित आन्दोलन के पीछे वह असामाजिक व अनैतिक विधान थे जो उनके ऊपर थोपे (लादे) गये थे। चाहे वह वेद एवं पुराण द्वारा या फिर मनुस्मृति के द्वारा ही ज्यादातर उसी को आधार मानकर अमानवीय-कृत्यों से अछूतों को शोषित किया गया।

हिन्दू धर्म ग्रन्थों में भी अछूतों की निर्योग्यता व अछूतन को इस प्रकार से लिखा गया है कि "चाण्डाल या श्वपच यदि रात में छू जाये तो स्नान करना चाहिए।"[31]

इसी तरह से गीता में लिखा है कि "अपनी जाति के निश्चित कर्तव्यों व पेशे को निभाते हुए मरना भी भला है, दूसरे के कर्म को अपनाना भयावह है।" परम्परागत अधिकार प्राप्त लोगों ने ऐसी अविवेकी, कुतर्कशील बातें इसलिए फैलाई कि इन वर्गों में सामाजिक व आर्थिक सबलता न आने पाये। वह इसलिए सदैव चतुर्वर्णीय समाज और जाति व्यवस्था को जीवन का आधार मानते थे। भारतवर्ष में कमजोर वर्गों में इस व्यवस्था के प्रति विद्रोह एवं संगठित आन्दोलन की भावना

बलवती हुई। भारत में अंग्रेजों के आने से पहले तक सवर्ण मानसिकता वाली जगहों पर उनकी सनातन नगरियों जैसे बनारस आदि में अछूतों को सुबह या शाम सड़कों पर या घर (झोपड़ी) से बाहर निकलने की इजाजत नहीं थी, वे केवल दोपहर में निकल सकते थे, क्योंकि सुबह और शाम व्यक्ति की परछाई ज्यादा लम्बी होती है। वह परछाई किसी सवर्ण पर पड़ जाय तो वह अपवित्र हो जाता था। उसे स्नानादि कर्मकांड फिर से करने पड़ते थे। ऐसी मानसिकता तथाकथित सत्य सनातनियों की थी। वह व्यक्ति जिसके देखने, व परछाई पड़ जाने मात्र से व्यक्ति अपवित्र हो जाय, तो अपवित्र कौन है?[32]

आधुनिक भारत के दलित आन्दोलन के इतिहास में फूले एक महान शिक्षाविद्, सामाजिक सुधारों के पुरोधा, अस्पृश्यता और जातिवाद के कलंक को धोने के लिए एक महानव्रती और इससे भी बढ़कर युग परिवर्तनकारी दूरदृष्टा के रूप में माने जाते हैं। दलित-अस्पृश्यों में शिक्षा और ज्ञान की किरणें उन्होंने ही बिखेरी। उनमें आत्म-सम्मान की भावना उन्होंने ही जाग्रत की। महात्मा ज्योतिबा फूले का जन्म 28 अप्रैल सन् 1827 ई. में पुणे में माली जाति में हुआ था। पेशवाओं ने इनके पूर्वजों को 35 एकड़ इनामी भूमि दी थी। लेकिन परिवार के बुजुर्ग रानोजी ने अपने भाई कृष्ण और गोविन्द को घर से निकाल दिया था और भूमि स्वामित्व पर अपना नाम चढ़वा लिया था।

फूले के पिता गोविन्द जिन्होंने श्रम और लगन से पुणे में फूलों की दुकान खोली। लेकिन जब फूले एक वर्ष के थे उनकी मां चिमनाबाई का देहान्त हो गया। कट्टरता और जातिवाद में उनका जीवन बीता। उस समय तक अछूतों, शूद्रों और नीच जातियों के बालकों को स्कूल में शिक्षा प्राप्त करने के लिए हतोत्साहित किया जाता था।[33] समाज में बहुत कुरीतियाँ व्याप्त थीं। जिस समय बालक फूले की आयु 14 वर्ष थी उसी समय सावित्री बाई जिनकी उम्र 8 वर्ष थी, से इनका विवाह कर दिया गया।

युवावस्था में एक घटना ने फूले की चिन्तनधारा ही बदल दी। जब वह पढ़ ही रहे थे तभी एक ब्राह्मण सहपाठी ने उन्हें विवाह में सम्मिलित होने का निमन्त्रण दिया। फूले जी जब समारोह में शामिल हुए तो उन्हें निम्न जाति का समझकर पुणे के ब्राह्मण बरातियों ने कुछ अपमानजनक शब्द कहे। इस प्रकार से उन्हें समारोह स्थल से भगा दिया गया था। कट्टर ब्राह्मणों के दुर्व्यवहार से उनकी आँखें खुल गयीं। इस प्रकार फूले के अन्दर एक महान सुधारक और प्रगतिशील विचारक की भावना प्रस्फुटित हुई।

निम्न जातियों, दलितों, अछूतों को संगठित करने, शिक्षित बनाने और सामाजिक परिवर्तन लाने के भाव उदय हुए। अपने संकल्प को कार्यरूप में परिणित करने के लिए उन्होंने अपने घनिष्ठ ब्राह्मण मित्र सदाशिव बल्लाल गोबन्दे की मदद ली जो

इनाम कमीशन में कार्यरत थे और 1848 में अहमदनगर जज कार्यालय में उनका तबादला हो गया था। उनके मित्र में अहमदनगर में मिस फर्राट द्वारा संचालित अमेरिकन मिशन की स्त्री शिक्षा की पाठशालाएँ दिखाई कि किस प्रकार एक विदेशी महिला दूर-सुदूर भारत में स्त्रीशिक्षा की दुर्दशा से चिन्तित अच्छा कार्य कर रही है।

"जाहिर है कि दलितों और स्त्रियों की मुक्ति का सवाल राजनैतिक हिस्सेदारी या उससे भी पहले सामाजिक न्याय (Social Justice) का प्रश्न है। सारी लड़ाई उस मनुवादी वर्ण व्यवस्था के खिलाफ है जो इन दोनों वर्गों को कोई अधिकार नहीं देती।"[34]

यहीं उन्होंने अछूत-दलित बालिकाओं की शिक्षा के लिए स्कूल खोलने का व्रत लिया। उनके मित्र ने बताया कि अगर इस प्रकार का स्कूल खुला तो यह दलित महिलाओं के स्कूल के रूप में पूरे महाराष्ट्र में चर्चित हो जायेगा। फिर शायद भारत में उसका चलन हो जाय। साथ ही यह नयी सामाजिक क्रान्ति का आधार बनेगा।

ज्योतिबा ने लिखा—"मेरे भाइयों में से महार, माँग, चम्भार, कोली, माली जैसी अछूत-शूद्र जातियों के नर-नारी, दुख, अन्धकार, अन्धविश्वास और प्रवंचना के शिकार हैं। उनकी स्थिति सुधारने के लिए मेरे मित्रों ने सदैव मेरा उत्साह बढ़ाया और साथ दिया। पुणे की दलित-पिछड़े वर्गों की कन्याओं के लिए मैं भी क्यों न ऐसी पाठशाला खोल दूँ। इस समय महिला शिक्षा की नितान्त आवश्यकता है, अगर वे शिक्षित बनेंगी, तो उनकी सन्तानें स्वतः शिक्षित-सुसंस्कृत हो जायेंगी।"[35]

फूले के पास साधन नहीं थे, आत्मबल था, संकल्प था। अन्ततः अगस्त 1848 में बुद्धवार पेठ मुहल्ले में भिड़े के मकान में उनका विद्यालय खुला। उनके बचपन के दो साथी सदाशिव टाटे और गोवंदे ने उनकी बहुत मदद की। गोवंदे अपने पैसों से अहमदनगर से किताबें आदि भेजते थे। उस समय फूले 21 वर्ष के थे। ज्योतिबा के स्कूल खुलने से कट्टर और पाखण्डी ब्राह्मणों में ईर्ष्या-द्वेष जागा। उन्होंने तरह-तरह के व्यवधान डाले। पहले कोई अध्यापक नहीं मिला। फलतः उन्होंने अपनी पत्नी सावित्री बाई को वहाँ पढ़ाने के लिए राजी कर लिया। जब वे विद्यालय जाती तो उन पर मिट्टी, धूल, पत्थर फेंके जाते। तब भी उनका संकल्प और दृढ़ होता गया और अपने कार्य को मूर्त रूप देने में अग्रसर हुए।

सन् 1848 से 1854 तक स्त्री और दलितों के लिए पाठशालाएँ खोलने के साथ ही शूद्रातिशूद्रों की मुक्ति के जो अभियान महात्मा फूले ने शुरू किये, उसका शमन 1873 में 'सत्यशोधक समाज' की स्थापना में होता है। इसके साथ ही दक्षिण भारत में स्त्री और शूद्रों के आन्दोलन चल पड़ते हैं।

"संवेदनशील मस्तिष्क में ज्ञान और समाज सुधार की चेतना किस प्रकार छोटी से छोटी घटना से भी प्रेरणा ग्रहण कर बड़ा से बड़ा कार्य कर दिखाती है, इसके साक्षात उदाहरण महात्मा फूले हैं। एक बार लहुजी बुआ के यहाँ उनकी दस वर्षीय

पुत्री का मुंडन हुआ। फूले भी वहाँ उपस्थित थे। बच्ची का मूड़ा हुआ सिर देखकर उन्हें विधवाओं की दयनीय दशा की याद आ गयी। विधवाओं का सिर मुड़वा (बाल न रखने देना) दिया जाना, उन्हें सार्वजनिक जीवन और सामाजिक त्योहारादि से दूर रखा जाना तथा शृंगारादि पर प्रतिबन्ध आदि ऐसी बातें थीं, जिसने फूले को अन्दर तक हिला दिया। उन्होंने हिन्दू धर्म ग्रन्थों का अध्ययन किया और धर्म ग्रन्थों की एक-एक बुराई एवं अन्धविश्वासों को खोजकर निकाला। इसके बाद तो धर्म और संस्कृति की संकीर्णताओं पर उनके प्रहार तेज हो गये।[36] विधवा स्त्री के बारे में भारतीय समाज के विचार यह थे कि उसे किसी भी कार्य के लिए अशुभ माना जाता था। उसे आभूषण त्याग देने होते थे। किसी भी शुभ कार्य में उसका सामने पड़ना अपशकुन माना जाता है। विधवा स्त्री में ऐसे कपड़े धारण करने का प्रचलन था जिससे वह दूर से ही पहचानी जा सके। ज्योतिबा फूले ने भयानक विरोध और विद्रोह के बीच 8 मार्च 1860 को पुणे के गोखलेबाग में सार्वजनिक रूप से देश का पहला विधवा विवाह कराया।[37] इसके बाद उन्होंने कई विधवा विवाह करवाये जो विधवाओं की समस्या का सही हल था।

अछूतों के लिए कुएँ और तालाबों से पानी भरने पर लगे प्रतिबन्धों को उन्होंने खुद ही पानी भरकर तोड़ा। अछूतों को हिम्मत और साहस दिया। बाल-विवाह, सती-प्रथा, कन्या-हत्या आदि के विरोध में फूले ने अनेक आन्दोलन चलाये और उन्हें दूर करने की कोशिश की। पाखण्ड और अन्धविश्वास पर गहरा-प्रहार किया। इन सभी समस्याओं के साथ-साथ कृषि प्रधान देश के किसानों के लिए संघर्ष, मजदूरों के हित की रक्षा और दलित-पिछड़े समाज के लिए आडम्बर रहित वैकल्पिक धार्मिक और सामाजिक व्यवस्था उनके आन्दोलन के कई चरण हैं।

दस घंटों तक काम करने के बाद खेतिहर मजदूरों को एक रुपये मजदूरी मिलती है। एक सालदार (ठेके पर श्रमिक) को 600 रुपये से 800 रुपये की सालाना आय से सन्तुष्ट होना पडता है। उसे बहुधा रात में भी काम करना पड़ता है, इसके अलावा जमींदार के लिए उसे गन्दे से गन्दा काम करना पड़ता है। जमींदार की सनक और मजदूरी की गरज से मजदूरी का परिणाम निश्चित होता है। मजदूर को कोई छुट्टी नहीं मिलती थी। अपने परिवार (बहुधा दस तक सदस्य) को भूखों मरने से बचाने के लिए उसे महाजन से कर्जा लेना पड़ता है, जिसे मौजूदा सम्बन्धों के तहत वह अपने जीवन भर में कभी चुका नहीं पायेगा। इस प्रकार मालिक गुलाम सम्बन्ध बनता है और वह मजबूर होता है कि वह अपने पूरे परिवार को दासता में लगाए, जिसका निर्णय पूरी तरह जमींदार कें हाथ में होता है।"[38]

उन्होंने अपने मिशन के लिए 'सत्यशोधक समाज' की स्थापना की और अनेक पुस्तकें लिखकर अपने मत का प्रचार किया। अपनी पुस्तक 'गुलामगीरी' को रंग-भेद के खिलाफ लड़ने वाली अमेरिकी उदार जनता और अश्वेत समाज को समर्पित

किया है। उन्होंने अपने साप्ताहिक अखबार 'दीनबन्धु' के द्वारा भारत के दीन-हीन दलित समाज की आवाज, शोषण और दमन चक्र को अंग्रेजों तक पहुँचाया। फूले ने सामाजिक, सांस्कृतिक और राजनीतिक गुलामी से मुक्त कराने का प्रयास किया और बहुत हद तक उसमें सफलता भी पायी। वह प्रथम भारतीय थे, जिन्होंने 1848 ई. में स्त्रियों एवं अछूतों के लिए स्कूल खुलवाया। उनके ही आन्दोलनों का प्रभाव था, जिसके कारण 1857 ई. 'ईस्ट इंडिया कम्पनी' सरकार ने एक आदेश जारी कर अछूत बच्चों को भी स्कूल जाने की अनुमति दे दी।[39]

5 सितम्बर, 1853 को 'ज्ञान प्रकाश' मराठी पत्र के सम्पादकीय में दलितों-अछूतों की शिक्षा के इस अभिनव प्रयोग की भूरि-भूरि प्रशंसा की गयी। इसे दलित चेतना का एक ज्ञानरूपी आन्दोलन बताया। 'पूना आब्जर्बर' ने लिखा कि "सरकारी विद्यालय बेहद घटिया किस्म के हैं। उनका प्रबन्ध दकियानूसी बूढ़े ब्राह्मणों के हाथ में होता है। ज्योतिबा फूले के स्कूल भले ही चमक-दमक न रखते हों लेकिन सरकारी विद्यालयों की तुलना में दस गुने प्रभावी और अधिकाधिक छात्र-छात्राओं को आकर्षित करने वाले हैं जिनका परीक्षाफल भी अद्वितीय है।"[40]

फूले ने अपने समग्र लेखन और चिन्तन का प्रयोग सदियों की दासता, अशिक्षा और असमानता से संघर्ष करने के लिए किया। उन्होंने कर्मयोगी की भाँति दलित स्त्री शिक्षा का प्रारम्भ किया और प्रथम बार पूना में ज्ञानद्वीप प्रज्वलित करके भारत के दलितों को एक नयी राह सुझाई। देश को एक नया विचार दिया। 1857 ई. के तथाकथित प्रथम स्वतन्त्रता संघर्ष की समाप्ति के बाद फूले कहते हैं—"उस विद्रोह में अगर अंग्रेजी शासन यहाँ से जाता तो इतिहास की पुनरावृत्ति हो जाती। ब्राह्मण पेशवाओं के राज्य का फिर से आगमन हो जाता। श्रुति-स्मृति-पुराण की हिन्दू संस्कृति का जोर बढ़कर शूद्र और अतिशूद्र बहुसंख्यक जनता के उद्धार की आशा, जो अंग्रेजी राज्य से अंकुरित हुई है, वह पूरी नष्ट हो जाती। सामाजिक अन्याय हजारों वर्षों से चलता आया है, इसकी जड़ें बहुत गहराई तक पहुँची हैं। अंग्रेजी राज्य आज है और कल नहीं। प्रमुख सवाल यह है कि सामाजिक गुलामी कैसे नष्ट होगी? इस सामाजिक गुलामी का मूल ब्राह्मणी धर्म और ब्राह्मणों द्वारा निर्मित धर्मग्रन्थों में है।"[41] इस प्रकार के तार्किक विचार वास्तविक समाज का दर्शन कराते हैं। शिक्षा के क्षेत्र में नवजागरण के कारण भारत में सामाजिक-सुधारों का सिलसिला चल पड़ा। वे दलितों में शैक्षिक क्रान्ति और नवोत्थान के प्रतीक बने।

तमिलनाडु में पेरियार ने जातिवाद के खिलाफ और उग्र आन्दोलन छेड़ दिया। ई.वी. रामास्वामी नायकर ही 'पेरियार' के नाम से प्रसिद्ध थे। पेरियार का 'शाब्दिक' अर्थ होता है 'महान आत्मा'। पेरियार को क्रान्तिकारी समाजसुधारक और जाति व्यवस्था का कट्टर आलोचक बताया जाता है। पेरियार का जन्म 17 नवम्बर 1879 ई. में तमिलनाडु के इरोद नगर में हुआ था। भारत में 'आत्मसम्मान आन्दोलन'

के जनक ई.वी. रामास्वामी नायकर को 'दक्षिण एशिया का सुकरात' और 'दक्षिण भारत का भाग्य विधाता' कहा गया है। पेरियार के 'आत्म सम्मान आन्दोलन' में दलित-पिछड़े और स्त्रियों के गौरव सम्मान और मानवीय समानता का शंखनाद था। पेरियार ने भी अछूत होने के कारण छुआछूत और सामाजिक भेदभाव इसकी सबसे जबर्दस्त मार झेली थी।

पेरियार की कार्यशैली और उपलब्धियाँ अधिक व्यापक और बहुआयामी हैं। ये समाज, संस्कृति, शिक्षा, धर्म, राजनीति और प्रशासन सहित जीवन के प्रायः सभी क्षेत्रों में व्याप्त हैं। उनके अभियान का मूल स्वर जाति, वर्ण और शोषण से मुक्त एक समरस समाज की स्थापना था। जिस प्रकार उत्तर भारत में नवजागरण का केन्द्र बंगाल रहा, उसी प्रकार दक्षिण में महाराष्ट्र और तमिलनाडु (मद्रास) नवजागरण के सबसे बड़े केन्द्र बने। पेरियार का आत्मसम्मान आन्दोलन 1925 से शुरू होता है, जो अगले 40 से 50 वर्षों तक लगातार चलता रहता है। इस दौरान दक्षिण में समाज सुधार के बड़े-बड़े कार्य होते हैं। अन्धविश्वास एवं पुराने रीति-रिवाजों के उन्मूलन पर जोर दिया जाता है। इन्होंने हिन्दू रूढ़िवादिता का खण्डन किया।

जाति व्यवस्था और धर्म पर प्रहार करते हुए स्त्री और दलितों में शैक्षणिक, सामाजिक और आर्थिक सुधार का प्रयास किया जाता है। किसान और मजदूरों के लिए आर्थिक कार्यक्रम और मुद्दों को उठाया जाता है। इसमें रेल, डाक, बैंक एवं जहाज परिवहन के राष्ट्रीयकरण, देशी रियासतों के एकीकरण, राष्ट्रीय एवं व्यक्तिगत ऋणों की समाप्ति आदि पर जोर दिया जाता है। 'आत्म सम्मान आन्दोलन' में सबसे बड़ा काम 'वैकुम सत्याग्रह' हुआ जिसमें लम्बे संघर्ष के बाद केरल के 'वैकुम मन्दिर' का मार्ग अछूतों के लिए खोल दिया गया। इसलिए पेरियार को 'वैकुम वीर' भी कहा जाता है।

पेरियार की दृष्टि विश्वव्यापी थी। उन्होंने अमेरिका, यूरोप और देश के विभिन्न भागों की यात्रा में लगभग पूरी दुनिया को देखा था। पेरियार अथक समाजसेवी थे। पेरियार एक व्यक्ति नहीं, अपने आप में एक संस्था थे। अन्ना दोराई उन्हें एक युग मानते थे। उन्होंने कहा था कि दो सौ वर्षों का काम पेरियार ने बीस वर्षों में ही कर दिखाया।[43] समाज में जो हिन्दू धर्म के अन्तर्गत जो बुराइयाँ व्याप्त थी, पेरियार ने उन्हें समाप्त करने का कार्य किया।

पेरियार के समय में उत्तर भारत में भी शूद्र और अछूतों के आन्दोलन शुरू हुए जो मुख्यतः अमानवीय रीति-एवं रिवाजों के विरुद्ध थे। "सन् 1857 के प्रथम सिपाही विद्रोह से लेकर सन् 1942 के भारत छोड़ो आन्दोलन के मध्य लगभग साढ़े आठ दशक तक उत्तर भारत के शूद्र, दलित और अछूतों ने भारत की स्वतन्त्रता के लिए सक्रिय रूप से भाग लिया है। इसके अनेक ऐतिहासिक प्रमाण और साक्ष्य मौजूद हैं। लेकिन इतिहासकारों ने वर्ग चेतना के रूप में इसका निरूपण नहीं किया।"[44]

भारतीय समाज को वर्ग संघर्ष एवं वर्ण संघर्ष के चलते शूद्र एवं अछूतों को सदैव अच्छा कार्य करने के बावजूद भी प्रोत्साहन के बजाय उपेक्षित समझा गया। ''जातियों में व्याप्त पारस्परिक ऊँच-नीच की भावना गुण-अवगुण पर आधारित नहीं है। उच्च जाति में उत्पन्न व्यक्ति कितना भी दुर्गुणी हो वह उच्च ही कहलायेगा। उसी प्रकार नीच जाति में उत्पन्न व्यक्ति कितना भी गुणवान हो, वह नीच ही रहेगा।''

समय के साथ बदलते परिवेश में समाज में पिछड़े और अस्पृश्य जातियों के लोग भूमिहीन मजदूर हो गये और जिन थोड़े लोगों के पास जमीन बची वे लोग अधिकांशतया ग्राम शिल्प और कुटीर उद्योगों में प्रवृत्त थे, जिन्हें आजादी के बाद उच्चस्तरीय मशीनी औद्योगिक ने कुचल दिया, जिसकी शुरुआत 19वीं शताब्दी के उत्तरार्द्ध में ही हो गयी थी। इन्हीं सब अव्यवस्थाओं के बीच नये आर्थिक और व्यावसायिक स्रोतों की उपलब्धता और शिक्षा एवं अनुकरण की प्रवृत्ति ने सम्पन्न दलित और गैर ब्राह्मण मध्यम दर्जे की जातियों में संस्कृतिकरण के भाव भर दिये। वे जातीय संगठन बनाने और उनके सुदृढ़ीकरण में प्रवृत्त हुए।

अपनी-अपनी जातीय संस्कृति, इतिहास जानने की ललक उठी और समाज में उचित स्थान पाने की व्याकुलता बढ़ी। त्रिवर्णों ने सदैव उन्हें उपेक्षित समझा था, अब वे अपनी पहचान के लिए जागरूक हो उठे। इससे जातिगत चेतना निम्न वर्गों में भी उभरी, साथ ही दलित आन्दोलन के सही रंग निखरे। बीसवीं सदी में आरम्भिक दशकों का एक महत्त्वपूर्ण लक्षण था—जाति सभाओं, समितियों एवं आन्दोलनों का फैलाव। ऐसे संगठन मुख्यतः मंझोली जातियों और कभी-कभी निम्न जातियों के पर्याप्त छोटे शिक्षित समूहों द्वारा संगठित किये जाते थे। वास्तव में दलित समाज का इतिहास वंचनाओं, पीड़ाओं, तकलीफों, अन्यायों, शोषणों और असमानताओं का इतिहास है।

स्वामी अछूतानन्द ने उत्तर भारत में 'आदि हिन्दू' महासभा की स्थापना कर वंचितों, शोषितों के लिए सतही स्तर पर कार्य किया। अछूतानन्द का जन्म 6 मई 1879 ई. में ग्राम सौरिख, तहसील छिबरामऊ, जिला फर्रूखाबाद, उत्तर प्रदेश में हुआ।[45] इनके पिता मोतीराम साधारण किसान थे। माता रामप्यारी गृहिणी थी। इनके पिता व चाचा मथुराप्रसाद कुछ समय पश्चात् खेती से गुजारा न होने की वजह से फौज (ब्रिटिश) में नौकरी करने के लिए देवली छावनी चले गये। यहाँ पर चाचा मथुरा प्रसाद को उनकी बहादुरी के कारण सेना में सूबेदार बना दिया गया।[46]

पिता मोतीराम के पास न तो खेती करने के लिए जमीन थी और न ही जीविका पालन के अन्य स्थाई साधन थे। मोतीराम अपने परिवार के विषय में अधिक चिन्तित रहते थे। बच्चों के भविष्य की चिन्ता से अपनी जन्मभूमि छोड़कर अपनी ससुराल ग्राम उमरी सिरसागंज जिला मैनपुरी उत्तर प्रदेश में आकर बस गये। यहीं

पर बालक हीरालाल क जन्म हुआ। जो आगे चलकर 'स्वामी अछूतानन्द हरिहर' के नाम से जाने गये। 14 वर्ष की आयु तक अछूतानन्द ने उर्दू, अंग्रेजी, गुरुमुखी और हिन्दी का अच्छा अध्ययन कर लिया था।

हीरालाल के युवावस्था के समय सम्पूर्ण भारत में आर्य समाज का प्रचार-प्रसार बड़े योजनाबद्ध तरीके से चल रहा था। स्वामी हीरालाल भी आर्य समाज की विचारधारा से अत्यधिक प्रभावित हुए। आर्य समाज के प्रधान कार्यालय अजमेर (राजस्थान) जाकर सन् 1905 में लगभग 27 वर्ष की अवस्था में आर्य समाज के अनुयायी बन गये। इसी समय आर्य समाज ने स्वामी हीरालाल के स्थान पर इनका नाम पण्डित हरिहरानन्द रख दिया और वह आर्य समाज का प्रचार करने लगे। आर्य समाज के प्रमुख कार्यकर्ताओं ने इनकी वाक्पटुता, योग्यता, कार्यक्षमता और व्यवहार-कुशलता के कारण उनकी परीक्षा लेने के लिए उन लोगों को पुनः हिन्दू बनाने का कठिन कार्य सौंपा जो हिन्दू से मुसलमान या ईसाई बन गये थे। इस कार्य को करने में हरिहरानन्द के उचित व्यवहार से अपार सफलता मिली। 28 अक्टूबर 1917 को आर्य समाज के प्रचारक के रूप में हरिहरानन्द पथवारी जाटव बस्ती, आगरा में आये। आगरा के तत्कालीन कार्यकर्ता और समाज सुधारक सुन्दरलाल सागर के नेतृत्व में पण्डित हरिहरानन्द ने 'अखिल भारतीय जाटव महासभा' की स्थापना कर प्रधान खेमचन्द, मन्त्री बनवारी लाल, सदस्य सर्व श्री सुन्दरलाल नागर, स्वामी प्रभुतान्द, पं. छेदीलाल मणिक, स्वामी विरजानन्द और महान समाजसेवी जाटव वीर डॉ. मानिकचन्द आदि को इस संस्था में रखा।[47]

पंडित हरिहरानन्द ने सिरसागंज में आर्यसमाज के प्रचार कार्य के साथ-साथ जाटव समाज के बच्चों (अछूत) को शिक्षा देने के लिए एवं विद्यालय की स्थापना के लिए भवन-निर्माण हेतु धन-संग्रह करने के लिए चंदा एकत्रित किया। पत्नी दुर्गाबाई ने अपनी अँगूठी और गहने दान में दे दिये। विद्यालय भवन निर्माण के पश्चात् उद्घाटन के समय अछूत बच्चों को भूमि पर और सवर्ण बच्चों को फर्श पर बिठाने की पक्षपाती और भेदभावपूर्ण नीति को देखकर पंडित हरिहरानन्द को बड़ा आश्चर्य हुआ।[48] परिणामस्वरूप आर्य समाज से त्यागपत्र देकर पंडित हरिहरानन्द ने निर्भीक होकर कहा कि, "अभी तक मैं समझता था कि आर्य समाज जातीय भेदभाव से रहित है, इसलिए हम प्राणपण से आर्य समाज का कार्य सम्पादन कर रहे थे, किन्तु आज तक हम अन्धकार में रहे थे, इस समारोह ने हमारी आँखें खोल दी। हमारी चेतना को झकझोर दिया और हमको अपने पैरों पर खड़े होने का एक नया मार्ग प्रशस्त किया है।"[49]

आर्य समाज की दोहरी नीति को देखकर स्वामी जी बहुत दुःखी हुए। उन्होंने मेरठ में आयोजित दलितों के एक विशाल सम्मेलन में आर्य समाज के विषय में अपने उद्‌गार प्रकट करते हुए कहा, "यह ईसाई और मुसलमान के प्रहारों से

ब्राह्मणी धर्म को बचाने के लिए गढ़ा गया वैदिक धर्म की एक ढोंग है। इसकी बातें कोरा ढोंग और सिद्धान्त ऊटपटांग हैं। इसकी शुद्धि महज धोखा और गुण-कर्म की वर्ग व्यवस्था का झूठा शब्द जाल है। यह इतिहास का शत्रु, सत्य का हन्ता और झूठी गप्पें मारने में पूरा ढपोर शंख है। इसकी दृष्टि दोषग्राही, वाणी कुतर्की, स्थापना थोपी और वेदार्थ निरा मनगढ़ंत है। यह जो कहता है, उस पर इसका अमल नहीं। इसका उद्देश्य ईसाई, मुसलमानों में शत्रुता कराकर हिन्दुओं को वेदों और ब्राह्मणों का दास बना देना है। सत्य के खोजियों को इतिहास और विज्ञान की खोजों का अध्ययन करना चाहिए।"[50]

हरिहरानन्द ने यह विचार आर्य समाज की विचारधारा और उसके मूल में क्या है, उसके विषय में रखे थे। वह आर्य समाज से सात वर्ष तक जुड़े रहे। जब उन्हें लगा कि इसकी कथनी और करनी में अन्तर है और वह दलित समाज को घृणामयी भावना से देखता है तो उन्होंने 1917 ई. में दिल्ली आकर तत्कालीन समाज सुधारक श्री देवीदास, जानकीदास और जगतराम के सहयोग से 'अखिल भारतीय अछूत महासभा' की स्थापना की और एक हिन्दी मासिक पत्रिका 'अछूत' का सम्पादन व प्रकाशन किया।

इसी समय उन्होंने पंडित हरिहरानन्द के स्थान पर अपना नाम 'स्वामी अछूतानन्द हरिहर' रख लिया। 'अछूत' हिन्दी मासिक पत्रिका के माध्यम से 'अखिल भारतीय अछूत महासभा' संस्था की शाखाएँ सम्पूर्ण देश में स्थापित कर दी। स्वामी अछूतानन्द हरिहर ने सभी दलितों को उपदेश दिया कि, "जीवन में यदि यश पाना है तो दीन-दुखी-गरीबों की सेवा करो। अछूतों को संगठित होकर अन्याय, अत्याचार और सामाजिक कुरीतियों का मुकाबला करना होगा, तभी तुम्हारा सम्मान सुरक्षित रह सकेगा।"[51]

कहते हैं स्वामी अछूतानन्द ने मोतीलाल नेहरू से पत्र व्यवहार किया और सामंत-जमींदारों द्वारा भूमिहीन और छोटी जोत के दलित किसानों की बेदखली और शोषण के खिलाफ आवाज उठाई। नेहरू ने उन्हें सलाह दी कि ये आजादी की लड़ाई में अपना अमूल्य सहयोग दें और उसके बाद स्वराज्य प्राप्ति पर, जमींदारी उन्मूलन पर विचार किया जायेगा। उनका मानना था कि कांग्रेस में शोषक वर्ग, अस्पृश्यता के परिपोषक सवर्ण हिन्दू, दलितों को सताने वाले मुस्लिम नवाब और हिन्दू जमींदार, राजा-महाराजा तथा ब्राह्मणों का आधिपत्य है। यहाँ तक कि गाँधी का अस्पृश्यता विरोधी आन्दोलन दिखावा है क्योंकि वह वर्ण व्यवस्था के पक्षधर हैं। इसलिए स्वामी जी ने स्वतन्त्र रूप से दलितों और अछूतों में सामाजिक, राजनैतिक चेतना के बीज बोए। आर्य समाज, कांग्रेस, कम्युनिस्ट आन्दोलन उन्हें अपनी ओर आकर्षित नहीं कर पाये। "गाँधी को उन्होंने अखबार की सुर्खियों में दलित क्रान्ति करने वाला सवर्ण कांग्रेसी नेता कहा।"[52]

बीसवीं सदी के तीसरे दशक के शुरुआती दशकों में 'आदि हिन्दू आन्दोलन' संयुक्त प्रान्त में संगठित रूप से सक्रिय हो चुका था। इस आन्दोलन ने हिन्दू धर्म में सदियों से प्रचलित अस्पृश्यता, जाति प्रथा, सामंतवाद, सामाजिक विषमता और रूढ़ियों पर प्रहार किया। अछूतानन्द ने सन् 1922 ई. में दिल्ली में एक विशाल दलित सम्मेलन का आयोजन किया। इस सम्मेलन में स्वामी जी ने दलितों का आह्वान करते हुए कहा था–

"आदिधर्मी अछूत-दलित, सवर्ण हिन्दुओं, सम्पन्न मुसलमानों और शासनकर्ता अंग्रेज जाति के तिहरे गुलाम हैं। गाँव में वे अस्पृश्यता और दासता के शिकार हैं। शहर में उन पर बेरोजगारी की मार है। उनकी अलग-गन्दी बस्तियाँ उनकी दयनीय सामाजिक-आर्थिक स्थिति का ज्ञान कराती हैं। साथ ही हिन्दू समाज के अनवरत शोषण का पता भी देती हैं जिसकी ओर ब्रिटिश राज ने ध्यान ही नहीं दिया। दलित तो मेहनतकश लोग हैं लेकिन जाति प्रथा के कलंक और अस्पृश्यता के विष ने उन्हें डस रखा है। यह सब हिन्दू समाज की मेहरबानी है, जिस पर अचरज है अभी तक अंग्रेज सरकार का पूरी तरह ध्यान ही नहीं गया।" उन्होंने गाँवों में प्रचलित बेगार और बन्धुआ मजदूरी प्रथा का विरोध किया।

समाज सुधार की शृंखला में उन्होंने मृत्युभोज, शादियों में नाच-तमाशों पर फिजूलखर्ची, मद्य-पान, देवी-देवताओं की पूजा को तिरस्कृत किया। उत्तर भारत में साइमन आयोग के आने पर उससे अछूतानन्द का मिलन कई अर्थों में ऐतिहासिक था। अछूतानन्द ने साइमन आयोग को बताया, "हमें अंग्रेजों की हमदर्दी नहीं, सम्मान से जीने का हक चाहिए। केन्द्र और राज्यों में पूर्ण उत्तरदायी शासन स्थापित हो जिसमें जनसंख्या के अनुपात से दलितों को प्रतिनिधित्व मिले और उन्हें अपने प्रतिनिधि चुनने का अधिकार मिले।"[53] इस प्रकार 20वीं शताब्दी के शुरुआती तीन दशकों में दलितों के प्रति योगदान महत्त्वपूर्ण रहा। यह भी कहा जाता है कि अछूतानन्द ने अपना समस्त सेवा कार्य जाटव-चमार बिरादरी तक ही सीमित रखा।

सन् 1922 में इंग्लैण्ड के सम्राट जार्ज पंचम के सुपुत्र प्रिन्स ऑफ वेल्स के दिल्ली आगमन पर स्वामी जी ने उनके स्वागतार्थ तथा अछूतों की दीन-हीन दशा का दृश्य चित्रण करने हेतु एक विशाल अछूत सम्मेलन का आयोजन किया। इसमें युवराज 'प्रिन्स ऑफ वेल्स' पधारे। इस अवसर पर उन्हें 17 सूत्रीय माँग एवं अभिनन्दन पत्र भेंट किया जो इस प्रकार है–

1. अछूतों की प्रगति हेतु शिक्षा के लिए विद्यालय खोले जायें।
2. अस्पृश्यता-निवारण के लिए कड़ा कानून बनाया जाये।
3. आदि हिन्दुओं का पृथक चुनाव हो तथा अलग से प्रतिनिधित्व प्रदान किया जाये।
4. स्थानीय संस्थाओं जैसे नगरपालिका, जिला परिषद, ग्राम पंचायत, टाउन

एरिया और नोटिफाइड एरिया आदि में अनुसूचित जाति के सदस्य मनोनीत किये जायें।

5. शिक्षित अछूतों को शासकीय सेवाओं में लिया जाये।
6. व्यापार एवं व्यवसाय का कार्य करने की स्वतन्त्रता प्रदान की जाये।
7. बेगार प्रथा (Forced Labour) को समूल नष्ट किया जाये।
8. अन्य सवर्ण हिन्दुओं के समान सामाजिक अधिकार प्रदान किये जायें।
9. प्रत्येक शासकीय और अशासकीय कमेटियों में सदस्यों की संख्या के अनुपात से प्रतिनिधित्व प्रदान किये जायें।
10. अनुसूचित जाति (अछूतों) के छात्रों को छात्रवृत्ति प्रदान की जाये।
11. अनुसूचित जाति की अधिक संख्या वाले गाँवों में अलग से विद्यालय बनाये जायें।
12. पुलिस तथा सेना में भी अछूतों को रखा जाये।
13. मजदूरी में वृद्धि की जाये।
14. ग्रामीण चौकीदार के पद पर अछूतों को भी रखा जाये।
15. अछूत कृषकों को ग्राम सभा में 'परती भूमि' के पट्टे दिये जायें।
16. प्रान्तीय विधान सभाओं में अछूत भी लिए जायें।
17. उपरोक्त 16 माँगों को देशी राज्यों में भी लागू किया जाये।

ये सत्रहसूत्रीय माँगें 'ब्रिटिश पार्लियामेन्ट' तक पहुँचीं। वहाँ से 20 करोड़ अछूतों की करुणामयी कहानी जार्ज पंचम के समक्ष पहुँची। सवर्ण लोग किस प्रकार अछूतों के साथ निरंकुशता और अमानवीय भेदभाव का व्यवहार कर रहे हैं, उनको धार्मिक, सामाजिक, आर्थिक एवं राजनैतिक अधिकारों से वंचित रखा जाता है; इस पर लंदन से 'सेक्रेटरी ऑफ स्टेट फार इंडिया' का भारत के वायसराय के लिए सख्त आदेश भेजा गया कि प्रत्येक नगर पालिका से एक-एक अछूत सदस्य रखा जाये, इसी प्रकार टाउन एरिया, नोटिफाइड एरिया, डिस्ट्रिक्ट बोर्ड, कौंसिल आदि सभी शासकीय संस्थाओं में एक-एक मेम्बर (सदस्य) अछूतों का मनोनीत किया जाये। इस आदेश का कड़ाई से पालन किया जाये। इससे अछूतों को काफी लाभ मिला। इस प्रकार से अछूतों की उन्नति का मार्ग प्रशस्त हुआ।[54]

स्वामी अछूतानन्द ने अनेक अछूतों के सम्मेलन करवाये। भाषणों में वे हिन्दू दासता की जंजीरों से मुक्ति की बात करते और हिन्दू सामाजिक व्यवस्था की घृणित मानसिका के प्रति लोगों को जागरूक करते और उन समस्याओं के खिलाफ आवाज उठाते जिसे दीनहीन दलित समाज अपनी नियति मान बैठी थी। 'आदि हिन्दू आन्दोलन' ने 8 अखिल भारतीय सम्मेलन किये। इनमें दिल्ली, मुम्बई, हैदराबाद, नागपुर, इलाहाबाद, मद्रास, अमरावती सी.पी. और मेरठ में आयोजित किये गये। 'आदि हिन्दू आन्दोलन' के अधिवेशन ब्रिटिश कालीन भारत में ही

नहीं अपितु तत्कालीन देशी रियासतों ग्वालियर, भोपाल, जयपुर अलवर, हैदराबाद, भरतपुर, टेहरी गढ़वाल आदि रियासतों में भी हुए। पंजाब में यह आन्दोलन 'आदि धर्मी' नाम से अधिक लोकप्रिय हुआ। 'आदि डंका' नामक समाचार पत्र प्रकाशित हुआ। दक्षिण में 'आदि द्रविड़' नाम से बिहार में संथाल परगना और गोड़बाना में 'आदिवासी' नाम से, बंगाल में शूद्र और वगदी लोगों में 'आदि निवासी' नाम से लाकप्रिय हुआ।[55] 'आदिधर्म आन्दोलन' की इस सैद्धान्तिक उपलब्धि में परस्पर विचारों का आदान-प्रदान प्रमुख रूप से रहा और समस्त भारत के अछूतों में एकता के रूप में शक्ति संगठन का बीजारोपण हुआ।

बाबू जगजीवन राम स्वामी अछूतानन्द के आदिधर्म आन्दोलन से इतना अधिक प्रभावित हुए कि ये स्वामी अछूतानन्द हरिहर को अछूतों का गुरु मानने लगे थे। स्वामी जी का विचार था कि अछूत भारत के मूल निवासी हैं। बाबू जी इस विचार को जीवन भर मानते रहे और दलित लेखकों, साहित्यकारों तथा अन्वेषकों को यही सलाह देते रहे कि दलित हिन्दू नहीं हैं, उन्हें अपना आदि धर्म खोजना चाहिए। बाबू जगजीवन राम को स्वामी अछूतानन्द के कार्यों से बहुत प्रेरणा मिली।[56]

दक्षिण भारत में भी 19वीं सदी तथा उसके पहले का केरल अन्धविश्वासों, कुरीतियों तथा हानिकारक पुरातन प्रथाओं के शिकंजे में बुरी तरह जकड़ा हुआ था। अस्पृश्यता ही नहीं, अगम्यता जोरों पर थी। नम्बुदिरी ब्राह्मण नायर जैसे सवर्णों से 32 फुट की दूरी से नायर, इझवा लोगों से, जो अगम्य तो ये पर जिनका स्थान सामाजिक ढाँचे में बहुत ऊँचा था, 64 फीट की दूरी से और एझवा जाति के लोग अछूतों पुलया परेया से 100 फुट की दूरी से ही अपवित्र हो जाते थे। इसके दुष्परिणामों से तथाकथित ऊँची जाति के लोग भी नहीं बच सके थे। नम्बुदिरी ब्राह्मणों के बड़े लड़के को ही अपनी जाति में शादी करने का अधिकार प्राप्त था। इससे बहु-विवाह तथा अनमेल विवाह प्रश्रय पा रहे थे। वर्गों व जातियों में बँटे व उपजातियों में बँटे समाज में नम्बुदिरी ब्राह्मणों के बाकी लड़के नायर लड़कियों से अल्पकालिक विवाह करते थे। इस विवाह से उत्पन्न सन्तानें अपने पिता को छू नहीं सकती थीं, क्योंकि उससे उनके पिता अपवित्र हो जाते थे। इस समय की इन्हीं कुरीतियों के कारण ही "भारतीयता एवं मानवता के प्रतीक स्वामी विवेकानन्द ने केरल को एक विशाल पागलखाने की संज्ञा दी थी।"[57]

इस तरह की असामाजिक स्थिति से निपटने के लिए मानसिक क्रान्ति एवं नवजागरण की जरूरत थी। केरल के क्षितिज पर यह नवजागरण नारायण गुरु के माध्यम से सम्भव हो सका। नवजागरण के सभी तत्त्व—बुद्धिवाद, वैज्ञानिक-दृष्टिकोण, मानसिक स्वतन्त्रता और मानवीयता—नारायण गुरु द्वारा संचालित आन्दोलन में प्रचुर मात्रा में उपलब्ध थे। अतः मानवजीवन के सभी पहलुओं—धार्मिक, साहित्यिक, सामाजिक, आर्थिक को इसने सशक्त रूप से प्रभावित किया। परम्परा, अन्धविश्वास,

छुआछूत, असमानता की भावना, जर्जर पुरातन संगठनों, प्रथाओं और मूल्यों को इस आन्दोलन से करारी चोट पहुँची। इनके सकारात्मक आन्दोलन से ही वह शक्ति जीवन के सभी क्षेत्रों–कला, साहित्य, विज्ञान, धर्म, राजनीति तथा सामाजिक क्षेत्र में तीव्रगति से स्पन्दित हो उठी।

नारायण गुरु का नारा था–एक जाति, एक धर्म, एक ईश्वर। उनकी गतिविधियों का मूल्यांकन करते हुए नारायण गुरु के अंग्रेजी जीवनी के लेखक सरकोट कुनहप्पा ने लिखा है, "गुरु के सन्देशों के प्रचार में सफलता प्राप्त करते हुए उन्होंने केरल के एक छोर से दूसरे छोर तक तूफानी दौरा किया। उसके बाद केरल अपनी पहले की रूढ़िवादिता पर फिर नहीं लौटा।"[58]

नारायण गुरु शिक्षा को समृद्धि के ही लिए नहीं, ज्ञान के विकास के लिए भी जरूरी मानते थे। उनका प्रयास था कि जिन लोगों की वित्तीय स्थिति अच्छी हो वे गरीब मेधावी बच्चों को पढ़ाने में हर सम्भव सहायता दें। एक बार तो उन्होंने यहाँ तक भी कहा था कि अब मन्दिर से अधिक विद्यालयों की आवश्यकता है। एक बार उन्होंने कहा था कि अब अंग्रेजी अधिक लोकप्रिय हो रही है अतः उसमें प्रवीणता प्राप्त करनी चाहिए। वे महिलाओं की शिक्षा पर भी उतना ही जोर देते थे ताकि वे जीवन की दौड़ में पीछे न छूट जायें।

इसके अतिरिक्त यह भी विचारणीय बात है कि नारायण गुरु ने मनुष्य के लिए "एक जाति, एक धर्म और एक भगवान"[59] का सिद्धान्त बुलन्द किया और अपने सहयोगियों को बताया था कि अनेक विभिन्नताओं के बावजूद मनुष्यों के बीच खान-पान तथा शादी-विवाह में कोई ऐतराज नहीं क्योंकि वे सभी एक ही हैं। यही नहीं नारायण गुरु ने ही देश का प्रथम 'सर्व-धर्म सम्मेलन' अलवये में सन 1924 में आयोजित किया था, जहाँ पारसी, ईसाई, इस्लाम, बौद्ध, जैन धर्मों के आचार्य आये थे और अपने-अपने धर्मों की विशेषताओं से उपस्थित लोगों को अवगत कराया था। नारायण गुरु को जनता और उनकी आवश्यकता के बारे में जीवन्त ज्ञान था। मलयालम मनोरमा के सुप्रसिद्ध पत्रकार और नारायण गुरु के जीवनीकार मरकोट कुन्हप्पा ने उनके बारे में जो सजीव चित्रण किया है वह इस प्रकार है, "उन्होंने 50 वर्ष से कम समय में केरल के दलितों को धूल से उठाकर प्राणवान मनुष्य बना दिया। इसके तथा कुछ अन्य कारणों के सम्मिलित प्रभाव के फलस्वरूप इन निम्न जातियों में दबी पड़ी साहित्यिक, कलात्मक और विधोचित प्रतिभाएँ ऊपर आ गयीं। इनमें से बहुत से कवि, सम्पादन, निबन्धकार, उपन्यासकर, कहानीकार, आचार्य और प्राचार्य पैदा हुए, जो देश में इन्हें आदर दिलाने में सफल हुए।"

इसी के साथ दलित आन्दोलन की अगली कड़ी के महापुरुषों में सन्त गाडगे का योगदान महाराष्ट्र में बहुत ज्यादा रहा है। उन्होंने अपने तर्क एवं विवेक पूर्ण तथ्यों द्वारा 19वीं शताब्दी के अन्तिम वर्षों एवं बीसवीं सदी के शुरुआती दशकों में

महत्त्वपूर्ण योगदान दिया। उन्होंने 8 नवम्बर सन 1956 ई. को बान्द्रा (बम्बई) में किये गये अपने कीर्तन (प्रवचन) में सन्त गाडगे ने कहा था कि "लोग कहते हैं कि सपने में उन्हें भगवान दीखे थे—शंख, चक्र, गदा सभी साज-समाज के साथ। जो वस्तु मन में बैठी रहती है, सपने में वही दिखती है। मेरे बाप को आपने कभी सपने में देखा है? नहीं, तो जो देखा नहीं, वह दिखता नहीं।"

ऐसा तार्किक एवं वैज्ञानिक दृष्टिकोण सन्त गाडगे के द्वारा दिया गया। एक बार एक व्यक्ति ने सन्त गाडगे को बताया कि भगवान की कृपा से नारायण नामक व्यक्ति ने गाँव में मकान बनवाया है तभी दो व्यक्ति बोल उठे कि भगवान ने उसे बच्चे भी दिये। इस पर सन्त गाडगे बोले, "भगवान घर नहीं देता, घर तो मनुष्य ने बाँधा है। घर मनुष्य बनाता है पर ये अनाड़ी भगवान को घर बनाने का श्रेय देते हैं।"[60]

सन्त गाडगे मानवीयता और करुणा के जीते-जागते प्रतीक थे। वे कहा करते थे—"भगवान न तो तीर्थ में है, न मूर्ति में। वह तो दरिद्र नारायण के रूप में स्वयं तुम्हारे सामने खड़ा है। प्रेम से उसकी सेवा करो। आज यही सच्चा धर्म है। यही सच्ची भक्ति और भगवान की पूजा है।" उनकी विचारधारा बुद्धिवाद, मानवतावाद, वैज्ञानिक दृष्टिकोण, मानसिक स्वतन्त्रता और मानवीयता से प्रेरित नवजागरण के तत्त्व गाड़गे के आन्दोलन में भी मौजूद थे।

भारत में नवजागरण 19वीं शताब्दी के आरम्भिक दशक में प्रारम्भ हुआ और बंगाल के धार्मिक सामाजिक और राजनीतिक जीवन को प्रभावित किया। पश्चिम भारत में यह लहर 19वीं सदी के उत्तरार्द्ध में आयी जिससे वहाँ का सामाजिक, धार्मिक और आर्थिक जीवन आन्दोलित हुआ। दक्षिणी भारत के उत्तरी भाग में नवजागरण ने आध्यात्मिक और धार्मिक रूप धारण किया। सन्त गाडगे और महाराष्ट्र के सभी नेताओं का उद्देश्य एक ही था। ऐसे समाज की स्थापना जिसमें सभी वर्गों के लोग सुख से और सम्मानपूर्वक जीवन जी सकें। पर मंजिल और मार्ग अलग-अलग थे। उनमें से कुछ समाज सुधारकों ने पारिवारिक मान्यताओं और विसंगतियों के उन्मूलन को ही प्राथमिकता दी तो कुछ समाज के समूचे ढाँचे में आमूल-चूल परिवर्तन के पक्षधर थे। कुछ नेताओं ने सामाजिक सुधार को सर्वोपरि माना तो कुछ की मान्यता थी कि विदेशी शासन से छुटकारा पाये बिना सामाजिक समस्याओं का समाधान सम्भव नहीं है। वह व्यक्ति को सामाजिक क्रान्ति के सबसे उत्तरदायी तत्त्व समस्या की परख को मानते थे। अपने विचारों में वह अन्धविश्वासों को सबसे बुरा मानते थे जो समाज के लिए सबसे अधिक उत्तरदायी थे। सन्त गाडगे स्वयं निरक्षर होते हुए भी शिक्षा के प्रबल समर्थक थे। शिक्षा के द्वारा ही समाज में क्रान्ति आती है। शिक्षा से ही तार्किक ज्ञान की प्राप्ति होती है और उससे ही सामाजिक कुरीतियों से निपटा जा सकता है।

समग्र भारत में अलग-अलग नामों एवं अलग-अलग क्षेत्रों में समाज सुधारकों

द्वारा दलित आन्दोलन किया गया। आधुनिक झारखण्ड में, जो आजादी से पहले बिहार प्रान्त का एक भाग था, में छोटा नागपुर के क्षेत्र में जमींदारों के दमन की दास्तान सैकड़ों वर्ष पुरानी थी। सन् 1875 ई. में जन्में बिरसा मुण्डा ने गरीब खेतिहर मजदूरों एवं किसानों (जो अधिकतर निम्न जातियों से थे) के विरुद्ध हो रहे सामाजिक और आर्थिक शोषण के विरुद्ध आवाज उठाई। राँची और छोटा नागपुर क्षेत्र में एक खास प्रकार की संस्कृति, धार्मिक, आर्थिक और राजनीतिक व्यवस्था कायम हो गयी थी। मुण्डा लोग लगान देने के आदी नहीं थे। पर दिक्कू जमींदार ठेकेदार घटवाल मुण्डा लोगों के पुरातन और परम्परागत तौर तरीकों को न जानते और न ही उनकी कद्र करते थे। वे कम से कम समय में धनी होना चाहते थे। फिर एक समय आया जब गल्ला के बदले नगदी लगान लेने का प्रचलन शुरू हो गया। यह एक नयी प्रथा थी पर उससे बुरी प्रथा निकली बैठ-बेगार की। बेगार की कोई सीमा नहीं थी। इसके अतिरिक्त जमींदार जब यात्रा पर जाता, या उसके घर में जब कोई धार्मिक अनुष्ठान होता, शादी-ब्याह होता तो मुंडा से नगद तथा बैठ-बेगार ली जाती थी।[61] इस सम्बन्ध में बिरसा मुण्डा का मानना था कि भूमि और जंगल की लगान नहीं दी जा सकती क्योंकि यह सब उनके पूर्वजों की है।

जमींदारों द्वारा मुण्डा लोगों पर किये गये शोषण के विरुद्ध यह आन्दोलन था। इस शोषण के सम्बन्ध में ब्रिटिश कमिश्नर मि. फौरविस ने तत्कालीन समस्या के सम्बन्ध में कहा था, "कहानी एक सौ साल पुरानी है। वह आज भी वैसी ही है और भविष्य में भी वैसे ही बनी रहेगी, जब तक जमीन और जंगल में मुंडाओं के अधिकारों के सम्बन्ध में सर्वेक्षण नहीं कर लिया जाता और बैठ-बेगारी प्रथा समाप्त नहीं कर दी जाती।"[62]

इस तरह से ब्रिटिश सरकार के द्वारा 1902 ई. में जो सर्वेक्षण शुरू किया गया उसकी रिपोर्ट सन् 1912 में सरकार को दी गयी। उससे पता चलता है कि उसके पूर्व 100 वर्षों तक जो विद्रोह हुए उनके मुख्य कारण भूमि से सम्बन्धित थे। उससे भी पता चला कि किस प्रकार जमींदारों ने मुण्डा लोगों के अधिकारों को दबाकर रखा था। इस सर्वे के आधार पर जो काश्तकारी कानून बना उसमें मुण्डा लोगों को सबल बनाया गया।

बिरसा मुण्डा ने नया सामाजिक धर्म प्रतिपादित किया और कहा कि वे "मानव के द्वारा मानव के शोषण के विरुद्ध हैं।" बिरसा मुण्डा ने व्यक्ति की प्रतिष्ठा स्थापित करने को प्रोत्साहन दिया। किसी जाति विशेष में जन्म लेने से कोई शासक या किसी जाति विशेष में जन्म लेने से कोई दास नहीं हो जाता या जिस पर शोषण का अधिकार जातिगत हो। उन्होंने अपने समाज में व्याप्त बुराइयों को दूर करने का प्रयत्न किया। 20वीं सदी के शुरुआती दशक तक आते-आते उनकी विचारधारा को और विस्तृत रूप मिला। भारत में कृषि मजदूरी में लगे लोगों की स्थिति धीरे-धीरे

और खराब होती गयी। क्योंकि ब्रिटिश काल में कृषि का रूपान्तरण पूरी तरह से हो गया था। नयी भू-राजस्व व्यवस्था में या नयी भूमि व्यवस्था में गाँव कर निर्धारण और कर भुगतान की इकाई नहीं रह गये। जमीन की निजी मिलकियत के साथ ही व्यक्तिगत कर निर्धारण और कर अदायगी की प्रथा शुरू हुई।

किसानों की बढ़ती हुई ऋणग्रस्तता के कारण रैयतवारी इलाकों में बड़े पैमाने पर जमीन काश्तकारों के हाथों से निकलकर सूदखोर महाजनों के हाथों में जाने लगी और जमींदार इलाकों में बड़े पैमाने पर किसानों की बेदखली हुई। साहूकार कानूनी तरीकों के अलावा जालसाजी से भी काम लेते थे, जैसे मूल से अधिक का शर्तनामा लिखवाना, गलत हिसाब रखना इत्यादि। वे किसान के अज्ञान का भी फायदा उठाते थे। अपनी अनभिज्ञता के कारण किसान को जालसाजी का पता नहीं चल पाता था, और इस तरह वह कानूनी कार्यवाही नहीं कर पाता था।

भारतीय किसानों की गरीबी और ऋणग्रस्तता के कारण किसान की जमीन बनिया, महाजन या जमींदार के हाथ में जाने लगी। काश्तकार मालिकों की संख्या घटी और धीरे-धीरे गिने चुने लोगों के अधिकार में कृषि क्षेत्र आते गये। गरीब और मध्यम किसान का अल्पांश ही धनी हो सका, उनका अधिकांश बँटाईदार या खेतिहर मजदूर हो गया। इन खेतिहर मालिकों और कास्तकारों की संख्या घटती गयी और गैर काश्तकारों-जमींदारों की संख्या बढती गयी। अधिकांश खेतिहर किसानों के गरीब हो जाने की वजह से भारत में खेतिहर मजदूरों का वर्ग तेजी से बढ़ता गया। और ज्यों ही खेतिहर मजदूरों की संख्या बढ़ी नकी बेरोजगारी, शोषण और दमन का दौर चला। इससे सबसे ज्यादा दलित वर्ग के लोग प्रभावित हुए।

'दलित' शब्द से पूर्व इसको विभिन्न नाम दिये गये थे। वैदिक काल एवं स्मृति काल की वर्ण व्यवस्था और जाति व्यवस्था से इसका घनिष्ठ सम्बन्ध रहा है। वर्ण व्यवस्था से शूद्र जातियों, उपजातियों का विकास होता रहा, फिर इनको चांडाल, अस्पृश्य, अछूत, पंचम, दास, हरिजन, अनुसूचित जाति आदि नामों से पुकारा जाता रहा।

इनके साथ समाज और राजसत्ता ने जो दुखद व्यवहार किये वे बेहद दर्दनाक हैं। इसे रोकने का भी प्रयास समाज सुधारकों व पुरातनपंथी विचारधारा पर प्रहार समय-समय पर किया। 'दलित' शब्द का शाब्दिक अर्थ है, दबाया हुआ, कुचला हुआ अर्थात् जिसका दलन हुआ हो।[63] समाज में जो वर्ग बहुत दिनों से सताया हुआ है वह 'दलित' है। दलित वर्ग का प्रयोग हिन्दू समाज व्यवस्था के अन्तर्गत परम्परागत रूप से माने जाने वाले वर्गों के लिए रूढ़ हो गया है। दलित वर्ग में वे जातियाँ आती हैं, जो छूतपन का शिकार हुई हों, जो तथाकथित निम्न श्रेणी की हों और उन्हें इसी के नाम पर सताया गया हो।

इस तरह 'दलित' शब्द की परिभाषा के अन्तर्गत सदियों से सामाजिक वर्ण

व्यवस्था और जातिवाद से अभिशप्त दलित, शोषित, सदियों से उत्पीड़ित, उपेक्षित, अपमानित व्यक्ति आते हैं। 'दलित' शब्द जहाँ व्यक्ति को अपनी अस्मिता, स्वाभिमान और अपने गौरवमय इतिहास पर दृष्टिपात करने को बाध्य करता है वहीं अपनी अवनति, वर्तमन स्थिति और तिरस्कृत जीवन के विषय में सोचने के लिए भी विवश करता है।

'दलित' शब्द आक्रोश, चीख, वेदना, पीड़ा चुभन, घुटन और छटपटाहट का प्रतीक है। दलितों को गाँव के बाहर बसने दिया जाता था। ये लोग सिवाय छप्पर या मड़ैया के अपने लिए मकान नहीं बना सकते थे। ये लोग भूमि के अलावा चारपाई पर या तखत पर लेट नहीं सकते थे। इनकी स्त्रियाँ सोने एवं चाँदी के गहने नहीं पहन सकती थीं। ये लोग गेहूँ, अन्न और घी, दूध आदि पौष्टिक पदार्थ नहीं खा सकते थे। इन लोगों से महा-अधम और दिन-रात अत्यन्त कठोर सेवा के काम लिए जाते थे और उसके बदले में पैसा न देकर खाने के लिए जूठा अन्न और फटे-पुराने कपड़े दिये जाते थे, समाज में इनका घोर अपमान किया जाता था कि यदि कोई इन्हें छू जाता तो उसे कपड़े सहित स्नान करना पड़ता था। इसलिए इनका नाम 'अछूत' रखा गया।

"गाँव, सैनिक छावनियों तथा चौड़ी सड़कों के पार गाँव बसे हुए हैं। अधिकांशतः गाँव के मकान दुर्दशापूर्ण झोपड़ियों के हैं जिनमें किसान गन्दी अवस्थाओं में रहते हैं। उनको देखने से ही ऐसा लगता है कि वे गैर-सम्पन्न तथा गिरे हुए लोग हैं। इन गाँवों में भी जो देखने में अच्छे लगते हैं, उनसे पूछने वालों ने पाया कि ग्राम वासी गरीबी तथा कर्ज से लड़ रहे हैं।"[64]

यह वह स्थिति थी जब ब्रिटिश हुकूमत अधिक से अधिक राजस्व प्राप्त करना चाहती थी। उसके लिए किसानों पर नगदी फसल बोने के लिए दबाव बनाया गया जिससे किसान साहूकारों के कर्ज में डूबते गये। और ये किसान से खेतिहर मजदूर और खेतिहर मजदूर से मजदूर बनकर रह गये।

राष्ट्रीय किसान-खेतश्रमिक, कारखानों के श्रमिकों के आधारों को देखते हुए, वर्ग संघर्ष के सन्दर्भ में मार्क्सवादी दलित आन्दोलनों को प्रगतिशील स्वीकार करते थे। लेकिन 'पैटी बुर्जुआजी' का नेतृत्व उनकी हिचक थी। औपनिवेशिक काल में मार्क्सवादी तथा राष्ट्रवादी दोनों ही यह मान रहे थे कि ये आन्दोलन विभाजन कारी तथा ब्रिटिश पक्षीय थे। यह उस विश्वास के कारण था जिसमें मुख्य अन्तर्विरोध दलित भारतीय राष्ट्रीयता और साम्राज्यवाद का था।[65] 1930 में ब्रिटिश राज के जिन अकालों का जिक्र किया था वह इस बात का संकेत था कि किस प्रकार सारी किसानी अपने अस्तित्व के सीमांत पर पहुँच गयी थी। जैसा कि संकेत दिया गया था, इन परिस्थितियों का सर्वाधिक भार छोटी जातियों, औरतों, बच्चों, ऐसे लोगों जिनके पास जमीन नहीं थी, अथवा जिनके पास आय का कोई स्रोत नहीं था, पर अधिक पड़ा।

ब्रिटिश हुकूमत खेतिहर मजदूरों को सिर्फ इसलिए ही नहीं कच्चे माल की खेती के लिए दबाव बनाती थी, बल्कि उससे उसका दोहरा फायदा था। एक तो आसानी से उन्हें कच्चा माल भी मिल जाता था। दूसरे, उन्हें राजस्व की प्राप्ति भी अधिक व नगद में होती थी।

साथ ही साथ प्रत्यक्ष मजदूरी वाले श्रमिक भी शोषित किये गये। बाद में धीरे-धीरे कारखानों का उत्पादन बढ़ा। अनुपम सेन द्वारा प्रस्तुत आँकड़े बताते हैं कि 1894 में 815 कारखानों में औसतन 3,50,000 श्रमिक काम करते थे। 25 वर्ष बाद यानी 1919 ई. में 3400 कारखानों में 11,71,000 श्रमिक काम करते थे। और अगले 20 वर्षों बाद 1939 ई. में कारखानों की संख्या बढ़कर 10,464 हो गयी और श्रमिकों की संख्या 17,51,000 हो गयी। इस उपमहाद्वीप को देखते हुए यह संख्या अधिक नहीं थी।[66] लेकिन श्रमिकों की आवश्यकता रेलों, बन्दरगाहों तथा सब तरह के निर्माण कार्यों और सिंचाई के लिए भी थी। महत्त्वपूर्ण तथ्य यह है कि इन श्रमिकों का प्रयोग न केवल भारत में बल्कि सम्पूर्ण ब्रिटिश साम्राज्य में किया जाता था।

दलित तथा नीची जातियों (तथाकथित) के श्रमिक बागानों में काम करने के लिए अपने इलाके से पलायन कर जाते थे। उपनिवेशवाद का सम्पूर्ण जाति व्यवस्था पर बड़ा जटिल प्रभाव पड़ा। भारत में परम्परागत कार्य करने वाले श्रमिकों को एक देश से दूसरे देश एवं एक प्रान्त से दूसरे प्रान्त जाने का अवसर बिना भेदभाव के मिला। साथ ही साथ रेल के विकास ने भी इस क्षेत्र में महत्त्वपूर्ण भूमिका अदा की।

भारत में मजदूरों यानी कमजोर वर्गों के विकास में या उनकी समस्याओं को समझने का प्रथम प्रयास लार्ड रिपन के समय (1880-84) के समय हुआ। 1881 में प्रथम फैक्ट्री ऐक्ट पारित करवाया। जो ब्रिटिश अफसरों द्वारा मजदूरों की अवस्था में सुधार का प्रथम प्रयास था। प्रथम फैक्ट्री ऐक्ट केवल उन कारखानों पर लागू होता था जहाँ 100 से अधिक श्रमिक काम करते थे और इसी ऐक्ट द्वारा बालकों को मजदूरों की श्रेणी से 7 वर्ष के बच्चों को काम पर नहीं लगाया जा सकता। 12 वर्ष के बच्चों को काम करने का समय नियमित किया गया। संकटपूर्ण मशीनों के लिए बाडा (Fence) लगाना आवश्यक हो गया और नियमों का पालन हो इसलिए निरीक्षक की नियुक्ति की गयी। भारतीय इतिहास में यह पहली बार था जब गरीब मजदूरों के हितों की बात कही गयी हो।[67]

सामाजिक विधान में ब्रिटिश अफसरों द्वारा हस्तक्षेप

1775 – बंगाल अधिनियम द्वारा शिशुवध प्रतिबन्धित।
1802 – लार्ड वेलेजली द्वारा शिशुवध प्रतिबन्धित।
1811 – बंगाल सरकार द्वारा रेग्यूलेशन के अन्तर्गत दास-प्रथा का उन्मूलन।
1829 – राजा राममोहन राय के प्रयासों के फलस्वरूप रेग्यूलेशन XVII के

अन्तर्गत लार्ड विलियम बैटिंक द्वारा सती प्रथा का उन्मूलन।

1832 – रेग्यूलेशन तृतीय के अन्तर्गत दास-प्रथा का उन्मूलन।

1843 – लार्ड एलेनबरो द्वारा दास-प्रथा का उन्मूलन।

1856 – ईश्वर चन्द्र विद्या सागर के प्रयासों से 'हिन्दू विडोज रिमेरिज ऐक्ट' के द्वारा विधवा विवाह की स्वीकृति।

1872 – 'नैटिव मैरिज ऐक्ट' द्वारा बाल-विवाह, बहुविवाह प्रतिबंधित तथा अन्तर्जातीय विवाह और विधवा विवाह की स्वीकृति।

1891 – बेहराम की मालाबारी के प्रयासों से 'एज ऑफ कन्सेंट ऐक्ट' द्वारा लड़कियों के लिए विवाह की उम्र 10 वर्ष से बढ़कर 12 वर्ष किया गया।

1929 – 'चाइल्ड मैरिज रेस्ट्रेंट ऐक्ट' जिसे 'शारदा ऐक्ट' के नाम से जाना जाता है, के द्वारा विवाह की उम्र बढ़ाकर लड़कियों के लिए 14 तथा लड़के के लिए 18 वर्ष कर दी गयी।

1931 – 'इन्फेन्ट मैरिज प्रेवेन्शन ऐक्ट' के द्वारा बाल-विवाह प्रतिबन्धित।

1937 – धन सम्बन्धी अधिकार महिलाओं को दिये गये।

अब दलित समाज के लोग भी गाँव से बिना भेदभाव या दबाव के साथ देश के किसी भी कोने में रोजगार या मेहनत मजदूरी के लिए जा सकते थे। इस तरह दलितों में हर प्रकार का बदलाव देखने को मिला। चाहे वह स्वाभिमान से जीने का मामला हो या फिर अस्पृश्यता, छुआछूत के विरुद्ध आवाज़ उठाना ही क्यों न हो। इन सब समस्याओं के विरुद्ध आवाज़ उठाने का बल दलितों को मिला। अब सुविधाभोगी समाज यह समझने लगा था कि बिना दलितों को मिलाये उसका विकास सम्भव नहीं है, क्योंकि श्रम करने की क्षमता दलितों के पास ही थी। कुछ प्रगतिशील सवर्ण समाज के लोग इस बात को अच्छी प्रकार समझते थे। इसलिए उन्होंने छुआछूत, जातीय निर्योग्यता सम्बन्धी व्यवहारों को अमानवीय माना। यह सामाजिक बदलाव नवजागरण की ही देन थी।

सन्दर्भ

1. देखें, कन्हैयालाल चंचरीक, ज्योतिबा फूले, प्रकाशन विभाग, भारत सरकार।
2. हबीब, इरफान; 'भारतीय इतिहास में जाति और मुद्रा, पूर्वोद्धृत, पृ. 5
3. Special Report : Caste in Stone, Times of India , Dally News paper, 16 may 2010, Published From Lucknow
4. हट्टन, जे.एच.; कास्ट इन इण्डिया, चतुर्थ संस्करण 1969 पुनर्मुद्रित, पृ. 71
5. सिंह, वी.एन., जनमेजय सिंह; भारत में सामाजिक आन्दोलन, 2005, रावत पब्लिकेशन जयपुर, पृ. 203

6. हबीब, इरफान; भारतीय इतिहास में जाति और मुद्रा, पूर्वोद्धृत, पृ. 6
7. मा. कांशीराम; चमचा युग, पूर्वोद्धृत, पृ. 8
8. वही, पृ. 8
9. पाश्चात्य सभ्यता : यह शब्द इसलिए प्रयुक्त हुआ है क्योंकि सामाजिक एवं आर्थिक दोहन के साथ-साथ कुछ ब्रिटिश गवर्नर वायसराय या अधिकारी ऐसे थे जिन्होंने यहाँ की कुरीतियों अन्धविश्वासों व कुप्रथाओं पर प्रहार ही नहीं किया, बल्कि उनके विरुद्ध नियम भी बनाये।
10. सिंह, वी.एन., जनमेजय सिंह; भारत में सामाजिक आन्दोलन, 2005, पूर्वोद्धृत, पृ. 3
11. शुक्ल, आर.एल.; आधुनिक भारत का इतिहास, 2006, प्रकाशक : हिन्दी माध्यम कार्यान्वयन निदेशालय, दिल्ली विश्वविद्यालय, नयी दिल्ली, पृ. 45-46
12. शंखवार, दीपचन्द से साक्षात्कार (10.11.2011 को लखनऊ में डॉ. बी.आर. आम्बेडकर विश्वविद्यालय में लिया गया शोधार्थी द्वारा साक्षात्कार)।
13. शुक्ल, आर.एल.; आधुनिक भारत का इतिहास, पूर्वोद्धृत, पृ. 332
14. सिंह, वी.एन., जनमेजय सिंह; भारत में सामाजिक आन्दोलन, 2005, पूर्वोद्धृत, पृ. 3
15. चन्द्रा, आर., चंचरीक कन्हैयालाल; आधुनिक भारत का दलित आन्दोलन, 2003, दिल्ली यूनिवर्सिटी पब्लिकेशन, पृ. 31
16. प्रजा : यहाँ प्रजा शब्द से तात्पर्य उन सामाजिक और आर्थिक रूप से पिछड़ी जातियों से है जो थे तो एक तरह से अछूत ही लेकिन सवर्णों (हिन्दुओं) की सेवा में रहते थे। उनसे सवर्ण हिन्दू अपना काम करवाते थे। साथ ही साथ अति पिछड़े, अछूतों (दलितों) को उनमें सेवाएँ देने पर प्रतिबन्ध लगाते थे। जैसे बाल काटना, घर की साफ-सफाई करना, खेतों में काम करना, कपड़े धोना इत्यादि। वर्ष में फसल कटने के समय तयशुदा अनाज या कुछ रुपये उनकी वार्षिक मेहनताना के बदले दिये जाते थे, जिसे जजमानी प्रथा भी कहा गया है।
17. भारती डॉ. रामविलास; शोध पत्र, बीसवीं सदी के उत्तरार्द्ध में दलित समाज : एल. इलैयापेरुमल रिपोर्ट के आलोक में इतिहास दृष्टि : दिसम्बर 2009, प्रकाशक : सैयद नजमुल रज़ा रिजवी, दी. द.उ. गोरखपुर विश्वविद्यालय।
18. हबीब, इरफान; भारतीय इतिहास में जाति और मुद्रा, पूर्वोद्धृत, पृ. 23
19. ठाकुर, हरिनारायण; दलित साहित्य का समाजशास्त्र, प्रथम संस्करण 2009, प्रकाशक : भारतीय ज्ञानपीठ, नयी दिल्ली, पृ. 247
20. कुमार डॉ. विवेक; दलित समुदाय और सामाजिक परिवर्तन, 'हंस' मासिक अगस्त 2004, पृ. 93
21. ठाकुर, हरिनारायण; दलित साहित्य का समाजशास्त्र, पूर्वोद्धृत, पृ. 248
22. सिंह, वी.एन., जनमेजय सिंह; भारत में सामाजिक आन्दोलन, 2005, रावत पब्लिकेशन जयपुर, पृ. 4
23. कुमार डॉ. निरंजन; हिन्दी नवजागरण एवं दलित चेतना, आलेख 'दलित साहित्य वार्षिकी', 2005, सम्पादक : जयप्रकाश कर्दम, पृ. 73
24. सरकार, सुमित; विवेकानन्द, राजकमल प्रकाशन, नयी दिल्ली, पृ. 96
25. सिंह, वी.एन., जनमेजय सिंह; भारत में सामाजिक आन्दोलन, पूर्वोद्धृत, पृ. 3
26. राम, धनयी; डॉ. आम्बेडकर की चुनी हुई कृतियाँ (भाग-एक), प्रथम संस्करण 2011, प्रकाशक : डॉ. आम्बेडकर साहित्य एवं कला केन्द्र वाराणसी, पृ. 37
27. वही, पृ. 37-38
28. ठाकुर, हरिनारायण; दलित साहित्य का समाजशास्त्र, पूर्वोद्धृत, पृ. 249
29. सरकार, सुमित; विवेकानन्द, राजकमल प्रकशन, नयी दिल्ली, पृ. 99

30. ब्राह्मणवाद : भारतीय सामाजिक व्यवस्था जो कि चतुर्वर्णीय व्यवस्था (ब्राह्मण, क्षत्रिय, वैश्य, शूद्र) के सोपान क्रम में मनु द्वारा रचित 'मनुस्मृति' के आधार पर जातीय श्रेष्ठता और निम्न वर्ग के लोगों के शोषण के प्रति मजबूती प्रदान करता है। कर्म आधारित जाति व्यवस्था धीरे-धीरे (कालान्तर में) जाति आधारित हो गयी।
31. मनुस्मृति, 5/85
32. साक्षात्कार; यादकरण याद (बहुजन चेतना मंडप के संस्थापक) से लखनऊ में 01.11.2011 के शोधार्थी द्वारा साक्षात्कार।
33. चन्द्रा, आर., चंचरीक, कन्हैयालाल; आधुनिक भारत का दलित आन्दोलन, पूर्वोद्धृत, पृ. 27
34. सिंह, वी.एन., जनमेजय सिंह; भारत में सामाजिक आन्दोलन, पूर्वोद्धृत, पृ. 211
35. चन्द्रा आर., चंचरीक, कन्हैयालाल; आधुनिक भारत का दलित आन्दोलन, पूर्वोद्धृत, पृ. 27
36. ठाकुर, हरिनारायण; दलित साहित्य का समाजशास्त्र, पूर्वोद्धृत, पृ. 262
37. वही, पृ. 263
38. सिंह, वी.एन., जनमेजय सिंह; भारत में सामाजिक आन्दोलन, पूर्वोद्धृत, पृ. 88
39. ठाकुर, हरिनारायण; दलित साहित्य का समाजशास्त्र, पूर्वोद्धृत, पृ. 236
40. चन्द्रा आर., चंचरीक, कन्हैयालाल; आधुनिक भारत का दलित आन्दोलन, पूर्वोद्धृत, पृ. 30
41. ज्योतिबा फूले; रचनावली-2, राधाकृष्ण प्रकाशन, नयी दिल्ली
    ठाकुर, हरिनारायण; दलित साहित्य का समाजशास्त्र, प्रथम संस्करण 2009, प्रकाशक : भारतीय ज्ञानपीठ, नयी दिल्ली, पृ. 258
42. बेसन्तरी, देवेन्द्र कुमार; भारत के सामाजिक क्रान्तिकारी, दलित साहित्य प्रकाशन संस्था, नयी दिल्ली, पृ. 167
43. ठाकुर, हरिनारायण; दलित साहित्य का समाजशास्त्र, पूर्वोद्धृत, पृ. 275
44. चन्द्रा, आर., चंचरीक, कन्हैयालाल; आधुनिक भारत का दलित आन्दोलन, पूर्वोद्धृत, पृ. 83
45. सिंह, डॉ. राजपाल 'राज'; आदि हिन्दू आन्दोलन के प्रवर्तक स्वामी अछूतानन्द : व्यक्तित्व एवं कृतित्व, प्रथम संस्करण 2009, प्रकाशक : सिद्धार्थ बुक्स, दिल्ली, पृ. 14
46. वही, पृ. 14
47. सिंह, डॉ. राजपाल 'राज'; आदि हिन्दू आन्दोलन के प्रवर्तक स्वामी अछूतानन्द : व्यक्तित्व एवं कृतित्व, प्रथम संस्करण 2009, प्रकाशक : सिद्धार्थ बुक्स, दिल्ली, पृ. 18
48. वही, पृ. 19
49. सिंह, डॉ. राजपाल 'राज'; आदि हिन्दू आन्दोलन के प्रवर्तक स्वामी अछूतानन्द : व्यक्तित्व एवं कृतित्व, पूर्वोद्धृत, पृ. 19
50. वही, पृ. 19
51. सिंह, डॉ. राजपाल 'राज'; आदि हिन्दू आन्दोलन के प्रवर्तक स्वामी अछूतानन्द : व्यक्तित्व एवं कृतित्व, पूर्वोद्धृत, पृ. 20
52. चन्द्रा आर., चंचरीक, कन्हैयालाल; आधुनिक भारत का दलित आन्दोलन, पूर्वोद्धृत, पृ. 90
53. चन्द्रा आर., चंचरीक, कन्हैयालाल; आधुनिक भारत का दलित आन्दोलन, पूर्वोद्धृत, पृ. 91
54. मासिक पत्रिका 'आधुनिक विप्लव', भारत में बहुजन क्रान्ति के सूत्रधार : स्वामी अछूतानन्द, सम्पादन : जितेन्द्र कुमार गौरव, जुलाई 2011 (अंक), पृ. 677
55. सिंह, डॉ. राजपाल 'राज'; आदि हिन्दू आन्दोलन के प्रवर्तक स्वामी अछूतानन्द : व्यक्तित्व एवं कृतित्व, पूर्वोद्धृत, पृ. 25
56. सागर, एस.एल.; दलितों के बाबू जी, पूर्वोद्धृत, पृ. 126

57. बेसन्तरी, देवेन्द्र कुमार; भारत के सामाजिक क्रान्तिकारी, पूर्वोद्धृत, पृ. 135
58. वही, पृ. 137
59. कुन्नहप्पा, मर्कोट; श्रीनारायण गुरु, प्रथम संस्करण 1985, नेशनल बुक ट्रस्ट इण्डिया, नयी दिल्ली, पृ. 48
60. बेसन्तरी, देवेन्द्र कुमार; भारत के सामाजिक क्रान्तिकारी, पूर्वोद्धृत, पृ. 162
61. वही, पृ. 155
62. वही, पृ. 159
63. प्रोफेसर जॉन वेवेस्टर (इतिहासकार) से 21-8-2010 को लखनऊ विश्वविद्यालय में लिए गये साक्षात्कार से।
64. गुहा, सुमित; कमोडिटी एण्ड क्रेडिट इन अपलेंड महाराष्ट्र 1800-1950, इकनोमिक एण्ड पोलिटिकल वीकली, 26 दिसम्बर 1987, पृ. 33
65. ओमवेट, गेल; दलित और प्रजातान्त्रिक क्रान्ति : उपनिवेशीय भारत में डॉ. आम्बेडकर एवं दलित आन्दोलन, पूर्वोद्धृत, पृ. 7
66. वही, पृ. 82
67. ग्रोवर, बी.एल., यशपाल, आधुनिक भारत का इतिहास, प्रथम संस्करण 1981, प्रकाशक : एस. चाँद, नयी दिल्ली, पृ. 211

जगजीवन राम : दलित आन्दोलन की दशा और दिशा

भारतीय सामाजिक आन्दोलनों के परिदृश्य का इतिहास जितना स्पष्ट और व्यापक होना चाहिए था, नहीं है। सामाजिक आन्दोलनों की घटनाओं का अध्ययन कुछ राजनीति शासन के विद्वानों और कुछ इतिहासविज्ञों ने किया है। किसी एक आन्दोलन के पक्ष को लेकर विभिन्न राज्यों में अध्ययन किये गये हैं। कोई भी आन्दोलन अपने देश की परिस्थितियों और आवश्यकताओं से जन्म लेता है। प्रत्येक आन्दोलन के दो पक्ष होते हैं। एक तो उस आन्दोलन का सैद्धान्तिक और वैचारिक पक्ष और दूसरा व्यावहारिक और क्रियान्वयन का पक्ष। सामाजिक आन्दोलनों ने ही दलित समाज में परिवर्तन का काम किया।

नवजागरण के गर्भ में सामाजिक सांस्कृतिक सुधार के बीज समाहित थे। नवजागरण का आन्दोलन वहीं आरम्भ हुआ जहाँ सामाजिक, सांस्कृतिक कुरीतियों के विरुद्ध संघर्ष और आन्दोलन का बिगुल बजा। भारत में एक द्वन्द्वात्मकता की स्थिति थी जिसमें उच्च वर्गीय जाति प्रथा के विरुद्ध आक्रोश और विद्रोह दोनों ही उबाल पर थे। समाज में ब्राह्मणों के उच्च स्थान और उनके प्रभुत्व को लेकर विचार मन्थन आरम्भ हो गया था। दुःखी, पीड़ित, शोषित, प्रताड़ित निम्न जाति के व्यक्ति पशु सा जीवन व्यतीत कर रहे थे।

भारत में नवजागरण के बाद से ही दलित समाज (शूद्रों और अतिशूद्रों) में ज्योतिबा फूले, पेरियार, स्वामी अछूतानन्द, मंगूराम, नारायण गुरु, सन्त गाडगे आदि महापुरुषों ने क्रान्तिकारी परिवर्तन किये। दलित मुक्ति संग्राम को नवजागरण ने फलीभूत किया। नवजागरण में ऐसे तत्त्व विद्यमान थे, जिन्होंने समाज में मेहनतकश, 'तथाकथित'[1] निम्नवर्गों की परम्परागत समस्याओं को उजागर करने के साथ-साथ उनके विरुद्ध आवाज भी उठाई। तदनन्तर यह क्रम चलता रहा। इन महापुरुषों के बाद राष्ट्रीय स्तर पर दलित आन्दोलन आसमान की ऊँचाइयों पर पहुँच गया। बाद के दलित-विमर्श एवं मुक्ति आन्दोलन सामाजिक परिवर्तन के राष्ट्रव्यापी आन्दोलन बन गये।

अछूतों (दलितों) के लिए यह एक परिवर्तन था। उसके पहले सदियों से वे सवर्ण हिन्दुओं के दास बने रहे। अंग्रेजों के शासन के साथ ही यहाँ पाश्चात्य

शिक्षा, सभ्यता, संस्कृति भी आयी। पाश्चात्य सभ्यता और संस्कृति से निकटता के कारण दलित वर्गों में नव जागरण का संचार हुआ। इसी समय विश्व में शोषण और अन्याय के खिलाफ समाजशास्त्री, मानवशास्त्रों व इतिहासकारों ने नयी-नयी संकल्पनाएँ दीं। यूरोप के साथ-साथ ब्रिटिशों का शासन भारतीय महाद्वीप में होने से अछूत और कमजोर वर्गों में शोषण के विरुद्ध आवाज उठाने के लिए ईसाई मिशनरियों ने खुलकर काम किया।

20वीं सदी के शुरुआती दशकों में देश में कई तरह के आन्दोलनों और विद्रोहों का समय रहा। एक तरह का आन्दोलन जो राष्ट्रीय स्वरूप लिए था वह भारतीय राष्ट्रीय कांग्रेस के ध्वज तले अंग्रेजों से आजादी व देश में स्वशासन के लिए संघर्षरत था।

दूसरे तरह का आन्दोलन यह था कि देश की आजादी के बाद क्या कमजोरों, पिछड़ों को देश में उनकी जनसंख्या के हिसाब से प्रतिनिधित्व मिलेगा या नहीं। इस तरह के अधिकारिता सम्बन्धी आन्दोलन भी चल रहे थे, जो भारतीय परम्परावादी समाज में वर्ण आधारित श्रेष्ठता व ऊँच-नीच की भावना के विरुद्ध थे। आजादी के लगभग दो दशक पहले बाबू जगजीवन राम उत्तर भारत के राष्ट्रवादी दलित आन्दोलन को नयी दिशा दी। उन्होंने दलितों के संगठन 'अखिल भारतीय दलित-वर्ग संघ'[2] (All India Depressed Class League) के बैनर तले दलितों के सामाजिक परिवर्तन में महत्त्वपूर्ण भूमिका अदा की।

सामाजिक परिवर्तन में जगजीवन राम का सराहनीय योगदान रहा है। उनकी संस्था 'दलित वर्ग संघ' के द्वारा थी। उनकी संस्था के बाद भारत में अब दलित वर्गों के संगठन बनने लगे थे। वैसे प्राचीन काल से दलित समाज अनेकानेक नामों से जाना गया। अब इस पर विचार होने लगा कि नीति निर्धारक वर्गों की जरूरत के अनुसार वे समाज में कैसे सर्वश्रेष्ठ बने रहे, और कैसे नामकरण करते गये और हम उसे स्वीकार करते गये। जैसे अछूत, अंत्यज, अतिशूद्र, पंचम, अस्पृश्य, हरिजन, शोषित, पीड़ित, दलित एवं पद-दलित, मूक, मजलूम, सर्वहारा अथवा डाउन ट्रोडन (Down trodden) तथा डिप्रेस्ड क्लास (Depressed Class) जैसे अपमान जनक शब्दों द्वारा जाना गया।

1928 ई. में साइमन कमीशन ने इन अछूत जातियों को एक अनुसूची में डाला, जिनके साथ कहीं न कहीं अछूतपन हुआ था या होता था। इसी के साथ भारतीय संविधान में इन्हें अनुसूचित जाति कहा गया है। गाँधी जी ने इन्हें 'हरिजन' नाम दिया, अर्थात ईश्वर के व्यक्ति। समाज में इनकी कोई प्रतिष्ठा नहीं थी। शताब्दियों तक इन्होंने सामन्तवादी व्यवस्था में दासों की तरह जीवन व्यतीत किया है। और आज भी इनकी कोई बहुत अच्छी स्थिति नहीं है, फिर भी इनमें राजनीतिक, सामाजिक और आर्थिक आधार पर जो चेतना जन्मी है वह अपने अस्तित्व और

पहचान के लिए संघर्ष कर रही है। इस संघर्ष को 'दलित आन्दोलन' का नाम दिया गया है। इस आन्दोलन के माध्यम से इसने वर्ण व्यवस्था और जाति व्यवस्था पर सीधे प्रहार किया। जब तक ये व्यवस्थाएँ समाज से जड़-मूल से उखाड़ फेंक नहीं दी जातीं, तब तक समतामूलक समाज और सर्वधर्म समभाव की स्थापना नहीं हो सकती है। जाति और धर्म के आधार पर समाज को ही नहीं विभाजित किया गया वरन् मनुष्यों को भी ऊँची-नीची श्रेणियों में विभाजित किया गया है।[3]

अब जब 20वीं शताब्दी के शुरुआती दशकों में राष्ट्रीयता की भावना से ओतप्रोत एवं समाज में समानता एवं स्वतन्त्रता की बात करने वाले समाजवादी नेता भी खोखले, असहाय साबित हुए तब दलितों ने एकजुट होकर शोषण के विरुद्ध आवाज उठाई, जिससे पाश्चात्य शिक्षा प्राप्त दलितों ने इन सामाजिक बुराइयों का भार अपने कन्धों पर लिया और इन्हें मिटाने के लिए जातिगत संगठन बनाने शुरू किये। इस दिशा में सबसे पहला सामाजिक-राजनीतिक संगठन 1892 ई. में गठित 'मद्रास आदि-द्रविण जन सभा' थी।[4]

सामाजिक एवं जातिगत शोषण के विरुद्ध दलित वर्गों का पहला सम्मेलन सन् 1910 के मध्य में चिदम्बरम में आयोजित किया गया था और दूसरा 8 जुलाई, 1911 को मद्रास में। 'दि इंडियन रिव्यू' के चर्चित सम्पादक जी.ए. नतेशन ने इसकी अध्यक्षता की थी।

"आपकी मुक्ति आपके ही हाथों से होनी चाहिए और आपके प्रयासों से ही होनी चाहिए।"[5] किसी भी व्यक्ति या समाज की यदि कोई समस्या है तो उसका समाधान भी वह या उसका समाज ही खोजेगा न कि शासक वर्ग या शोषण का एकाधिकार प्राप्त लोग। अपनी मुक्ति का मार्ग स्वयं ही खोजना है।

"दास यदि कभी यह सोचे कि उसका मालिक या उसे दास बनाने वाला उसकी दासता से मुक्ति देगा, उसकी मेहनत, लगन, ईमानदारी, अपने मालिक के प्रति निष्ठा देखकर तो यह कभी सम्भव ही नहीं है। उसे 'अप्प दीपो भव' (अपना दीपक स्वयं बनों) के आधार पर ही अधिकार एवं मुक्ति मिलेगी। उसे (मालिक) क्या जरूरत पड़ी है, दास को आजाद करने की।"[6]

एक 'राजनीतिक इकाई' के रूप में दलित वर्गों को सबसे पहले 1919 के अधिनियम में स्वीकृति मिली। दरअसल नवम्बर-दिसम्बर 1917 में ब्रिटिश मन्त्रीमण्डल के भारत-मन्त्री मांटेन्यू के भारत दौरे के समय दलित (अस्पृश्य) वर्गों, अछूतों के प्रतिनिधियों ने पहली बार उनके समक्ष अपनी माँगें रखीं। तब अछूतों का प्रतिनिधित्व करने वाले संगठनों में प्रमुख थे—मद्रास प्रेसीडेन्सी के अछूतों का संघ, 'पंचम कावली अभिवर्थी-अभिमान संघ', 'मद्रास आदि द्रविड़ जन सभा' और 'बंगाल के अछूतों का संगठन' और इन संगठनों ने सरकार से यह अपील की थी कि उन्हें ब्राह्मणवादी जुए में पिसने से बचाया जाये।[7]

उन्हें सन्देह था कि प्रस्तावित सुधारों से प्रशासन में ब्राह्मणों का दखल बढ़ जायेगा और उनकी नजर में यह मेढ़कों को नागों के हवाले कर देने के समान होगा। 'सवर्ण हिन्दू कोढ़ियों की तरह हमसे नफरत करते हैं और वे हमें अपने जीवन को बेहतर बनाने के किसी भी अवसर से वंचित ही रखना चाहेंगे।' तब दलित वर्ग मिशन, बम्बई की ओर से सर एन.जी. चंदाबरकर ने भी मांटेग्यू से मुलाकात की।

बिहार और उड़ीसा प्रदेश के मुख्य सचिव मैक्फर्सन ने 31 अक्टूबर, 1917 को भारत के गृह सचिव के नाम पत्र में प्रदेश के दलितों की दुर्दशा का वर्णन करते हुए यह स्पष्ट किया कि "हमारे विधान परिषद के हिन्दू सदस्यों की भारी बहुसंख्या द्विज जातियों (ब्राह्मण) से जाती है। अधिकांश सदस्य वकील हैं और जो वकील नहीं हैं, वे जमींदार हैं।" उन्हें यह आशंका थी कि जातियों को ऊपर उठाने के प्रयासों का उच्च जाति के सवर्ण हिन्दू कड़ा प्रतिवाद करेंगे।[8]

भारत में दलितों की वास्तविक और मूलभूत समस्या सामाजिक, धार्मिक और सांस्कृतिक है। बाकी सारी चीजें इसी मूलभूत समस्या का परिणाम है। भारत में विचित्र धार्मिक विचारों वाला शास्त्रों का एक धर्म है। धार्मिक विचार न सिर्फ हावी रहते हैं बल्कि संस्कृति का निर्माण भी करते हैं। इन धार्मिक विचारों का प्रभुत्व एक ऐसी विचित्र संस्कृति में परिणत हो गया है जिसे जातियों की संस्कृति का नाम दिया जा सकता है। दूसरे देशों में ऐसा कहा जाता है कि धर्म व्यक्तिगत चीज है और संस्कृति साझी और सामूहिक चीज है। लेकिन भारत में दोनों एक ही चीज है।

जाति व्यवस्था को सामाजिक व्यवस्था का नाम दिया गया, जो हिन्दुओं के एक विकृत वर्ग के घमण्ड, अकड़ और स्वार्थीपन को मूर्त रुप देती है। भारत में जाति व्यवस्था अतीत में एक समस्या थी और आज भी समस्या बनी हुई है।

बीसवीं शताब्दी के शुरुआती दशकों में दलित वर्गों की लगभग पूरी की पूरी आबादी निरक्षर थी। "कहने की जरूरत नहीं कि अछूतों की निरक्षरता का एक बड़ा कारण सामाजिक था। वर्ण व्यवस्था में शूद्र, अतिशूद्र होना ही उनकी पहली और आखिरी समस्या थी।"[9]

उससे भी ज्यादा महत्त्वपूर्ण ब्राह्मण ही अधिकतर परम्परागत शिक्षक हुआ करते थे। उन्होंने प्राचीन काल से लेकर आधुनिक भारत में शिक्षा पर अपना एकाधिकार बनाये रखा। प्राचीन काल में दलितों (शूद्रों, अंत्यजों) के लिए शिक्षा ही नहीं थी और आज वह समझ गया है कि शिक्षा कितनी महत्त्वपूर्ण है। अब शिक्षा का निजीकरण एवं सरकारी संस्थानों में भी शिक्षा बहुत मँहगी कर दी गयी है। यह सब सोची समझी साजिश के तहत हो रहा है। दलित लोगों को अपनी प्रतिभा एवं मेहनत के बल पर पढ़ाई करने के बावजूद समाज में रोजगार और वृत्ति के समान अवसर नहीं मिल पा रहे हैं।[10]

दलितों को पता ही नहीं होता था कि शिक्षा का महत्त्व कितना है। जब उन्हें

शिक्षा का मतलब समझ में आया तब उन्होंने परम्परागत पढ़ाई से हटकर मेडिकल, इंजीनियरिंग, तकनीकी की पढ़ाई में दाखिला लेना शुरू किया। अब और समस्याएँ थीं कि पढ़-लिखकर उनको रोजगार के लिए सृजन करना और भी कठिन था।

"भारत में प्राकृतिक संसाधनों के बँटवारे के लिए वैचारिक एवं परम्परागत विद्रोह आधुनिक समय में भी व्याप्त है। सवर्णों, उच्च जातियों के पास, एक व्यक्ति के पास दो से पांच व्यवसाय होते हैं। जैसे नौकरी पेशा के साथ-साथ बेशुमार खेती की जमीन व शहरों में भी सम्पतियों के मालिक होते हैं। आजादी के बाद भी वे बड़ी-बड़ी जोतों के मालिक हैं। ठेके, किराये पर खेती कराते हैं व साथ में राजनीति में अच्छी पकड़ रखते हैं। सूद-ब्याज का भी काम कर लेते हैं, क्योंकि खर्च से अधिक पैसा (Surplus Money) उनके पास संचित रहता है।"[11]

जिस समय ब्रिटिश अफसरों ने देखा कि यहाँ पर जाति विशेष के लोग ही एकाधिकार बनाये हुए हैं। अतएव ब्रिटिश अधिकारियों ने अछूतों के लिए सबसे पहले 1856 में लार्ड केनिंग के समय शिक्षा के द्वार खोले। इससे पहले ज्योतिबा फूले ने शूद्रों तथा अतिशूद्रें के लिए शिक्षा को जीवन का आवश्यक अंग और सामाजिक क्रान्ति का माध्यम बताया और उनके लिए स्कूल खोले। इसके साथ अंग्रेज अधिकारी भी शिक्षा के क्षेत्र में जातीय भेदभाव की स्थिति से भली-भाँति अवगत थे। 1863 ई. में ही गया। बिहार के कलेक्टर ड्रमोंड ने अपने एक पत्र में यह रेखांकित किया कि स्कूल जाने वाले बच्चों में ज्यादातर कायस्थ और व्यवसायी वर्गों (बनिया, तेली, सुनार आदि) के बच्चे थे।

निम्न वर्गों के बच्चों को प्रायः स्कूल नहीं भेजा जाता था। उनकी निगाह में कड़े जातीय बन्धन और वंशानुगत पेशों के कारण यह स्थिति बनी थी। इसलिए उन्होंने लिखा कि जातीय कट्टरता को समाप्त किये बगैर शिक्षा का प्रसार नहीं किया जा सकता।[12]

इस निरक्षरता के कारण दलित वर्ग कई अन्य अयोग्यताओं के भी शिकार हो जाते थे। उनके बीच उन दिनों शिक्षित मध्यवर्ग करीब-करीब अनुपस्थित था। इस सर्वव्यापी निरक्षरता की वजह से आगे दलित आन्दोलन के दौरान दलित वर्ग के महापुरुषों ने शिक्षा पर काफी जोर दिया। सभी दलित नेताओं ने शिक्षा को दलित आन्दोलन का अभिन्न अंग बनाने का प्रयास किया। बाबू जगजीवन राम ने अपने संगठन 'दलित वर्ग संघ' के माध्यम से एकता, संगठन और आन्दोलन का नारा दिया। उन्होंने भारतीय पटल पर कमजोर वर्गों के लिए एक ऐसी पृष्ठभूमि तैयार की जो समानता एवं स्वतन्त्रता की मिसाल बनी।

शिक्षा के कारण अछूत सभ्यता के अर्थ में विशेष उत्पीड़ित समुदायों, जातियों-जनजातियों और राष्ट्रों के सन्दर्भ में एक अपराधिक उद्यम है। प्रागैतिहासिक समाजों के अवसान के साथ काल-क्रम में उनका स्थान सभ्यता और बर्बरता, कानून

और अपराध के द्वैत पर आधारित समाजों ने ले लिया। ''इतिहास में सभ्यता और बर्बरता, कानून और अपराध का एक दूसरे में रूपान्तरण होता रहता है। सफल बर्बरता, सभ्यता और सफल अपराध, कानून की महिमा से मंडित होता रहा है। भारत में अंग्रेजी शासन खुद सफल बर्बरता और सफल अपराध की जीती-जागती मिसाल था। सभ्यता अपना स्थान, अस्तित्व और अपनी पहचान बर्बरता से ही पाती है और कानून अपराध से। अगर इनकी कमी हो तो सभ्यताएँ प्रायः अपनी (सहोदर) बर्बरताओं का आविष्कार भी करती रही हैं। इसी तरह कानून अपराधों का और इस सच्चाई को दलित वर्गों के अलावा भला और कौन भोगता है? "भारत में सत्तात्मक दासता का रूप बहुत ही भयावह है।"[13] जहाँ वर्णीय संघर्ष की महत्त्वपूर्ण भूमिका है। अछूत बच्चों को पाठशालाओं में अन्य बच्चों के साथ बैठने नहीं दिया जाता था। उच्च वर्ण के बच्चों को यदि बेंच पर बिठाया जाता तो इसके विपरीत दलित बच्चों को टाट-पट्टी ही मिल पाती थी। शिक्षक उन्हें पढ़ाने से इनकार करते। उन पर ताने कसे जाते, बात-बे-बात उन्हें मारा-पीटा जाता और उनसे साफ-सफाई जैसे दूसरे कार्य कराये जाते।

बिहार और उड़ीसा विधान परिषद में उन दिनों जब एक निजी सदस्य ने अनिवार्य प्राथमिक शिक्षा का बिल प्रस्तुत किया था, तो कट्टर सवर्ण शक्तियों ने इसका और घोर विरोध किया। पटना के एक अखबार 'दि एक्सप्रेस' ने निम्न जातियों की शिक्षा पर आपत्ति प्रकट करते हुए लिखा, ''इससे वे (दलित, अछूत) ऊपर उठ जायेंगे, जो आपत्तिजनक है।[14] अछूतों के बारे में ऐसी सोच, उच्चवर्णीय (तथाकथित) सनातनीय व्यवस्था के पोषक समाज का एकाधिकार, अछूतों के शिक्षित होने से खतरे में पड़ जाता अतएव वे सदैव अछूतों को सामाजिक, राजनैतिक व आर्थिक स्वतन्त्रता देने के विरोध में रहे।

उन लोगों ने दलितों (अछूतों) को हमेशा मुख्य धारा में आने का विरोध ही किया। फिर भी अछूतों के संगठनों एवं उनके सम्प्रदायों में कुछ ऐसे सन्त हुए, जिन्होंने उन्हें शिक्षा और ज्ञान के वैज्ञानिक दृष्टिकोण व तर्क की कसौटी पर खरे उतरने के लिए प्रेरित किया। "मध्यकाल में सन्त आन्दोलन जिसमें सन्त कबीर, दादूदयाल, रहीमदास, सन्त रविदास, तुकाराम आदि ने तर्कशील तथ्यों द्वारा भारत में पुरातनपंथी विचार धारा को खण्डित कर अन्धविश्वास, रूढ़ियाँ, जातीय श्रेष्ठता को बहुत ही कुठाराघात पहुँचाया एवं व्यक्ति या जाति विशेष की नहीं, तर्कों द्वारा किसी भी व्यक्ति के अच्छे कर्मों को महिमामंडित किया। व्यक्ति को वैज्ञानिकता, तर्कवाद एवं स्वयं सोचने की शक्ति प्रदान की। सन्त आन्दोलन के समय तथाकथित सत्य सनातन धर्म को खतरा महसूस हुआ। इसी सन्त आन्दोलन का प्रति-आन्दोलन 'भक्ति आन्दोलन' था, जिसमें रूढ़ियों को पुर्नस्थापित करने पर जोर दिया गया।"[15]

मध्यकाल से लेकर आज तक दलितों के लिए तर्क की बात करने वाले को

दबाने के लिए भिन्न-भिन्न प्रकार की चालें चली गयीं। भारत में अंग्रेजों के आने से पहले या यह कह सकते हैं कि उन्हें भारत में स्थापित होने से पहले या उसके बाद भी जमीनी स्तर पर गाँव-जवार में अछूत जातियों के बीच भगत, ओझा-गुनी और जोगी हुआ करते थे। कुछ एक सम्प्रदाय और उनके मठ भी यहाँ-वहाँ दिख जाया करते। ग्रामांचलों में रोजमर्रे के जीवन में उनकी निजी और सामूहिक परेशानियों में उनकी शारीरिक और मानसिक बीमारियों में ये भगत, ओझागुनी और जोगी ही उनके मार्गदर्शक और सलाहकार हुआ करते थे। यह परम्परागत रूप से विकसित देशी नेतृत्व का एक तन्त्र था। खेती-बारी, हारी-विमर्श, शादी-ब्याह जैसे मामलों और लोक-परलोक की जिज्ञासाओं को लेकर लोग उन्हीं के पास जाते थे। बिहार के निम्न वर्गों में उन दिनों कबीर पंथियों का कुछ अंचलों में अच्छा असर था। कई कबीरपंथी मठ भी थे। कबीर के ये अनुयायी जातीय भेदभाव के खिलाफ प्रचार करते और कबीर के दोहों से प्रेरणा ग्रहण करते थे।

बिहार की एक प्रमुख दलित जाति चमारों के बीच सबसे अधिक लोकप्रिय सम्प्रदाय था शिवनारायण सम्प्रदाय। इस सम्प्रदाय की स्थापना 17वीं शताब्दी के अन्त में की गयी थी। वे निराकार ईश्वर की पूजा में विश्वास करते थे। उनका पवित्र ग्रन्थ भी था जो 'शब्दग्रन्थ' कहलाता था। मूर्ति पूजा, मांस और शराब का सेवन निषिद्ध था।[16] तथापि गुरुओं की समाधि पूजा लोग करने लगे थे। इनके लगभग सारे के सारे अनुयायी चमार एवं दुसाध जाति से थे। चम्पारण जिले में इनके सारे अनुयायी चमार जाति के ही थे। जगजीवन राम का जन्म शिवनारायण सम्प्रदाय के महन्त शोभी राम और बसन्ती देवी के यहाँ 05 अप्रैल, 1908 ई. (चैत्र शुक्ल पक्ष की तृतीया विक्रम संवत 1965) को शनिवार की रात्रि को लगभग तीन-चार बजे बिहार प्रान्त के आरा (तत्कालीन शाहाबाद) जिले के चंदवा गाँव में हुआ था।[17]

गुरु रविदास के सुप्रसिद्ध भजन "प्रभु जी संगति सरन तुम्हारी। जगजीवन राम मुरारी।" के आधार पर नवजात शिशु का नाम रखा गया—जगजीवन राम।[18] पिता शोभी राम एक शिक्षित किसान थे, गाँव में उनका सम्मान था। आस-पास के सभी गाँवों में उनका नाम आदर से लिया जाता था। वह कर्मयोगी होने के साथ-साथ एक अच्छे सहयोगी और मित्र भी थे। शिवनारायन सम्प्रदाय के ग्रन्थों का गहन अध्ययन करने के पश्चात् वह इस सम्प्रदाय के अनुयायी बने। अहिंसा के मार्ग पर चलने के सिद्धान्त को उन्होंने अपने जीवन में चरितार्थ किया। वह शुरुआत में (आरम्भिक जीवन) ब्रिटिश फौज में नौकरी करने के कारण पेशावर में ही रहते थे। किन्तु उनका स्वाभिमानी स्वभाव बहुत दिनों तक अंग्रेजों का अपमानजनक व्यवहार सहन नहीं कर पाया और वे इस्तीफा देकर चंदवा में जमीन खरीदकर खेती करने लगे। साथ ही शिवनारायण पंथ के ग्रन्थ भी अपने हाथों से लिखकर बाँटते थे। वह जिस ग्रन्थ को बाँटते थे, वह 'सन्त सरन' के नाम से जाना जाता था।

28 सितम्बर, 1885 ई. को इंडियन नेशनल कांग्रेस (भारतीय राष्ट्रीय कांग्रेस) की स्थापना हुई। इसका आयोजन गोकुलदास तेजपाल संस्कृत कॉलेज के सभाकक्ष में किया गया। इस सभा में भारत के कोने-कोने से सभी सम्प्रदायों के प्रतिनिधियों ने भाग लिया। इस सम्मेलन में वकील, विद्यालयों के आचार्य, प्रवक्ता, पाठशालाओं के प्रधानाध्यापक, समाचार-पत्रों के सम्पादक, डॉक्टर, बैरिस्टर, व्यापारी, साहूकार, जमींदार, समाज सुधारक व धर्मगुरु आदि शामिल हुए। शिवनारायण सम्प्रदाय के सजग प्रहरी व विशिष्ट समाज सुधारक बाबू जी के पिता श्री शोभी राम ने भी इस सभा में भाग लिया और देश की स्वतन्त्रता के लिए संगठित होने के मुख्य राष्ट्रवादी विचार को ग्रहण कर प्रसारित करने का संकल्प लिया।[19]

राष्ट्रवादी विचारधारा का बीज बाबू जगजीवन राम में पिता की ओर से डाला गया। पहले अंग्रेजों की नौकरी छोड़ना और फिर कांग्रेस के स्थापना अधिवेशन में उपस्थित होना इस बात का सूचक है कि सन्तमना शोभी राम भी महान राष्ट्रवादी, देशभक्त थे। उनके पद-चिन्हों पर चलते हुए जगजीवन राम ने तमाम ऊँचाइयों को छुआ। वह तीन भाई और पाँच बहनों में सबसे छोटे थे। इनकी प्राथमिक शिक्षा गाँव के ही स्कूल में हुई। जब वह 6 वर्ष के थे तब पिता जी का देहान्त हो गया। अब बड़े परिवार में माता बसन्ती देवी ने धैर्यपूर्वक बालक जगजीवन राम की शिक्षा का जिम्मा अपने ऊपर लेते हुए उच्च नैतिक मूल्यों के साथ जगजीवन राम को शिक्षित एवं दीक्षित किया।

प्राथमिक शिक्षा के बाद 1920 ई. में उन्होंने आरा मिडिल स्कूल में प्रवेश लिया। देर रात तक जगजीवन राम अंग्रेजी का अध्ययन करते थे और अन्त में पारंगत हो गये। स्वाभिमानी जगजीवन राम को बताया गया कि अछूतों को मिलने वाली छात्रवृत्ति प्राप्त करें, जिससे उन्होंने इन्कार कर दिया और अपनी प्रतिभा के बल पर प्रत्येक कक्षा में छात्रवृत्ति पाते रहे।[20] 1922 ई. में उन्होंने टाउन हाईस्कूल आरा में प्रवेश किया, जहाँ उन्हें छुआछूत का अत्यन्त कटु अनुभव हुआ। वहाँ अछूतों के लिए पीने के लिए पानी का घड़ा अलग रखा जाता था, जिससे युवा जगजीवन राम का मन अन्दर से बहुत मर्माहत हो उठा। इसका विरोध किया और फिर यह व्यवस्था खत्म हो गयी। वहाँ सवर्ण और अछूतों के लिए अलग-अलग घड़े की व्यवस्था की गयी थी। उन्होंने यहाँ असामाजिक, अमानवीय परम्परागत रूढ़िवादी व्यवस्था को बदलने में सफलता पायी। यही सफलता आगे चलकर उनके जीवन एवं सफलता के क्रम में 'मील का पत्थर' साबित हुई। 1925 ई. में पं. मदनमोहन मालवीय जब आरा आये थे तो जगजीवन राम से प्रभावित होकर उन्हें काशी हिन्दू विश्वविद्यालय में पढ़ने का निमन्त्रण दे गये थे। 1926 ई. में ये आई.एस.सी. करने बनारस चले गये। पुनः उन्हें भयंकर छुआछूत का सामना करना पड़ा। शिक्षकगण ठीक थे पर सबका व्यवहार असहनीय था। इसलिए उन्हें छात्रावास को छोड़कर

बाहर शहर में किराये पर कमरा लेकर रहना पड़ा। वहाँ पहली बार उन्होंने लोगों को भेदभाव के विरुद्ध संगठित किया। वर्ण-व्यवस्था की उत्पत्ति जानने के लिए धर्मग्रन्थों का गहन अध्ययन किया।

बाबू जगजीवन राम के साथ हुए भेदभाव का उल्लेख करते हुए मीरा कुमार कहती हैं, "मुझे इसका उल्लेख करते हुए मर्मान्तक पीड़ा होती है कि जिस काशी हिन्दू विश्वविद्यालय ने शिक्षा के माध्यम से समाज को बदले देने का उद्घोष किया था उसी विश्वविद्यालय में मेरे पिता के साथ भयंकर छुआछूत का व्यवहार हुआ। उनकी थाली फेंक दी गयी, अलग भोजन करने को कहा गया। छात्रावास में रहना असहनीय हो गया। कर्मचारी काम छोड़कर चले गये। दूसरी ओर भले लोगों की कमी नहीं थी। भौतिकी के प्रोफेसर असरानी ने बाबू जी को अपने घर रहने का निमन्त्रण दिया।"[21]

"पंडित मदनमोहन मालवीय ने अपने घर रहने के लिए कहा। बाबू जी को लगा उनके रहने से लोग कठिनाई में पड़ जायेंगे, उनके कर्मचारी भाग जायेंगे। अतः वे महामना की अनुमति से छात्रावास छोड़कर लंका मुहल्ले में रहने लगे। वहाँ अस्पृश्यता के कारण कठिन संघर्ष जारी रहा। एकाग्रचित हो अध्ययन करना सम्भव न था।[22] वातावरण इतना कटु हो गया था कि आई.एस.सी. करते ही वे आगे की पढ़ाई के लिए कलकत्ता विश्वविद्यालय चले गये।[23] जो संघर्ष उन्होंने जीवन पर्यन्त किया उसकी नींव यहीं पड़ी। संघर्ष के बीच की पहली कोंपल इसी विश्वविद्यालय के प्रांगण में फूटी। निःसन्देह उनमें अपूर्व आन्तरिक शक्ति थी किन्तु उस शक्ति को, उनकी ऊर्जा आत्मविश्वास और साहस को तराशने और परिमार्जित करने की शुरुआत इसी विश्वविद्यालय से हुई। बाबू जी की वाणी और सोच व्यवहार में लेशमात्र की तिक्तता नहीं थीं। जो निरन्तर गरलपान करे, उसमें कुछ तो कड़ुवाहट आ ही जाती है, किन्तु वे सदैव अमृत बरसाते रहे। यह संस्कार उन्हें अपने माता-पिता से तो मिले ही पर काशी हिन्दू विश्वविद्यालय से भी मिले। अपने जीवन में उन्होंने जो लड़ाइयाँ लड़ी, जो सफर तय किये, जिन उत्तुंग शिखरों को छुआ उसके लिए तैयार करने में विश्वविद्यालय का भी हाथ है।"[24] कर्म की श्रेष्ठता को न मानने वाले समाज में जातीय श्रेष्ठता ही सर्वमान्य अवधारणा थी। ऐसे में जगजीवन बाबू की जिम्मेदारी और भी बढ़ गयी कि इसे खत्म करने के क्या उपाय हो सकते हैं।

बीसवीं शताब्दी के तीसरे दशक के अन्त में समाज में ऊँच-नीच की भावना बहुत जोरों पर थी। पुरातन से बनारस हिन्दुओं की धार्मिक नगरी रही है। बाबू जी चूँकि चमार जाति में पैदा हुए थे जो कि जाति प्रथा के सोपान तन्त्र में सबसे निचले पायदान पर थी, अतएव उनके साथ जातिवाद होना स्वाभाविक था। ज्यों-ज्यों उनका दायरा बढ़ता जा रहा था, जाति के दंश ने उनका साथ नहीं छोड़ा। वैसे भी जगजीवन राम ने अपनी पढ़ाई के दौरान (विद्यार्थी जीवन) ही कई सामाजिक

लड़ाइयों में सफलता प्राप्त की थी।

भारतवर्ष में व्यक्ति की श्रेष्ठता का आधार कर्म आधारित न होकर जाति आधारित है। जब वह आरा मिडिल स्कूल में थे तब छात्रों को छात्रवृत्ति मिलती थी। सरकार ने अछूत बच्चों हेतु छात्रवृत्ति का नियम बना रखा था। जगजीवन राम के अध्यापक ने कहा कि तुम प्रार्थना-पत्र दो कि हम अछूत हैं। इसलिए छात्रवृत्ति हमें दी जाये। स्वाभिमानी जगजीवन बाबू ने पूछा कि क्या छात्रवृत्ति में हमारा हिस्सा नहीं है? हम प्रथम श्रेणी के छात्र हैं तो अछूत के नाम से छात्रवृत्ति क्यों ले? इन्हें उनकी योग्यता के अनुसार छात्रवृत्ति तो मिली पर इन्हें अपने को अछूत कहना स्वीकार नहीं था। और वह सोचते थे कि छात्रवृत्ति का सारा धन दूसरे लोग ले जाते हैं। इसमें अछूतों का हिस्सा क्यों नहीं है?[25]

उन्होंने विद्यार्थी जीवन के ही दौरान उन समस्याओं की परख की जो जाति दंश के कारण अछूतों के ऊपर थोपी जाती थी। विद्यार्थी जीवन में बाबू जी के स्कूल के पास एक मुसलमान की मिठाई की दुकान थी। जगजीवन बाबू विद्यार्थी जीवन से ही जाति व धर्म की संकीर्णताओं से ऊपर उठ गये थे। इन्होंने उस मुसलमान की दुकान से हलवा लेकर खाया। हिन्दू लड़कों ने देख लिया कि जगजीवन राम मुसलमान की दुकान से हलवा खाया है तो कहने लगे, तू तो मुसलमान हो गया। अब तुम प्रायश्चित हेतु हवन और व्रत करो। बाबू जी ने कहा कि “तुम ब्राह्मण हो, मैंने तुम्हारा खाना भी कभी-कभी खाया है परन्तु मैं तुम्हारा खाना खाकर ब्राह्मण नहीं बना, तो मुसलमान का हलवा खाने से मुसलमान कैसे हो गया? क्या हवन और व्रत से पवित्र होकर अछूत, अछूत से ब्राह्मण बन जायेंगे? यदि अछूत, अछूत ही रहेंगे तो मुसलमान की जगह तो अछूत से अधिक सम्माननीय है।”[26]

बिहार की सामाजिक स्थिति आजादी के पहले तक ऐसी थी कि वहाँ अमीर और श्रमिक वर्ग यानी समाज दो वर्गीय ही था। मध्यम वर्ग की उपस्थिति ही नहीं थी, जिससे संख्या में कम एक उच्च वर्ग के लोग सारी की सारी सम्पत्ति, खेती एवं संसाधनों पर कब्जा किये हुए थे। दूसरे वर्ग में पिछड़े और निम्न वर्ग थे जो मुख्यतः अछूत (दलित) थे। जो संसाधन विहीन थे और उन्हें उनके पास खेती-बाड़ी के लिए जमीन न के बराबर थी। और श्रमिक वर्ग, खेतिहरों, जमींदारों, राय साहब, सर साहब आदि अंग्रेजों द्वारा दी गयी पदवियों से सम्मानित लोगों के यहाँ मजदूरी-मेहनत कर अपनी रोजी-रोटी चलाने के लिए काम करना मजबूरी थी। ऐसे जमींदार, साहूकार वर्ग इतना पैसा या उनकी मेहनत के बदले उनके द्वारा की गयी मेहनत का मूल्य नहीं देते थे, जिससे उनकी मौलिक जरूरतें पूरी हो सकें और उनके बच्चों को शिक्षा भी प्राप्त हो सके। साथ ही साथ अछूतों, अंत्यजों को शिक्षा का अधिकार भी नहीं था। ईसाई मिशनरियों के आने से अछूतों के लिए अब शिक्षा के द्वार खुल गये थे। ब्रिटिश सेना में जो लोग भर्ती हुए वह भी अब अपने बच्चों

को शिक्षा दिलाना आवश्यक मानने लगे। "बाबू जगजीवन राम के उच्च शिक्षा प्राप्त करने के पीछे इनके परिवार में माई जी[27] का योगदान महत्त्वपूर्ण रहा है। बाबू जी के भी पिता शोभा राम ने कुछ दिन ब्रिटिश सेना अस्पताल (पेशावर) में कार्य किया था। अतएव वह शिक्षा के महत्त्व को समझते थे।"[28]

जगजीवन राम हो या अन्य दलित, उस समय 20वीं शताब्दी के तीसरे दशक में दलितों के साथ भेदभाव व शिक्षा से वंचित रखना उच्च वर्णों की चाल थी। कभी उन्होंने जाति का बहाना तो कभी अछूतों के लिए धर्म ग्रन्थों में शिक्षा ग्रहण करना है ही नहीं, ऐसी अर्थहीन बातें समाज में व्याप्त कर रखी थीं, कि उन्हें सेवा का कार्य ही करना चाहिए। सवर्णों की सेवा में उनको स्वर्ग की प्राप्ति होगी। दलितों को शिक्षा न प्राप्त हो सके इसके लिए धर्म को आगे कर यह कहा जाता था कि शूद्र या अतिशूद्र के शिक्षा ग्रहण करने से धर्म को क्षति होती है। शासक वर्ग (सवर्णों) ने दलितों पर शासन अपने ज्ञान से नहीं वरन् उनके (दलितों) के अज्ञान के कारण किया। बाबू जी इस बात को भली-भाँति जानते थे।

बाबू जगजीवन राम जिस समय बनारस हिन्दू विश्वविद्यालय में शिक्षा ग्रहण कर रहे थे, उसी दौरान सवर्णों के लिए बाल काटने वाला नाई, अछूतों के बाल नहीं काट सकता था। बाल काटने वाली एक घटना बाबू जी से जुड़ी है। जब वह मिडिल स्कूल में थे, छुट्टी के दिन नाई से बाल कटवाने जाते थे। एक दिन जब वह बाल कटवा रहे थे तभी वहाँ एक ब्राह्मण आ गया। उसने नाई को जगजीवन राम के बाल काटते देखा तो उसने कहा—यह तो चमार का बेटा है इसके बाल क्यों काटते हो। नाई ने जगजीवन राम की जाति का पता चलते ही उनके बाल काटना छोड़ दिया। आधे बने बाल लेकर जगजीवन राम अपमानित होकर घर लौट आये। घर पर इनकी बहन ने इनके बाल काटे। इसके बाद जगजीवन राम ने नाइयों के विरुद्ध आन्दोलन किया। सब अछूतों ने मिलकर नाइयों की सेवा का काम बन्द कर दिया। 6 माह बाद नाई दुरुस्त हो गये और विवश होकर उन्हें बाल काटना पड़ा।[29]

वे जीवन के शुरुआती दिनों में घोर अपमान और अस्पृश्यता के कारण भोगी हुई पीड़ा का एहसास सदैव करते रहे। इस तरह से अमानवीय समस्याओं को कमजोर किया। वैचारिक रूप से उन्होंने इन समस्याओं के विरुद्ध विद्यार्थी जीवन से ही कार्य किया। "हिन्दू समाज ब्राह्मणवादी समाज है, वर्ण व्यवस्था पर आधारित समाज है। वर्ण से जातियाँ निःसृत (निकलती) होती हैं और इनसे अस्पृश्यता को आश्रय मिलता है। 'ब्राह्मणवादी समाज' असमानता का पर्यायवाची है। आज सब तरफ से आवाज आती है, अस्पृश्यता मिटाओ। करीब अर्धशताब्दी पूर्व सन् 1932 में गाँधी जी के उपवास के समय पूना में सवर्ण हिन्दू नेताओं ने अस्पृश्यता मिटाने की प्रतिज्ञा की थी। उनकी इस प्रतिज्ञा को ईमानदारी से की गयी बात मानकर डॉ. आम्बेडकर ने अपनी 'अछूतों की मुक्ति' की माँग को छोड़ दिया था। इन्हें

मिटाने के लिए क्या सहभोज और स्नेह सम्मेलनों के अतिरिक्त कोई ठोस कदम उठाया गया है? जाति-प्रथा तोड़े बिना समाज से असमानता और अस्पृश्यता नहीं मिट सकेगी और हिन्दू समाज में प्रत्येक व्यक्ति सम्मान और समानता का अधिकारी नहीं माना जा सकेगा।"[30]

दलित जातियों के जागरण के पहले दौर में अलग-अलग तरह के जाति संगठन बने, इन जातीय संगठनों ने अपने-अपने समुदायों में स्वतन्त्र पहचान का भाव जागृत किया, और इन सबके जरिये दलित जातियों में आत्मसम्मान की भावना का संचार हुआ। वह अपने-अपने समुदाय में प्रचलित कुरीतियों और बुराइयों के प्रति सजग तो हुए ही, उनमें अपने सामाजिक, धार्मिक और राजनैतिक अधिकारों के लिए संघर्ष करने का संकल्प भी पैदा हुआ। "दलित अस्मिता को तीन चरणों में विभाजित किया गया है। पहला 1920 से 1950 जिसमें 'दलित पहचान' (अस्तित्व) के लिए संघर्ष। दूसरा 1950 से 1985 जिसमें 'सामाजिक गतिशीलता' के द्वारा पुनर्स्थापना। तीसरा 1985 से अब तक शक्ति की वास्तविक हिस्सेदारी, राजनीति आर्थिक, सामाजिक व शैक्षणिक रूप में।"[31]

दलितों की जागरूकता के लिए जो उपरोक्त तीन चरण बताये गये हैं उनमें पहला चरण बहुत ही महत्त्वपूर्ण है। 1920 से पहले यानी 1917 के भारतीय राष्ट्रीय कांग्रेस अपने कलकत्ता अधिवेशन में अस्पृश्यता-निवारण को अपनी कार्य सूची में शामिल कर चुकी थी। उसी वर्ष चंपारण सत्याग्रह के साथ राष्ट्रीय आन्दोलन में महात्मा गाँधी के पदार्पण के बाद दलित आन्दोलन को एक नया आवेग प्राप्त हुआ। आर्य समाज तो इससे पहले भी बिहार में अछूतोद्धार के कार्य में लगा था।

एक स्वतन्त्र नागरिक के रूप में सामाजिक अधिकार हासिल करने के लिए दलितों को सबसे पहले उन धार्मिक और सामाजिक अयोग्यताओं से निजात पाना था, जिनके कारण सदियों से वे बहिष्कृत जीवन जी रहे थे। फलतः जाति संगठनों के दौर के बाद दलित आन्दोलन का दूसरा दौर अस्पृश्यता-निवारण आन्दोलन के रूप में सामने आया। इस तरह से तीन मुद्दों पर खास तौर पर जन गोलबन्दी हुई—सार्वजनिक कुंओं से पानी लेने, सार्वजनिक पाठशालाओं में दलित छात्रों को भर्ती और मन्दिर में दलित प्रवेश का मुद्दा।

बिहार में महाराष्ट्र की तरह दलित आन्दोलन तो नहीं दिखता है, लेकिन यहाँ की जमीन, दलित उत्पीड़न-जुल्म सितम और दलित अवचेतना से भरी पड़ी है। बिहार के साहित्यिक दलित आन्दोलन में 'हीरा डोम'[32] की भूमिका काफी सराहनीय और आज भी मजबूती लिए हुए है। 'हीरा डोम' ने दलितों की पीड़ा-संवेदना को अपनी कविता 'अछूत की शिकायत'[33] से प्रकट की थी। भोजपुरी में लिखी गयी यह कविता 'सरस्वती' के 1914 के अंक में प्रकाशित हुई थी। दलितों के साथ पीड़ा, भेदभाव, अमानवीय व्यवहार को कविता में पिरोकर भगवान को घेरने की सार्थक

कोशिश की थी। साथ ही समाज को भी कटघरे में लाकर खड़ा किया था।[34]

बिहार प्रान्त में दलित आन्दोलन को लेकर अनेक भ्रान्तियाँ हैं। प्रायः माना जाता है कि बिहार में दक्षिणी प्रदेशों या महाराष्ट्र की तरह कोई दलित आन्दोलन नहीं उभरा। जबकि सच्चाई यह है कि यहाँ दलितों के बीच अस्पृश्यता-निवारण आन्दोलन, सार्वजनिक कुओं से पानी लेने तथा मन्दिर प्रवेश के अधिकार का आन्दोलन-दक्षिणी प्रदेशों और महाराष्ट्र के आन्दोलनों के लगभग साथ-साथ ही शुरू हुआ। दलित आन्दोलनों के अध्ययन में बिहार की अवहेलना अथवा उपेक्षा का एक प्रमुख कारण यह है कि यहाँ का दलित आन्दोलन महात्मा गाँधी और कांग्रेस के साथ जुड़ा रहा—डॉ. आम्बेडकर के प्रति सम्मान के बावजूद उसने उन दिनों गाँधी के नेतृत्व को चुनौती देने की, आम्बेडकर की राह का अनुसरण करने से इनकार कर दिया। दलित नेतृत्व के प्रश्न पर गाँधी से खुली टक्कर लेने के कारण डॉ. आम्बेडकर के नेतृत्व में महाराष्ट्र के तत्कालीन दलित आन्दोलन पर लेखकों और शोधकर्ताओं का स्वाभावतः ज्यादा ध्यान गया।[35]

बाबू जगजीवन राम भारतीय राष्ट्रीय कांग्रेस की नीतियों को मानते हुए कांग्रेस के ध्वज तले अछूतोद्धार में लग गये। उन्होंने सन् 1926 में हाईस्कूल की परीक्षा प्रथम श्रेणी से पास की। उसी समय पंडित मदन मोहन मालवीय आरा आये। उनकी मीटिंग में जगजीवन राम का भी भाषण हुआ। उनका भाषण सुनकर मदन मोहन मालवीय ने आगे की शिक्षा हेतु उन्हें काशी हिन्दू विश्वविद्यालय में दाखिला लेने को कहा था।

29 दिसम्बर, 1935 को दलित वर्ग संघ के नेताओं ने विचार-विमर्श के बाद एक प्रस्ताव की माँग की कि दलितों को सार्वजनिक स्थलों, पूजा घरों, जलाशयों आदि सार्वजनिक कुओं और नलों, सड़कों, स्कूलों, कॉलेजों, भोजनालयों में जाने की सुविधा हो और उनके उपयोग पर छुआछूत का भेदभाव खत्म होना चाहिए। सरकार और हिन्दुओं दोनों को यह सोचना है। वे अपने वायदे से पीछे न हटें, नहीं तो उन्हें अन्यथा सोचना पड़ेगा।

29 दिसम्बर 1935 के पुणे अधिवेशन में मदन मोहन मालवीय ने अध्यक्षता की। बिहार से अपने सहयोगियों के साथ इस सम्मेलन में पहुँच कर जगजीवन राम ने इसमें बढ़-चढ़ कर हिस्सा लिया। अध्यक्ष पद से मालवीय ने दलितों से अपील की कि "वे हिन्दू धर्म का परित्याग न करें। हम उनकी चरण धूलि अपने मस्तिष्क पर लगायेंगे।"[36] सामाजिक विषमता और अस्पृश्यता मिटाने के अभियान को तेजी से लागू किया जायेगा। सहभोज और अन्तर्विवाह के बन्धनों के नियम सभी जातियों पर लागू हैं, उन्हें दूर करने में अभी व्यावहारिक कठिनाइयाँ हैं, जिन्हें मिटाने के लिए अभियान जारी रखा जायेगा।

पुणे अधिवेशन में जगजीवन राम ने घोषित किया कि अगर हरिजनों के साथ

उचित व्यवहार का निर्णय नहीं किया जायेगा तो वे और उनके तीस साथी अधिवेशन से बाहर चले जायेंगे। मालवीय ने उनका समर्थन करते हुए जोरदार भाषण दिया। मुंजे और जयकर ने भी उनका समर्थन किया। अन्त में शंकराचार्य का संशोधन अस्वीकृत हुआ और जगजीवन राम के संशोधन को प्रस्ताव में शामिल कर लिया गया।

"जगजीवन राम को राजनीति में प्रवेश कराने वाले 'राजेन्द्र बाबू' (डॉ. राजेन्द्र प्रसाद, स्वतन्त्र भारत के प्रथम राष्ट्रपति) थे।"[37] वे राजेन्द्र बाबू के द्वारा खोजे गये दलित वर्ग के नेता थे। इससे पहले जगजीवन राम सामाजिक स्तर पर कार्यों में संलिप्त थे। बाद में वह राजनीति से जुड़े एवं सत्ता में भागीदारी की लम्बी पारी खेली। जब जगजीवन राम को जाति का दंश व निम्न जाति में पैदा होने का अनुभव बनारस हिन्दू विश्वविद्यालय में हुआ तो वे आई.एस.सी. की परीक्षा उत्तीर्ण करने के बाद उच्च शिक्षा हेतु कलकत्ता चले गये। 1928 ई. में विद्यासागर कॉलेज में बी.एससी. में प्रवेश लिया।[38] विद्यासागर कॉलेज में उन्होंने अपने पुराने अनुभव के आधार पर छात्रावास में न रहकर बस्ती में एक कमरा किराये पर लिया।[39]

जगजीवन राम ने पढ़ाई के साथ-साथ कलकत्ता में दलित समाज में फैली कुरीतियों को समाप्त करने के लिए सामाजिक सम्बन्ध स्थापित किये। दलित श्रमिक समाज में नशाबन्दी के लिए एवं शिक्षा के प्रचार-प्रसार के लिए नुक्कड़ सभाएँ प्रारम्भ कर दीं। इसके अलावा अछूत वर्ग का उदय कैसे हुआ, इन्हें घृणा की दृष्टि से व्यवहार क्यों किया जाता है, आदि का पता लगाने के लिए खोजपूर्ण दृष्टि से अनेक पुस्तकों का अध्ययन किया। धीरे-धीरे युवा जगजीवन राम एक सामाजिक नेता के रूप में अपनी छवि प्रस्तुत करने में सफल होते जा रहे थे। इसी समय उन्होंने जनवरी 1928 में हड्डी मिलों में काम करने वाले, रासायनिक मिलों, जूट की मिलों एवं चमड़े के कारखानों में काम करने वाले हजारों मेहनतकश दलित मजदूरों की एक सभा का आयोजन किया, जिसमें बिहार, उ.प्र., बंगाल एवं उड़ीसा के दलित मजदूरों ने भाग लिया। इस सभा में लगभग पचास हजार लोगों ने भाग लिया।[40]

उन्हीं दिनों इनका परिचय डॉ. विधानचन्द्र, प्रफुल्लचन्द्र घोष, जे. जे. एन. सेन गुप्ता आदि बंग नेताओं से हुआ। सुभाषचन्द्र बोस के अछूतों के प्रति क्रान्तिकारी विचारों ने इन्हें प्रभावित किया। सुभाषचन्द्र बोस ने कहा था—"जिस दिन इस पीड़ित वर्ग में अपनी दयनीय स्थिति के प्रति असन्तोष उत्पन्न होगा, उस दिन विद्रोह की आग सुलगेगी और उस दिन दलित ज्वालामुखी के समान भभक उठेंगे। उनके इस विद्रोह से एक मंगलजनक क्रान्ति होगी, जो न केवल हिन्दू समाज की ही काया पलट देगी अपितु देश के राष्ट्रीय जीवन को नये विकास मार्ग पर ला खड़ा करेगी।"[41] बहुसंख्यक श्रमिक वर्ग के ऊपर कही गयी सुभाष बाबू की उपरोक्त बातें बहुत ही प्रासंगिक हैं। क्योंकि सबसे अधिक मेहनत करने वाले श्रमिक समाज को नुकसान

ही नुकसान झेलना पड़ता है। पहले उनके संगठन न थे और जब संगठन बनने शुरू हुए तो यह भय रहता कि, संगठन के चक्कर में कहीं नौकरी न गँवानी पड़ जाये जिससे परिवार का भरण-पोषण कौन करेगा। अधिकतर श्रमिकों को पता ही नहीं होता था कि उनके कुछ अधिकार भी हैं। वे अपनी समस्या व अमानवीय शोषणपूर्ण व्यवहार को नियति मानकर उसका कभी विरोध करने की हिम्मत नहीं जुटा पाते थे।

बाबू जगजीवन राम ने सभा को सम्बोधित करते हुए कहा था कि सर्वहारा वर्ग का संगठित होना अनिवार्य है, बच्चों को पढ़ाना-लिखाना अतिआवश्यक है, तथा सामाजिक कुरीतियों को दफनाए बिना हम अपने समाज तथा देश को प्रगति के पथ पर अग्रसर नहीं कर सकेंगे। इसके अलावा उन्होंने कहा कि दुश्मनों और देशद्रोहियों से सर्वदा सावधान रहना है। उन्होंने शासन को सचेत करते हुए कहा कि मजदूर राष्ट्र की प्रगति में रीढ़ की हड्डी का कार्य करता है, जिसके सहयोग के बिना राष्ट्र की प्रगति होना सम्भव नहीं है। इस मजदूर सभा से युवा जगजीवन राम की ख्याति फैलनी प्रारम्भ हो गयी।[42]

इसी समय इन्होंने 1929 ई. में 'अखिल भारतीय रविदास महासभा' की स्थापना की, जिसके माध्यम से नशा बन्दी, बच्चों को शिक्षा दिलाने का प्रयास तथा दलित समाज को एक सूत्र में बाँधने का कार्य किया।[43] दलितों के घर पर जाकर जहाँ उनके बच्चे व महिलाएँ रहती थीं, उन्हें घर की सफाई एवं बच्चों को पढ़ाना-लिखाना आदि की शिक्षा देते ताकि मजदूर का बेटा मजदूर न बने।

इन दिनों अछूत से दलित या अनुसूचित जाति बनने का क्रम और उनका वर्गीकरण काफी विवादास्पद और जटिल रहा। 1931 को कुछ एक विवादों के बावजूद, प्रायः प्रमाणिक माना जाता है। सरकार की ओर 1931 की जनगणना में अस्पृश्यता के नौ मापदण्ड रखे गये–

- क्या शुद्ध ब्राह्मण सम्बन्धित जाति अथवा वर्ग को अपनी सेवाएँ प्रदान करते हैं?
- क्या सवर्ण हिन्दुओं को अपनी सेवा प्रदान करने वाले नाई, दर्जी, पानी-पंडित, आदि सम्बन्धित जाति अथवा वर्ग को अपनी सेवाएँ प्रदान करते हैं?
- क्या सम्बन्धित जातियों/वर्गों के स्पर्श अथवा सम्पर्क से सवर्ण हिन्दू दूषित होता है?
- क्या सम्बन्धित जातियों/वर्गों के हाथों सवर्ण हिन्दू पानी ग्रहण करते हैं?
- क्या सम्बन्धित जातियों/वर्गों को सार्वजनिक उपयोग की चीजों जैसे सड़क, नाव, कुआँ अथवा स्कूल का उपयोग करने से मना किया जाता है?
- क्या उन्हें हिन्दू मन्दिरों में प्रवेश करने दिया जाता है?
- क्या रोजमर्रे के सामाजिक जीवन में इन जातियों/वर्गों के लोगों के साथ

समान शैक्षणिक योग्यता वाले सवर्ण लोगों जैसा बर्ताव किया जाता है?

– क्या वे सिर्फ अपनी अज्ञानता, निरक्षरता और दरिद्रता के कारण दलित हैं, और अगर उपर्युक्त स्थितियाँ न हों तो उन्हें किसी सामाजिक अयोग्यता का शिकार नहीं होना पड़ेगा?

– क्या उन्हें महज उनके पेशे के कारण दलित माना जाता है और उनका पेशा बदल दिया जाय तो उनकी सामाजिक अयोग्यता समाप्त हो जायेगी?[44]

उपरोक्त नौ सामाजिक निर्योग्यताओं के अन्तर्गत अछूतों को वर्गीकृत किया गया। 1931 की जनगणना में इन दलित वर्गों को बाह्य जातियों के रूप में वर्णित किया गया। बिहार और उड़ीसा प्रदेश में कुल 31 जातियों को अस्पृश्य जातियों के रूप में चिन्हित किया गया, जिनकी कुल आबादी थी- 65,10,192। ये जातियाँ उन दिनों प्रान्त की कुल आबादी का 15.5 और हिन्दू आबादी का 18.5 प्रतिशत थीं। इनमें से चार जातियों- दुसाध, चमार, मुसहर और भुइयों की संख्या ही करीब 40 लाख थी। धोबी (4,14,221), पान (4,11,770), बाउरी (3,14,979) डोम (2,69,340), पासी (1,72,061) और रजवार (1,33,935) अन्य प्रमुख दलित जातियाँ थीं।[45]

बिहार में 1931 की जनगणना का आधार दलित जातियों की कुल आबादी ही श्रमिक वर्ग थी। वे जमींदारों एवं लम्बरदारों के यहाँ खेतों में कार्य कर वह अपना गुजारा करते थे। 1931 में गोलमेज सम्मेलन के समय ब्रिटिश सरकार ने दलित वर्गों की अनुसूची तैयार की थी, जिसे बाद में भारत सरकार अधिनियम, 1935 के अनुसार 1936 के 'आर्डर-इन-काउन्सिल' में शामिल कर लिया। इसी कारण संवैधानिक भाषा में दलित वर्गों को 'अनुसूचित जातियों' के रूप में भी संबोधित किया जाने लगा। इस समय तक डॉ. बी.आर. आम्बेडकर तीनों गोलमेज सम्मेलनों में अछूतों के राष्ट्रीय नेता के रूप में स्थापित हो चुके थे। उन दिनों देश की स्वतन्त्रता के लिए कांग्रेस की गतिविधियाँ तेजी पर थीं। आये दिन हड़तालें, सत्याग्रह और पिकेटिंग होती रहती थी। साथ ही महात्मा गाँधी यह जानते थे कि बिना अछूतों को मिलाये देश की आजादी की बात भी बेईमानी होगी। वे जाति और वर्ण व्यवस्था के बारे में अपनी धारणाओं को विस्तृत रूप से प्रकट करते रहे और यह आशा करते रहे कि हिन्दुओं की अन्तरात्मा नये विचारों के अनुकूल बनेगी। उनके विचार से सबसे आवश्यक काम तो छुआछूत का उन्मूलन था।[46]

डॉ. आम्बेडकर इसी समय यानी द्वितीय गोलमेज सम्मेलन में हिन्दुओं से अलग अछूतों की संस्कृति एवं रहन-सहन अलग है, इस आधार पर उनके लिए पृथक निर्वाचन की माँग पहले से कर रहे थे। गाँधी जी जमींदार और राजाओं को अधिकार देने से सहमत थे, पर मुसलमानों और अछूतों को नहीं।[47] डॉ. आम्बेडकर ने जब अछूतों के लिए पृथक निर्वाचन की जगह सुरक्षित स्थानों की माँग की तो उसे भी गाँधी मानने को तैयार नहीं थे। अन्त में इस गोलमेज सम्मेलन में कोई निर्णय नहीं

हो सका तो इसका निर्णय देने का अधिकार ब्रिटिश प्रधानमन्त्री पर छोड़ दिया गया।

ब्रिटिश प्रधानमन्त्री रैम्जै मैक्डोनाल्ड ने 16 अगस्त, 1932 ई. को विभिन्न सम्प्रदायों के प्रतिनिधित्व के विषय पर एक पंचाट जारी किया[48] जिसे साम्प्रदायिक पंचाट (कम्युनल अवार्ड) कहा जाता है। इस पंचाट में पृथक निर्वाचन पद्धति को न केवल मुसलमानों के लिए रखा गया। बल्कि इसे दलित वर्गों पर भी लागू किया गया। मुसलमानों, ईसाइयों, सिखों, आंग्ल भारतीयों तथा महिलाओं के लिए पृथक निर्वाचन पद्धति की सुविधा प्रदान की गयी जो केवल प्रान्तीय विधानमण्डलों पर ही लागू था। साम्प्रदायिक निर्णय से अछूतों को दो वोट का अधिकार मिल गया था- एक अछूत सीट के लिए और दूसरा सवर्ण सीट पर। गाँधी अछूतों को कोई अधिकार नहीं देना चाहते थे।[49]

दलित वर्ग को पृथक निर्वाचक मण्डल की सुविधा दिये जाने के विरोध में महात्मा गाँधी ने यरवदा जेल से ही 20 सितम्बर, 1932 ई. को आमरण अनशन शुरू कर दिया।[50] जो एक ऐतिहासिक घटना थी। इसी समय रवीन्द्र नाथ टैगोर ने गाँधी के बारे में कहा कि "भारत की एकता और उसकी सामाजिक अखण्डता के लिए यह उत्कृष्ट बलिदान है। हमारे व्यथित हृदय आपकी महान तपस्या का आदर और प्रेम के साथ अनुसरण करेंगे।" अछूतों को अधिकार देने सम्बन्धी निर्णय पर रवीन्द्रनाथ टैगोर ने भी गाँधी की बड़ाई की। लेकिन जो अधिकार इतनी मुश्किल और डॉ. आम्बेडकर के प्रयास से मिला था, वह डॉ. साहब किसी की मौत पर भी नहीं छोड़ने वाले थे। इधर शाहाबाद के कांग्रेसियों ने महात्मा गाँधी को तार भेजकर सूचना दी थी कि मैं (जगजीवन राम) पूना में होने वाली बातचीत में दलित वर्गों का प्रतिनिधित्व करूँगा। बड़े भाई की बीमारी के कारण जगजीवन राम पूना-पैक्ट में शामिल न हो सके। और क्रोध में आकर गाँधी जी को एक पत्र लिखा, जिसमें मैंने यह कहा कि उन्हें गोलमेज सम्मेलन में हरिजनों के लिए स्थानों का आरक्षण स्वीकार कर लेना चाहिए था और इस प्रयोजन के लिए अनशन की आवश्यकता नहीं है। उनके सचिव ने मुझे उत्तर दिया कि गाँधी जी कहते हैं कि हिन्दुओं और अछूतों दोनों के लिए किसी भी प्रकार का अलगाव हानिकारक है।[51]

मैकडोनाल्ड ने अपने निर्णय में जातियों तथा सम्प्रदायों के आधार पर चुनाव की जिस व्यवस्था को सुझाव दिया था, उसे गाँधी जी स्वीकार नहीं कर पाये और जब 24 सितम्बर, 1932 को (यानी गाँधी के आमरण अनशन के 5 दिन बाद), मदनमोहन मालवीय, डॉ. राजेन्द्र प्रसाद, पुरुषोत्तमदास, सी. रोजगोपालाचारी आदि के प्रयत्नों से हुए पूना समझौता द्वारा यह व्यवस्था समाप्त कर दी गयी, तो गाँधी जी को बड़ी प्रसन्नता हुई। गाँधी जी के व्रत से हिन्दू समाज का मन उद्वेलित हो गया। परन्तु छुआछूत समाप्त नहीं हुई और न ही हो सकती थी। अलगाव और दमन का अन्त भी नहीं हुआ। केवल इतना हुआ कि छुआछूत को जनता की

स्वीकृति प्राप्त थी, वह छिन गयी। एक लम्बी शृंखला टूट गयी जो अतीत के गर्त से प्रारम्भ हुई थी।[52]

पूना-पैक्ट जो डॉ. आम्बेडकर और गाँधी के बीच हुआ, इसे दलितों का महाधिकार-पत्र (मैग्नाकार्टा) कहा गया तथा 24 सितम्बर को हरिजन दिवस[53] मनाया गया। इसके तहत दलितों के लिए पृथक निर्वाचन व्यवस्था समाप्त कर दी गयी। प्रान्तीय विधानमण्डलों में सामान्य निर्वाचित सीटों में से दलित वर्गों के लिए सीटें सुरक्षित की जायेंगी। जो इस प्रकार होगी-मद्रास 30, बम्बई और सिन्ध मिलाकर 15, पंजाब 8 एवं उड़ीसा 18, बंगाल-30, सेन्ट्रल प्राविन्स-20, असम 7, यू.पी. 20। इस तरह से कुल 148 सीटें प्रान्तीय विधानमण्डलों में अछूतों के लिए सुरक्षित की गयीं और साथ केन्द्रीय विधान मण्डलों में 18 प्रतिशत सीटें दलितों के लिए आरक्षित (Reserve) की गयी।[54]

ब्रिटिश प्रधानमन्त्री ने 26 सितम्बर, 1932 को पूना समझौते को सरकारी मान्यता की सूचना दी। पूना समझौते के बाद गाँधी की रुचि अस्पृश्यता विरोधी आन्दोलन के प्रति अधिक हो गयी। इसी समय गाँधी ने 30 सितम्बर, 1932 को अछूतों के कल्याण हेतु 'छुआछूत विरोधी संघ (अस्पृश्यता-विरोधी लीग)'[55] की स्थापना की। बिहार में 'अखिल भारतीय छुआछूत विरोधी संघ' का पहला अधिवेशन हुआ तो मुझे देखकर (बाबू जी) लोगों को बड़ी उलझन हुई कि सभी वक्ताओं ने उपदेश दिये। उन व्यक्तियों पर जो किसी जमाने में सांस्कृतिक दृष्टि से समान थे, अत्याचार करने के बाद और उन्हें दास बनाने और मानव के स्तर से भी नीचे गिराने के बाद इस प्रकार के उपदेश देना कि मांस-मदिरा त्यागों और शुद्ध जीवन व्यतीत करो, जले पर नमक छिड़कने के बराबर था। इस पर मैंने (बाबू जी) क्रोध में आकर कुछ साफ-साफ बातें कहीं जिससे अधिकतर श्रोता अचम्भे (आश्चर्य) में पड़ गये। डॉ. राजेन्द्र प्रसाद भी उस सभा में थे। मेरी बातें सुनकर विचारमग्न हो गये। अन्य लोगों के समान उन्होंने मेरे भाषण पर कोई टिप्पणी नहीं की। बाद में उन्होंने मुझसे कहा कि मैं बिहार के लिए भी कुछ समय दूँ। उसी समय मैंने कलकत्ता न जाने का निर्णय लिया और 'बिहार के छुआछूत विरोधी संघ' का सचिव बन गया। यह मेरे सार्वजनिक जीवन का सूत्रपात था। संघ को जिस ढंग से कार्य करना पड़ता था उससे मैं सन्तुष्ट नहीं था। बड़े दुःख के साथ मैंने महसूस किया कि गाँधी जी का अनशन से केवल भावनात्मक उत्साह उत्पन्न हुआ है लेकिन कोई मानसिक या सामाजिक क्रान्ति नहीं हुई और न मूर्ति भंजन जैसा कोई उत्साह पैदा हुआ है। केवल गरीब अछूतों के लिए दया की भावना से प्रेरित होकर उनका कल्याण करने की भावना ही जागी है।[56]

जब अछूतों को बड़ा प्यारा नाम 'हरिजन' गाँधी जी द्वारा दिया गया, तब 'अखिल भारतीय छुआछूत विरोधी लीग' का नाम बदलकर 'हरिजन सेवक संघ' कर

दिया गया।[57] और इसी समय 'हरिजन' नामक साप्ताहिक पत्रिका का प्रकाशन गाँधी द्वारा किया गया। सवर्ण हिन्दुओं में से बहुत इस बात से खुश नहीं थे कि पूना समझौते के विरुद्ध एक अखिल भारतीय आन्दोलन चलाया जाये। जिसका उद्देश्य यह था कि इस समझौते के उपबन्धों को भारत सरकार अधिनियम का अंग न बनाया जाये। अधिनियम का अंग बनने से दलितों में जागरूकता एवं सशक्तीकरण आयेगा जो वह नहीं चाहते थे। गाँधी जी ने अपने समाचार पत्र 'यंग इण्डिया' और बाद में 'हरिजन' पत्रों के माध्यम से बार-बार इस विषय पर अपने विचार व्यक्त किये। उन्होंने लिखा, "छुआछूत एक बहुत हानिकारक और भयंकर दानव है।" अछूतों के बारे में गाँधी ने लिखा, "समाज उनका बहिष्कार करता है, जो मानवीय नहीं है, लेकिन यह सिर्फ समाचार-पत्रों तक सीमित रहा।

आर्थिक दृष्टि से उनकी दशा और भी खराब है और धार्मिक दृष्टि से उन्हें उन स्थानों में प्रवेश की अनुमति नहीं जिन्हें ईश्वर के निवास की संज्ञा दी गयी है। यदि हम छुआछूत नहीं मिटायेंगे तो स्वयं मिट जायेंगे।"[58]

जगजीवन राम, गाँधी द्वारा स्थापित 'हरिजन सेवक संघ' के प्रथम मन्त्री हुए थे परन्तु आगे चलकर इन्होंने देखा कि हरिजन सेवक संघ में सवर्ण हिन्दुओं का ही प्राधान्य है और उसका कार्य केवल 'हरिजन कल्याण' के रूप में है। उससे समाज सुधार को कोई बल नहीं मिल रहा है। तभी कलकत्ता में 'रविदास सम्मेलन' के अवसर पर इनके (बाबू जी) सुझाव से यह निश्चय हुआ कि सभी दलित नेता एक मंच पर आकर काम करें और इसके लिए एक संस्था का निर्माण किया जाये।[59]

जगजीवन राम को अच्छी तरह से मालूम था कि दलितों की दशा और उनको सही दिशा में ले जाने का कार्य सिर्फ और सिर्फ दलित कर सकते हैं। वस्तुतः वह गाँधी जी द्वारा स्थापित 'हरिजन सेवक संघ' से अलग अपने दलितों के संगठन को बनाने की तरफ अग्रसर हुए और जिन्हें भोगी पीड़ा का एहसास था, उन्हें उस संगठन में शामिल किया। इसी घटनाक्रम में हिन्दुओं ने अछूतों और अस्पृश्यता निवारण आन्दोलन का विरोध करना आरम्भ कर दिया। गाँधी ने कहा कि "हिन्दू सन्नपात की अवस्था में पूना-पैक्ट कर गया, अब वह होश में आया है तो पूना-पैक्ट कर विरोध कर रहा है। हिन्दुओं ने पूना-पैक्ट मानने से मना कर दिया। उसी समय मद्रास काउन्सिल ने नवम्बर 1932 में मन्दिर प्रवेश बिल पास कर दिया इसे हिन्दुओं और केन्द्र सरकार दोनों ने नहीं माना। 24 मार्च 1933 को दूसरा अस्पृश्यता निवारण बिल रंगा अय्यर ने पेश किया पर हिन्दुओं की बहस के बाद प्रबल विरोध के कारण उसे वापस लेना पड़ा।"[60]

इस समय तक महात्मा गाँधी को लगा कि जब तक अन्य राष्ट्रीय स्तर के नेता जगजीवन राम सक्रिय हैं ऐसी बात नहीं बनने वाली। उनका आक्रोश फूटे, उससे पहले ही 8 मई, 1933 को गाँधी जी ने अछूतों के प्रति हिन्दुओं के द्वारा अमानवीय

दुर्व्यवहार पर पश्चाताप तथा हरिजन सेवा में लगे कार्यकर्ताओं के प्रति देश से अस्पृश्यता को जड़ सहित समाप्त करने के उद्देश्य से जेल में शुद्धि के लिए 21 दिनों के उपवास की शुरुआत की।[61] लोगों की अपार भीड़ गाँधी जी की प्रशंसा में नारे लगाती थी, लेकिन उनका मन नहीं बदला था। धर्मान्ध लोगों ने कई स्थान पर काली झण्डियों से गाँधी जी के विरुद्ध प्रदर्शन किये। गाँधी जी ने कहा कि "या तो छुआछूत को जड़ से समाप्त करो या फिर मुझे अपने बीच से हटा दो। यह मेरी अन्तरात्मा की पुकार है चेतना का निर्देश है।" उन्हीं दिनों गाँधी जी ने हरिजनों को 'गाय' की संज्ञा दी। मैंने उन्हें (बाबू जी) लिखा कि उनके इस कथन से दया की बू आती है। गाँधी जी का उत्तर था कि गाय तो शालीनता और कष्ट सहने का प्रतीक है और उनकी मंशा किसी का दिल दुखाने का नहीं थी।[62]

15 जनवरी, 1934 ई. को गाँधी जी ने बिहार में आये भूकम्प पर कहा कि "यह संघर्ष हिन्दुओं के पापों का दैवीय दण्ड है।" इस वक्तव्य पर कम्युनल अवार्ड पर आमरण अनशन करने वाले गाँधी की बड़ाई करने वाले रवीन्द्र नाथ टैगोर ने कहा था कि "वह तपस्वी वह बलिदानी है।" और आज कह रहे हैं कि (रवीन्द्र नाथ टैगोर आपत्ति की) "यदि ऐसी घटनाओं का इस प्रकार का अवैज्ञानिक कारण बताया जायेगा तो तर्क कहाँ रहेगा।" परन्तु गाँधी को अपने कथन पर कोई पश्चाताप नहीं था। टैगोर के कथन पर उन्होंने कहा कि मानव अभी ईश्वरीय कथन को समझ नहीं सकता।

जिस समय बिहार में भूकम्प आया, जगजीवन राम कलकत्ता में थे। भूकम्प की खबर पाते ही ये पटना पहुँच गये। दिन रात ये भूकम्प-पीड़ितों की सेवा में लगे रहते, साथ ही साथ हरिजन सेवक संघ के काम में भी काफी व्यस्त रहते थे। उस समय भूकम्प पीड़ित लोगों की सहायता के लिए राजेन्द्र बाबू के साथ मिलकर इन्होंने संगठन बनाया। उसके माध्यम से जहाँ सब कुछ नष्ट हो गया था वहाँ के लोगों को बर्तन कपड़े आदि बाँटे। उन लोगों के खाने-पीने की व्यवस्था की जिन लोगों के मकान गिर गये थे। उनके मकान बनवाने में भी मदद की।[63]

बिहार में भूकम्प पीड़ित लोगों को सहानुभूति देने गाँधी जी भी आये थे। वहाँ पर जगजीवन राम ने, गाँधी जी के साथ भूकम्प पीड़ितों की मदद की। इसके साथ ही पहले जगजीवन राम बिहार में 1932 से ही 'हरिजन सेवक संघ' की गतिविधियों में योगदान दे रहे थे। इस संगठन का मुख्य उद्देश्य दलितों को सवर्ण हिन्दुओं के पक्ष में गोलबन्द करने के लिए बनाया गया था।[64] पाँच साल बाद संघ के कामकाज की समीक्षा के लिए संघ के 'बिहार प्रदेश बोर्ड' की बैठक 10 अप्रैल, 1937 को सदाकत आश्रम, पटना में आयोजित की गयी जिसकी अध्यक्षता राधिकारमण प्रसाद सिंह कर रहे थे। बोर्ड के कामकाज की रिपोर्ट रखी, प्रांतीय सचिव विंध्येश्वरी प्रसाद वर्मा ने। सबसे अहम् समस्या कोष की थी।

पहले प्रदेश ईकाई के खर्च का आधा 'अखिल भारतीय हरिजन सेवक संघ' देता था। लेकिन 1937 के बाद में यह नीति बदल गयी। महात्मा गाँधी के निर्देश अनुसार अब प्रदेश इकाइयों को अपने प्रयासों से जुटाई गयी धनराशि पर ही निर्भर रहना था। इस हालात के मद्देनजर बैठक में प्रमुख लोगों की एक सूची बनाई गयी जिन्हें प्रदेश में अकेले या अन्य को साथ लेकर हरिजन कल्याण कार्यों के लिए धनराशि जुटाने हेतु घूमना था। इस सूची में अन्य नामों को भी जरूरत पड़ने पर शामिल करना था। जिन प्रमुख लोगों की सूची बनाई गयी वे थे राजेन्द्र प्रसाद, राजा राधिकारमण प्रसाद सिंह, नवल किशोर प्रसाद, ब्रजकिशोर प्रसाद, मथुरा प्रसाद, जगतनरायन लाल, कृष्ण बल्लभ सहाय, जगजीवन राम और बिंध्येश्वरी प्रसाद वर्मा। जिला शाखाओं को भी अपने चंदे का पच्चीस फीसदी प्रांतीय कार्यालय को देने का निर्देश दिया गया। हरिजन सेवक संघ के खर्च का एक बड़ा हिस्सा हरिजनों की शिक्षा पर खर्च होता था।[65]

धन की महत्ता को गाँधी जी जानते थे, बिना धन के किसी संगठन को चलाने के लिए सम्भव नहीं है। अतएव वह 'हरिजन सेवक संघ' का मुख्यालय दिल्ली एवं इसके प्रेसीडेन्ट जी.डी. बिरला को बनाया गया।[66] जहाँ एक ओर समस्या की उत्पत्ति का मूल ही धन होता है। वहीं समस्या का निदान भी धन में ही छिपा रहता है। चाहे वह परम्परागत अधिकारों की बात हो या प्राकृतिक संसाधनों के बँटवारे की हो। साथ ही कोई भी परम्परागत अधिकार प्राप्त व्यक्ति अपने दासों को आजाद नहीं कर सकता क्योंकि अगर वह आजाद हो गये तो स्वामी को लगता है कि उसका अस्तित्व खतरे में आ जायेगा। इसलिए दासों को ही अपनी मुक्ति का मार्ग खोजना होता है। उन्हें अपना दीपक स्वयं बनना होता है। जिसे भोगी पीड़ा का एहसास होता है वह उस पीड़ा से निपटने का रास्ता सही तरह से खोजता है। गाँधी द्वारा स्थापित 'हरिजन सेवक संघ' ऐसा ही संगठन नहीं था। उसे तो इसलिए बनाया गया था जैसे भारतीय राष्ट्रीय कांग्रेस की स्थापना का उद्देश्य सिर्फ भारतीयों में अंग्रेजों के प्रति विद्रोह की भावना को कम करना था। बिल्कुल ऐसे ही 'हरिजन सेवक संघ' अछूतों का सवर्णों के प्रति नकारात्मक रवैया को त्यागकर अपनी ओर आकर्षित करना था। उन्हें (हरिजनों) को भी हिन्दू धर्म का अंग बने रहते हुए अंग्रेजों के समक्ष विद्रोह न करने देना था। यह बात अच्छी प्रकार से जगजीवन राम समझ चुके थे। अतएव जगजीवन राम ने 'रविदास सम्मेलन' के अवसर पर यह निश्चित किया कि सभी दलित नेता एक मंच पर आकर काम करें और इसके लिए एक संस्था का निर्माण करे।

अखिल भारतीय रविदास महासभा, "जिसके ये मुख्य संगठनकर्ता थे, का पहला अधिवेशन 1934 में कलकत्ता में हुआ। यह पहले व्यक्ति थे, जिन्होंने रविदास जयन्ती सबसे पहले मनाना शुरू किया। सन् 1934 के इस अधिवेशन में अनेक दलित नेता

इकट्ठे हुए। जगजीवन राम चाहते थे कि दलितों के सारे नेता चाहे वे किसी भी दल के हो एक मंच पर एकत्रित होकर आवाज उठायें, तब ना बात बनेगी।"[67]

इस प्रकार इनके प्रस्ताव पर दलित एकता सम्मेलन द्वारा 28 जुलाई 1935 को 'दलित वर्ग संघ' का निर्माण हुआ।[68] और इसकी संगठित शुरुआत 'बिहार प्रदेश दलित वर्ग संघ' की स्थापना के साथ हुई। पटना के बांकीपुर थियोसोफिकल हॉल में बिहार प्रदेश दलित वर्ग संघ की स्थापना सम्मेलन 28 जुलाई, 1935 को हुई।[69] इस सम्मेलन को सम्बोधित करते हुए संस्थापक-अध्यक्ष जगजीवन राम ने इस संगठन के औचित्य पर प्रकाश डालते हुए कहा था, "हमारे प्रदेश में अलग-अलग समुदायों के संगठन जैसे दुसाध महासभा, रविदास महासभा, पासी सुधार सम्मेलन आदि अपने-अपने समुदायों के सामाजिक सुधार का प्रयास तो कर रहे हैं, लेकिन सभी दलित वर्गों को संगठित करने और उनके लिए साझा मंच तैयार करने का कोई प्रयास नहीं किया गया।" पहली बार दलित वर्गों के विभिन्न समुदायों के सभी प्रतिनिधि एक जगह इकट्ठा हुए हैं।

आइये हम एक ऐसे मजबूत संगठन की नींव रखें जो प्रदेश के दलितों का सच्चा प्रतिनिधि हो और जो उनके साझा कल्याण के लिए आन्दोलन तथा कार्य कर सके। उन्होंने आगे कहा कि पूना समझौते ने हमें पर्याप्त मात्रा में सीटें तो दे दी हैं, तथापि वह इस अर्थ में बुरा है कि वह हिन्दुओं के दो हिस्सों सवर्ण हिन्दुओं और दलित वर्गों के बीच पार्थक्य बनाये रखता है। हमें हिन्दू समाज से पूरी तरह घुल मिल जाने की कोशिश करनी चाहिए, लेकिन जब तक सवर्ण हिन्दुओं के हाथों में हमारे हित सुरक्षित नहीं है, तब तक हमें इस समझौते का समर्थन करना होगा। उन्होंने दोहरे चुनाव का विरोध किया और कहा कि गरीब होने के कारण दलित वर्ग दोहरे चुनाव का खर्च वहन नहीं कर सकते। उन्होंने ऊपरी सदन (विधान परिषद) के गठन का भी विरोध किया—"यह जाहिर बात है कि इस सदन के ज्यादातर सदस्य जमींदार और पूँजीपति वर्ग के होंगे, इन वर्गों का हित शोषितों, यानी रैयतों दररैयतों और खेत मजदूरों के हितों से बिल्कुल जुदा है। चूँकि श्रमिकों और खेत मजदूरों का बड़ा हिस्सा इस प्रदेश में दलित वर्गों से आता है, इसलिए यह बिल्कुल स्पष्ट है कि उनकी बेहतरी के लिए उठाये गये किसी भी कदम का ये शोषक वर्ग स्वभावतः विरोध करेंगे। ऐसे कदमों को जमींदारों और पूँजीपतियों वाले द्वितीय सदन में मुँह की खानी पड़ेगी। इसलिए मैं अपने प्रदेश में द्वितीय सदन की स्थापना का पुरजोर विरोध करता हूँ...जितना जल्दी हो खुद को संगठित करो। इसी में हमारी मुक्ति है।"[70]

जगजीवन राम के विचार में दलित की मुक्ति का पथ उसके ही हाथ में है। अतएव उसे बहुत सावधान रहने की जरूरत है क्योंकि आपके सामने अमीर, चालबाज, दूर की सोचने वाला आपका विरोधी है। इसलिए थोड़ी सी असावधानी या नासमझी से दलितों और कमजोरों का अस्तित्व खतरे में पड़ जाता। शासक वर्ग

संख्या में कम है। फिर भी हम बहुसंख्यक होने के बावजूद शासित होते रहे। उन्होंने 'बांटो और राज करो' की नीति के तहत राज किया। और अब राजा या शासक वंशानुगत न होकर मत पेटियों से शासक पैदा होने लगे, तब वह दूसरा रास्ता यानी उच्च सदन (पिछले दरवाजे) से प्रवेश करने में सफल रहे। बाबू जगजीवन का विरोध पूँजीपतियों से था, जमींदारों, सूदखोरों (मुनाफाखोरों) को राजनीति में जाने से दलितों और कमजोरों को खतरा था।

इस प्रकार जगजीवन बाबू के प्रस्ताव पर एकता सम्मेलन द्वारा 'अखिल भारतीय दलित संघ' का मई सन् 1935 कानपुर में 'दलित वर्ग एकता सम्मेलन' हुआ। उसमें सभी विचार के 'अखिल भारतीय दलित नेता' सम्मिलित हुए।[71] जगजीवन राम ने इस बात पर जोर दिया कि दलित वर्गों की भिन्न-भिन्न जातियों की अपनी अलग-अलग पहचान व संस्थाएँ हैं और इसलिए उनका भारतीय राष्ट्रीयता पर विशेष प्रभाव नहीं है। केवल सामाजिक सुधार से कार्य नहीं चलेगा। राजनीतिक स्थान भी आवश्यक है। जब दलित वर्गों के लोग टुकड़ियों में बँटकर अपनी छोटी-छोटी संस्थाएँ चलाते रहेंगे, और अपना कुल समय केवल सामाजिक सुधारों की ओर ही देते रहेंगे, उनका राजनीतिक स्तर कभी ऊपर नहीं उठेगा। उन्हें इस दिशा में सोलहों आने सवर्णों की कृपा पर निर्भर रहना पड़ेगा। अतः इस बात की ऐतिहासिक आवश्यकता है कि अखिल भारतीय पैमाने पर एक सुनियोजित और सुसंगठित दलित वर्ग आन्दोलन हो और उसे एक मंच से संचालित किया जाये। साथ ही साथ यह भी आवश्यक है कि वर्तमान राष्ट्रीय प्रवाह से अपने को अलग न रखा जाये।[72]

समाज की मुख्य धारा में रहकर ही बहुमुखी समेकित विकास की बात की जा सकती है। और यहाँ से हम दलितों को अधिक-से अधिक जागरूक और उनको लाभाविन्वत कर सकेंगे। ब्रिटिश कालीन भारत में पाश्चात्य शिक्षा के प्रभाव के कारण अधिकतर दलितों और कमजोर वर्ग के लोगों की समस्या ब्रिटिश शासक वर्ग तक पहुँच ही नहीं पाती थी। वह यह बहुसंख्यक वर्ग जो आधुनिक भारत में आज भी अधिकार विहीन दासों और गुलामों जैसा जीवन व्यतीत कर रहे हैं। दलित वर्गों के लोग पाश्चात्य शिक्षा प्राप्त कर इस तरह की समस्याओं के खिलाफ आवाज बुलन्द कर रहे थे। साथ ही साथ निदान के उपाय भी तलाश रहे थे।

दलित वर्गों की समस्याओं को जिस दृष्टिकोण से कट्टर राष्ट्रीयतावादी देखते थे, जगजीवन राम का दृष्टिकोण साधारणतः उनसे भिन्न था। उनका विश्वास था कि बिना आर्थिक, सामाजिक और मनोवैज्ञानिक क्रान्ति के दलित वर्ग के लोग सम्मान, सत्ता और मर्यादा नहीं पा सकेंगे। इसका यह अर्थ नहीं कि राष्ट्रीय स्वतन्त्रता की उन्हें परम आवश्यकता ही न हो।

वे जानते थे कि राष्ट्रीय स्वतन्त्रता के बिना दलित वर्गों के लोग अपने ध्येय

तक नहीं पहुँच सकते। किन्तु 'हरिजन सेवक संघ' की कार्यवाईयों में उनका उत्साह नहीं रह गया था। और इधर एक नया मतभेद खड़ा हो गया था। 'अखिल भारतीय हरिजन सेवक संघ' के मन्त्री ठक्कर बापा नहीं चाहते थे, कि जगजीवन राम जो स्वयं संघ के मन्त्री थे, राजनीतिक आन्दोलन में सक्रिय भाग लें चाहे वह हरिजनों के कल्याणार्थ ही क्यों न हो। दोनों में पत्र व्यवहार हुआ। अन्त में जगजीवन राम ने 'संवर्ण हिन्दुओं द्वारा संचालित 'हरिजन **सेवक** संघ' से सम्बन्ध-विच्छेद कर लिया और अपना संगठन 'दलित वर्ग का संघ' **को सुदृढ़** करने में लग गये।[73]

'हरिजन सेवक संघ' सेठों के दान पर चलता था और हरिजनों के उद्धार का ढोल पीटता था। जो नतीजा गौशाला, अनाथालय, विधवा आश्रम आदि चेरिटेबिल संस्थाओं का होता है, वही हाल 'हरिजन सेवक संघ' का हुआ। अधिकांश लोग अमीर वर्ग से जुड़े हुए थे जो सिर्फ गाँधी के संगठन के साथ जुड़ना चाहते थे। उन्हें न हरिजन, न अछूत और न ही अछूतोद्धार कुछ भी पता नहीं था तो कल्याण दलितों का हो भी तो कैसे? यह तो मात्र छलावा था। बाबू जी लिखा है "सन् 1935 ई. में जब मैं हैमण्ड कमेटी के समक्ष राँची में 'डिप्रेस्ड क्लासिज लीग' के अध्यक्ष की हैसियत से राष्ट्रीय परिप्रेक्ष्य में हरिजनों का पक्ष रखने हेतु पेश हुआ तो मैंने उनके स्वस्थ प्रतिनिधित्व और सरकार में एक बड़ी भागीदारी की बात कही।"[74]

जगजीवन राम ने हैमण्ड कमीशन के सामने दलितों के अधिकारों को सुरक्षित और अधिक प्रभावी ढंग से लागू करने की बात कही। इधर 28 मार्च, 1936 की 'हरिजन' पत्र में गाँधी जी का लेख—"मन्दिर प्रवेश आन्दोलन जारी रहना चाहिए। स्थानीय हरिजन सेवक संघ को इस बात की लगातार कोशिश करनी चाहिए कि सभी मन्दिरों के द्वार दलितों के लिए खोले जायें और यहाँ तक कि न सिर्फ हरिजनों के बल्कि सभी के लिए नये मन्दिर बनाये जायें। अगर ये मन्दिर स्वस्थ वातावरण में अवस्थित हो, उसके साथ एक स्कूल, एक सभागार और एक धर्मशाला हो तो वह तमाम वर्गों के हिन्दुओं के लिए लाभदायक साबित होगा और उनके बीच लोकप्रिय होगा। अहिंसक तरीके से लगातार प्रयास के जरिये स्थानीय जनमत को मन्दिर प्रवेश के पक्ष में लाना होगा। प्रत्येक इलाके की स्थिति के अनुसार आन्दोलन की तीव्रता और उसका तरीका अलग-अलग होना चाहिए।"[75]

गाँधी जी को पता था कि 13 अक्टूबर, 1935 को नासिक जिले के येवला में 'बम्बई प्रेसीडेन्सी डिप्रेस्ड क्लासेज' का एक सम्मेलन आयोजित किया गया।[76] करीब दस हजार लोग उपस्थित थे—हैदराबाद और मध्य प्रान्त के लोग भी आये हुए थे। अध्यक्षीय भाषण में डॉ. बाबा साहब आम्बेडकर ने करीब डेढ़ घंटे के अपने भाषण में उन्होंने आर्थिक, सामाजिक, शैक्षणिक और राजनीतिक इन सभी क्षेत्रों में दलितों की दयनीय स्थिति का वर्णन किया और हिन्दू धर्म के अन्तर्गत न्यूनतम मानवाधिकारों को हासिल करने के लिए उनके द्वारा किये गये भारी बलिदानों का

उल्लेख किया। उन्होंने कालाराम मन्दिर सत्याग्रह और मन्दिर प्रवेश आन्दोलन को बन्द करने की सलाह दी क्योंकि पिछले पाँच वर्षों में ऐसे आन्दोलनों की निरर्थकता साबित कर दी है। उन्होंने आगे कहा, "मेरा भाग्य फूटा था कि मैंने एक अछूत होने के बदनुमा दाग के साथ जन्म लिया। हालाँकि यह मेरी गलती नहीं है। लेकिन मैं एक हिन्दू के रूप में नहीं मरूँगा, क्योंकि यह मेरे वश में है।"[77]

डॉ. आम्बेडकर के धर्म-परिवर्तन सम्बन्धी प्रश्न पर पूरे भारत के सनातनी लोगों को गहरा धक्का लगा। उनके पैरों के नीचे की जमीन खिसक गयी। पूरे देश में आत्ममन्थन, सभाओं, बहस, सम्मेलनों, क्रिया और प्रतिक्रियाओं, का दौर चला। 1935 ई. से 1936 ई. तक बहस एवं उसका मुद्दा सिर्फ यही कि डॉ. आम्बेडकर कौन सा धर्म ग्रहण करेंगे? इस्लाम, सिक्ख, ईसाई आदि धर्मों के लोग अपने-अपने धर्मों की बड़ाई करने में लगे थे कि बहुसंख्यक अछूत (दलित) उनके धर्म में शामिल हो। और साथ ही गाँधी व अन्य सनातनी लोग किसी भी हालत में अछूतों को हिन्दू धर्म से अलग होने नहीं देना चाहते थे। क्योंकि देश की राष्ट्रीयता एवं आजादी का बहाना बनाकर गाँधी जी किसी धर्म परिवर्तन से सहमत नहीं थे। गाँधी जी दूरदृष्टा थे, भारतीय समाज में कैसे हिन्दू-मुस्लिम एकता व हिन्दू व अछूतों का बेहतर तालमेल हो, यह उन्हें पता था। पुणे-महाराष्ट्र में डॉ. आम्बेडकर का प्रभाव बढ़ता जा रहा था।

15 अक्टूबर, 1935 को एसोसिएटेड प्रेस के साथ साक्षात्कार के समय डॉ. आम्बेडकर के धर्म परिवर्तन को लेकर गाँधी ने प्रतिक्रिया व्यक्त की, "डॉ. आम्बेडकर के नाम से जो वक्तव्य जारी किया गया है, उस पर सहसा विश्वास नहीं होता। तथापि उन्होंने ऐसा भाषण दिया है और सम्मेलन में हिन्दू धर्म से पूरी तरह नाता तोड़ने तथा समानता की गारण्टी करने वाला कोई भी धर्म स्वीकार करने का प्रस्ताव पारित किया है, तो मैं इन दोनों घटनाओं को दुर्भाग्यजनक मानता हूँ। खासकर ऐसे समय में जबकि कुछेक अलग-अलग घटनाओं को छोड़ दें तो, हर कोई देख सकता है कि अस्पृश्यता अब अपनी अन्तिम साँसें गिन रही है। गाँधी ने आगे कहा कि "धर्म, घर अथवा कपड़े जैसी कोई चीज तो नहीं, जिसे जब मन चाहे बदल लिया जाये। यह तो शरीर और आत्मा का अभिन्न हिस्सा है...और आगे कहा एक बार जब वे (डॉ. आम्बेडकर) अपने पूर्वजों का धर्म त्याग देंगे तो लाखों आम निरक्षर हरिजन उनकी बातें सुनना भी बन्द कर देंगे।"[78]

धर्म-परिवर्तन के सम्बन्ध में डॉ. आम्बेडकर के बारे में गाँधी जी की प्रतिक्रिया कपोल-कल्पित, सनातनी और अछूतों को शोषण चक्र में फाँसे रखने जैसी थी। अछूतों को वह हिन्दू धर्म का अंग तो मानते थे सिर्फ सेवा के क्षेत्र में, दूसरा अंग्रेजों के समक्ष राष्ट्रीय आन्दोलन को मजबूत व अछूतों को अपने साथ दिखाने के लिए। जिस अस्पृश्यता को गाँधी ने अपनी अन्तिम साँस तक साधे रहे वह आज भी जारी

है। इतने आजादी से पहले और आजादी के बाद के कुछ दशकों में फिर से भयंकर रूप ले लिया था हालाँकि राष्ट्रीय आन्दोलन के समय अछूतों की स्थिति में कुछ हद तक परिवर्तन दिखाई पड़ता है।

29 मार्च, 1936 को कुमार गंगानन्द सिंह की अध्यक्षता में बिहार प्रान्तीय हिन्दू सम्मेलन के सातवें अधिवेशन में धर्मांतरण पर चिन्ता व्यक्त की गयी। अब मुस्लिम संगठनों के लोग भी डॉ. आम्बेडकर से मिलने आये। मौलाना इरफान ने कहा इस्लाम धर्म स्वीकार करने की स्थिति में वे भारत के आठ करोड़ मुसलमानों के नेता बन सकते हैं। इसके तुरन्त बाद ही 22-24 मई 1936 में 'अखिल भारतीय डिप्रेस्ड क्लासेज' सम्मेलन लखनऊ में हुआ। साथ ही 22 मई 1936 में सर्वधर्म हुआ। इस सम्मेलन में भारत के विभिन्न धर्मों और सम्प्रदायों के प्रतिनिधियों को आमन्त्रित किया गया था, ताकि वह यह बता सकें कि उनके पथ अथवा मत अछूतों की जरूरतों को कैसे पूरा करेंगे।

बौद्ध भिक्षु, मौलवी, सिक्ख, बहाई, अहमदिया मुस्लिम, कबीरपंथी, जैन, आर्य समाजी, रूढ़िवादी सनातनी हिन्दू और ईसाई मिशनरी के धर्माचार्या शामिल हुए। सात घंटों में चौदह धर्म गुरु और धर्म-प्रवक्ता आये। बारी-बारी से सभी ने वायदा किया कि अगर हरिजन उनका धर्म स्वीकार कर ले तो उन्हें समान सुविधाएँ दी जायेंगी। सभी ने अपने-अपने धर्म की खूबियाँ बतायीं। इस सम्मेलन का आयोजन बाबा पतितपावन दास की अध्यक्षता में हुआ जो नागपुर के निवासी थे और जिन्होंने हरिजनों के मन्दिर प्रवेश के लिए उपवास किया था। डॉ. आम्बेडकर जिनके कारण यह सम्मेलन हुआ था वह स्वास्थ्य कारणों से शरीक (शामिल) न हो सके।[79]

यद्यपि जगजीवन राम को इस सम्मेलन में आमन्त्रित नहीं किया गया था, फिर भी वह कुछ साथियों के साथ वहाँ मौजूद थे। रसिक लालू विश्वास आमन्त्रित थे। यह सम्मेलन 13 अक्टूबर, 1935 में नासिक जिले में ही डॉ. आम्बेडकर के धर्म-परिवर्तन के प्रश्न पर ही आयोजित किया गया था। सम्मेलन के प्रेरणा स्रोत डॉ. आम्बेडकर थे। साथ ही इस बात का पूरा ख्याल रखा गया था कि कोई वक्ता दूसरे धर्मों पर छींटाकशी न करे। वैसे दलित वर्गों के एक प्रमुख प्रवक्ता पं. चन्द्रिका प्रसाद जिज्ञासु ने चुटकी लेते हुए पूछ ही लिया, "आखिर एक हजार वर्षों में इस्लाम ने हमारे लिए क्या किया? सिख धर्म ने हमारे लिए क्या किया? जब ईसाई मिशनरियों ने अछूतों को छाती से लगाया, तभी दूसरे मतावलम्बी भी हमारी खबर लेने लगे।" इस सम्मेलन में तीन प्रस्ताव पास किये गये–

–डॉ. आम्बेडकर में पूरी आस्था व्यक्त की गयी।

–हिन्दू धर्म से नाता तोड़ लेने का निर्णय लिया गया।

–अगले अखिल भारतीय सम्मेलन में यह तय करने का फैसला किया गया कि दलित कौन-सा धर्म स्वीकार करें।[80]

इसी के साथ 'अखिल भारतीय दलित वर्ग संघ' के अध्यक्ष रसिक लाल विश्वास को 'अखिल भारतीय दलित वर्ग संघ' का सभापति चुन लिया गया। चूँकि रसिक लाल विश्वास सभापति चुने गये थे, अतएव सभी धर्मों के लोग उन्हीं से पूछते कि हरिजनों के धर्म-परिवर्तन के विषय में क्या हो रहा है? उनका उत्तर एक सुन्दर और तार्किक होता था। वे कहते थे, धार्मिक ग्रन्थों से तो पता चलता है कि सभी धर्म बड़े अच्छे हैं। लेकिन देखना यह है कि उनका व्यवहार निम्न वर्ग के लोगों के साथ ही जो दूसरे धर्मों से लोग उनके धर्म में आये हैं, उनके साथ किस प्रकार का है। साधारणतः लक्षित यही होता है कि धर्मशास्त्र कुछ और कहते हैं और व्यवहार कुछ और ही ढंग से होता है। अतः वे न केवल प्रत्येक धर्म के मूल सिद्धान्तों का अध्ययन करेंगे, बल्कि इस बात का भी परीक्षण करेंगे कि धर्म विशेष के लोग जो दूसरे धर्मों से आये निम्नवर्गीय लोगों के साथ किस प्रकार का बर्ताव करते हैं। "सर्व धर्म सम्मेलन में अच्छा तमाशा था, सिक्ख, बौद्ध, मुसलमान, रूढ़िवादी हिन्दू और अन्य धर्म व पंथ वाले मानो हरिजनों की सेवा में अपनी योग्यता प्रमाणित कर रहे थे। और प्रत्येक इस बात का प्रयत्न कर रहा था कि उसके ही धर्म को अछूतों के लिए घोषित किया जाये।"[81] उन्होंने धर्म को आगे कर अपनी जमात बढ़ाने का प्रयास और समानता का राग अलापना नहीं कम किया।

जगजीवन राम को पता था राष्ट्रीयता की महत्त्वपूर्ण जरूरत अछूतों को हिन्दू धर्म से अलग नहीं होने देना है। उनका मानना था कि हम हिन्दू धर्म में रहकर इसके अन्दर की कुरीतियों को दूर करेंगे। दानापुर सब डिवीजन शाखा बिहार में 16 फरवरी 1935 को सम्मेलन में इन्होंने कहा कि "सवर्णों का अत्याचार सहना पाप है।"[82] 18 फरवरी, 1936 को भागलपुर में रविदास सम्मेलन हुआ और 24 फरवरी 1936 को दलित वर्ग सम्मेलन में इन्होंने 'एकता' 'संगठन' और 'आन्दोलन' का सन्देश दलितों को दिया। धर्मान्तरण के सम्बन्ध में घोर निन्दा की और परिव्राजक बनकर दलितों के घर अपना सन्देश पहुँचाने में रात-दिन व्यस्त रहते।[83]

इसी समय 9 अगस्त, 1936 को बिहार डिप्रेस्ड क्लासेज लीग का चुनावी घोषणापत्र जारी किया गया।[84] इस अवसर पर लीग के नेता जगजीवन राम ने संगठन की सोच का खुलासा किया और दलित वर्गों के एक मिले-जुले संगठन की पृष्ठभूमि प्रस्तुत करते हुए अपने महत्त्वपूर्ण भाषण में इस संगठन की दिशा भी प्रस्तुत की। अपने भाषण में उन्होंने कहा कि "आर्थिक सम्बन्धों की मौजूदा व्यवस्था, धार्मिक पूर्वाग्रह और भेदभावमूलक सामाजिक नियम ही दलित वर्गों की भयावह गरीबी और बदहाली के कारण हैं। इन्होंने ही उन्हें नैतिक, शैक्षणिक और आर्थिक रूप से तबाह किया है न सिर्फ हिन्दू समाज की परिधि में, बल्कि हर जगह।

पुलिस और सेना समेत सार्वजनिक सेवाओं से उन्हें पूरी तरह अलग रखा गया है। 90 फीसदी दलित खेतिहर बन्धुआ मजदूर हैं। जमींदार, छोटे भूस्वामी, जेठ,

रैयत, सरकारी अमले सभी उन्हें मुफ्त में चीजों की आपूर्ति के लिए बाध्य करते हैं। जमींदारों और किसानों के दुहरे आधिपत्य के तहत उन्हें खेत मजदूरों में बदला जा रहा है। वैसे किसान कोई समरस श्रेणी नहीं है। उनमें भी कई वर्ग हैं। फिर भी सभी किसान हलवाहा का शोषण करते हैं। कठिन श्रम के लिए 4 पैसे रोजाना से अधिक मजदूरी कभी नहीं दी जाती। बेगार श्रम (Force Labour) के लिए उन्हें मजबूर किया जाता है।

पूर्ण स्वराज्य की राष्ट्रीय माँग का दलित वर्ग पूरा समर्थन करते हैं और अन्य समुदायों के साथ इस मामले में दलित वर्ग कन्धे से कन्धा मिलाकर खड़े हैं। लेकिन एक पिछड़े, उत्पीड़ित और कमजोर समुदाय के रूप में उनका मानना है कि किसी भावी राजनीतिक संविधान में उनकी स्थिति की रक्षा की जानी चाहिए और विशेष प्रावधानों के जरिए उनका संरक्षण किया जाना चाहिए।"[85]

लीग ने दलित वर्गों के लिए सुरक्षित क्षेत्रों से चुनाव लड़ने का संकल्प लिया। सन् 1937 की पहली विधान सभा के चुनाव में जगजीवन राम सहित कुल 9 लोग निर्विरोध निर्वाचित हुए।[86]

इसके अलावा छः सीटों पर चुनाव हुआ, जिसमें कांग्रेस समर्थित दलित वर्ग संघ के लोग 5 सीटों पर विजयी हुए, एक सिट मिनिस्टीरियल को गयी। जबकि कुल आरक्षित सीटें 15 थीं। जो पूना-पैक्ट के आरक्षण पर आधारित थी।

14 फरवरी 1937 को लीग की कार्यसमिति ने कांग्रेस संसदीय बोर्ड से यह आग्रह किया कि उनके बीच से कम से कम एक मन्त्री और एक संसदीय सचिव बनाया जाय। अनुसूचित जातियों और जनजातियों के उत्थान के लिए और

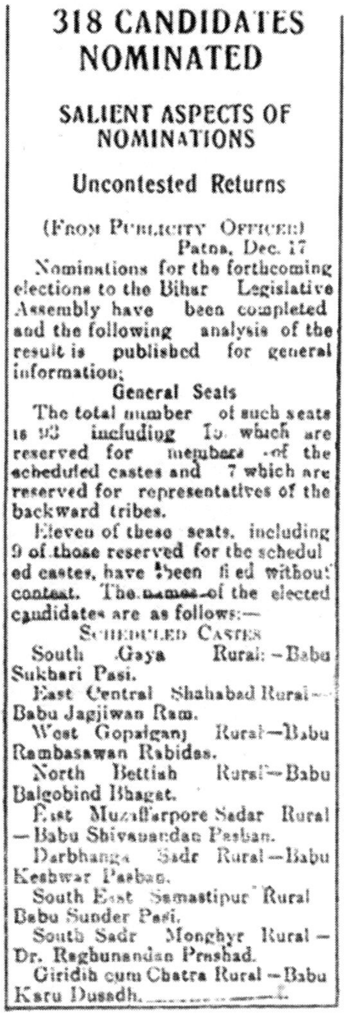

318 CANDIDATES NOMINATED

SALIENT ASPECTS OF NOMINATIONS

Uncontested Returns

(FROM PUBLICITY OFFICER)

Patna, Dec. 17

Nominations for the forthcoming elections to the Bihar Legislative Assembly have been completed and the following analysis of the result is published for general information:

General Seats

The total number of such seats is 93 including 15 which are reserved for members of the scheduled castes and 7 which are reserved for representatives of the backward tribes.

Eleven of these seats, including 9 of those reserved for the scheduled castes, have been filled without contest. The names of the elected candidates are as follows:—

SCHEDULED CASTES

South Gaya Rural:—Babu Sukhari Pasi.

East Central Shahabad Rural—Babu Jagjiwan Ram.

West Gopalganj Rural—Babu Rambasawan Rabidas.

North Bettiah Rural—Babu Balgobind Bhagat.

East Muzaffarpore Sadar Rural—Babu Shivanandan Pasban.

Darbhanga Sadr Rural—Babu Keshwar Pasban.

South East Samastipur Rural Babu Sunder Pasi.

South Sadr Monghyr Rural—Dr. Raghunandan Prashad.

Giridih cum Chatra Rural—Babu Karu Dusadh.

उनके हितों के संरक्षण के लिए पृथक विभाग बनाने की भी माँग की गयी। नये बिहार विधान सभा में जो 15 अनुसूचित जाति के विधायक थे उनमें से 14 कांग्रेस के टिकट पर विजयी हुए थे। अतः कांग्रेस ने लीग की यह बात मान ली थी, और 22 जुलाई 1937 में गठित श्री कृष्ण सिंह के मन्त्रिमण्डल में जगलाल चौधरी को कैबिनेट मन्त्री और जगजीवन राम को संसदीय सचिव बनाया गया था।[87]

24-25 अप्रैल, 1937 को आयोजित चम्पारन दलित के सम्मेलन में अपने अध्यक्षीय भाषण में जगजीवन राम ने दलितों की वर्ग-चेतना, आर्थिक-राजनीतिक अधिकार, धर्मान्तरण, राष्ट्रीय आन्दोलन, आत्मसम्मान तथा स्वावलम्बन जैसे विषयों पर अपने विचारों को स्पष्ट करते हुए कहा कि, "मैं यह बिल्कुल साफ कर देना चाहता हूँ कि हमारा संगठन हमेशा खुद को वर्ग संघर्ष और वर्ग-ईर्ष्या से अलग रखेगा। यह रक्षात्मक किस्म का संगठन है जिसका उद्‌देश्य हमारे समाज को सुधारना और पुनर्गठित करना है। हम देश की अग्रगति में शामिल हैं। साथ ही सवर्ण हिन्दुओं के साथ हमारा मतभेद सामाजिक और आर्थिक है, सांस्कृतिक नहीं।" अन्त में जगजीवन राम ने दलितों के आत्मसम्मान और स्वावलम्बन की भावना पर बल देते हुए सम्मेलन का आह्वान किया कि उत्पीड़न करना पाप है। उत्पीड़न को चुपचाप सहना उससे भी बड़ा पाप है। इसके प्रतिकार में अपने प्राणों की बाजी लगा देना ही मर्दानगी है।"[88] दलितों में हिन्दू समाज से स्वतन्त्रता और स्वायत्वता को आवश्यक बताया।

धर्म परिवर्तन के प्रश्न पर पूरे देश में माहौल गरम था। दलित वर्ग के संगठनों के नेता जनता के बीच सभाओं, बहसों के साथ ही आत्ममन्थन का दौर शुरू था। राष्ट्रवादियों को लग रहा था कि डॉ. आम्बेडकर अपनी बात पर अड़े रहेंगे। अन्य छोटे-छोटे क्षेत्रीय दलित नेताओं को राष्ट्रवाद के ढोंग की चादर ओढ़कर डॉ. आम्बेडकर के धर्मान्तरण सम्बन्धी प्रश्न को कमजोर किया जाय। "जिस समय डॉ. बी.आर. आम्बेडकर दलितों की स्वायत्ता की माँग कर रहे थे। उसी समय सनातनी, मनुवादी उन्हें राष्ट्रीयता को कपोल-कल्पित पाठ-पढ़ाने की कोशिश कर रहे थे। साथ ही साथ कुछ दलित नेताओं को गाँधी के माध्यम से अपनी तरफ आकर्षित कर लिया था। दलितों को सारे हिन्दू अपना अंग मानने को तैयार थे लेकिन अधिकार देने या समानता की बात करने के बजाय अत्याचारों में कोई कमी नहीं की थी।"[89]

धर्म से भी बढ़कर व्यक्ति होता है। व्यक्ति से ही धर्म चलता है। न कि धर्म से व्यक्ति या समाज संचालित होता। एक सम्प्रभु राष्ट्र के लिए समाज पहले, उसके बाद बाकी चीजें आती हैं। जगजीवन राम जानते थे कि दलित समाज के लोगों के पास जमीनें तो हैं नहीं, अधिक से अधिक वह अपना गुजारा करने के लिए वह भूमि सामंतों के वहाँ खेतों में काम करते है। इसके अलावा देश में बढ़ती बेरोजगारी

के चलते व शिल्पियों, कारीगरों का वर्ग खत्म हो जाने से वह भी खेत-मजदूर बन गये थे।

9 अगस्त, 1937 को पटना के हिन्दू सभा मैदान में 'खेत मजदूर संघ' की स्थापना के उद्देश्य से एक सभा का आयोजन किया गया।[90] आयोजन कर्ता थे– जगजीवन राम, जगलाल चौधरी रामप्रसाद आदि। सभा शुरू होते ही सभा स्थल में 'किसान सभा' के कार्यकर्ता बड़ी संख्या में आ धमके। टकराव की स्थिति उत्पन्न हो गयी। कामरेड मंजर रिजवी ने सभा की अध्यक्षता के लिए गंगा शरण सिंह का नाम प्रस्तावित किया, जबकि भरत मित्र ने जगजीवन राम को। अन्ततः सम्मेलन की अध्यक्षता जगजीवन राम ने की। अपने अध्यक्षीय भाषण में जगजीवन राम ने सभा के उद्देश्य को स्पष्ट करते हुए कहा कि प्रस्तावित संगठन की प्रकृति के बारे में श्रोताओं के मन में कोई भ्रान्ति नहीं रहनी चाहिए। प्रस्तावित संघ की इस या उस किसी भी संस्था से दुश्मनी नहीं होगी, वह कांग्रेस के संरक्षण में काम करेगा। उन्होंने कहा कि जिस तरह जमींदार किसानों का शोषण करते हैं, उसी तरह किसान भूमिहीन श्रमिकों का।

साथ ही बिहार प्रान्त के आबकारी तथा सार्वजनिक स्वास्थ्य मन्त्री जगलाल चौधरी ने कहा कि वे खुद खेत मजदूरी की श्रेणी में आते हैं और इस वर्ग के कल्याण में गहरी रुचि है। इस कदम से साम्राज्यवाद के खिलाफ संघर्ष में मदद मिलेगी और जमींदारों के खिलाफ संघर्ष में 'खेत मजदूर' भी किसानों के साथ कन्धे से कन्धा मिलाकर लड़ सकेंगे।

हरिपुरा भारतीय राष्ट्रीय कांग्रेस अधिवेशन के समय 'खेत मजदूर सभा' का भी अधिवेशन हरिपुरा में हुआ था, जो गुजरात वालों को अच्छा नहीं लगा। सरदार पटेल ने इसका विरोध किया। उन्हें डर था कि उनकी किसान सभा कमजोर हो जायेगी। उनका तर्क था कि किसान और मजदूरों के अलग-अलग खेमे बन जायेंगे। हालाँकि किसान और मजदूर दो अलग-अलग वर्ग हैं और उनका हित भी अलग-अलग है। उस समय 'किसान सभा' का मुख्य कार्य जमींदारों से लड़ना और जमीदारी खत्म करना था।

इसी के साथ-साथ खेत मजदूर सभा का कार्य खेतों में मजदूरी करने वालों को उचित मजदूरी दिलवाने, उन पर होने वाले अत्याचारों व बन्धुआ मजदूरी से मुक्ति दिलाने के लिए संघर्ष करना था। 'खेत मजदूर' सभा का कार्यक्षेत्र (संघर्ष) बिहार और उत्तर प्रदेश में दो-तीन सालों तक काफी सकारात्मक चला।[91]

जगजीवन राम 'खेत मजदूर संगठन' को दलित आन्दोलन के परिप्रेक्ष्य की जरूरत से देखते थे। यदि दलित आन्दोलन को गाँवों में अपना आधार बनाना था तो इसके लिए दलितों (कर्मियों) और खेत मजदूरों को संगठित करने के अलावा कोई रास्ता नहीं था। उन दिनों किसान सभा के कई नेता और कार्यकर्ता कम्युनिस्ट

विचारधारा से प्रभावित थे। (वैसे बिहार में कम्युनिस्ट पार्टी की प्रान्तीय ईकाई का गठन सुनील मुखर्जी के नेतृत्व में 20 अक्टूबर 1939 को हुआ) जगजीवन राम जानते थे कि अगर वर्ग आन्दोलन के परिप्रेक्ष्य से कोई संगठन खेत मजदूरों को संगठित करें तो वह दलित आन्दोलन में भी मजबूत सेंध लगा सकता था। खैर यह मामला आजादी के बाद अधिक मुखर होकर सामने आने वाला था। यह 'खेत मजदूर संघ' संगठन स्थापना के एक वर्ष बाद जुलाई 1938 में पटना व नालन्दा के कई क्षेत्रों में खेतिहर मजदूरों ने मजदूरी वृद्धि का आन्दोलन छेड़ दिया।

बिहार में मजदूर काम के बदले डेढ़ सेर अनाज की जगह तीन सेर अनाज की माँग को लेकर संघर्षरत थे। "बिहार के कुछ जिलों में आज भी पूरे दिन काम के बदले मजदूरों को एक 'अटाई' (एक विशेष प्रकार का कांसे का लोटा होता है, जिसमें करीब 700 ग्राम धान आता है।) धान उनकी मेहनत के बदले दिया जाता है।"[92]

'खेतिहर मजदूर संघ' ने मजदूरों पर हो रहे इस तरह के अमानवीय अत्याचारों के लिए संघर्ष किया और काम के बदले उचित वेतन की माँग की। मजदूर जिनका कोई संगठन नहीं, कोई मंच नहीं होता, जहाँ से वह अपनी समस्याओं को सरकार के समक्ष रख सकें। असंगठित क्षेत्रों में श्रमिकों की समस्याओं को भी उजागर किया। हालाँकि यह संगठन गाँवों एवं कस्बों में मेहनत-मजदूरी में लगे हजारों श्रमिकों की आवाज न बन सका। 20वीं शताब्दी के चौथे दशक में यह संगठन उत्तर भारत के श्रमिकों के लिए संघर्षशील संगठन था।

"Labour is the backbone of the nation and he is truely development partner of the nation. Labour is not comodity."[93]

(श्रमिक भारत की रीढ़ की हड्डी हैं और वह भारत के विकास के सच्चे अर्थों में सहयोगी हैं। वह कोई उपभोग की वस्तु नहीं है।)

अछूत (दलित) वर्ग के लोग संसाधन न होने की वजह से दूसरे के खेतों व मिलों, फैक्ट्रियों आदि में मजदूरी करने के लिए मजबूर थे। इनकी संख्या इतनी ज्यादा थी कि मालिक अपनी मनमानी करते थे। भारत के बहुसंख्यक लोग दूसरे की मेहनत-मजदूरी से अपना गुजारा करने पर मजबूर थे। मालिकों की दया पर निर्भर रहना पड़ता था। बिहार प्रान्त में मध्यम वर्ग ने होने से समस्या और भी विकराल थी।

वहाँ समाज का मतलब उच्च और निम्न वर्ग ही है। यानी एक के पास इतनी जमीन, खेत, नौकरी एव अन्य संसाधन है तो दूसरों के पास करने के लिए कुछ है ही नहीं।

Sri Jagjivan Rams in his speech one Labour problem said, "Solution of all national problems could be found only through cooperative sprit and nationl interest."[94]

बिहार के दलित वर्गों के बीच धर्मान्तरण कोई महत्त्वपूर्ण मुद्दा नहीं बन पाया था। तीस के दशक के उत्तरार्द्ध में आरा और पटना के कुछ गाँवों में धर्मान्तरण के प्रश्न पर कुछ हंगामा हुआ था। 'हरिजन सेवक संघ' से जाँच दल भी भेजे गये थे। 1939 से 1941 के बीच पटना में कांग्रेस ने गया और शाहाबाद जिलों में करीब 35 हजार अछूतों के ईसाई बनने की खबर की जाँच के बाद बिहार हरिजन सेवक संघ ने ऐसी वारदातों के निम्नलिखित कारणों को जिम्मेदार ठहराया–

- हरिजन अपनी गरीबी से लाचार होकर अपने गाँव में अपने मालिकों के यहाँ आधी और आधी से भी कम मजदूरी पर काम करते हैं। अगर वे किसी दूसरे गाँव में जाये तो वहाँ उन्हें इससे दूनी मजदूरी मिल सकती है।
- श्राद्ध व शादी के समय अपने मालिक के यहाँ जो सवर्ण है, बिना मजदूरी के काम करने पर विवश किये जाते हैं।
- हर साल परिवार से छः आने के हिसाब से मुतरफा (हाउस रेण्ट) लिया जाता है।
- जब कोई जानवर मर जाता है तो चमार को जानवर के मालिक को मुफ्त में जूते के अलावा दो, तीन और चार रुपये देने पड़ते हैं।
- बच्चों के जन्म के समय दाई-चमारन को केवल दो आने ही काम करने के लिए मिलते हैं, हालाँकि उसे दस दिन गलीज में जच्चा के साथ बिताना पड़ता है।
- खेती के दिनों में अपना काम छोड़कर उन्हें मालिक का काम करना पड़ता है; मालिक 'हरी' और 'बेगारी' लेते हैं।
- कहीं-कहीं तो मालिक पर कम और हलवाहे तथा कमियों पर अधिक चौकीदारी टैक्स रखा गया है।[95]
- सवर्णों के कुआँ से वह पानी नहीं ले सकते, मन्दिरों में नहीं जा पाते।
- ब्राह्मण-पुरोहित श्राद्ध और शादी के समय तथा अन्य अवसरों पर कथा पढ़कर हरिजनों को (उनके घर पर) नहीं सुना सकते।[96]

वस्तुतः इस प्रकार के अमानवीय शोषण तथाकथित सभ्य समाज के द्वारा जारी है। अपने से कमजोर, अशिक्षित, पीढ़ी दर पीढ़ी उनकी सेवा एवं उनके (सवर्णों) के फलने-फुलने के वास्तविक जिम्मेदार समाज को आधुनिक युग में भी प्रताड़ना एवं गुलामों, दासों जैसा जीवन व्यक्ति करना पड़ रहा था।

अभी तक तो वह इस तरह के कार्य को अपनी सेवा समझकर कि मेरा जन्म ही तथाकथित उच्च समाज की सेवा के लिए हुआ है, यह समझकर वह अत्याचारों का सहन कर लेते थे। लेकिन 20वीं शताब्दी के दूसरे व तीसरे दशक में ईसाई-मिशनरियों के हस्तक्षेप से अमानवीय कार्यों को अपनी जन्मना कार्य न मानकर हिन्दू धर्म का परित्याग करने के लिए अग्रसर हुए। अल्पसंख्यक हिन्दू धर्म

के लोगों को यह धर्म परिवर्तन कैसे बर्दाश्त होता, अतः वह भी राजनीतिक चालों के द्वारा धर्म रोकने के लिए प्रतिबद्ध हुए। इस काम को मजबूती प्रदान करने के लिए अछूतों में कुछ पढ़े-लिखे लोगों तैयार कर, राष्ट्रीयता का हवाला देकर धर्म-परिवर्तन पर रोक लगाने में सफलता प्राप्त की। अछूतों, दलितों के बल पर ही भारत को आजादी की भावना को और मजबूत साकार रूप मिल सका।

बाबू जगजीवन राम राष्ट्रवादी नेता रूप में तब तक स्थापित हो चुके थे। वह महात्मा गाँधी और भारतीय राष्ट्रीय कांग्रेस के साथ मिलकर समावेशी समाज स्थापित करने वाले नेता के रूप अग्रसर हो चुके थे। इतना सब दिखावा हो जाने के बाद भी धर्म के नाम पर कट्टरता कम नहीं पड़ी थी।

दलितवर्ग के राष्ट्रीय नेताओं को भी 'अछूत' ही समझा जाता रहा।[97] यह घटना 1940 के आस-पास महात्मा गाँधी को यह जब महसूस हुआ कि स्वतन्त्रता की लड़ाई उस वर्ग जिसे अछूत, हरिजन या दलित कह दिया गया, ओबीसी कह दिया, बगैर उस वर्ग के बिना जुड़े स्वतन्त्रता की लड़ाई नहीं लड़ी जा सकती, क्योंकि 'व्हाइट कालर' (सफेद पोश) लड़ाई लड़ेगा नहीं। महात्मा गाँधी के दिमाग में यह बात आयी या हो सकता हो उनके दिमाग में किसी ने डाला हो तो उनके दिमाग में आ गया कि इन्हें कैसे नजदीक लाया जाय। यह तय हुआ कि सवर्ण दलितों के घर जाकर खाना खाएँ। बाबू जगजीवन राम ने कमलापति त्रिपाठी और अन्य से कहा आप हरिजनों को मन्दिर में घुसने नहीं देते, पूजा करने नहीं देते। अछूत को मन्दिर प्रवेश के प्रश्न को लेकर शुरुआत करो। जो बनारस का सबसे प्रसिद्ध मन्दिर है बाबा-विश्वनाथ मन्दिर जायेंगे। बाबू जगजीवन राम के मन्दिर जाने का कार्यक्रम का प्रबन्धन व सहयोग कमलापति त्रिपाठी को सौंपा गया। बाबू जगजीवन राम ने 2 महीनों तक अछूतों के घर जाकर मन्दिर-प्रवेश में शामिल होने को कहा। जिस रोज मन्दिर में जाना था उस दिन कई हजार लोग बाबू जी की अगुवाई में थे। जिनको शिव मन्दिर में प्रवेश कराना था। देखिये अब वह भीड़ के साथ सवेरे चलते हैं। रास्ते में उन्हें बताया गया कि जहाँ आप जा रहे हैं वहाँ ब्राह्मणों ने सड़कों पर अपनी औरतों को लिटा दिया है और कमलापति त्रिपाठी भाग गये हैं। वह (बाबू जी) आगे बढ़ते गये, खून-खराबा हो सकता था, जोर-जबरदस्ती हो सकती थी। संकटमोचन मन्दिर के पास बहुत जगह खाली पड़ी है। और भीड़ को उस ओर मुड़ जाने को कहा और भाषण दिया कि आज के दिन हमें रोका गया है। लेकिन वह दिन दूर नहीं, जब इन सवर्णों को हमारी जरूरत पड़ेगी।[98]

"सन् 1937 ई. में बिहार में स्वशासन के पूर्व हुए चुनाव में जगजीवन राम 14 उम्मीदवारों के साथ निर्विरोध चुने गये, और कांग्रेस को बहुमत नहीं मिला। कांग्रेस को विफल करने के उद्देश्य से अंग्रेजों ने यूनुस के नेतृत्व में कठपुतली सरकार बनवाने के लिए बाबूजी को मनचाहा मन्त्रिपद और आर्थिक प्रलोभन दिया। बाबू

जी ने उसे तत्काल ठुकरा कर यह साबित कर दिया कि राष्ट्रीय हित के उत्सर्ग में दलित किसी से पीछे नहीं। विह्वल बापू ने 'अग्नि में तपे सोने सा खरा' साबित होने पर बधाई दी और 'हरिजन' पत्र में लिखा 'इस दलित युवक के उत्सर्ग से पूरे राष्ट्र, खासकर सवर्णों को सीख लेनी चाहिए।"[99]

जगजीवन राम के त्याग एवं बलिदान से ही यह सम्भव हो सका कि वे सबसे कम उम्र एवं दलित वर्ग से होने के बावजूद राष्ट्रीय स्तर पर स्थापित हो गये। "1939 में अंग्रेजों की नीतियों के विरुद्ध सभी कांग्रेसी नेता जो विधान परिषद के सदस्य थे इस्तीफा दे रहे थे। जगजीवन बाबू ने अंग्रेजों की नीतियों के विरुद्ध अपना इस्तीफा दे दिया।"[100] 1940 में उन्हें अखिल भारतीय कांग्रेस कमिटी का सदस्य बनाया गया।

6 जनवरी 1940 को पटना के सलीमपुर अहरा स्थित शिवनारायन साहेब धाम में सौदागार राम की अध्यक्षता में हरिजनों की एक सभा आयोजित की गयी। प्रदेश कांग्रेस कमिटी से इस बावत जाँच कराने की अपील की गयी और पटना जिला कांग्रेस कमिटी से हरिजनों को कम से कम दो कार्यकारी पद देने की माँग की गयी। इसके बाद 7 मार्च, 1940 को खगड़िया थाना दलित वर्ग सम्मेलन आयोजित हुआ व 16 मार्च, 1940 को 'चंम्पारन जिला दलित संघ' का तीसरा अधिवेशन आयोजित किया गया। जिसकी अध्यक्षता बरेली संयुक्त प्रान्त के डॉ. धर्म प्रकाश ने की थी। इस सम्मेलन में देश भर के कई दलित नेता उपस्थित थे। बिहार प्रदेश दलित वर्ग संघ का चौथा अधिवेशन दरभंगा में 3 मई, 1941 को आयोजित किया गया।

इस अधिवेशन में पारित कुछ प्रस्ताव इस प्रकार थे—अनुसूचित जातियाँ इस देश के मूल बाशिन्दे हैं। उन्हें हिन्दू समुदाय के सदस्यों द्वारा लम्बे समय से सामाजिक, राजनीतिक तथा आर्थिक रूप से दबा कर रखा गया है। ...अनुसूचित जातियों की देश के शासन के लिए बनाये जाने वाले संविधान के निर्माण में अपनी एक विशिष्ट भूमिका हो...।[101]

मेरठ में भारतीय दलित वर्ग संघ का आठवाँ सम्मेलन किया गया। इसमें ढाँचागत परिवर्तन के लिए सम्मेलन अध्यक्ष पृथ्वीसिंह आजाद द्वारा डॉ. राजेन्द्र प्रसाद को कार्यवाही से अवगत कराया गया और आशीर्वाद हेतु अनुरोध किया गया।[102]

अब आजादी का आन्दोलन और भी तेज हो चला था। 1942 के 'भारत छोड़ो आन्दोलन' में अन्य समुदायों के लोगों के साथ मिलकर दलित वर्ग के सदस्यों ने भी जोर-शोर से हिस्सा लिया था। 1942 में गाँधी और नेहरू के दृष्टिकोणों में अचानक आया विरोधाभाषी परिवर्तन था। जो गाँधी द्वितीय विश्वयुद्ध के प्रारम्भिक दौर में अंग्रेजों के बिना शर्त सहयोग देने की घोषणा कर चुके वहाँ, वहीं 1942 में अंग्रेजों को तत्काल भारत छोड़ देने का आदेश दे रहे थे। जबकि इसके विपरीत नेहरू प्रारम्भ में बिना शर्त सहयोग देने के बिल्कुल खिलाफ थे लेकिन 1942 के आते-आते वह

पूरी तरह टूट चुके थे। भारत छोड़ो आन्दोलन 1942 में किसानों, विद्यार्थियों व मजदूर इस आन्दोलन की रीढ़ बने। उन्होंने बढ़चढ़कर हिस्सा लिया।

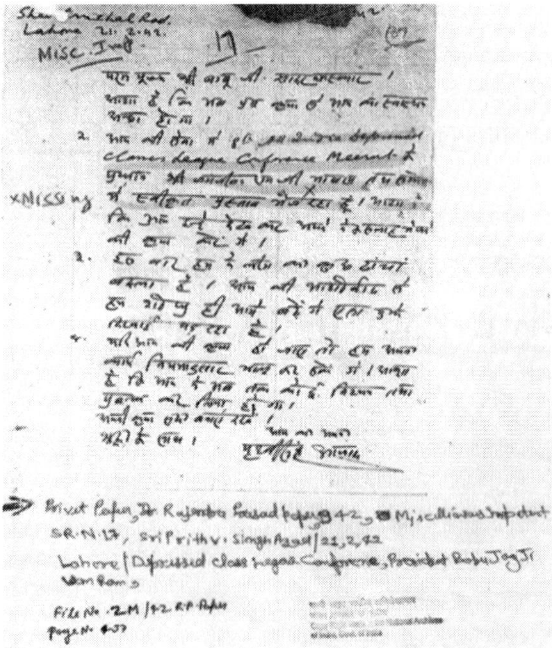

"जगजीवन राम 19 अगस्त 1942 को अपने पटना वाले घर से गिरफ्तार किये गये व हजारीबाग से सेन्ट्रल जेल में बन्द किये गये।"[103] 9 फरवरी, 1944 को जब वे सन्त रविदास जयंती समारोह में बम्बई पहुँचे, तो अपने अध्यक्षीय भाषण में कहा कि, "सन्त रविदास चर्मकार के घर काशी में पैदा हुए थे। वे श्रम की महत्ता में विश्वास रखते थे। यही वजह है कि इतनी ख्याति प्राप्त करने के बाद भी उन्होंने अपने जीवन में चर्मकार का पेशा नहीं छोड़ा। हमें उनके जीवन से सबक लेना चाहिए।"[104] जगजीवन ने 'लेदर वर्क्स' को-आपरेटिव सोसाइटी तथा 'प्रादेशिक रविदास सभा' के गठन का भी संकल्प लिया।

"जगजीवन राम 1945 ई. के माघ माह में लखनऊ से कानपुर हाइवे पर 30 किलोमीटर की दूरी पर स्थित सोहरामऊ (उन्नाव) कस्बे के सम्मेलन में आये थे। आजादी की लड़ाई चल रही थी। उन्होंने अपने भाषण में कहा "हमें एक साथ मिलकर संगठित होकर रहना है। तभी देश को आजादी एवं हम गुलामी से बच सकेंगे एवं संगठन ही हमारी ताकत है। जो अंग्रेजी शासन नहीं चाहता है।"[105] इस समय सभाओं और कार्यशालाओं, सम्मेलनों का दौर था। भारतीय राष्ट्रीय कांग्रेस

भारत में जन-समर्थन के लिए सामान्य जन को आजादी के लिए संगठित रहने को कहती थी। जगजीवन राम दलित वर्ग के माध्यम से 'एकता, संगठन और आन्दोलन' के द्वारा जन जागृति फैला रहे थे। इसी समय 'आल इंडिया डिप्रेस्ड क्लास लीग' अपना विस्तार करते हुए विभिन्न प्रान्तों में संगठन का विकास कर रही थी। इस समय तक बाबू जी राष्ट्रवादी दलितों के नेता के रूप में स्थापित हो गये थे। अबुल कलाम आजाद को जगजीवन राम समेत दलित नेताओं के नाम कांग्रेस पेनल के लिए दिये गये।"[106]

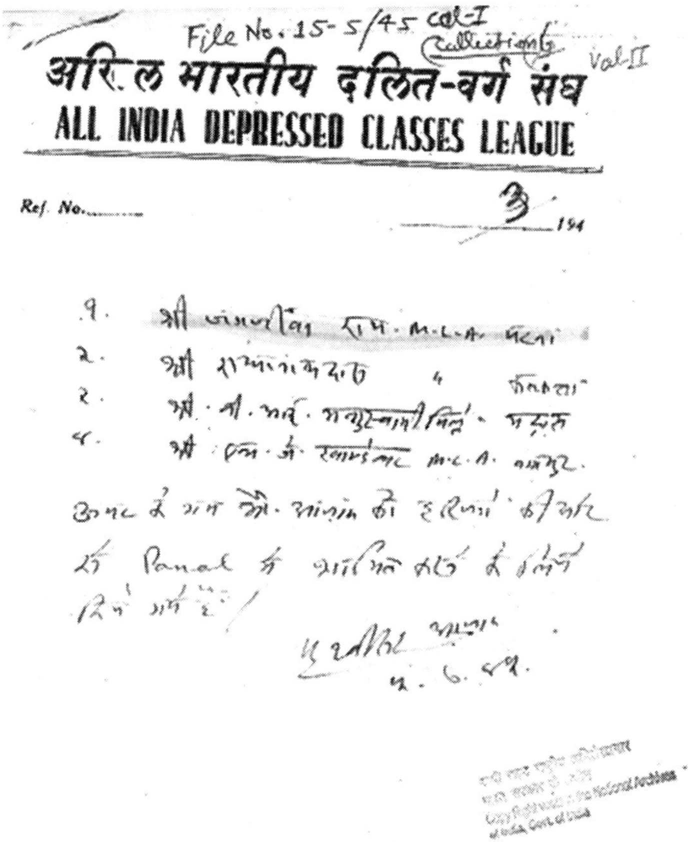
File No. 15-5/45
अखिल भारतीय दलित-वर्ग संघ
ALL INDIA DEPRESSED CLASSES LEAGUE
Ref. No.
194

उन दिनों खेतिहर मजदूरों को दस घंटों तक काम करने के बाद उनको एक रुपये मजदूरी मिलती है। एक सालदार (ठेके पर श्रमिक) को 600 रुपये से 800 रुपये की सालाना आय से सन्तुष्ट होना पडता है। उसे बहुधा रात में भी काम करना पड़ता है, इसके अलावा जमींदार के लिए उसे गन्दे से गन्दा काम करना

पड़ता है। जमींदार की सनक और मजदूरी की गरज से मजदूरी का परिणाम निश्चित होता है। मजदूर को कोई छुट्टी नहीं मिलती थी। अपने परिवार (बहुधा दस तक सदस्य) को भूखों मरने से बचाने के लिए उसे महाजन से कर्जा लेना पड़ता है, जो मौजूदा सम्बन्धों के तहत वह अपने जीवन भर में कभी चुका नहीं पायेगा। इस प्रकार मालिक का गुलाम और सम्बन्ध बनता है और वह मजबूर होता है कि वह अपने सारे परिवार को दासता में लगाए, जिसका निर्णय पूरी तरह जमींदार के हाथ में होता है।[107]

जगजीवन राम को दलितों, कमजोरों, व श्रमिकों का प्रतिनिधि नेता कहा जाने लगा। सतही स्तर पर कार्यों को देखते हुए ख्याति प्राप्त हुई थी। डॉ. राजेन्द्र प्रसाद के अनुमोदन पर 2 मार्च, 1946 को जगजीवन राम को 'बंगाल डिप्रेस्ड क्लास ने आपको बिहार का मन्त्री नियुक्त किया है।[108]

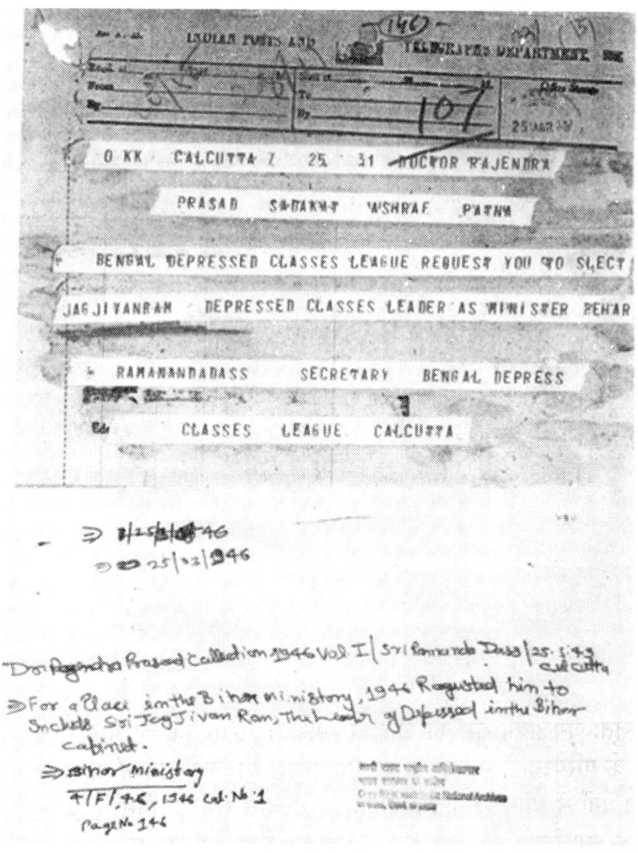

INDIAN POSTS AND TELEGRAPHS DEPARTMENT

107

O KK CALCUTTA 7 25 31 DOCTOR RAJENDRA

PRASAD SADAKAT ASHRAF PATNA

BENGAL DEPRESSED CLASSES LEAGUE REQUEST YOU TO SLECT

JAGJIVANRAM DEPRESSED CLASSES LEADER AS MINISTER BEHAR

RAMANANDADASS SECRETARY BENGAL DEPRESS

CLASSES LEAGUE CALCUTTA

=> 25/02/1946

Dr. Rajendra Prasad Collection 1946 Vol. I / Sri Ramananda Dass / 25.2.46 Calcutta

=> For a Place in the Bihar ministry, 1946 Requested him to Include Sri JagJivan Ram, The Leader of Depressed in the Bihar cabinet.

=> Bihar Ministry

Page No 146

भारत के तत्कालीन गवर्नर जनरल जार्ज वेवल की एक्जीक्यूटिव कौन्सिल में बाबू जगजीवन राम को सम्मिलित किया किया था, वेवल की अन्तरिम सरकार में होने के लिए सम्राट जार्ज शष्टम् ने बाबू जगजीवन राम को 30 अगस्त, 1946 को पत्र भेजा।[109]

भारत के गवर्नर जनरल लार्ड वेवल की एक्जीक्यूटिव कौंसिल, अंतरिम सरकार में सम्मिलित होने के लिए सम्राट जार्ज षष्ठम् द्वारा 30 अगस्त 1946 का बाबूजी को पत्र

George R. I.

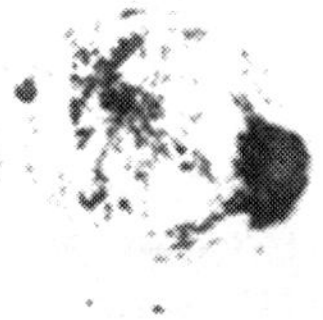

GEORGE THE SIXTH by the Grace of God
of Great Britain Ireland and the
British Dominions beyond the Seas
King Defender of the Faith
Emperor of India

To Our Trusty and Well Beloved Shri Jagjivan Ram

GREETING

1. We do by this Our Warrant under Our sign Manual appoint you the said Shri Jagjivan Ram to be during our pleasure a Member of the Executive Council of Our Governor-General of India

II. And we do hereby appoint that so soon as you shall have entered upon the duties of your office this Our Warrant shall have effect

GIVEN at Our Court at Balmoral this
thirtieth day of August 1946 and in
the tenth year of Our Reign.

BY HIS MAJESTY'S COMMAND

Pethick-Lawrence

वस्तुतः जगजीवन राम का योगदान 1936 से 1946 तक का भारतीय सामाजिक बदलाव के परिप्रेक्ष्य में महत्त्वपूर्ण था। सामाजिक जीवन में उनका पदार्पण कलकत्ता में दलित वर्गों में व्याप्त कुरीतियों के विरुद्ध रविदास सभा के निर्माण से शुरू किया।

बाबू जगजीवन राम को इतने सन्तुलित नेता के रूप में स्थापित करने में

अंग्रेज, हिन्दू एवं दलितों की परिस्थितियाँ जिम्मेदार थीं। दलित जाति में पैदा होने से उन्होंने जो पीड़ा भोगी, जिस पीड़ा का एहसास दलित को है, वह उच्च वर्ण का कोई व्यक्ति महसूस नहीं कर सकता था। जगजीवन बाबू के सामाजिक रुझान में श्रमिक समस्याओं के उन्मूलन के कुछ उत्तरदायी कारणों की भूमिका रही। उन्होंने एक श्रमिक नेता, प्रगतिशील, भारतीय जागरूक, नागरिक की भांति कार्य किया। सभी क्षेत्रों में उनका योगदान अतुलनीय है। जब वह बनारस में शिक्षा ग्रहण करने आये तो सनातनी तथाकथित सभ्य समाज का असली और घिनौना चेहरा देखा। लेकिन इतना सब होने के बावजूद भी बदले की भावना से कोई कार्य नहीं किया। जब वह शिक्षा ग्रहण कर रहे थे तभी जातिगत दुर्भाव देख चुके थे। बाबू जी जातिगत निर्योग्यताओं को भारतीय एकता में बाधक मानते थे।

जगजीवन बाबू ने हरिजन से दलितों का परिवर्तन (अछूतों के परिवर्तन में) किया। अपने संगठन 'दलित वर्ग संघ' के माध्यम से सामाजिक सशक्तीकरण में अहम भूमिका अदा की। खेतिहर मजदूर सभा का निर्माण करके उन्होंने राष्ट्र के सबसे मेहनती वर्ग को भी मुख्य धारा में लाने का प्रयास किया। धर्मान्तरण के प्रश्न पर वह किसी प्रकार का परिवर्तन नहीं चाह रहे थे। उनका विचार था पहले राष्ट्र फिर धर्म। गरीबों, मजबूरों, शोषितों के लिए वह 1930 से 1946 तक ऐसी सक्रिय व सकारात्मक सामाजिक लड़ाई लड़ चुके थे। जिसके फलस्वरूप उन्हें अन्तरिम सरकार 1946 में सबसे कम उम्र के मन्त्री के रूप में मन्त्रिमण्डल में शामिल किया गया और श्रम विभाग दिया गया। भारतवर्ष में श्रम सुधारों की प्रासंगिकता पर बल देते हुए अनेक सुधार किये। सतही स्तर पर सामाजिक, जन जागरूकता को बढ़ावा दिया।

सन्दर्भ

1. तथाकथित : शोधार्थी यहाँ 'तथाकथित' इसलिए प्रयोग कर रहा है कि समाज उच्च वर्ण, उच्च वर्ग को लेकर यह धारणा है कि वह सिर्फ ऐसे लोगों का समूह है जो जितना बडा बर्बर, उसका जितना अधिक प्राकृतिक संसाधनों पर अधिकार, वह जितना बड़ा क्रूर, अधिक धन संचय करने वाला, कमजोरों, गरीबों को परेशान करने वाला, वह उच्च वर्ण व उच्च वर्ग में माना गया है। इसके विपरीत सभी निम्न वर्ग या निम्न वर्ण के हैं। ऐसा प्राचीन भारत से चतुर्वर्णीय व्यवस्था से शुरू होकर आज तक प्रचलन में है। अधिकतर ब्राह्मण, क्षत्रिय व वैश्य ही आते हैं। यहाँ पर तथाकथित निम्न वर्ग से मतलब है कि भारतीय हिन्दू समाज ने उसे निम्न बना दिया। वे स्वयं तथाकथित उच्च बन गये। और यह पूरे भारत ही नहीं बल्कि पूरे उपमहाद्वीप में व्याप्त है।
2. Dr. Rajendra Prasad : Private Paper's, "All India Depressed Class League, File No. 15-5/45 Vol-II, 1945, National Archives of India, New Delhi, p. 6
3. सिंह, वी.एन., जनमेजय सिंह; भारत में सामाजिक आन्दोलन, पूर्वोद्धृत, पृ. 204
4. चौधरी, प्रसन्न कुमार, श्रीकान्त; बिहार में दलित आन्दोलन, 1912-2000, पूर्वोद्धृत, पृ. 195
5. बाम्बे क्रानिकल सोर्सेज, खण्ड-1, 29 अप्रैल 1942 का उद्धरण, पृ. 251

6. डॉ. डी.पी. अशोक; एस.पी. सिटी लखनऊ, रविदास जयन्ती के उपलक्ष्य में बोलते हुए 07 फरवरी 2011, को ए.पी. सेन सभागार लखनऊ विश्वविद्यालय लखनऊ।
7. चौधरी, प्रसन्न कुमार, श्रीकान्त; बिहार में दलित आन्दोलन, 1912-2000, पूर्वोद्धृत, पृ. 195
8. वही, पृ. 195
9. एस.एस. गौतम पब्लिशर्स एण्ड डिस्ट्रीब्यूटर्स, नयी दिल्ली, से 18 सितम्बर 2011 डॉ. बी.आर. आम्बेडकर पी.जी. छात्रावास हजरतगंज लखनऊ में मेरे द्वारा लिया गया साक्षात्कार।
10. गौतम, राकेश कुमार; सहायक प्राध्यापक, (संस्कृत विभाग) राजकीय पी.जी. कॉलेज, मुहम्दाबाद, गोहना मऊ से 20.08.2010 को शोधार्थी द्वारा लिया गया साक्षात्कार।
11. T. S. Rahi; Senior Scientist, NBRI Lucknow to speech in, Dr. B.R. Ambedker P.G. Hostel Lucknow. Dated on 05/12/2011 Iterviewed by me.
12. चौधरी, प्रसन्न कुमार, श्रीकान्त; बिहार में दलित आन्दोलन (1912-2000), पूर्वोद्धृत, पृ. 59
13. प्रो. भूरे लाल (विभागाध्यक्ष, हिन्दी विभाग इलाहाबाद विश्वविद्यालय), से 07 फरवरी 2011 को लखनऊ में मेरे द्वारा लिया गया साक्षात्कार।
14. चौधरी, प्रसन्न कुमार, श्रीकान्त; बिहार में दलित आन्दोलन (1912-2000), पूर्वोद्धृत, पृ. 58
15. प्रो. भूरे लाल से लिया गया साक्षात्कार।
16. चौधरी, प्रसन्न कुमार, श्रीकान्त; बिहार में दलित आन्दोलन (1912-2000), पूर्वोद्धृत, पृ. 66
17. इन्द्राणी, जगजीवन राम; देखी सुनी, बीती बातें, पूर्वोद्धृत, पृ. 51
18. कुमार, मंजुल; बाबू जगजीवन राम, जन्म शताब्दी के उपलक्ष्य में, पूर्वोद्धृत, पृ. 3
19. मौर्य, ओम प्रकाश; आधुनिक भारत के निर्माता बाबू जगजीवन राम, पूर्वोद्धृत, पृ. 37
20. कुमार, मंजुल; बाबू जगजीवन राम, जन्म शताब्दी के उपलक्ष में प्रकाशित, पूर्वोद्धृत, पृ. 3-4
21. मीर, कुमार (सामाजिक न्याय और अधिकारिता मन्त्री, भारत सरकार); द्वारा बाबू जगजीवन राम पीठ की स्थापना के अवसर पर बनारस हिन्दू विश्वविद्यालय में 29 अक्टूबर 2007 को दिये गये भाषण का अंश।
22. राम, इन्द्राणी; देखी-सुनी बीती बातें, भाग-1, पूर्वोद्धृत, पृ. 72
23. वही, पृ. 74
24. मीरा कुमार (सामाजिक न्याय और अधिकारिता मन्त्री, भारत सरकार); द्वारा बाबू जगजीवन राम पीठ, सामाजिक विज्ञान संकाय, काशी हिन्दू विश्वविद्यालय वाराणसी के उद्घाट. समारोह पर, दिनांक 29 अक्टूबर 2007 को दिये गये भाषण का अंश।
25. सागर, एस.एल.; दलितों के बाबूजी, पूर्वोद्धृत, पृ. 12
26. वही, पृ. 12
27. 'माई जी' प्यार से माता इन्द्राणी देवी कहते है।
28. कुमार रोहित 'राहुल' के साथ लखनऊ (दिनांक 25/04/2010) में शोधार्थी द्वारा साक्षात्कार।
29. सागर, एस.एल.; दलितों के बाबू जी, पूर्वोद्धृत, पृ. 14
30. जगजीवन राम, (लेख) विराट हिन्दू समाज के अध्यक्ष डॉ. कर्ण सिंह द्वारा धर्म-परिवर्तन पर बाबू जी से अक्टूबर 1981 में माँगे गये सन्देश की प्रति। यह सन्देश दैनिक समाचार पत्र 'आज' सहित अन्य समाचार-पत्रों में प्रकाशित हुआ था। 'मुक्ति के अग्रदूत : बाबू जगजीवन राम', भाषण संग्रह प्रथम संकलनकर्ता ई. राजेन्द्र प्रसाद, 2005 प्रकाशक : जगजीवन आश्रम ट्रस्ट नयी दिल्ली, पृ. 76
31. मुंशी, डॉ. ऊषा एम.; पुस्तकालयाध्यक्ष, भारतीय लोक प्रशासन संस्थान, (IIPA) नयी दिल्ली, दो दिवसीय राष्ट्रीय सेमिनार 'Role of Babu Jagjivan Ram in Promoting Social Justice in India' विषय पर बोलते हुए। 16 दिसम्बर 2009, नयी दिल्ली।

32. चौधरी, प्रसन्न कुमार, श्रीकान्त; बिहार में दलित आन्दोलन 1912-2000, पूर्वोद्धृत, पृ. 105
33. वही, पृ. 313.
34. संजय कुमार, (लेख) 'बिहार में ठहराव की स्थिति में दलित आन्दोलन व साहित्य', 'बयान' हिन्दी मासिक पत्रिका, वर्ष 5, अंक 57, अप्रैल 2011।
35. चौधरी, प्रसन्न कुमार, श्रीकान्त; बिहार में दलित आन्दोलन (1912-2000), पूर्वोद्धृत, पृ. 111
36. चन्द्रा, आर., चंचरीक कन्हैयालाल; आधुनिक भारत का दलित आन्दोलन (1912-2000), पूर्वोद्धृत, पृ. 263
37. पी. राम, बाबू जगजीवन राम के भाँजे, 18.12.2010 से जगजीवन विद्याभवन, झण्डेवालान, नयी दिल्ली में शोधार्थी द्वारा लिया साक्षात्कार।
38. जगजीवन राम : फोर डिकेट्स आफ पार्लियामेंट्री कैरियर, 'कमोमोरेशन वाल्यूम-I', आर. बालचन्द्र का लेख, सागा आफ इमेन्सिपेटर, पृ. 95
39. हरनोटिया, जसराम; समता के स्तम्भ बाबा साहेब और बाबूजी, पूर्वोद्धृत, पृ. 210
40. प्रसाद, इं. राजेन्द्र; मुक्ति के अग्रदूत बाबू जगजीवन राम (भाषण संग्रह) भाग-1, प्रथम संस्करण, 5 अप्रैल 2006, प्रकाशक, जगजीवन विद्या भवन, झण्ड़े वालान, नयी दिल्ली, पृ. XIII
41. हरनोटिया, जसराम; समता के स्तम्भ : बाबा साहेब और बाबूजी, पूर्वोद्धृत, पृ. 210
42. वही, पृ. 210-11
43. राम, इद्राणी जगजीवन; देखी सुनी बीती बाते, भाग-1, पूर्वोद्धृत, पृ. 113
44. चौधरी, प्रसन्न कुमार, श्रीकान्त; बिहार में दलित आन्दोलन (1912-2000), पूर्वोद्धृत, पृ. 15
45. वही, पृ. 16
46. राम, जगजीवन; भारत में जातिवाद और हरिजन समस्या, पूर्वोद्धृत, पृ. 40
47. सागर, एस.एल.; दलितों के बाबूजी, पूर्वोद्धृत, पृ. 17
48. चौधरी, प्रसन्न कुमार, श्रीकान्त; बिहार में दलित आन्दोलन (1912-2000), पूर्वोद्धृत, पृ. 129
49. सागर, एस.एल.; दलितों के बाबूजी (1993), पूर्वोद्धृत, पृ. 17
50. चौधरी, प्रसन्न कुमार, श्रीकान्त; बिहार में दलित आन्दोलन (1912-2000), पूर्वोद्धृत, पृ. 130
51. राम, जगजीवन; भारत में जातिवाद और हरिजन समस्या, पूर्वोद्धृत, पृ. 40
52. वही, पृ. 40
53. चौधरी, प्रसन्न कुमार, श्रीकान्त; बिहार में दलित आन्दोलन (1912-2000), पूर्वोद्धृत, पृ. 133
54. राम, इन्द्राणी जगजीवन; देखी, सुनी, बोली बातें, पूर्वोद्धृत, पृ. 82
55. चौधरी, प्रसन्न कुमार, श्रीकान्त; बिहार में दलित आन्दोलन (1912-2000), पूर्वोद्धृत, पृ. 135
56. राम, जगजीवन; भारत में जातिवाद और हरिजन समस्या, पूर्वोद्धृत, पृ. 41
57. चौधरी, प्रसन्न कुमार, श्रीकान्त; बिहार में दलित आन्दोलन (1912-2000), पूर्वोद्धृत, पृ. 137
58. राम, जगजीवन; भारत में जातिवाद और हरिजन समस्या, 1996, पूर्वोद्धृत, पृ. 38
59. राम, इन्द्राणी जगजीवन; इनका संघर्षमय जीवन, पूर्वोद्धृत, पृ. 10
60. सागर, एस.एल.; दलितों के बाबू जी, पूर्वोद्धृत, पृ. 18
61. चौधरी, प्रसन्न कुमार, श्रीकान्त; बिहार में दलित आन्दोलन (1912-2000), पूर्वोद्धृत, पृ. 142
62. राम, जगजीवन; भारत में जातिवाद और हरिजन समस्या, पूर्वोद्धृत, पृ. 41-42
63. राम, इन्द्राणी जगजीवन; देखी सुनी, बीती बातें, खण्ड-1, पूर्वोद्धृत, पृ. 84-85
64. हिलसायन, सुधीर; डॉ. बी.आर. आम्बेडकर राष्ट्रीय प्रतिष्ठान, नयी दिल्ली में बाबा साहेब राइटिंग एवं स्पीचेश पर कलेक्टेड वर्क्स के सम्पादक से 21.12.2010 को लिया गया साक्षात्कार।
65. चौधरी, प्रसन्न कुमार, श्रीकान्त; बिहार में दलित आन्दोलन (1912-2000), पूर्वोद्धृत, पृ. 173

66. File No. 1H/41, Harijan Sevak Sangh, 1941, National Archives of India, New Delhi, Page No.1
67. हिलसायन, सुधीर डॉ. बी.आर. आम्बेडकर राष्ट्रीय प्रतिष्ठान, नयी दिल्ली में बाबा साहेब राइटिंग एण्ड स्पीचेज के सम्पादक से 21.12.2010 को लिया गया साक्षात्कार शोधार्थी द्वारा।
68. राम, इन्द्राणी जगजीवन; इनका संघर्षमय जीवन, खण्ड-1, पूर्वोद्धृत, पृ. 10
69. चौधरी प्रसन्न कुमार, श्रीकान्त; बिहार में दलित आन्दोलन (1912-2000), पूर्वोद्धृत, पृ. 172-73
70. दि इण्डियन नेशन, 29 जुलाई, 1935
71. राम, इन्द्राणी जगजीवन; इनका संघर्षमय जीवन खण्ड-एक, पूर्वोद्धृत, पृ. 10-11
72. चन्द्रा, आर., चंचरीक, कन्हैयालाल; आधुनिक भारत का दलित आन्दोलन, पूर्वोद्धृत, पृ. 258
73. चन्द्रा, आर., चंचरीक कन्हैयालाल; आधुनिक भारत का दलित आन्दोलन, पूर्वोद्धृत, पृ. 259
74. मौर्य, ओम प्रकाश; आधुनिक भारत के निर्माता बाबू जगजीवन राम, पूर्वोद्धृत, पृ. 205
75. चौधरी, प्रसन्न कुमार, श्रीकान्त; बिहार में दलित आन्दोलन (1912-2000), पूर्वोद्धृत, पृ. 149
76. वही, पृ. 145
77. चौधरी, प्रसन्न कुमार, श्रीकान्त; बिहार में दलित आन्दोलन (1912-2000), पूर्वोद्धृत, पृ. 146-47
78. चौधरी, प्रसन्न कुमार, श्रीकान्त; बिहार में दलित आन्दोलन (1912-2000), पूर्वोद्धृत, पृ. 147
79. चन्द्रा, आर., कन्हैयालाल चंचरीक; आधुनिक भारत का दलित आन्दोलन, पूर्वोद्धृत, पृ. 269
80. चौधरी, प्रसन्न कुमार, श्रीकान्त; बिहार में दलित आन्दोलन (1912-2000), पूर्वोद्धृत, पृ. 150
81. चन्द्र, आर., चंचरीक, कन्हैयालाल; आधुनिक भारत का दलित आन्दोलन, पूर्वोद्धृत, पृ. 270
82. राम, इन्द्राणी, जगजीवन; देखी, सुनी, बीती, बातें, पूर्वोद्धृत, पृ. 89
83. वही, पृ. 89
84. चौधरी, प्रसन्न कुमार, श्रीकान्त; बिहार में दलित आन्दोलन (1912-2000), पूर्वोद्धृत, पृ. 151
85. चौधरी, प्रसन्न कुमार, श्रीकान्त; बिहार में दलित आन्दोलन (1912-2000), पूर्वोद्धृत, पृ. 151-152
86. Private Collection; Indrani Jagjivan Ram, Search Light Paper, Bihar Publicity Office, 17 December, 1936
87. चौधरी, प्रसन्न कुमार, श्रीकान्त; बिहार में दलित आन्दोलन (1912-2000), पूर्वोद्धृत, पृ. 214
88. चौधरी, प्रसन्न कुमार, श्रीकान्त; बिहार में दलित आन्दोलन (1912-2000), पूर्वोद्धृत, पृ. 153-154
89. प्रो. भूरे लाल, (प्राध्यापक इलाहाबाद विश्वविद्यालय, हिन्दी विभाग), 14 सितम्बर 2011 को, हिन्दी संस्थान भवन लखनऊ में 'दलित साहित्य एवं वर्तमान परिदृश्य' विषय संगोष्ठी में बोलते हुए।
90. चौधरी, प्रसन्न कुमार, श्रीकान्त; बिहार में दलित आन्दोलन (1912-2000), पूर्वोद्धृत, पृ. 178
91. राम, इन्द्राणी, जगजीवन; देखी, सुनी, बीती, बातें, पूर्वोद्धृत, पृ. 106-107
92. हिलसायन, सुधीर से 21.12.2010 को शोधार्थी द्वारा लिया गया साक्षात्कार।
93. Dr. Kamal Ahamad, Asst. Professor, University of Lucknow, Department of Law, On Natinoal Seminar on "Problems of Labour Sector in India: Role of Babu Jagjivan Ram", Organised by Departments of Law, School for Legal Studies, Babasaheb Bhimrao Ambedker University, Lucknow, Sponsored by 'Babu Jogjivan Ram National Foundation, New Delhi. Ministory of Social Justice and Empowerment, Government of India, on Dated 05.03.2011
94. Gurtu, Shachi Rani; Jagjivan Ram on Labour Problems, First Edition 1951, Publishers : Atama Ram and Sons, New Delhi, p. 159
95. बन्धुआ मजदूर (Forced Labour) या दास बनाया गया। अग्रिम मूल्य चुकाकर खरीदा गया व्यक्ति। बीमारी, शादी-ब्याह आदि के लिए ऋण लेने पर बॉण्ड लिखा लिया जाता था। जिसके

खिलाफ 1919 में बिहार और उड़ीसा विधान परिषद में कमियौती प्रथा की बुराइयों को दूर करने के लिए एक विधेयक लाया गया The Bihar and Orisa Agriculture Labour Bill, 1919' बिल पास हो जाने के बाद भी कोई विशेष परिवर्तन नहीं दिखा।

96. चौधरी, प्रसन्न कुमार, श्रीकान्त; बिहार में दलित आन्दोलन (1912-2000), पूर्वोद्धृत, पृ. 74-75
97. रूपचन्द्र (बाबू जी के सहयोगी, पूर्व एम.एल.ए. दिल्ली) से 30.10.2011 को शोधार्थी द्वारा लिया गया साक्षात्कार।
98. रूपचन्द्र जी से 30.10.2011 को शोधार्थी द्वारा लिया गया साक्षात्कार।
99. राजेन्द्र कृष्ण; मासिक पत्रिका 'आउटलुक'; जुलाई 2010 में बाबूजी पर प्रकाशित लेख।
100. वरुण, डी.पी.; मासिक अप्रैल 2010, 'समतामूलक समाज के महान शिल्पी बाबू जगजीवन राम,' प्रकाशक : आम्बेडकर इन इंडिया, सम्पादक : दयानाथ निगम, प्रकाशन, तमकुहीराज, कुशीनगर उ.प्र.।
101. चौधरी, प्रसन्न कुमार श्रीकान्त; बिहार में दलित आन्दोलन (1912-2000), पूर्वोद्धृत, पृ. 187
102. Private Paper, Dr. Rajendra Prashad, File No, 2M/42, R.P. Paper, 1942, National Archives of India, New Delhi, p. 37
103. Kumar, Manjul; "Published Booklet on Birth Century of Babu Jagjivan Ram," April 2007; Publisher : Dr. Rajendra Prasad Academy, Rajendra Bhawan, New Delhi, p. 11
104. चौधरी, प्रसन्न कुमार, श्रीकान्त; बिहार में दलित आन्दोलन (1912-2000), पूर्वोद्धृत, पृ. 189-90
105. श्री बद्रीप्रसाद (पुत्र स्व. श्री माखनलाल उम्र लगभग 86 वर्ष, पूर्व ग्राम प्रधान, मिर्जापुर) से, 5 बजकर 32 मिनट, 05/07/08 को शोधार्थी द्वारा लिया गया साक्षात्कार।
106. File No., 15-5/45, Collection I, Vol-II, 1945, National Archives of India New Delhi, p. 6
107. सिंह, वी.एन., जनमेजय सिंह; भारत में सामाजिक आन्दोलन, रावत पब्लिकेशन, 2005, जयपुर, पृ. 88
108. File No. 4/F/46, 1946, Col. No.1, National Archives of India, Govt. of India, New Delhi, p. 146
109. कुमार मंजुल; (जगजीवन राम जी के दामाद) के द्धारा लिखित बुकलेट से प्राप्त। पृ. 12

जगजीवन राम : एक राष्ट्रवादी दलित नेता

भारतीय सामाजिक आन्दोलनों के परिदृश्य का इतिहास जितना स्पष्ट और व्यापक होना चाहिए उतना नहीं हैं। यद्यपि कुछ सामाजिक आन्दोलनों की घटनाओं का अध्ययन कुछ राजनीतिशास्त्र के विद्वानों और कुछ इतिहासविदों ने किया है। कुछ-एक आन्दोलनों की पृष्ठभूमि को लेकर विभिन्न राज्यों में अध्ययन भी किये गये है। कोई भी आन्दोलन तत्कालीन परिस्थितियों और आवश्यकताओं से जन्म लेता है। प्रत्येक आन्दोलन के दो पक्ष होते हैं—एक तो उस आन्दोलन का सैद्धान्तिक या वैचारिक पक्ष; और दूसरा व्यावहारिक या क्रियान्वयन का पक्ष। आन्दोलन दोनों को मिलाकर ही सम्पूर्ण होता है, लेकिन जब वह व्यापक जन समुदाय में फैलता है तो उसका सम्बन्ध क्रियात्मक पक्ष से अधिक होता है।

बाबू जगजीवन राम के सामने दो हर समस्याएँ थीं, एक तो वह जाति के दंश को मिटाना चाहते थे, साथ ही साथ वे उससे भी महत्त्वपूर्ण भारत को अंग्रेजों से मुक्त करना चाहते थे। वे भी हिन्दू धर्म का अंग बने रहते हुए।

अतः उन्होंने व्यवस्था में रहते हुए एक ओर हिन्दू धर्म के द्वारा शोषण के विरुद्ध आवाज बुलन्द की तो वहीं दूसरी ओर अंग्रेजों से गुलामी की मुक्ति और देश को आजाद करने का राष्ट्रवादी दृष्टिकोण अपनाया। जब उन्होंने आरा मिडिल स्कूल में हाईस्कूल प्रथम श्रेणी में पास किया, उसी समय संयोगवश हिन्दू-मुस्लिम एकता का सन्देश लेकर मदन मोहन मालवीय आरा आये, वे इनकी प्रतिभा से प्रभावित हुए और उन्होंने बाबू जगजीवन राम को काशी हिन्दू विश्वविद्यालय में आगे के अध्ययन के लिए आमन्त्रित किया। वहाँ से सन् 1927-28 में इण्टर साइन्स में पास किया और फिर कलकत्ता चले गये।

बनारस में जगजीवन राम को इस बात का भी पता चला कि हिन्दू-सामाजिक व्यवस्था के सोपान तन्त्र में दलितों का स्थान कहाँ है। यद्यपि उन्हें वाराणसी में, जोकि एक हिन्दू धर्म की सनातन नगरी है, विश्वविद्यालय व नगर क्षेत्र में गहरे तक पैठ बनाये हुए जातिवाद का सामना करना पड़ा था। फिर भी, इन सब के बावजूद उन्होंने हिन्दू धर्म में रहते हुए राष्ट्रवादी विचारधारा को कायम रखा।

"यहीं से उस संघर्ष की नींव पड़ी जो उन्होंने जीवनपर्यन्त किया। संघर्ष के

बीच की पहली कोपल इसी विश्वविद्यालय के प्रांगण में फूटी। निःसन्देह उनमें अपूर्व आन्तरिक शक्ति थी किन्तु उनकी उस शक्ति, उनकी ऊर्जा, आत्मविश्वास और साहस को तराशने और परिमार्जित करने की शुरुआत काशी हिन्दू विश्वविद्यालय में हुई।"[1]

जिस समय सन् 1919 का अधिनियम आया, बाबू जगजीवन राम प्राइमरी पास कर चुके थे (जिसे भारत शासन अधिनियम या मोटेग्यू-चेम्सफोर्ड सुधार के नाम से भी जाना जाता है) और मिडिल स्कूल, आरा में दाखिला लिया था। ब्रिटिश सरकार ने प्रान्तों में द्वैध शासन की स्थापना की, जिसके अन्तर्गत प्रान्तीय सरकार के सभी विषयों को हस्तांतरित तथा सुरक्षित नामक दो श्रेणियों में विभाजित कर दिया गया।

सन् 1919 के भारत सरकार अधिनियम में एक अनिवार्य शर्त यह थी कि अधिनियम की कार्य प्रणाली का लेखा-जोखा करने के लिए 10 वर्ष बाद ब्रिटिश सरकार द्वारा एक रॉयल कमीशन की नियुक्ति होगी, जो जरूरत पड़ने पर अधिनियम में संशोधन के लिए भी रिपोर्ट देगा। उस शर्त के अनुसार सन् 1928 में सर जान साइमन की अध्यक्षता में रॉयल कमीशन नियुक्त किया गया। साइमन कमीशन में किसी भी भारतीय को नहीं लिया गया। यह भारतीय स्वाभिमान पर आघात था। इसकी प्रतिक्रिया सारे भारत में हुई और साइमन कमीशन का विरोध पूरे भारत में हुआ। युवा जगजीवन राम भी ब्रिटिश नीतियों को समझ चुके थे। "बांटो और राज करो" की नीति के तहत यह सब हो रहा था। सन् 1930 के मध्य साइमन ने अपना प्रतिवेदन पेश किया।

ब्रिटिश सरकार ने उस विरोध को शान्त करने के लिए एक चाल चली और घोषणा हुई कि अधिनियम लागू करने के पहले भारतीय प्रतिनिधियों से राय ली जायेगी। उसी आश्वासन के तहत लन्दन में एक गोलमेज सम्मेलन आयोजित किया गया। इसी बीच सन् 1928 में कांग्रेस के कलकत्ता अधिवेशन के समय छात्र जगजीवन राम जिज्ञासु बनकर गये और राष्ट्रीय नेताओं की नजर बीस वर्षीय युवा जगजीवन राम पर पड़ी। इसी कांग्रेस के अधिवेशन में महात्मा गाँधी ने औपनिवेशिक स्वराज्य न मिलने पर पूर्ण स्वराज्य की माँग दुहराई। मोतीलाल नेहरू द्वारा 'नेहरू रिपोर्ट' प्रकाशित हो चुकी थी। लेकिन सुभाष चन्द्र बोस और जवाहर लाल नेहरू 'डोमीनियन स्टेट्स' की जगह 'पूर्ण स्वराज्य' के समर्थक बन गये थे। सन् 1929 में पुनः जगजीवन राम लाहौर कांग्रेस के अधिवेशन में एक कांग्रेस समर्थक दर्शक के रूप में सम्मिलित हुए और अपने को राष्ट्रीय आन्दोलन से जोड़ने के लिए प्रयत्नशील हो गये।

सन् 1929 ई. में लाहौर में रावी नदी के तट पर आयोजित वह कांग्रेस का अधिवेशन, पूर्ण स्वराज्य की घोषणा करने वाला अधिवेशन था। इसी समय जगजीवन राम अपनी शिक्षा को लगभग समाप्त करके देश एवं समाज सेवा की

तरफ तन्मयता से आगे बढ़े। इसके उपरान्त वे भारतीय राष्ट्रीय कांग्रेस के मुक्ति प्रयास और दलितोत्थान एवं देश की राजनीति से जीवनपर्यन्त जुड़े रहे।

दलित आन्दोलन को राष्ट्रीय धारा से जोड़ने में वे पूर्णतः सफल रहे।[2] 20वीं शताब्दी के चौथे दशक में राष्ट्रीय चेतना का बोलबाला था और स्वतन्त्रता आन्दोलन गाँव-गाँव और नगर-नगर में फैल चुका था, इससे ब्रिटिश राज चिन्तित था। राष्ट्रीय मुक्ति के प्रयास और दलित एकता को तोड़ने के लिए अंग्रेज राष्ट्रीय जीवन में फूट के बीज बो रहे थे। ब्रिटिश हुकूमत हिन्दू-मुस्लिम एकता में दरार पहले ही डाल चुकी थी।

अब अंग्रेज मुस्लिम और दलित जातियों को आजादी की लड़ाई से अलग करने के मंसूबे को लेकर विघटनकारी शक्तियों को बढ़ावा देने लगे और महाराष्ट्र और दक्षिण में दलित और गैर-ब्राह्मण आन्दोलन को राष्ट्रीय आन्दोलन से अलग करने में कुछ हद तक कामयाब भी हो गये।

बीसवीं शताब्दी के चौथे दशक में राजनीतिक गतिविधियाँ इतनी तेजी से बदल रही थीं कि दलितों के सामाजिक उत्पीड़न और आर्थिक हितों को पीछे धकेल कर धर्मान्तरण की विघटनकारी प्रवृत्तियाँ सिर उठाने लगी थीं।

अंग्रेज अफसर 'फूट डालो राज करो' नीति के तहत अछूत वर्ग के चन्द शिक्षित होनहार युवकों को अपने में मिलाने का हर सम्भव प्रयास करते थे ताकि वे युवकों (दलितों) का समर्थन ब्रिटिश सरकार के पक्ष में कर सकें। बाबू जी की अपार क्षमता और प्रभाव को देखते हुए उन्हें बड़े-बड़े प्रलोभन दिये गये। लेकिन उन्होंने वायसराय की कौन्सिल में बैठने से जेल की यातना सहना बेहतर समझा। वे दलित परिवार में जन्में एकमात्र राष्ट्रीय स्तर के अग्रिम पंक्ति के स्वतन्त्रता सेनानी थे। साथ ही वे उन चन्द पुरोधाओं में थे, जो एक साथ दो मोर्चाओं पर लड़ रहे थे- अंग्रेजों के विरुद्ध और जाति व्यवस्था के विरुद्ध।[3]

नवजागरण के गर्भ में सामाजिक-सांस्कृतिक सुधार के बीज समाहित थे। नवजागरण का आन्दोलन वही आरम्भ हुआ, जहाँ सामाजिक, सांस्कृतिक कुरीतियों के विरुद्ध संघर्ष और आन्दोलन का विगुल बजा। भारत पर मुगलों और अंग्रेजों का शासन सैकड़ों वर्षों तक रहा है। इसलिए इनका समाज पर काफी प्रभाव भी पड़ा। इनके शासन काल में अनेक सामाजिक कुरीतियां भी उत्पन्न हुईं, जो समाज के लिए कलंक बन गयी थी। समाज में व्याप्त पिछड़ापन, रूढ़िवादिता, अन्धविश्वास, ढोंगी प्रथाएँ, अशिक्षा आदि बुराइयां किसी भी समाज को आगे बढ़ने के बजाय पीछे ढकेलती है। इसी समय पश्चिम के उदारवादी विचारों का भी भारतीय समाज पर प्रभाव पड़ रहा था।[4]

जगजीवन राम जिस समय कलकत्ता में पढ़ाई कर रहे थे, उस समय प्रतिबन्धित साम्यवादी साहित्य बंगाल में लोगों द्वारा चोरी-छुपे पढ़ा एवं फैलाया जाता था।

जगजीवन राम को उन दिनों बंगाल में प्रचलित साम्यवादी विचारधारा ने भी प्रभावित किया था। उन्होंने 'कम्युनिष्ट मैनीफेस्टो' तथा कार्ल मार्क्स द्वारा रचित 'दास कैपिटल' का गहन अध्ययन किया और साम्यवादी विचारधारा से ओत-प्रोत होकर देश की आजादी के लिए लड़ रहे अनेक क्रान्तिकारियों जैसे चन्द्रशेखर 'आजाद' और मन्मथनाथ गुप्त आदि से सम्पर्क स्थापित किया। नेता जी सुभाष चन्द्र बोस उन दिनों कांग्रेस के गरम दल के नेता के रूप में जाने जाते थे उनके अछूतोद्धार सम्बन्धी विचारों का बाबू जगजीवन राम पर गहरा असर पड़ा। उन्होंने नेताजी से कोलकाता में सम्पर्क किया और अपने कार्यों का पूर्ण विवरण दिया।

नेता जी का यह मानना था कि "जिस दिन इन पीड़ित वर्गों में अपनी दयनीय स्थिति के प्रति असन्तोष उत्पन्न होगा, उस दिन इनमें विद्रोह की आग सुलगेगी और ये वर्ग ज्वालामुखी के समान भड़क उठेंगे। उनके इस विद्रोह से देश में जन क्रान्ति होगी, जो न केवल हिन्दू समाज की काया पलट देगी वरन् राष्ट्रीय जीवन को ही नये मोड़ पर ला खड़ा करेगी।"[5] आमूल परिवर्तनवादी विचारों के प्रति जगजीवन राम भी सजग थे। वह समाज में दलितों के मध्य तक ऐसा परिवर्तन लाना चाहते थे, जो शान्तिपूर्ण व उनके विकास का पथ प्रदर्शक हो, जो शोषण, रूढ़िवादिता, अत्याचार एवं जातीयता से परे हो। जिससे न केवल उनके रहन-सहन का स्तर सुधरे, बल्कि वे देश के प्रति अपने योगदान के बारे में भी सजग रहें। वे दलितों की दयनीय दशा बदलना चाहते थे ताकि उनकी आर्थिक स्थिति दृढ़ हो और वे अपने बच्चों को अच्छी शिक्षा दिलाकर उन्हें संगठित कर सकें। उनका मानना था कि पहले व्यक्ति विशेष का विकास एवं फिर उसके परिवार का विकास एवं फिर समाज और समाज से ही राष्ट्र का विकास सम्भव होगा और ऐसा तभी हो सकता है जब स्वतन्त्र रूप से हर किसी को रोजगार, शिक्षा, उसके कार्य का उचित मूल्य मिले। यह राष्ट्रीयता के लिए बहुत ही आवश्यक तत्त्व था। जगजीवन राम गरम दल के नेताओं व क्रान्तिकारियों को देश की आजादी में हर तरह की सहायता भी प्रदान करते थे। क्रान्तिकारी सेनानी चन्द्रशेखर आजाद व उनके अनेक साथियों को बाबू जगजीवन राम ने अनेक बार आर्थिक सहयोग दिया और फरार क्रान्तिकारियों को अपने घर पर आश्रय भी दिया।[6]

वे भारत के आजादी के वीर सपूतों को अपनी हर सम्भव मदद करने के लिए तत्पर थे। राष्ट्रवादी भावना से ओतप्रोत उनके विचारों में समाजवादी भाव भी प्रकट होते हैं। 23 मार्च, सन् 1931 को सरदार भगत सिंह, शिवराम, राजगुरु और सुखदेव को फांसी की सजा दे दी गयी और उनकी लाशों को चुपके से रात्रि के समय फिरोजपुर में जला दिया गया। शहीदों के इस बलिदान पर सारे देश में शोक और आक्रोश का वातावरण फैल गया। डॉ. पट्टाभि सीतारमैया लिखते हैं "सन् 1931 में कराँची कांग्रेस अधिवेशन के समय सरदार भगतसिंह का नाम भारत में उतना

ही सर्वप्रिय हो चुका था जितना कि गाँधी जी का। इसलिए कांग्रेस ने भगतसिंह, राजगुरु और सुखदेव के बलिदानों की सराहना में एक प्रस्ताव पास किया।"[7] सरदार बल्लभभाई पटेल की अध्यक्षता में कांग्रेस का अधिवेशन कराँची में 25 मार्च, सन् 1931 को आयोजित किया गया। आक्रोश के वातावरण में कांग्रेस ने भारतीय स्वतन्त्रता की वेदी पर शहीद हुए इन क्रान्तिकारियों के देश के प्रति अदम्य प्यार को नमन करते हुए कहा कि "हमारी स्वाधीनता की जंग निरन्तर चलती रहेगी। भारतीय राष्ट्रीय कांग्रेस गाँधीजी के बताए हुए अहिंसा के मार्ग पर चलकर अंग्रेजों की तानाशाही के विरुद्ध अपना सुनिश्चित कार्यक्रम चलाती रहेगी।"[8]

साइमन कमीशन के विरोध के चलते ब्रिटिश सरकार को गोलमेज सम्मेलनों का आयोजन करना पड़ा। पहले गोलमेज सम्मेलन में कांग्रेस का कोई भी प्रतिनिधि नहीं गया था। ब्रिटिश सरकार द्वारा सितम्बर से दिसम्बर, सन् 1931 तक लन्दन में द्वितीय गोलमेज सम्मेलन का आयोजन किया गया, जिसमें हिन्दू, मुसलमान, सिख धर्मों के प्रतिनिधियों के अलावा कांग्रेस के प्रतिनिधि महात्मा गाँधी, अछूतों के प्रतिनिधि डॉ. आम्बेडकर व वाणिज्य एवं व्यापार के प्रतिनिधियों ने भाग लिया। इससे पहले दिसम्बर, सन् 1930 में मुस्लिम लीग ने अपने इलाहाबाद अधिवेशन में कांग्रेस द्वारा चलाये जा रहे सविनय-अवज्ञा आन्दोलन का खुलेआम विरोध किया।

फलस्वरूप लार्ड इरविन को शह मिली कि वे दावे के साथ कह सकें, कि गाँधी जी और कांग्रेस पूरे भारतवासियों का प्रतिनिधित्व नहीं करती। 17 फरवरी, सन् 1931 से दिल्ली में आरम्भ हुआ गाँधी-इरविन समझौता और 5 मार्च, सन् 1931 को सम्पन्न हुआ। गाँधी जी अपने सविनय-अवज्ञा आन्दोलन को वापस लेने और गोलमेज सम्मेलन में भाग लेने के लिए राजी हो गये।[9] धीरे-धीरे ब्रिटिश सरकार को यह महसूस हो गया कि गाँधी जी और कांग्रेस के आन्दोलन के चलते मध्यमवर्गीय हिन्दू उसके खिलाफ हो गये थे। इस गोलमेज कॉन्फ्रेन्स का मुख्य उद्देश्य मुसलमानों और सिखों के साथ-साथ अछूतों के लिए पृथक निर्वाचन क्षेत्र की प्रणाली शुरू करना था। गाँधी जी ने इसका विरोध किया और कहा कि "पृथक निर्वाचन मण्डल और राजनैतिक अधिकारों का सौदा नहीं करूँगा। अगर पृथक निर्वाचक मण्डल का विरोध अकेले मुझे ही करना पड़ेगा तो भी मैं अपनी जान तक देकर इसे रोकूँगा।"[10]

सबको अधिकार देने सम्बन्धी विचार गाँधी जी के ऐसे ही थे वह नहीं चाहते थे कि सत्ता कुछ चन्द परम्परागत अधिकार प्राप्त लोगों के ही हाथ में रहे और वह उसका सुख भोगे।

इस सन्दर्भ में ब्रिटेन के प्रधानमन्त्री तत्कालीन रेम्जे मैकडोनाल्ड द्वारा 10 अगस्त, सन् 1932 को की गयी साम्प्रदायिक घोषणा उल्लेखनीय है। उसमें साम्प्रदायिक प्रतिनिधित्व देने की बात कही गयी। इस घोषणा के तहत मुसलमान, दलित वर्ग, पिछड़े वर्ग, हिन्दुस्तानी ईसाई, ऐंग्लो-इण्डियन, यूरोपियन्स, व्यापारिक और औद्योगिक

वर्ग, काश्तकार, मजदूर, सिख, महिला (सामान्य) महिला (मुस्लिम) महिला (सिख), महिला (ईसाई), महिला (एंग्लो-इण्डियन) आदि को अल्पसंख्यक के रूप में मान्यता दी गयी थी। पति केवल पुरुष को अपना मत दे सकता था और पत्नी केवल महिला को, दलित केवल दलित को। इस प्रकार से राष्ट्रहितों की अपेक्षा अपने निजी स्वार्थों की सिद्धि के लिए अलगाववाद को प्रोत्साहन देने के लिए उकसाया गया।

इसके विरोध में महात्मा गाँधी ने सितम्बर, सन् 1932 में आमरण अनशन शुरू किया। फलस्वरूप 24 सितम्बर, सन् 1932 को पूना में एक समझौता हुआ, जो पूना पैक्ट के नाम से प्रसिद्ध है। इसे दलितों का महाधिकार-पत्र भी कहा जाता है। गाँधी जी को आरक्षण स्वीकार करने में कोई प्रसन्नता नहीं हुई, यद्यपि उन्होंने यह बात स्पष्ट कर दी कि अनशन आरक्षण के विरोध में नहीं था। भावात्मक उद्वेलन की अभिव्यक्ति इस प्रकार हुई कि 30 सितम्बर, सन् 1932 को छुआछूत विरोधी संघ की स्थापना की गयी और बाद में जब गाँधीजी ने इन लोगों को हरिजन की संज्ञा दी तो 'छुआछूत विरोधी संघ' को 'हरिजन सेवक संघ' कर दिया गया।

सवर्ण हिन्दुओं में से बहुत से इस बात से खुश नहीं थे। पूना समझौते के विरुद्ध एक अखिल भारतीय आन्दोलन चलाया गया जिसका उद्देश्य यह था कि इस समझौते के उपबन्धों को भारत सरकार अधिनियम का अंग न बनाया जाये।[11] इस प्रकार से राजनैतिक अधिकारों को अछूत न प्राप्त कर सके, उनके विरुद्ध चालें चली गयी। 8 मई, सन् 1933 से गाँधी जी ने हिन्दू समाज से अस्पृश्यता का कलंक मिटाने के लिए 21 दिन का उपवास आरम्भ किया है। उनका विचार था कि यदि हरिजन हिन्दू धर्म से अलग हो गये तो देश की राष्ट्रीयता का स्वर्गवास हो जायेगा। इसलिए उन्होंने 'हरिजनों को गले लगाओ।' का नारा बुलन्द किया।

बड़े-बड़े नेता बाल्मीकि बस्ती में जाकर वहाँ झाड़ू लगा रहे हैं। बाल्मीकियों के साथ बैठकर खाना खा रहे हैं। वरिष्ठ हिन्दू नेताओं की बृहत सभा हुई, जिसमें उन लोगों ने अस्पृश्यता मिटाने और अस्पृश्यों को हिन्दू समाज में बराबरी का दर्जा दिलाने की प्रतिज्ञा ली। गाँधी जी ने 'अछूत' से अब जो 'हरिजन' नाम रखा था, वह नाम बड़ा प्यारा, बड़ा पवित्र नाम दिया था। परन्तु गाँधी जी भी इस नाम से सवर्णों और अछूतों का अलगाव मिटा नहीं सके। हिन्दू समाज अभिजन और हरिजन में ही बँटा रहा। गाँधी जी के द्वारा दिया गया नाम हरिजन यानी हरि भगवान और जन आदमी, 'भगवान के जन' होने के बाद भी कोई सुधार समाज में नहीं हुआ।

जगजीवन राम 'बिहार हरिजन-सेवक संघ के प्रथम महामन्त्री हुए। आगे चलकर इन्होंने देखा कि हरिजन-सेवक संघ का कार्य केवल हरिजन कल्याण के रूप में ही है, उससे समाज सुधार को कोई बल नहीं मिल रहा है, जगजीवन राम तब उससे उदासीन हो गये।[12]

कलकत्ता विश्वविद्यालय में अध्ययन के समय ही उन्होंने सन् 1934 में 'रविदास

महासभा' का गठन किया। रविदास महा सभा का पहला अधिवेशन कलकत्ता में हुआ। भिन्न-भिन्न मुहल्लों में रविदास महासभा के तत्वाधान में सभाओं का संगठन किया गया। रविदास जयन्ती मनाना भी उन्होंने ही प्रारम्भ किया था। दलित वर्गों में चमार लोग प्रभाव और गिनती दोनों में बढ़े-चढ़े हैं। सन् 1931 की जनसंख्या के अनुसार उनकी संख्या 1,18,00,000 थी।[13]

इसी समय अन्तचब्लिटी सोसाइटी के तत्वाधान में एक सभा का आयोजन किया गया, जिसमें डॉ. राजेन्द्र प्रसाद मुख्य अतिथि के रूप में आमन्त्रित किये गये। सभा के अन्य गणभान्य व्यक्तियों के साथ-साथ युवा नेता बाबू जगजीवन राम को एक वक्ता के रूप में आमन्त्रित किया गया। इस सभा में बाबू जगजीवन राम ने कहा "सवर्ण हिन्दुओं की इन नसीहतों से कि मांस भक्षण छोड़ दो, मदिरा मत पियो, सफाई के साथ रहो, अब काम नहीं चलेगा। अब दलित उपदेश नहीं, अच्छे व्यापार की माँग कर रहे हैं और उनकी माँग स्वीकार करनी होगी। शब्दों की नहीं, ठोस काम की आवश्यकता है। ...मो. अली जिन्ना ने मुसलमानों को अपना अलग देश बनाने के लिए उकसा दिया है। डॉ. आम्बेडकर ने अछूतों के लिए पृथक निर्वाचन मण्डल की व्यवस्था की माँग की है। मैं हर तरह के धर्म परिवर्तन के विरोध में हूँ। अछूत हिन्दू हैं। हम हिन्दू पैदा हुए हैं। हिन्दू ही रह कर मरना होगा। राष्ट्र की रचना हमसे हुई है, राष्ट्र से हमारी नहीं। राष्ट्र हमारा है। इसे एकताबद्ध बनाने का प्रयास भारत के लोगों को ही करना है न कि अंग्रेजों को। महात्मा गाँधी ने अनेक बातों के अलावा यह निर्णय लिया है कि छुआछूत को समाप्त करना होगा। कांग्रेस के इस प्रस्ताव का सभी ने भरे स्वर से समर्थन किया है। इस प्रस्ताव से दलितों के मध्य आशा की एक नवीन किरण फूटी है।

इस प्रस्ताव के कार्यान्वयन हेतु मुझे यदि अपनी कुर्बानी भी देनी पड़े तो मैं पीछे नहीं हटूँगा। कांग्रेस के स्वाधीनता संग्राम के चलते कुछ लोगों ने जो अमानवीय और सामाजिक माँग अंग्रेजी हुकूमत के समक्ष रखी है, उसका हमें सामूहिक रूप से विरोध करना होगा। हमें धर्म परिवर्तन के विरुद्ध समाज को जाग्रत करना होगा। छुआछूत को त्यागना होगा। देश की आजादी की लड़ाई में सभी धर्म और जाति के लोगों को बड़ी संख्या में जोड़ना होगा।"[14]

जगजीवन राम के इस प्रकार के ओजस्वी एवं देश भक्ति पूर्ण भाषण को सुना तो राजेन्द्र प्रसाद इतने प्रभावित हुए कि महात्मा गाँधी के समक्ष जगजीवन राम की विशिष्ट सेवाओं के बारे में जानकारी दी और स्वाधीनता संग्राम एवं दलितोद्धार के कार्यक्रमों से जगजीवन राम प्रत्यक्ष रूप से जुड़ गये थे। वह जानते थे दमन और अत्याचार की अति हो गयी और उसे सहन करना असम्भव हो गया तो दलितों में से कुछ अछूत दूसरे धर्मों में चले गये। इनके नाम नये हो गये, नये सम्बन्ध हो गये और समाज में इनकी स्थिति भी बदल गयी। यद्यपि हरिजनों ने सवर्ण हिन्दुओं के

हाथों बड़े अत्याचार सहे हैं। मैं समझता हूँ कि हिन्दू धर्म का परित्याग करके ये अपनी समस्याओं को हल नहीं कर सकते।

सन् 1935 में जब दलित वर्ग संघ के प्रधान के रूप में मण्डल समिति के सामने बाबू जी ने दलितों (हरिजनों) की आवाज उठाई कि हरिजनों का समुचित प्रतिनिधित्व मिलना चाहिए और शासन में इनका हिस्सा पहले से अधिक होना चाहिए। उस समय स्वतन्त्रता संग्राम जोरों से चल रहा था। ईसाई मिशनरी और ब्रिटिश शासक हरिजनों को प्रलोभन देकर अपने साथ मिलाने की चेष्ट्रा कर रहे थे। उनका (बाबूजी) का मानना था कि अंग्रेजों की मंशा हरिजनों का कल्याण करने की नहीं थी, बल्कि विरोधी दलों में फूट डालने की थी।[15]

जगजीवन राम का चिन्तन एक तरफ यह था कि कांग्रेस के साथ ही दलितों को जोड़ना होगा क्योंकि कांग्रेस की नीतियाँ स्वाधीनता के साथ-साथ दलितों के उत्थान की नीतियाँ भी हैं और दूसरी तरफ उनका चिन्तन था कि अंग्रेजों की दलितों के लिए पृथक राष्ट्र नीति, जिसे कुछ अलगाववादी लोग पसन्द करते थे, जिसे किसी भी कीमत पर सफल नहीं होने देना है।[16] वे इस समय तक भारतीय राष्ट्रीय कांग्रेस की विचारधारा के तहत देश एवं दलितों का कल्याण चाह रहे थे। वे एक निष्ठावान राष्ट्रवादी की भाँति देश की आजादी एवं गाँधी जी के साथ सत्याग्रह करने के लिए तत्पर थे। "महात्मा गाँधी के व्यक्तिगत सत्याग्रह को साकार करने हेतु 10 दिसम्बर, सन् 1940 को व्यक्तिगत सत्याग्रही बनने का निश्चय किया और जनपद आरा के जिलाधीश (कलेक्टर) को इस सम्बन्ध में ज्ञापन दिया। सन् 1940 ई. में उन्हें अखिल भारतीय कांग्रेस कमिटी का सदस्य बनाया गया। आरा शहर में बहुत बड़ी संख्या में लोग बाबू जी का भाषण सुनने जमा हुए। वहाँ उन्होंने ओजस्वी और मार्मिक भाषण दिया। भाषण समाप्त होते ही बाबू जगजीवन राम को गिरफ्तार कर लिया गया। आरा जेल में कुछ समय रखने के बाद 13 दिसम्बर, सन् 1940 को हजारी बाग केन्द्रीय जेल में भेज दिया गया। आरा में उनके जेल जाने के बाद जोरदार चेतना दलितों एवं पूरे समाज में फैली, जिसने देश की स्वतन्त्रता में सक्रिय रूप से भाग लेने के लिए प्रेरित किया। बाबू जी की प्रेरणा से अनेक दलितों ने भारत की आजादी के लिए अपनी कुर्बानी दी।

इस तरह बाबू जगजीवन राम के बड़े भाई सन्तलाल ने इस घटना को गौरव का विषय बताया। उन्होंने कहा ''जगजीवन देश के लिए जेल गये हैं। उन्होंने हमारे कुल और खानदान का नाम ऊँचा किया है। इस पर हमें गौरवान्वित होना चाहिए।[17] भारत सरकार अधिनियम, सन् 1935 के अनुसार प्रान्तों में चुनाव कराने का प्रावधान किया गया। चुनावी प्रक्रिया दिसम्बर, सन् 1936 में प्रारम्भ हुई और चुनाव अभियान सन् 1937 के आरम्भ में सम्पन्न हुआ। इस चुनाव के सम्बन्ध में कांग्रेस संगठन ने फैजपुर अधिवेशन में लिए गये निर्णय का खुलासा करते हुए

कहा कि "कांग्रेस भारत सरकार अधिनियम, सन् 1935 को, जो देश की जनता की इच्छा के विरुद्ध उन पर लादा गया है, ठुकरा देने के अपने फैसले को दोहराती है।"

जब ब्रिटिश भारत में एम.एल.ए. बने, तो ब्रिटिश सरकार की तरफ से बाबू जी को हरिजनों के नेता की हैसियत से मिनिस्टर बनने के लिए बहुत आग्रह किया जा रहा था। उन्हें प्रलोभन दिया जा रहा था कि 4200 रुपये या इससे अधिक रुपये वेतन, सुख-सुविधाएँ तथा और भी जो चाहे, सब मिलेगा।[18] लेकिन राष्ट्रवादी विचारधारा वाले बाबू जी ने युनुस मन्त्रिमण्डल में सुख-सुविधाओं को त्यागकर उच्च नैतिक मूल्यों को स्थापित किया। उनके इस कार्य पर गाँधी जी ने हरिजन पत्र में टिप्पणी करते हुए लिखा 'अग्नि में तपा खरा सोना' कहा।[19]

20वीं शताब्दी के मध्यार्द्ध तक जहाँ एक ओर द्वितीय विश्व युद्ध के चलते अन्तर्राष्ट्रीय परिदृश्य पर अनेक घटनाएँ घट रही थीं। जर्मनी ने फ्रांस को हरा दिया था। उसने ब्रिटिश इलाकों पर भी बमबारी प्रारम्भ कर दी। 22 जून, सन् 1941 को उसने सोवियत संघ पर आक्रमण किया। इधर जापान ने 6 दिसम्बर, सन् 1941 को अमेरिकी हवाई ठिकाने पर्ल हार्बर पर आक्रमण किया। अमेरिका ने इसके जवाब में युद्ध की घोषणा कर दी और वह पूरी तरह से युद्ध में कूद पड़ा। अतः जो युद्ध अब तक यूरोप तक सीमित था उसने विश्व युद्ध का रूप ग्रहण कर लिया।

ऐसी दशा में इंग्लैण्ड तथा उसके मित्र राष्ट्र जहाँ एक ओर अपने अस्तित्व की लड़ाई लड़ रहे थे वहीं भारत के कोटि-कोटि लोग महात्मा गाँधी के नेतृत्व में ब्रिटिश सरकार के विरुद्ध स्वाधीनता की लड़ाई लड़ रहे थे। यही वह समय था जब देश की आजादी के दीवाने सुभाष चन्द्र बोस चुपचाप देश छोड़ विदेश (जर्मनी) में ब्रिटिश शासन के विरुद्ध संघर्ष का बिगुल बजा रहे थे।[20]

अन्तर्राष्ट्रीय स्थिति और देश की आन्तरिक दशा से ब्रिटिश हुकूमत घबराई हुई थी। राष्ट्रीय मुख्यधारा को विखण्डित करने के भरसक प्रयास में थी। एक और जहाँ मुस्लिम लीग के नेताओं का मन्तव्य देश की आजादी में स्पष्ट नहीं था। वहीं दूसरी ओर दलित अभी तक हिन्दू धर्म से अविभाजित थे और वे राष्ट्रवादी नेता जगजीवन राम के जरिए मुख्य धारा में आ चुके थे और इस मुख्य धारा को तोड़ने के लिए प्रयत्नशील रहने और अंग्रेज परस्ती करने वालों को विदेशी सरकार द्वारा प्रोत्साहन दिया गया। इस समय ब्रिटिश अधिकारियों ने अलगाववादी दलित नेताओं को अनावश्यक महत्त्व देना शुरू किया, डॉ. बी.आर. आम्बेडकर और एम.सी. राजा नेशनल डिफेन्स कौंसिल के सदस्य बनाये गये, जिसका गठन जुलाई, सन् 1941 को किया गया।[21]

इसी समय जगजीवन राम 10 अक्टूबर, सन् 1941 को सेन्ट्रल जेल, हजारीबाग से रिहा हुए और पूर्ववत राष्ट्र के कार्यों में जुट गये। व्यक्तिगत सत्याग्रह सामूहिक कार्यवाही के स्थान पर सीमित पैमाने पर प्रारम्भ किया गया। गाँधी जी द्वारा

व्यक्तिगत सत्याग्रह केवल प्रतीकात्मक विरोध था और इसका पहला उद्देश्य नैतिक विरोध की अभिव्यक्ति मात्र था। "उन्होंने प्रस्तावित किया कि अहिंसा से प्रशिक्षित छँटे हुए स्त्री-पुरुषों को व्यक्तिगत रूप में भारत को युद्ध में शामिल करने का विरोध करना चाहिए। उनके द्वारा सार्वजनिक रूप से स्वयं को गिरफ्तारी के लिए प्रस्तुत किया जाना चाहिए।"[22]

ब्रिटिश प्रधानमन्त्री विंस्टन चर्चिल अपनी साम्राज्यवादी विचारधारा के कारण कांग्रेस के साथ बराबर के स्तर पर वार्ता करना अपना अपमान समझते थे और इसी कारण भारत में संवैधानिक गतिरोध को सुलझाने की दिशा में पहल करने के लिए तैयार नहीं थे। अतएव 22 मार्च 1942 ई. में सर स्टैफर्ड क्रिप्स को भारत भेजा। इससे पहले क्रिप्स ने, जो कि समाजवादी नेता थे, सोवियत रूस के साथ सन्धि के दुष्कर कार्य में सफल होने की ख्याति प्राप्त कर चुके थे। क्रिप्स को भारत में भेजने के पीछे एक तो आजादी के लिए भारतीय राष्ट्रीय कांग्रेस के ध्वज तले एवं गाँधी जी का नेतृत्व भी उत्तरदायी था। दूसरा कारण ब्रिटिश जनमत था, जो सन् 1942 के 24 फरवरी को हाउस ऑफ कामन्स में हुए एक बड़े वाद-विवाद में परिलक्षित हुआ था। इसके अलावा ब्रिटेन पर मित्र राष्ट्रों का दबाव भी बढ़ता जा रहा था। अमेरिकन राष्ट्रपति रूजवेल्ट, चीन के च्यांगकाई शेक तथा ब्रिटेन के दूसरे सहयोगियों ने भारतीय स्थिति पर चिन्ता व्यक्त करना प्रारम्भ कर दिया था।

च्यांग काईशेक ने अपनी फरवरी, सन् 1942 की भारत की सद्भावना यात्रा में भारतीय जनता को वास्तविक राजनीतिक सत्ता का तत्कालिक हस्तान्तरण करने की आवश्यकता पर बल दिया। मार्शल च्यांग काईशेक ने ब्रिटिश सरकार को लिखा "जब तक भारतीयों के क्षोभ को दूर नहीं किया जायेगा, ब्रिटिश सरकार के लिए खतरा दिन-प्रतिदिन बढ़ता जायेगा।"[23] इसी तरह राष्ट्रपति रूजवेल्ट ने भी ब्रिटिश सरकार पर दबाव डाला कि वे उदार नीति अपनाते हुए भारतीय समस्या पर पुनर्विचार करें। फरवरी, सन् 1942 के एक वक्तव्य में उन्होंने कहा कि अटलांटिक चार्टर सम्पूर्ण विश्व पर समान रूप से लागू होना चाहिए और आस्ट्रेलियाई संसद में युद्ध में भारत के भाग लेने पर विचार हुआ तो आस्ट्रेलिया के विदेश मन्त्री मि. इवार ने भारत के प्रति अपनी सहानुभूति को गुप्त नहीं रखा।

इस तरह से क्रिप्स मिशन का आना भारत में एक मजबूरी बन गया था। उसने कांग्रेस के प्रतिनिधियों के अलावा अनेक संगठनों व धार्मिक संस्थाओं के प्रतिनिधियों से भी बातचीत की। लेकिन क्रिप्स उस समय की वर्तमान व्यवस्था के पक्षधर के रूप में ब्रिटिश पक्ष का नेतृत्व करता रहा, क्योंकि जो मसौदा वह सम्भावित मुद्दों पर इंग्लैण्ड से लेकर आया था, उसे तो उस परिप्रेक्ष्य में भारत के नेताओं के साथ बातचीत करनी थी।

अतः भारत की स्वतन्त्रता के अनुरूप निष्कर्ष न निकलने के कारण क्रिप्स

को भारत से 12 अप्रैल, सन् 1942 को इंग्लैण्ड खाली हाथ लौटता पड़ा। क्रिप्स प्रस्तावों के सम्बन्ध में पट्टाभि सीतारमैया ने कहा कि "इनमें प्रत्येक दल को खुश करने वाले बातें थीं। कांग्रेस को प्रसन्न करने के लिए इन प्रस्तावों की पूर्व भूमिका में औपनिवेशिक स्वराज्य वेस्टमिनिंटर कानून और सर्वोपरि बात ऐसी विधान परिषद का उल्लेख था जिसे प्रारम्भ में ही ब्रिटिश राष्ट्रमण्डल से पृथक हो जाने की घोषणा कर देने का अधिकार दिया गया था। मुस्लिम लीग के लिए सबसे बड़ी बात यह थी कि किसी भी प्रान्त को भारतीय संघ से अलग हो जाने का हक था। नरेशों को न केवल इस बात की आजादी थी कि वे चाहे तो इस संघ में शामिल हो या न हो वरन् विधाननिर्मात्री परिषद में रियासतों के प्रतिनिधि भेजने का एकमात्र अधिकार भी उन्हें ही दिया गया था।"[24] क्रिप्स प्रस्ताव पर मुख्य रूप से यह प्रस्ताव भविष्य से और अपेक्षाकृत अनिश्चित भविष्य से सम्बन्धित थे।

इस प्रस्ताव पर पं. नेहरू ने अपनी प्रतिक्रिया व्यक्त करते हुए लिखा "मैंने इन प्रस्तावों को जितना अधिक पढ़ा और इसके निहितार्थों पर विचार किया, मुझे उतनी ही अधिक निराशा हुई। भारतीय मामलों से अपरिचित व्यक्ति यह सोच सकता था कि वास्तव में हमारी माँगों को पूरा करने के लिए पर्याप्त सीमा तक प्रयत्न किया गया है, लेकिन इसका विश्लेषण करने पर स्पष्ट हो जाता है कि इन पर अनेक पाबन्दियाँ लगा दी गयी थीं और आत्म निर्णय के सिद्धान्त को इसी प्रकार प्रतिबन्धित कर दिया गया था कि इससे हमारा भविष्य संकट में पड़ जाता है।"[25] क्रिप्स मिशन की असफलता के बाद भारत में स्वाधीनता आन्दोलन ने फिर से जोर पकड़ा और बाबू जगजीवन राम और दलित समाज उस आजादी की लड़ाई में कूद पड़े।

क्रिप्स मिशन भारत आया तो था भारतीय जन-मानस के विद्रोही स्वर को शान्ति में बदलने एवं ब्रिटिश सरकार के प्रति बढ़ते असन्तोष को कम करे, लेकिन वह अपने उद्‌देश्य में किंचित मात्र सफल न रहा। क्रिप्स मिशन की असफलता से भारत में निराशा का माहौल बन गया। ब्रिटिश सरकार का उद्‌देश्य सत्ता का वास्तविक हस्तान्तरण नहीं था। मौलाना आजाद लिखते हैं, "अनेक राजनीतिक दलों के साथ लम्बी वार्ताओं का एकमात्र उद्‌देश्य बाहरी विश्व के सम्मुख यह सिद्ध करना था कि कांग्रेस भारत की वास्तविक प्रतिनिधि नहीं थी और भारतीयों में एकता के अभाव के कारण ही ब्रिटेन भारत को सत्ता हस्तान्तरण नहीं कर सकता।"[26] क्रिप्स मिशन की ही वजह से अंग्रेजों के कुछ अमानवीय व्यवहार भी सामने आये। वर्मा में भारतीय शरणार्थियों के प्रति अमानवीय व्यवहार किया गया।

गवर्नर जरनल की कार्यकारिणी परिषद के सदस्य मि. अणे, पं. हृदयनाथ कुंजरू के साथ बर्मा में भारतीयों की स्थिति देखने के लिए गये। उन्होंने बाद में एक वक्तव्य में कहा कि "भारतीय शरणार्थियों से ऐसा अपमानजनक व्यवहार किया

जा रहा है जैसे वे किसी घटिया जाति से सम्बन्धित हों।"[27] महात्मा गाँधी को इस जानकारी से बहुत दुःख हुआ और उन्होंने मई, सन् 1942 ई. में लिखा "भारतीय और यूरोपियन शरणार्थियों के प्रति व्यवहार में जो भेद किया जा रहा है और सेनाओं की जो खराब व्यवस्था है, उससे अंग्रेजों के इरादों और घोषणाओं के प्रति अविश्वास बढ़ रहा है।"[28] अप्रैल, सन् 1942 में इलाहाबाद में अखिल भारतीय कांग्रेस कमेटी की जो बैठक हुई थी, उसमें यह निश्चित किया गया कि कांग्रेस ऐसी स्थिति को किसी भी दशा में स्वीकार नहीं कर सकती, जिसमें भारतीयों को ब्रिटिश सरकार के दास के रूप में कार्य करना पड़े। जुलाई, सन् 1942 में कांग्रेस कार्य-समिति की बैठक वर्धा में हुई, उसमें गाँधी जी ने इन विचारों का समर्थन किया कि भारतीय समस्या का हल अंग्रेजों के भारत छोड़ देने में ही है। साथ ही गाँधीजी ने जोरदार आह्वान किया कि "अब समय आ गया है जब कांग्रेस को गुलामी की बरसों पुरानी बेड़िया तोड़ डालने के लिए अपनी यह माँग बुलन्द करनी चाहिए—'अंग्रेजों भारत छोड़ो।' गाँधी जी के इस आह्वान का देश भर में ऐसा प्रभाव पड़ा कि सभी लोग मानसिक रूप से स्वाधीनता की इस पवित्र लड़ाई के लिए तैयार हो गये। 7 अगस्त, सन् 1942 को कांग्रेस की महासमिति की बैठक मुम्बई में हुई जिसमें देश भर से आये प्रतिनिधियों ने भाग लिया। इस बैठक में बाबू जगजीवन राम भी शामिल हुए।

कांग्रेस की महासमिति ने 8 अगस्त, सन् 1942 को यह प्रस्ताव पारित किया "अखिल भारतीय राष्ट्रीय कांग्रेस कमेटी भारत की स्वतन्त्रता के अधिकार की रक्षा के लिए व्यापक और हर सम्भव आधार पर अहिंसक जन संघर्ष प्रारम्भ करने का निर्णय लेती है, ताकि देश समूची अहिंसक शक्ति को उपयोग में ला सके जो उसने शान्तिपूर्ण संघर्ष के पिछले वर्षों में जमा की है। यह संघर्ष महात्मा गाँधी के नेतृत्व में चलाया जायेगा। महासमिति उनसे नेतृत्व करने और जो भी वे इस सम्बन्ध में उचित समझें, कदम उठाने और राष्ट्र का पथ-प्रदर्शन करने का अनुरोध करती है।"[29] भारत छोड़ो आन्दोलन में 'करो या मरो' (क्व वत कपम) का गाँधी ने नारा बुलन्द किया।

1 अगस्त, सन् 1942 को इलाहाबाद में तिलक दिवस के अवसर पर पं. नेहरू ने अपने भाषण में कहा कि "हम आग के साथ खेलने जा रहे हैं। हम दुधारी तलवार का प्रयोग करने जा रहे हैं जिसकी चोट उल्टी हमारे ऊपर भी पड़ सकती है। लेकिन हम क्या करें? विवश हैं।" स्वयं नेहरू की समझ में कुछ भी नहीं आ रहा था। वे युद्ध से जितना घृणा करते थे, वह उतना ही निकट आता जा रहा था। द्वितीय विश्वयुद्ध अपने चरम पर पहुँच चुका था और नेहरू अपनी भूमिका तक नहीं तलाश पाये थे। उनके अपने साथी दुःसाहस की सीमाओं को पार कर राष्ट्रीय और अन्तर्राष्ट्रीय नायकत्व का खिताब प्राप्त कर चुके थे। दुनिया भर में लोकतन्त्र के पुरोधा के रूप में स्थापित नेहरू लोकतन्त्र पर आये सबसे बड़े खतरे के दौर में भी उसके लिए कुछ भी कर पाने की स्थिति में नहीं आ पाये थे। वे दुनिया

भर में लोकतन्त्र को बचाना भी चाहते थे, लेकिन अपने देशवासियों के नजर में साम्राज्यवादी ब्रिटेन के सहयोगी की पहचान बनने का खतरा भी नहीं उठाना चाहते थे। उन्हें अच्छी तरह मालूम था कि वे किसी भी कीमत पर लोकतन्त्र के खिलाफ नाजीवाद व फासीवाद या सैनिक तानाशाही से हाथ नहीं मिलायेंगे। यही कारण था कि अंग्रेज नेहरू से भयभीत नहीं थे। अपने विचारों तथा आदर्शों के प्रति नेहरू की प्रतिबद्धता इतनी स्फटिक थी कि अंग्रेजों को उनसे तब तक कोई खतरा नहीं था जब तक मित्र राष्ट्र लोकतन्त्र के पक्ष में खड़े थे। अंग्रेज यदि किसी से चिन्तित व भयभीत थे, तो वह एकमात्र गाँधी थे। यह जानते हुए भी कि गाँधी अहिंसा को मरते दम तक नहीं छोड़ेंगे, वे गाँधी के अति-व्यावहारिक 'शरारती दिमाग' से सदैव चौकन्ने रहते थे। परन्तु हर बार गाँधी उन्हें छकाने में सफल हो जाते थे। इस बार भी तमाम उपायों के बाद भी अन्तिम बाजी गाँधी के हाथ में ही रही।"[30]

ब्रिटिश प्रशासन ने प्रमुख नेताओं की गिरफ्तारी, 9 अगस्त, सन् 1942 से शुरू कर दी। गाँधी जी, पं. जवाहर लाल नेहरू, डॉ. राजेन्द्र प्रसाद, मौलाना अबुल कमाल आजाद, सरदार बल्लभ भाई पटेल, आसफ अली, सरोजनी नायडू तथा अनेक नेता गिरफ्तार कर लिए गये। कांग्रेस का संगठन अवैध घोषित कर दिया गया। मार्शल-ला लागू करके बड़े-बड़े शहरों में कर्फ्यू लगा दिया गया। सम्पूर्ण देश के आतंक छा गया। बाबू जगजीवन राम कांग्रेस की महासमिति की मुम्बई में आयोजित सभा में भाग लेने के बाद वापस पटना पहुँच चुके थे। उसी दौरान उन्होंने आन्दोलन को साकार रूप देने के लिए बिहार प्रान्त में आजादी के दीवानों की जगह-जगह गोपनीय सभाएँ आयोजित की और उन्हें गाँधी जी के बताए मार्ग पर चलने की दिशा दी।

ब्रिटिश सरकार के द्वारा बिहार (पटना) से 19 अगस्त, सन् 1942 के दिन बाबूजी को गिरफ्तार कर लिया गया। इनको गिरफ्तार करने के लिए हथियार बन्द गोरखा सिपाहियों की पूरी बटालियन, पुलिस सार्जेन्ट अन्य कई बड़े अफसर बरामदे में थे। एडिशनल डिस्ट्रिक मजिस्ट्रेट ने इनसे बड़े तपाक से हाथ मिलाया और गिरफ्तारी की सूचना दी।[31] घर का हर कोई सदस्य यह जानता था कि आज नहीं तो कल बाबू जी को गिरफ्तार होना ही पड़ेगा, क्योंकि कांग्रेस महासमिति से लौटने के बाद जगजीवन राम और सक्रिय रूप से आन्दोलन में संलग्न दलितों, पिछड़ों की पटना में प्रतिदिन गुप्त रूप से कार्यकर्ताओं के साथ मीटिंग होती थी। सारे-सारे दिन, रात को बारह बजे तक घर से बाहर रहते थे। 10 दिन पहले बड़े-बड़े राष्ट्रीय सवर्ण नेताओं को तो गिरफ्तार कर लिया गया ही था। बाबू जी को कुछ दिन बंकीपुर जेल में रखा गया और बाद में हजारी बाग सेन्ट्रल जेल में भेज दिया गया। बाबू जगजीवन राम के त्याग एवं बलिदान पर कमलापति त्रिपाठी ने लिखा है कि "जगजीवन बाबू का जीवन त्याग और तपस्या का जीवन रहा है। स्वाधीनता आन्दोलन के सिलसिले

में उन्होंने कारावास की कड़ी यन्त्रणाएँ भी झेली है।"[32]

ब्रिटिश सरकार की दमनकारी नीति के तहत हजारों बेगुनाहों को मौत के घाट उतारा गया। यह वह समय था ब्रिटिश सरकार के लिए दुहरी लड़ाई छिड़ी हुई थी। अन्तर्राष्ट्रीय स्तर पर विश्वयुद्ध के साथ-साथ भारत एवं उसके अन्य उपनिवेशों में एक-एक करके विद्रोह के स्वर उत्पन्न व बुलन्द हो रहे थे। ब्रिटिश सरकार का तख्ता चरमराना शुरू हो गया था।

ब्रिटिश सरकार एक साथ कई-कई युद्धों में मोर्चा लिए हुए थी। जर्मनी के साथ युद्ध में वह बुरी तरह फँसी ही हुई थी। इधर देश में गाँधी जी का मोर्चा उसका और सिर दर्द बना हुआ था। उधर बर्मा में नेताजी सुभाषचन्द्र बोस की आजाद हिन्द फौज के मोर्चे से भी कम परेशान नहीं थी। इन सबसे अलग जो महत्त्वपूर्ण तत्त्व था, वह था अन्तर्राष्ट्रीय समुदाय का दबाव। विश्व समुदाय में ब्रिटिश हुकूमत की क्रूरतम शासन को लेकर बड़ी बदनामी हो रही थी, अतएव भारत में विद्रोह के स्वर दबाने के लिए दमन चक्र के साथ-साथ कूटनीतिक गतिविधियाँ तेज कर दी गयीं। शाम 7 बजे से लेकर 6 बजे तक कर्फ्यू लगा रहता था, 144 दफा (धारा) लगी रहती थी। लोगों का घर से निकलना भी मुश्किल हो गया था। ऐसे समय में न जाने देश के कितने जवानों (दलितों, कमजोर वर्ग) ने आजादी की लड़ाई में अपनी आहुतियाँ दे डाली।

सन् 1942 के 'भारत छोड़ो आन्दोलन' में जगजीवन राम के अलावा अंग्रेजों से के प्रत्यक्ष रूप से दलित समाज के बहुत लोगों ने लोहा लिया था। कई लोग पुलिस के साथ लड़ते हुए शहीद हुए। 22 अगस्त, 1942 को गड़खा (सारण) में पुलिस ने प्रमुख दलित नेता और कबीना मन्त्री रह चुके जगलाल चौधरी के बेटे इन्द्रदेव की गोली मारकर हत्या कर दी।[33]

इसके अलावा बिहार में 'भारत छोड़ो आन्दोलन' में शामिल कुछ ऐसे शहीद भी थे, जिनकी शहादत से देश को अंग्रेजों से आजादी मिली, किन्तु उनकी वीरगाथा को इतिहासकारों ने निरूपित नहीं किया और न ही इस क्षेत्र में शोध या फिर साहित्यिक दृष्टिकोण से उनके ऊपर जागरूकता दिखाई गयी। वे 'Unsong Hero' अनकहे महान शूरवीर धरती में समाने के बाद भी शहीद न कहे गये और न ही इतिहास में भारत की आजादी में जो स्थान उनको मिलना चाहिए था, वह मिल सका। क्योंकि वे तथाकथित निम्न जातियों में पैदा हुए थे। उनके लोग पढ़े लिखे नहीं थे। साहित्यकार या इतिहासकार नहीं थे। साहित्य का न तो वे सृजन कर सके और न उसे बचा सके। कहते हैं कि "साहित्य समाज का दर्पण होता है।" लेकिन साहित्य जिसका नहीं, वह समाज उच्च स्तर के नैतिक मूल्यों के साथ भी महान नहीं बन सके।

सन् 1942 के स्वतन्त्रता संघर्ष में ऐसे कुछ नाम जिन्होंने अंग्रेजों के विरुद्ध

राष्ट्रीय आन्दोलन में भाग लिया—

गूजर धोबी पुत्र श्री मिथाली धोबी, ग्राम—सम्पौली, जिला—शाहाबाद, बिहार। 'भारत छोड़ो आन्दोलन' में 17 अगस्त, 1942 को सम्पौली रेलवे स्टेशन के निकट सैनिक टुकड़ी की गोली लगने से शहीद हुए।

बंगाली दुसाध, ग्राम—गौसपुर, जिला—दरभंगा, बिहार। 'भारत छोड़ो आन्दोलन' में सन् 1942 को डलसिंह सराय थाने में हुए हमले में सक्रिय भाग लिया और पुलिस की गोली लगने से 4 माह के बाद दरभंगा अस्पताल में शहीद हुए।[34]

राजेन्द्र दुसाध आत्मज श्री जानकीदास दुसाध, ग्राम—बनवारीपुर, जिला—पटना, बिहार। 'भारत छोड़ो आन्दोलन' में सन् 1942 को पुलिस गोली लगने से शहीद हुए।

नामूमन धोबी, ग्राम—दामगंज, जिला—हजारीबाग, बिहार। 'भारत छोड़ो आन्दोलन' में सन् 1942 को सैनिक की गोली लगने से शहीद हुए।

लखन दुसाध ग्राम—बसन्तपुर, जिला—चम्पारन, बिहार। 'भारत छोड़ो आन्दोलन' में 17 अगस्त, 1942 को धोरा सहन थाने की ओर जाते हुए जुलूस में भाग लिया। गोली लगने से शहीद हुए।[35]

जग गोविन्द पासवान, ग्राम—शीतलपुर, जिला—मुजफ्फरपुर, बिहार। 'भारत छोड़ो आन्दोलन' में 30 सितम्बर, सन् 1942 को बिट्ठपुर बाजार से सैनिक टुकड़ी की गोली लगने से शहीद हुए।

परमेश्वर पासवान, आत्मज श्री लालू पासवान, ग्राम—धोकवा, जिला—पूर्णिया, बिहार। 'भारत छोड़ो आन्दोलन' में 25 अगस्त, सन् 1942 को धमदांह थाने पर हुए हमले में पुलिस की गोली से शहीद हुए।

जहुरी पासवान, आत्मज श्री गोपी पासवान, ग्राम—लगना, जिला—मुंगेर, बिहार। 'भारत छोड़ो आन्दोलन' में 19 अगस्त, सन् 1942 को ब्रितानी सैनिक गश्ती टुकड़ी की गोली से शहीद हुए।

बुधन पासवान, ग्राम—काजर हाटा, जिला—मुजफ्फरपुर, बिहार। 'भारत छोड़ो आन्दोलन' में 3 सितम्बर, सन् 1942 को बिधुपुर बाजार में जुलूस पर सैनिक टुकड़ी द्वारा चलाई गयी गोली से शहीद हुए।

भगवत पासवान, आत्मज श्री लालजी पासवान, ग्राम—थाहर, जिला—दरभंगा, बिहार। 'भारत छोड़ो आन्दोलन' में सन् 1942 को सैनिक की गोली से शहीद हुए।

लिखरू पासवान, ग्राम—मालतोला, जिला—भागलपुर, बिहार। 'भारत छोड़ो आन्दोलन' में 6 नवम्बर, सन् 1942 को शेरकारी हाट में पुलिस की गोली लगने से शहीद हुए।[36]

मुशाहरू पासी, ग्राम—बारी, जिला—मुंगेर, बिहार। 'भारत छोड़ो आन्दोलन' में 18 अगस्त, सन् 1942 को बरौनी रेलवे स्टेशन पर कोयले के एक डिपो के निकट सैनिक गार्डों की गोली लगने से शहीद हुए।

कलानन्द मण्डल, ग्राम–देंडा, जिला–संथाल परगना, बिहार। 'भारत छोड़ो आन्दोलन' में सन् 1942 को कटियार में सैनिक टुकड़ी द्वारा चलायी गोली लगने से शहीद हुए।

कलानन्द मण्डल, आत्मज श्री गिरधर, ग्राम–दुर्गापुर जिला–पूर्णिमा, बिहार। 'भारत छोड़ो आन्दोलन' में 13 अगस्त, सन् 1942 को पुलिस की गोली से बुरी तरह जख्मी हुए तथा 24 अगस्त, सन् 1942 के पूर्णिमा अस्पताल में देहान्त हो गया।

कल्लर मण्डल, ग्राम–रानी तालाब, जिला–भागलपुर, बिहार। 'भारत छोड़ो आन्दोलन' में सन् 1942 को गिरफ्तार करके कैद किये गये तथा सन् 1946 में भागलपुर केन्द्रीय जेल में देहान्त हो गया।

कालेश्वर मण्डल, आत्मज श्री रश्मि मण्डल, ग्राम–गडिया, जिला–सहरसा, बिहार। 'भारत छोड़ो आन्दोलन' में सन् 1942 मो सहरसा में सैनिक गश्ती टुकड़ी की गोली लगने से शहीद हुए।[37]

सुन्दर लाल चमार, ग्राम–फतेहपुर, जिला–मुंगेर, बिहार। 'भारत छोड़ो आन्दोलन' में सन् 1942 को बायसी थाने पर किये गये आक्रमण में गिरफ्तार करके जेल भेजे गये। 11 अक्टूबर, सन् 1942 को भागलपुर जेल में देहान्त हो गया।

मेहरा सुन्दर चमार, आत्मज श्री गेना चमार, ग्राम–छपरा, जिला–मुजफ्फरनगर, बिहार। 'भारत छोड़ो आन्दोलन' में 13 अगस्त, सन् 1942 को अपने नेतृत्व में निकाले गये जुलूस पर सैनिक टुकड़ी द्वारा किये गये फायर में गोली लगने से शहीद हो गये।

कैलू रविदास, आत्मज श्री काशी रविदास, (चमार) ग्राम–माताडीह, जिला–मुंगेर, बिहार। 'भारत छोड़ो आन्दोलन' में अमझर बमकांड के अभियुक्त के रूप में गिरफ्तार किये गये तथा जेल में देहान्त हो गया।[38]

दुखमू रविदास, ग्राम–कुर्वा, जिला–भागलपुर, बिहार। 'भारत छोड़ो आन्दोलन' में सन् 1942 को हवालात में बन्द किये गये। बाद में उनका देहान्त हो गया।

जगदीश चमार, आत्मज श्री भाल चमार, ग्राम–सिरीपुर, जिला–चम्पारन, बिहार। 'भारत छोड़ो आन्दोलन' में सन् 1942 को सैनिक गश्ती टुकड़ी की गोली लगने से शहीद हुए।

गंगाराम चमार, आत्मज श्री गोपाल दुसाध, ग्राम–लासाड़ी, जिला–शाहाबाद, बिहार। 'भारत छोड़ो आन्दोलन' में 15 सितम्बर, सन् 1942 को ब्रितानी सैनिकों की चलाई गयी गोली लगने से शहीद हो गये।

आत्मज श्रीराम सहाय, ग्राम–सदीसोपुर, जिला–पटना, गया, बिहार। 'भारत छोड़ो आन्दोलन' में सन् 1942 को भाग लिए। सैनिकों ने रेलगाड़ी पर आक्रमण किया। सैनिकों की गोली से घायल हो गये और वीरगति को प्राप्त हुए।

भमिच्छन चमार, निवासी लालगंज बाजार, जिला–मुजफ्फरनगर, बिहार।

'भारत छोड़ो आन्दोलन' में सन् 1942 को भाग लिया। लालगंज बाजार में पुलिस द्वारा चलाई गयी गोली से घायल हुए। 11 अगस्त सन् 1942 को मुजफ्फरनगर के अस्पताल में देहान्त हो गया।

मुसहर फागू, ग्राम—मुसाहरी, जिला—भागलपुर, बिहार। 'भारत छोड़ो आन्दोलन' में सन् 1942 को भाग लिया। सन् 1942 में सुल्तानगंज रेलवे स्टेशन पर भीड़ द्वारा किये गये हमले में भाग लिया, सैनिक टुकड़ी द्वारा किये गये फायर में गोली लगने से शहीद हुए।[39]

मुसहर रघुवीर, पुत्र श्री जगेश्वर मुसहर, ग्राम—नसेज, जिला—शाहाबाद, बिहार। 'भारत छोड़ो आन्दोलन' में सन् 1942 में भाग लिया। सन् 1942 में सुल्तानपुर रेलवे स्टेशन पर भीड़ द्वारा किये गये हमले में भाग लिया और वहीं पर सैनिक टुकड़ी द्वारा किये गये फायर से गोली लगने से शहीद हुए।

शीतल चमार, जन्म सन् 1909 जलालाबाद, जिला—मुंगेर, बिहार। 'सविनय अवज्ञा आन्दोलन' में सन् 1930 को सक्रिय रूप से भाग लिया। 15 फरवरी, सन् 1932 को तारापुर थाने को जाते हुए जुलूस का नेतृत्व किया। पुलिस की गोली से घायल हुए और उसी दिन शहीद हुए।

सन्ती पासी, ग्राम—तारापुर, जिला—मुंगेर, बिहार। 'सविनय अवज्ञा आन्दोलन' में सन् 1930 को सक्रिय भाग लिया। 15 फरवरी, सन् 1930 को तारापुर थाने पर हुए आक्रमण में भाग लिया उसी दिन थाने के समीप सैनिक टुकड़ी द्वारा चलायी गयी गोली से घायल हुए और बाद में शहीद हो गये।[40]

भारत की आजादी में इन दलित शूरवीरों की गाथाएँ इतिहास का अंग नहीं बन पायी। उपरोक्त शहीदों के अलावा देश में अन्य प्रदेशों में आजादी में भाग लेते हुए हजारों दलित क्रान्तिकारियों ने अपने प्राणों की आहुति दी।

इसी समय राष्ट्रीय स्तर पर गिरफ्तारियों का दौर चल रहा था। राष्ट्रीय स्तर के नेता जो अपने-अपने प्रान्तों में आन्दोलन का नेतृत्व कर रहे थे, गिरफ्तार किये गये। अंग्रेजों का यह दमनचक्र निरन्तर चलता रहा। परिणामस्वरूप राष्ट्रीय नेताओं की गिरफ्तारी से सारे देश में जन आक्रोश भड़क उठा। जनता ने साम्राज्यवादियों की इस चुनौती को चुपचाप बर्दाश्त नहीं किया। उसने रेलवे स्टेशनों पर हमले किये, रेल की पटरियाँ उखाड़ीं, थानों पर हमले कर आग लगा दी गयी, टेलीफोन बिजली के तार काटे गये तथा जो कुछ सरकारी था, उसे नष्ट कर देने की कोशिश की गयी। सरकार (ब्रिटिश) भी दमन पर उतर आयी थी। उसने पहले आन्दोलन को कुचलना चाहा, आँसू गैस के गोले छोड़े गये, गोलियाँ चलाई गयी, जिससे जनता की भावनाएँ और भड़क उठी, फिर तो स्वतन्त्रता के दीवानों तथा पुलिस-फौज में सड़कों पर खुला संघर्ष प्रारम्भ हो गया।[41] सैकड़ों निर्दोष लोगों की जाने गयीं। अब ब्रिटिश हुकूमत यह समझने लगी थी कि उनके इस असन्तोष को बिना कूटनीतिक

प्रक्रिया के शान्त नहीं किया जा सकेगा। सरकार जान गयी है कि अब आजादी के आन्दोलन में दलित भी शामिल हो गये हैं।

बाबू जगजीवन राम सेन्ट्रल जेल, हजारी बाग से पत्नी श्रीमती इन्द्राणी देवी तथा अन्य परिवारजनों व मित्रों को लगातार पत्र लिखते रहे। जुलाई, सन् 1943 में बाबू जी ने लिखा की उनकी तबियत खराब रहती है। बुखार काफी दिन से आ रहा है और उनका वजन भी कम हो गया है। उसके बाद अचानक उनका स्वास्थ्य बिगड़ता ही गया। जेल में इलाज के बावजूद भी वह स्वस्थ न हो पाये थे। अस्वस्थ होने के कारण ब्रिटिश सरकार ने बाबू जी को 13 माह सत्रह दिन जेल में रखने के बाद 5 अक्टूबर, सन् 1943 को रिहा कर दिया।[42]

कुछ दिनों के उपरान्त वह अपने घर रहने के बाद शिमला चले गये। वहाँ अपने निकट सम्बन्धियों के घर आबो-हवा में परिवर्तन से वे स्वस्थ हुए। फिर से पूर्ववत राष्ट्रीय जीवन में कार्य करना प्रारम्भ कर दिया और स्वराज्य के साथ-साथ दलितों के उत्थान के कार्यों को भी नया स्वरूप देना प्रारम्भ कर दिया। इन्होंने देश को एक नयी योजना व दिशा देने के लिए, जिसमें अखण्डता बरकरार रहे, कार्य करना शुरू कर दिया।

'दलित वर्ग संघ' के कार्यों में इन्होंने मध्य प्रदेश और बम्बई का दौरा किया। बाबू जी की अध्यक्षता में दलित वर्ग संघ की कार्यकारिणी की बैठक हुई, उसमें सप्रू कमेटी में भेजने के लिए ज्ञापन तैयार हुआ। जून, सन् 1944 को राजगोपालाचारी फार्मूला बनाया गया था। जिसमें कांग्रेस और मुस्लिम लीग के समझौते की बात थी। दिसम्बर, सन् 1944 में गाँधी जी और मो0 अली जिन्ना की बैठकें हुई, पर दो राष्ट्र के मुद्दे पर वे सब असफल रहीं। 'वस्तुतः गाँधी जी द्वारा मि0 जिन्ना के साथ समझौते की बातचीत करने से जिन्ना की हठधर्मीता में वृद्धि ही हुई।'' मो. अली जिन्ना ने ''राजगोपालाचारी योजना को सड़े अंग, कटे और दीमक लगे पाकिस्तान की योजना'' कहकर अस्वीकार कर दिया।[43]

दलित वर्ग संघ ने सन् 1944 में एक प्रस्ताव पास किया जिसमें गतिरोध तोड़ने के लिए गाँधी जी के प्रयासों की सराहना की गयी और इस बात पर खेद प्रकट किया गया कि न तो गाँधी जी ने और न राजगोपालाचारी ने अपने सुझावों में हरिजनों की ओर ध्यान दिया था और बाबू जी ने कहा कि वास्तविक प्रतिनिधि के निर्वाचन के लिए दलित जातियों द्वारा डाले गये कुल मतों का कम से कम 25 प्रतिशत प्राप्त करना चाहिए।[44]

अक्टूबर, सन् 1943 ई. में लार्ड लिनथियगो के स्थान पर लार्ड वेवल भारत के गवर्नर जरनल बनकर आये। वे भारत की समस्याओं से पूर्ण परिचित थे। वे भारत के मुख्य सेनापति रह चुके थे। उन्हें यह अनुभव हो गया कि भारत में अंग्रेजों का शासन अधिक दिनों तक टिक नहीं पायेगा। 6 मई, 1944 को गाँधी जी को

अचानक रिहा कर दिया गया। इसके बाद धीरे-धीरे अन्य नेताओं को जेल से मुक्ति मिलने लगी।

20वीं शताब्दी के आरम्भ से ही भारत बड़े-बड़े परिवर्तनों का साक्षी रहा है। इस बदलते भारत में दलित भी पीछे नहीं रहे। सवर्ण हिन्दू स्वराज्य के लिए लड़ रहे थे और दलित आत्मसम्मान के लिए संघर्ष कर रहे थे, गुलाम स्वराज्य और स्वतन्त्रता के लिए संघर्ष कर रहे थे जबकि गुलामों के गुलाम शेष दुनिया के अनजान-अज्ञात युगों पुराने दमन, दासता एवं अपमान से मुक्ति के लिए संघर्ष कर रहे थे। सवर्ण हिन्दू ब्रिटिश शासकों को फुसला कर सत्ता की बागडोर अपने हाथों में पाने के लिए संघटन बना रहे थे।[45] दलित वर्ग इस विचार से भयभीत हो रहे थे कि उनके लिए किसी प्रकार की राहत और भविष्य में सम्मानपूर्वक जीवन के लिए यह सब घटित होने जा रहा है। जहाँ युगों-युगों से उनके उत्पीड़क लोगों को भारत की सत्ता हस्तान्तरित कर उन्हें पुनः शासक बनाया जा रहा है।

अछूतों (दलितों) के लिए यह एक परिवर्तन था। उसके पहले सदियों से वे सवर्ण हिन्दुओं के दास बने रहे। उनकी ओर से यह अचानक परिवर्तन क्यों? यह परिवर्तन ब्रिटिश शासन का ही परिणाम था। अंग्रेजों का शासन होने के साथ ही पाश्चात्य शिक्षा, सभ्यता, संस्कृति भी आयी। पाश्चात्य सभ्यता और संस्कृति के निकटता के कारण दलित वर्गों में नवजागरण का संचार हुआ। इसी समय जहाँ विश्व में शोषण और अन्याय के खिलाफ समाजशास्त्री, मानवशास्त्रों व इतिहासकारों ने नयी-नयी संकल्पनाएँ दीं। यूरोप के साथ-साथ ब्रिटिशों का शासन भारतीय महाद्वीप में होने से अछूत और कमजोर वर्गों में शोषण के विरुद्ध आवाज उठाने के लिए ईसाई मिशनरियों ने खुलकर काम किया।

इसी दौरान हम दलित वर्गों को भारत में छुआछूत और अन्यायपूर्ण सामाजिक व्यवस्था के विरुद्ध खड़े होते हुए देखते हैं। भारत के भौगोलिक नक्शे पर नजर डालें तो पंजाब से लेकर बंगाल तक आदि धर्मी जाटव, पासियों, पासवानों और नामशूद्रों को आप सम्मान के लिए लड़ते देखते हैं, साथ ही दक्षिण भारत के आदि द्रविड़ों, आदि अंध्रा, कन्नड़, पुलयों, एझवाओं, मालाओं, आदिगाद्रो जो दलित शोषित वर्ग के हैं, उन्हें स्वतन्त्रता संग्राम में भाग लेते पाते हैं।

सन्दर्भ

1. मीरा, कुमार; (माननीया सामाजिक न्याय और अधिकारिता मन्त्री भारत सरकार) भाषण 29 अक्टूबर 2007 बाबू जगजीवन राम, सामाजिक विज्ञान संकाय, काशी हिन्दू विश्वविद्यालय वाराणसी।
2. चन्द्रा, आर. चंचरीक कन्हैयालाल; आधुनिक भारत का दलित आन्दोलन, पूर्वोद्धृत, पृ. 254
3. मीरा, कुमार; 'भाषण' 29 अक्टूबर 2007, पूर्वोद्धृत।
4. सिंह, वी.एन., जनमेजय सिंह; भारत में सामाजिक आन्दोलन, पूर्वोद्धृत, पृ. 4

5. राम, इन्द्राणी जगजीवन; देखी सुनी बीती बातें, पूर्वोद्धृत, पृ. 75
6. मौर्य, ओम प्रकाश; आधुनिक भारत के निर्माता बाबू जगजीवन राम, पूर्वोद्धृत, पृ. 16
7. सीतारमैया, डॉ. पट्टाभि; कांग्रेस का इतिहास 1935, नयी दिल्ली, पृ. 767-68
8. मौर्य, ओम प्रकाश; आधुनिक भारत के निर्माता बाबू जगजीवन राम, पूर्वोद्धृत, पृ. 35
9. श्राम, इन्द्राणी जगजीवन; देखी, सुनी बीती बातें, पूर्वोद्धृत, पृ. 80
10. मौर्य, ओम प्रकाश; आधुनिक भारत के निर्माता बाबू जगजीवन राम, पूर्वोद्धृत, पृ. 35-36
11. राम, जगजीवन; भारत में जातिवाद और हरिजन समस्या, पूर्वोद्धृत, पृ. 40-41
12. राम, इन्द्राणी जगजीवन, देखी, सुनी बीती बातें, पूर्वोद्धृत, पृ. 83
13. जातिगत जनगणना, रिपोर्ट ब्रिटिश भारत (कमिश्नर) की, वार्षिक रिपोर्ट, 1931
14. मौर्य, ओमप्रकाश; आधुनिक भारत के निर्माता बाबू जगजीवन राम, पूर्वोद्धृत, पृ. 36-37
15. चन्द्रा, आर चंचरीक कन्हैयालाल; आधुनिक भारत का दलित आन्दोलन, पूर्वोद्धृत, पृ. 276
16. मौर्य, ओम प्रकाश; आधुनिक भारत के निर्माता बाबू जगजीवन राम, पूर्वोद्धृत, पृ. 48
17. राम, इन्द्राणी जगजीवन; देखी सुनी बीती बातें, पूर्वोद्धृत, पृ. 121
18. वही, पृ. 101
19. महात्मा गाँधी, 'पत्रिका' 'हरिजन' 17 अप्रैल 1937 में प्रकाशित साप्ताहिक पत्र से साभार
20. मौर्य, ओम प्रकाश; आधुनिक भारत के निर्माता बाबू जगजीवन राम, पूर्वोद्धृत, पृ. 55
21. राम, इन्द्राणी जगजीवन; देखी, सुनी बीती बातें, पूर्वोद्धृत, पृ. 132
22. Azad Maulana Abual Kalam; India Wins Freedom, New Delhi, p. 37
23. Foreign Relation of the United States : Diplomatic Papers, 1942, Washington (D.C.) Vol-I, p. 604-605
24. Sita Ramaiyya, Dr. Pattabhi; The History of Congress, New Delhi, Vol.-II, p. 36
25. Nehru Jawahar Lal; The Discovery of India, New Delhi, p. 481-482
26. Azad Maulana Abul Kalam; Indian Wins Freedom', New Delhi, p. 70
27. Report on Indian Annual Register, Vol.-I, 1942 Government of India, p. 1940
28. Gandhi, Mahatma; 'Harijan', Newspaper May-19, 1942
    ("The admitted inequality of treatment of Indian and Europian evacuees and the manifestly over bearing behaviour of troops are adding to the distrust of British intentions and declaration.")
29. मौर्य, ओम प्रकाश; आधुनिक भारत के निर्माता बाबू जगजीवन राम, पूर्वोद्धृत, पृ. 56
30. कुमार, डॉ. प्रमोद; 1942 ही क्यों?
31. श्राम, इन्द्राणी जगजीवन; देशी, सुनी, बीती बातें, पूर्वोद्धृत, पृ. 152
32. मौर्य, ओम प्रकाश; आधुनिक भारत के निर्माता बाबू जगजीवन राम, पूर्वोद्धृत, 57
33. चौधरी, प्रसन्न कुमार व श्रीकान्त; बिहार में दलित आन्दोलन, (1912-2000), पूर्वोद्धृत, पृ. 188
34. डीन्कर, डी.सी.; स्वतन्त्रता आन्दोलन में अछूतों का योगदान, गौतम बुक सेन्टर शहादरा दिल्ली-4, संस्करण-2007, पृ. 162
35. चौधरी, प्रसन्न कुमार श्रीकान्त; बिहार में दलित आन्दोलन 1912-2000, पूर्वोद्धृत, पृ. 188-89
36. डीन्कर, डी.सी.; स्वतन्त्रता आन्दोलन में अछूतों का योगदान, गौतम बुक सेन्टर, शाहदरा, दिल्ली-4, संस्करण-2007, पृ. 163
37. वही, पृ. 164
38. डीन्कर, डी.सी.; स्वतन्त्रता आन्दोलन में अछूतों का योगदान, गौतम बुक सेन्टर, शाहदरा, दिल्ली-4, संस्करण-2007, पृ. 165

39. वही, पृ. 166
40. डीन्कर, डी.सी.; स्वतन्त्रता आन्दोलन में अछूतों का योगदान, गौतम बुक सेन्टर, शहादरा, दिल्ली-4, संस्करण-2007, पृ. 166
41. सीतारमैया, डॉ. पट्टाभि; हिस्टी ऑफ इंडियन नेशनल कांग्रेस, भाग-2, नयी दिल्ली, पृ. 436
42. मौर्य, ओम प्रकाश; आधुनिक भारत के निर्माता बाबू जगजीवन राम, पूर्वोद्धृत, पृ. 58
43. जैन, डॉ. पुखराज; भारत में स्वतन्त्रता आन्दोलन का इतिहास, 2008, साहित्य भवन पब्लिकेशन, आगरा, पृ. 214
44. राम, इन्द्राणी जगजीवन; देखी, सुनी बीती बातें, पूर्वोद्धृत, पृ. 161
45. एस.एस. गौतम, से 18 सितम्बर 2011 को डॉ. बी.आर. आम्बेडकर पी.जी. छात्रावास, हजरतगं लखनऊ में लिया गया साक्षात्कार।

जगजीवन राम : समता आन्दोलन के प्रेरणास्रोत

जगजीवन राम का भारत में समर्थ राष्ट्रवादी दलित नेता के रूप में अहम स्थान है। वे सामाजिक बुराइयों के विरुद्ध एक तरफ से संघर्षरत थे, तो दूसरी तरफ राष्ट्र प्रेम भी उनकी विचारधारा में था। उन्होंने शुरुआती जीवन से ही सवर्ण हिन्दुओं द्वारा बार-बार शोषणपूर्ण, दुर्भावपूर्ण व्यवहार किये जाने के बावजूद हिन्दू धर्म से अलग न होकर उसी धर्म में रहकर उसकी बुराइयों के विरुद्ध लड़ते हुए राष्ट्रीय आन्दोलन में अहम योगदान दिया है।

वह दो मोर्चों पर लड़ रहे थे—पहले तो हिन्दू धर्म में ऊँच-नीच के भावना के विरुद्ध और दूसरे राष्ट्र के स्वतन्त्रता आन्दोलन हेतु अंग्रेजों के विरुद्ध। बीसवीं सदी के आरम्भिक दशकों में दलित वर्गों की लगभग पूरी की पूरी आबादी निरक्षर थी। उनकी निरक्षरता का सबसे बड़ा कारण सामाजिक था। वे शिक्षा के फायदे को नहीं जानते थे। अंग्रेज अधिकारी भी शिक्षा के क्षेत्र में जातीय भेदभाव की स्थिति से भली-भाँति अवगत थे। उन्हें पता था कि निम्न वर्ग के बच्चों को प्रायः स्कूल नहीं भेजा जाता था। उनकी निगाह में कड़े जातीय बन्धन और वंशानुगत पेशों के कारण यह स्थिति बनी थी। जातीय कट्टरता को समाप्त किये बगैर शिक्षा का प्रसार नहीं किया जा सकता।

अज्ञान और निरक्षरता के कारण अछूत (दलित) वर्ग के ये लोग कई प्रकार की निर्योग्यताओं के शिकार हो जाते हैं। बीसवीं शताब्दी के दूसरे दशक तक शिक्षित मध्य वर्ग करीब-करीब अनुपस्थित था।

इस सर्वव्यापी निरक्षरता की वजह से दलित आन्दोलन के दौरान इस वर्ग से सम्बन्ध रखने वाले महापुरुषों ने उनकी शिक्षा पर काफी जोर दिया। सभी दलित नेताओं ने पढ़ाई (शिक्षा) को दलित आन्दोलन का अभिन्न अंग बनाने का प्रयास किया। समाज में अन्य प्रबुद्ध लोगों ने अपने स्तर पर इस दिशा में कुछ करने की कोशिश की। जगजीवन राम ने एकता, संगठन और फिर आन्दोलन करने की बात की। इसके भी पहले दलित और पिछड़ों के महान क्रान्तिकारी ज्योतिबा फूले ने भी शिक्षा को सामाजिक क्रान्ति का आधार माना था।

उत्तर भारत में प्राचीनकाल से बिहार की स्थिति बहुत ही सुदृढ़ थी। भारतवर्ष

में बिहार का अपना सामरिक महत्त्व था। मौर्य साम्राज्य की राजधानी पाटलिपुत्र ही थी एवं मगध साम्राज्य के उत्कर्ष के बाद बिहार भी इस समय अपने चरम पर था। बारहवीं शताब्दी के अन्त में तुर्कों ने ओदन्तपुरी को जीतकर इसे अपना केन्द्र बनाया। इस क्षेत्र में बौद्ध विहारों की बहुलता के कारण इसे विहारों का प्रदेश कहा गया, तथा इस क्षेत्र को 'बिहार शरीफ' का नाम दिया गया।

कालान्तर में इसी के नाम पर सम्पूर्ण क्षेत्र का नाम बिहार पड़ा। मध्यकाल में भी बिहार का अपना अलग महत्त्व था। जबकि आधुनिक भारत में 1764 के बक्सर के युद्ध के बाद बिहार की स्थिति कमजोर होती गयी। सिर्फ दो वर्गों का ही अस्तित्व रह गया। एक वह जो बहुत अमीर था, किन्तु संख्या में अल्प था और दूसरा वह जो बहुत कमजोर व गरीब था, जबकि बहुसंख्यक था। संसाधनों की कमी की वजह से इस वर्ग के लोग अमीरों के खेतों में काम करने, उनकी सेवा का कार्य करने आदि में संलिप्त रहते थे। जबकि भूमिहारों, जमींदारों ने ब्रिटिश अफसरों की नुमाइन्दिगी की, जिससे उन्होंने अपने पास अधिक से अधिक जमीन व संसाधन इकट्ठा कर लिए। कालान्तर में वे इफरात, अधिक जमींन के मालिक हो गये।

20वीं सदी के आरम्भ में 12 दिसम्बर, 1911 को दिल्ली दरबार में बिहार को बंगाल से अलग करने की घोषण की गयी। 22 मार्च, 1912 को बिहार से अलग उड़ीसा प्रदेश के गठन की घोषणा की गयी। 1 अप्रैल, 1912 को नया प्रदेश बिहार और उड़ीसा अस्तित्व में आ गया। इस क्षेत्र में 80 फीसदी आबादी ग्रामीण थी और कृषि पर निर्भर थी। 1911 के जनगणना के अनुसार पूरे बिहार में 205 जातियाँ और जनजातियाँ निवास करती थीं।[1]

बिहार और उड़ीसा प्रदेश के गठन के बाद 1921 की जनगणना के बाद अछूत पुरुषों की साक्षरता मात्र 1.4 प्रतिशत और महिलाओं में तो और भी कम 0.1 प्रतिशत ही थी। अंग्रेजी में साक्षर अछूतों की आबादी नगण्य 0.03 प्रतिशत थी। प्राइमरी स्कूल में दाखिल बच्चों में दलित बच्चों की संख्या 1917 में 2.8 प्रतिशत, मिडिल स्कूल में 1922 में 0.1 प्रतिशत और हाईस्कूल में 1927 ई. में 0.3 प्रतिशत थी। 1931 की जनगणना के अनुसार पुरुष साक्षरता सबसे कम डोमों की थी, जो 1000 में मात्र 7 थी।[2]

अछूत बच्चों को पाठशालाओं में अन्य बच्चों के साथ बैठने नहीं दिया जाता था। शिक्षक उन्हें पढ़ाने से इन्कार करते। उन पर ताने कसे जाते, बात-बेबात उन्हें मारा-पीटा जाता और साफ-सफाई जैसे दूसरे काम कराये जाते। ऐसे में दलित कमजोर वर्गों के लिए शिक्षा प्राप्त करना बहुत कठिन था।

ऐसी अव्यवस्थाओं व अमानवीय पूर्वाग्रहों के बीच जगजीवन राम की शिक्षा आरा टाउन से लेकर बनारस के हिन्दू विश्वविद्यालय एवं कलकत्ता के विद्यासागर कॉलेज में हुई। जब वह बनारस हिन्दू विश्वविद्यालय में शिक्षा ग्रहण कर रहे थे, उस

समय भी जाति दंश ने उनका पीछा नहीं छोड़ा। उनके साथ होने वाली छुआछूत व भेदभावपूर्ण नीति ने उनका हृदय परिवर्तित कर दिया। आखिरकार वे जातियों को तोड़ने के बजाय उसे मजबूत करने में लग गये। उन्होंने संगठन बनाये, अपने लोगों के बीच जाकर के काम किया। कलकत्ता से स्नातक की डिग्री हासिल करते समय मजदूरों, श्रमिकों, कमजोर वर्गों के लोगों की तरफ इनका ध्यान आकृष्ट हुआ।[3] यहाँ से इनका सामाजिक आन्दोलन शुरू हुआ।

उन्होंने काल मार्क्स की 'दास कैपिटल', 'कम्युनिस्ट मैनिफिस्टो' आदि साम्यवादी रचनाओं का अध्ययन किया, जिसका गहरा असर उनके ऊपर देखने को मिला।[4] वे मार्क्स के इस विश्लेषण से सहमत प्रतीत होते थे कि वाणिज्य, आर्थिक जीवन, उत्पादन तथा वितरण के तरीकों से राजनीति और नैतिकता पर प्रभाव पड़ता है और सामान्य रूप से सामाजिक जीवन भी इन क्रियाकलापों से प्रभावित होता है। परन्तु उन्होंने इस बात को कभी स्वीकार नहीं किया कि एक नयी सामाजिक व्यवस्था का निर्माण पुरानी व्यवस्था का सर्वनाश करके ही किया जा सकता है और न ही कभी ये माना कि जीवन में केवल आर्थिक तत्वों का ही महत्त्व है।[5]

बी.एससी. की पढ़ाई के दौरान ही 1928 ई. में अभी इन्होंने कलकत्ता में 6 माह का समय बिताया था कि मजदूरों की समस्याओं पर वैलिंगटन स्क्वायर में सभा का आयोजन किया, जिसमें बहुत बड़ी संख्या में लोगों ने भाग लिया। यह विशाल सभा कलकत्ता के सार्वजनिक जीवन में काफी चर्चित हो गयी और इसी के साथ जगजीवन राम राजनीतिक गतिविधियों में भाग लेने लगे।[6]

वे बन्धुआ मजदूरी और श्रमिकों पर अत्याचार के लिए समाज को आगाह करते हुए कहते थे—"शोषण समाज, देश व राष्ट्र की एकता, अखण्डता, समृद्धता एवं सम्प्रभुता के लिए सबसे बड़ा खतरा है।" "गुलाम का कोई धर्म नहीं होता। गुलाम का केवल एक ही धर्म होता है कि चाहे जैसे भी हो इस गुलामी की बेड़ियों को तोड़कर फेंक दे।"[7] दानापुर सब डिवीजन शाखा बिहार में 16 फरवरी 1935 को सम्मेलन में इन्होंने कहा कि "सवर्णों का अत्याचार सहना पाप है।"[8]

18 फरवरी, 1936 को भागलपुर में रविदास सम्मेलन हुआ और 24 फरवरी 1936 को दलित वर्ग सम्मेलन में इन्होंने 'एकता', 'संगठन' और 'आन्दोलन' का सन्देश दलितों को दिया। धर्मान्तरण की घोर निन्दा की और परिव्राजक बनकर दलितों के घर अपना सन्देश पहुँचाते ये रात-दिन व्यस्त रहते।[9]

जगजीवन राम का मानना था कि किसी व्यक्ति की मुक्ति का मार्ग उसके अपने प्रयत्नों से ही मिलेगा, दूसरा कोई उसे प्राप्त नहीं करा सकता। जातीय संगठन एवं उनकी शक्तियों से ही शोषण के विरुद्ध आवाज बुलन्द की जा सकती है। पटना के बांकीपुर थियोसोफिकल हाल में 28 जुलाई, 1935 को 'बिहार प्रदेश दलित वर्ग संघ' की स्थापना के साथ-साथ दलित समाज के लिए एक मंच एवं

संगठन के औचित्य पर प्रकाश डालते हुए कहा—"हमारे प्रदेश में अलग-अलग समुदायों के संगठन जैसे दुसाध महासभा, रविदास महासभा, पासी सुधार सम्मेलन आदि अपने-अपने समुदायों के सामाजिक सुधार का प्रयास तो कर रहे हैं, लेकिन सभी दलित वर्गों को संगठित करने और उनके लिए साझा मंच तैयार करने का कोई प्रयास नहीं किया गया। पहली बार दलित वर्गों के विभिन्न समुदायों के हम प्रतिनिधि एक जगह इकट्ठा हुए हैं। आइये हम एक ऐसे मजबूत संगठन की नींव रखें कि प्रदेश में दलित वर्गों का सच्चा प्रतिनिधि हो और उनके साझा कल्याण के लिए आन्दोलन का कार्य कर सके...।"[10]

उन्होंने आगे कहा, "हमें पर्याप्त मात्रा में सीटें तो दे दी गयीं, तथापि वह इस अर्थ में बुरा है कि यह व्यवस्था हिन्दुओं के दो हिस्सों सवर्ण हिन्दू और दलित वर्गों—के बीच पार्थक्य बनाये रखती है। हमें पूरी तरह से हिन्दू समाज में घुल-मिल जाने की कोशिश की जानी चाहिए, लेकिन जब तक सवर्ण हिन्दुओं के हाथों में हमारे हित सुरक्षित नहीं हैं, तब तक हमें इस समझौते का समर्थन करना होगा...।" जगजीवन राम ने दोहरे चुनाव का विरोध किया और कहा कि गरीब होने के कारण दलित वर्ग, वर्ग-आधारित दोहरा चुनाव वहन नहीं कर सकते।

वे उच्च सदन (विधान परिषद) के गठन के भी विरोधी थे। उनका कहना था कि—"जाहिर है कि इस सदन से ज्यादातर सदस्य जमींदार व पूँजीपति वर्ग के होंगे। इन वर्गों का हित शोषितों, यानी रैयतों, दर रैयतों और खेत मजदूरों के हितों से बिल्कुल जुदा है। चूँकि श्रमिक और खेत मजदूरों का बड़ा हिस्सा इस प्रदेश में दलित वर्गों से आता है, इसलिए यह बिल्कुल स्पष्ट है कि उनकी बेहतरी के लिए उठाये गये किसी भी कदम का यह शोषक वर्ग स्वभावतः विरोध करेंगे। ऐसे कदमों को जमींदारों और पूँजीपतियों वाले द्वितीय सदन में मुँह की खानी पड़ेगी। इसलिए अपने प्रदेश में द्वितीय सदन का पुरजोर विरोध करता हूँ...।"[11]

दलित वर्ग संघ की स्थापना के साथ ही साथ कमजोर वर्गों में सामाजिक, आर्थिक और राजनैतिक अधिकारों के साथ ही उत्तर भारत में समग्र रूप से विकास की माँग की गयी। कमजोर वर्गों के संगठित रहने के साथ-साथ मुख्य धारा में शामिल होने के फायदे भी हुए। अब दलित समाज अपनी समस्याओं और शोषण को एक मंच के माध्यम से सरकार एवं जनता के मध्य तक पहुँचा सकता था।

9 अगस्त, 1936 को बिहार डिप्रेस्ड क्लासेज लीग (बिहार दलित वर्ग संघ) का चुनावी घोषणा पत्र जारी किया गया। इस अवसर पर लीग के नेता जगजीवन राम ने संगठन की सोच का खुलासा किया। दलित वर्गों के एक मिले-जुले संगठन की पृष्ठभूमि प्रस्तुत करते हुए उन्होंने अपने महत्त्वपूर्ण भाषण में इस संगठन की दिशा प्रस्तुत की, "आर्थिक सम्बन्धों की मौजूदा व्यवस्था, धार्मिक पूर्वाग्रह और भेदभाव मूलक सामाजिक नियम—ये हैं दलित वर्गों की भयावह गरीबी और बदहाली के

कारण। इन्होंने ही उन्हें सामाजिक, नैतिक, आर्थिक और शैक्षणिक रूप से तबाह किया, न सिर्फ हिन्दू समाज की परिधि में बल्कि हर जगह...। नब्बे फीसदी दलित खेतिहर बन्धुआ मजदूर हैं। जमींदार, छोटे भूस्वामी, जेठ रैयत, सरकारी अमले—सभी उन्हें मुफ्त की चीजों की आपूर्ति के लिए बाध्य करते हैं। चमड़े, बाँस आदि के परम्परागत वंशानुगत व्यवसाय खत्म होते जा रहे हैं। जमींदारों और किसानों के दोहरे आधिपत्य के तहत उन्हें खेत मजदूरों में बदला जा रहा है। वैसे किसान कोई समरस श्रेणी नहीं है। उनमें कई वर्ग हैं। फिर भी सभी किसान हलवाहा का शोषण करते हैं। कठिन श्रम के लिए चार पैसे से अधिक की मजदूरी कभी नहीं दी जाती है। बेगार श्रम के लिए उन्हें मजबूर किया जाता है। साथ ही साथ दलित वर्ग पूर्ण स्वराज्य की राष्ट्रीय माँग का पूरा समर्थन करते हैं और समुदायों के साथ इस मामले में दलित वर्ग कन्धे से कन्धा मिलाकर खड़े हैं। लेकिन एक पिछड़े, उत्पीड़ित और कमजोर समुदाय के रूप में उनका मानना है कि किसी भावी राजनीतिक संविधान में उनकी स्थिति की भी रक्षा की जानी चाहिए और विशेष प्रावधानों के जरिए उनका संरक्षण किया जाना चाहिए...। लीग ऐसे किसी भी कदम का कभी भागीदार नहीं बनेगी जिससे देश की प्रगति बाधित हो अथवा जो राष्ट्रीय हित के वृहत्तर प्रश्न के लिहाज़ से प्रतिगामी और नुकसानदेह हो। राष्ट्रीय जीवन में विभिन्न क्षेत्रों में जन समुदाय की उन्नति के लिए संविधान से अधिकतम लाभ हासिल करने हेतु लीग विधायिका का इस्तेमाल करेगी।''[12]

बिहार दलित वर्ग संघ में राष्ट्रवादी संगठन की छवि पूरी तरह से लागू थी और यह कमजोर वर्गों के सर्वांगीण विकास में प्रयत्नशील संगठन के रूप में उभरा। जगजीवन राम ने समतामूलक समाज की स्थापना के लिए ब्रिटिश औपनिवेशिक काल में जनता और सरकार के समक्ष दलितों की समस्याओं को देश की समस्या के रूप में प्रस्तुत किया। जबकि सवर्ण समाज, जो अंग्रेजों से आजादी के लिए संघर्ष तो कर रहे थे लेकिन देश के बहुसंख्यक समाज को आजादी के पहले एवं बाद भी अधिकार देने से घबरा जाते थे और उन्हें सदैव अपनी सेवा में लगे रहने का प्रयत्न करते थे। जब इन वर्गों की मौलिक जरूरतों की पूर्ति ही दिये गये मेहनताने से पूरी हो नहीं पाती थी, तो सामाजिक समरसता की बात करना व्यर्थ था। संगठन के माध्यम से जगजीवन राम ने देश की स्वतन्त्रता के साथ-साथ कमजोर वर्गों (दलित) की भावनाओं को जोर शोर से राष्ट्रवादियों एवं सरकार के समक्ष प्रस्तुत किया।

24-25 अप्रैल, 1937 को आयोजित चम्पारन दलित वर्ग संघ के सम्मेलन में अपने अध्यक्षीय भाषण में जगजीवन राम ने दलितों की वर्ग-चेतना, आर्थिक-राजनैतिक अधिकार, धर्मान्तरण, राष्ट्रीय आन्दोलन, आत्मसम्मान और स्वावलम्बन जैसे विषयों पर अपने विचारों को स्पष्ट करते हुए कहा कि, ''मैं बिल्कुल साफ कर देना चाहता हूँ, हमारा संगठन हमेशा खुद को वर्ग संघर्ष और वर्ग ईर्ष्या से अलग रखेगा। यह

रक्षात्मक किस्म का संगठन है। इसका उद्देश्य हमारे समाज को सुधारना और पुनर्गठित करना है। हम देश की अग्रगति में शामिल हैं...धर्मान्तरण से हमारी संख्या घटेगी और इससे हम कमजोर होंगे। साथ ही सवर्ण हिन्दुओं के साथ हमारा मतभेद सामाजिक और आर्थिक है, सांस्कृतिक नहीं। ...उत्पीड़न करना पाप है, उत्पीड़न को चुपचाप सहना उससे भी बड़ा पाप है। इसके प्रतिकार में अपने प्राणों की बाजी लगाने देना ही मर्दानगी है।"[13]

जगजीवन राम राष्ट्रीय एकता के लिए अछूतों को हिन्दू धर्म से अलग नहीं होने देना चाहते थे। उनका मानना था कि हम हिन्दू धर्म में रहकर इसके अन्दर की कुरीतियों को दूर करेंगे। अखिल भारतीय दलित के एक हिस्से ने दलित वर्गों द्वारा हिन्दू धर्म से अपना नाता तोड़ने के प्रति दृढ़ संकल्प दोहराते हुए 22-24 मई 1936 के लखनऊ सम्मेलन के अगले कदम के रूप में अप्रैल 1937 के दूसरे सप्ताह में पटना में सम्मेलन कराने की घोषणा की।[14] इस सम्मेलन के बारे में लोगों को सावधान करते हुए जगजीवन राम ने जो वक्तव्य जारी किया था, उससे धर्मान्तरण के बारे में बिहार दलित वर्ग संघ की स्थिति स्पष्ट हो जाती है। उन्होंने कहा कि मैं स्पष्ट कर देना चाहता हूँ कि बिहार में दलित वर्गों का एकमात्र संगठन बिहार प्रोविन्सियल डिप्रेस्ड क्लासेज लीग का और प्रान्त के किसी सदस्य का इस सम्मेलन से कोई लेना-देना नहीं है। कुछ धर्मान्तरण-समर्थक लोगों द्वारा प्रान्त के दलित वर्गों में फूट डालने के उद्देश्य से यह सम्मेलन बुलाया गया है। इसी क्रम में जगजीवन राम ने 1937 में दलित वर्ग संघ के वार्षिक अधिवेशन में डॉ. बी.आर. आम्बेडकर को मुख्य अतिथि के रूप में आमन्त्रित किया...जो पत्र जगजीवन राम ने बाबा साहेब को लिखा था वह निम्न है–

THE BIHAR PROVINCIAL DEPRESSED CLASSES LEAGUE

"UNITE AND ORGANISE"

Bankipur, Patna, the 8th March 1937

No. 41

My dear Doctor Saheb,

I have your kind letter of the 3rd instant. If your brochure on caste has run out, kindly send one copy of it so that I may commence its translation.

As desired by you, I am sending a list of candidates who contested the election. I must admit that we made a pact with the Congress and as a result of the pact 9 persons of the League have been returned. They have signed the League pledge and also the Congress pledge with certain reservations. Perhaps you know that here in Bihar there is no organised party except the Congress. The minister of Local Self-Government i.e. Sir Ganesh Dutt Singh was trying to have his party but he could not organise it. We made the pact with the Congress at the eleventh hour i.e. on the 29th October 1936 and the nomination papers were to be filed by the 3rd November 1936. We the Depressed Classes have begun our movement very late here and have got little organisation. But the experience we have gained in the recent election goes to show that if we carry on our work for the coming 5 years, we can very well contest independently in the next election and with success.

You know, Mr. Baldeo Prasad Jaiswal of Allahabad. He has come to Patna and wants to hold an All-India conference. Here it has been given in papers by him that the conference will be presided over by Diwan Bahadur Srinivasan and that you will attend the conference. I went all the way to Lucknow simply to see you but was greatly disappointed. Now he is seeking my help but openly I cannot help him and cannot give him any help in any way unless I know that you will attend the conference. This conference is to be held on the 9th, 10th and 11th April 1937. No person of Bihar is with him. He has his office located in a Catholic Church here and everything is being manoeuvred by missionaries.

The W.C. of the Depressed Classes League has decided to call a provincial conference at Patna between 15th April and 15th May, 1937 and it has also decided to invite you. But in case you are coming to attend the conference of Mr. Jaiswal, which I doubt, we will fix the date of our conference near about 12th April. Will you let me know as soon as you get this letter whether you will attend the conference convened by Mr. Jaiswal. One thing, he will not be able to have a gathering of more than one hundred Depressed Classes. He can of course invite thousands of Mohammadens and Christians as he did at Lucknow. I take strong objection of this method. We should have genuine Depressed Classes conferences. Let me hear from you very early.[15]

With regards,

Yours sincerely,

Jagjiwan Ram

उनका कहना था—"इसमें कोई शक नहीं कि अछूत हमेशा अपने धर्म के प्रति आस्थावान रहे हैं और अपने बीच से उन्होंने अनेकानेक सन्त पैदा किये हैं, जिनके प्रति सवर्ण हिन्दुओं की भी चरम श्रद्धा रही है...। अब यह अछूत जग चुके हैं। उन्होंने किसी भी हालत में अपमान बर्दाश्त न करने की ठान ली है। हर सम्भव तरीके से इसका खात्मा करने का कृतसंकल्प कर लिया है। यहाँ बिहार में अब भी हम यह विश्वास करते हैं कि हिन्दू समाज के दायरे में भी हमारी समान हैसियत है, हमारा न्यायसंगत स्थान है।[16]

12 जुलाई, 1937 को गोपालगंज (बिहार) में आयोजित 'बिहार प्रदेश दलित वर्ग संघ' के दो वर्षों के अनुभवों का सार-संकलन करते हुए जगजीवन राम ने कहा—"अस्पृश्यता की सांघातिक प्रथा से हिन्दू समाज को मुक्त करने के लिए अतीत में सवर्ण हिन्दू व अछूत सुधारकों ने कई प्रयास किये, लेकिन वे सभी के सभी विफल रहे। वर्तमान में दलित वर्गों के उत्थान के लिए जितने भी संगठन इस प्रदेश में कार्यरत हैं, उनमें हरिजन सेवक संघ संगठित और व्यवस्थित आधार पर अपना काम कर रहा है लेकिन अपनी स्थापना के पाँच वर्ष बाद भी लोगों की सामाजिक और धार्मिक दृष्टि में कोई परिवर्तन लाने में समर्थ नहीं हुआ है...। सवर्ण हिन्दुओं के साथ अपने सामाजिक सम्बन्ध के मामले में आज भी वहीं हैं जहाँ आज से पाँच वर्ष पहले थे...। हमें आज भी मन्दिरों में प्रवेश करने नहीं दिया जाता और न ही हम धार्मिक कार्यों में खुलकर भाग ले सकते हैं...। हमें अपने लोगों के बीच से ही ब्राह्मण पैदा करना चाहिए, जो कथावाचन कर सके और धार्मिक कार्य सम्पन्न कर सके। तिरहुत प्रमण्डल में हमारे बन्धु-बान्धवों ने ऐसा किया भी है। जहाँ तक सम्भव हो, ब्राह्मणवादी प्रपंचों से सजग रहना और उससे अपने को अलग रखना है। हिन्दुओं के कुँओं व सार्वजनिक कुँओं को खोलने की मनव्वल होने को बाध्य इसलिए जरूरी है कि प्रदेश में करीब आधे गाँव में दलित वर्गों के लिए कुँओं की व्यवस्था की जाय...। जमींदारी प्रथा खत्म करने की दिशा में कदम उठाये जा रहे हैं। हम इस प्रयास का स्वागत करते हैं...। लेकिन जमींदारी प्रथा के उल्मूलन से किसानों द्वारा मजदूरों का शोषण कैसे बन्द होगा? ...'खेतिहर मजदूरों को संगठित करो, हमारा नारा होना चाहिए। जो सचमुच जमीन जोतते हैं उन्हें जमीन दो। उन कास्तकारों को नहीं जिनके खेत दूसरे जोतते हैं और उन जोतने वाले का शोषण करते हैं। दलित वर्गों पर चौकीदारी टैक्स भी बढ़ा-चढ़ा कर लगाया जाता है, इसे भी समाप्त किया जाना चाहिए। देश और हिन्दू समाज के सामाजिक दृष्टिकोण में कोई उल्लेखनीय परिवर्तन नहीं हुआ है। सामाजिक प्रतिक्रिया की शक्तियाँ अब भी काफी मजबूत हैं। मुझे इस बात में कोई आश्चर्य नहीं होगा। अगर दलित वर्गों में बढ़ती आत्मचेतना और आत्मसम्मान के कारण सवर्ण हिन्दुओं तथा दलित वर्गों के बीच तनाव और बढ़ जाय।"[17]

अपने इस भाषण में जगजीवन राम ने बिहार प्रदेश दलित वर्ग संघ की कार्य दिशा स्पष्ट कर दी, जिसके प्रमुख बिन्दु थे—राष्ट्रीय आन्दोलन में महात्मा गाँधी और कांग्रेस के साथ दलितों के हितों और कार्यक्रमों की संगति बिठाते हुए जिम्मेदाराना सहयोग करना, साथ ही साथ हरिजनोत्थान के लिए सवर्ण समुदाय को गोलबन्द करने के हरिजन सेवक संघ के प्रयासों का समर्थन व सहयोग करना, खेत मजदूरों का पृथक संगठन बनाना और सवर्ण समृद्ध किसानों पर दबाव डालना कि वे खेतिहर मजदूरों पर शोषण न करें, उन्हें अपनी मेहनत का उचित मूल्य मिले।[18]

बिहार दलित वर्ग संघ के वार्षिक गोपालगंज अधिवेशन में डॉ. बी.आर. आम्बेडकर किसी कारण वश नहीं पहुँच पाये। अधिवेशन सम्पन्न हुआ। जगजीवन राम ने अपने अध्यक्षीय भाषण में कहा—"हम डॉ. भीमराव आम्बेडकर और एम. सी. राजा के कृतज्ञ हैं जिन्होंने पूना पैक्ट के माध्यम से दलितों को आरक्षण का प्रावधान कराया।"[19]

हिन्दू नेताओं ने जगजीवन राम को अपने पक्ष में भारत के दलितों का नेतृत्व करने के लिए नहीं माना, क्योंकि उनका मत जो अछूतों के पक्ष में था, हिन्दुओं को रास नहीं आ रहा था। स्पष्ट है कि बाबू जगजीवन राम पूना पैक्ट पर अपनी अलग सोच रखते थे। इसलिए उन्होंने यह विशेष रूप से कारण बताया कि वे हिन्दू नेता के मत से सहमत नहीं थे। जगजीवन राम को पता था कि दासता की बेड़ियों को तोड़ना कोई सरल कार्य नहीं है, क्योंकि ये बेचारा दलित गुलामी की दोहरी चक्की में पिस रहा था। सबसे पहले तो भारत भी गुलाम था, दूसरे यहाँ के रूढ़िवादी, मनुवादी सवर्ण समाज ने दलित, शूद्र, अशूद्र, अनार्य, पंचम, अंत्यज के नाम से अपनी सुविधा के हिसाब से नामकरण किया और घृणा की दृष्टि से दुर्व्यवहार किया। इस दलित वर्ग को धन, धरती और व्यापार आदि से वंचित किया गया। इस वर्ग का कार्य बस सवर्ण-वर्ग की सेवा करना ही था। इसलिए दलितों की दशा और दयनीय होती गयी।

जगजीवन राम दलित आन्दोलन के परिप्रेक्ष्य से खेत मजदूरों के वर्ग संगठन की जरूरत को देखते थे, क्योंकि बहुसंख्यक दलित समाज के लोग खेती के कार्य में ही संलिप्त थे, जो उनकी रोजी-रोटी का एकमात्र उद्यम था। यदि दलित आन्दोलन को गाँव में अपना आधार बनाना था, तो दलित कमियों[20] और खेत मजदूरों को संगठित करने के अलावा कोई रास्ता न था।

इसकी परिणति 9 अगस्त, 1937 को पटना के हिन्दू सभा मैदान में 'खेत मजदूर संघ' की स्थापना के रूप में हुई। अपने अध्यक्षीय उद्घोषणा में खेत मजदूर संघ का उद्देश्य स्पष्ट करते हुए कहा कि प्रस्तावित संगठन की प्रकृति के बारे में हमारे लोगों के मन में कोई भ्रान्ति नहीं रहनी चाहिए। उन्होंने कहा, "जिस तरह जमींदार किसानों का शोषण करते हैं, उसी तरह किसान भूमिहीन श्रमिकों का शोषण करते हैं। मानव समाज में विभिन्न श्रेणियाँ और तबके हैं, ऊपर वाली श्रेणी के लोग निम्न श्रेणियों का शोषण करते हैं, उन पर जुल्म ढाते हैं। इसका सबसे अच्छा समाधान यही है कि उच्च श्रेणियों को नीचे लाया जाय और निम्न श्रेणियों को ऊपर लाया जाय और यही महात्मा गाँधी का रास्ता है। भूमिहीन श्रमिकों के पृथक संगठन की जरूरत के पक्ष में 42 लाख खेत मजदूरों के लिए कुछ करने की जरूरत पर बल दिया।"[21]

जगजीवन राम का कहना था कि अस्पृश्यता हिन्दू समाज के सामाजिक और आर्थिक ताने-बाने में अविच्छेद्य रूप से गुँथी गयी है। सुविधाओं के अपहरण के

साथ-साथ इसमें दास-प्रथा के अन्य तत्त्व भी मौजूद हैं। अतः इसके नाश के लिए तमाम आर्थिक और सामाजिक व्यस्था का पुनर्गठन करना होगा। उनका मत था कि हिन्दू धर्म किसी स्पष्ट सिद्धान्त या विश्वास पर आधारित न होकर, अधिकांशतः जाति व्यवस्था पर आधारित है।[22]

आजादी की लड़ाई के साथ-साथ बाबू जगजीवन राम दलितोद्धार का आन्दोलन बड़ी सूझ-बूझ से एवं सतर्क होकर चला रहे थे। जैसा कि पहले ही बताया गया कि इनकी लड़ाई दोहरी थी। इनका चिन्तन बहुत ही गहरा था। युवावस्था में इनकी सोच सच्चे समाजवाद की थी। ये कहते थे कि "कमाने वाला चाहे वह किसान है, खेत मजदूर है, खान में काम करने वाला है, सड़क निर्माण करता है, बहुधा भूखा रहता है और काम न करने वाला कोई पूँजीपति सूदखोर, उद्योगपति ऐशो-आराम की जिन्दगी व्यतीत करता है जो कभी उनके कष्टों का निवारण करने की नहीं सोचता, बल्कि मजदूर वर्ग को और अधिक यातनाएँ देने के लिए क्रूर हो जाता है।"[23]

देश में आजादी के बाद भी समाज में परम्परागत स्थितियों में जैसा बदलाव जगजीवन राम चाहते थे वह देखने को मिला नहीं। फिर भी वे राष्ट्रवादी नीति अपनाये रहे। हर समय देश की एकता एवं अखण्डता का भाव सँजोये रहे, लेकिन उनको जगन्नाथपुरी के मन्दिर में घुसने नहीं दिया गया। जब उनके साथ ऐसा भेदभाव होता रहा, तो आम दलित (अछूत) के लिए कैसा बर्ताव होता होगा। जगन्नाथपुरी के मन्दिर में किये गये व्यवहार बाद अगले दिन जब जगन्नाथपुरी के राजा रामचन्द्र देव चतुर्थ की ओर से दो बड़े टोकरों में प्रसाद आया और साथ ही मन्दिर दर्शन का निमन्त्रण मिला तो जगजीवन बाबू ने कहा कि 'जब तक स्थानीय हरिजनों को मन्दिर प्रवेश की अनुमति नहीं मिलती, मैं मन्दिर में नहीं जा सकता।''[24]

एक सप्ताह बाद मन्दिर के इस नगर जगन्नाथपुरी में कांग्रेस की ओर से एक सार्वजनिक सभा का आयोजन किया गया। उसमें नगर के सभी प्रतिष्ठित व्यक्ति सम्मिलित हुए। मन्दिर के द्वार पर चौक में इस सभा का आयोजन हुआ। हिन्दू धर्म पर कटाक्ष करते हुए उन्होंने कहा, ''हिन्दू धर्म में वर्ण व्यवस्था के नाम पर जो अलगाव और भेदभाव हुआ है, उससे यह धर्म विनाश के कगार पर आ गया है। हिन्दू धर्म में मनुष्य को मनुष्य नहीं जाना जाता है। हिन्दू को हिन्दू नहीं जाना जाता है। यहाँ तो किसी व्यक्ति को केवल ब्राह्मण, क्षत्रिय, वैश्य, शूद्र के रूप में ही जाना जाता है। किसी जमाने में कर्म के आधार पर वर्ण व्यवस्था स्थापित की गयी थी। चारों वेदों के ज्ञाता ही ब्राह्मण कहलाते थे। आजकल कर्म बदल गये हैं, परन्तु वर्ण वही हैं। ब्राह्मण के घर जन्म लेने से ब्राह्मण कहलाता है, चाहे उसे वेद का एक अक्षर भी नहीं आता हो और शूद्र के घर जन्म लेने से शूद्र कहलायेगा चाहे चारों वेदों का ज्ञाता हो। यह सब चाहे जो कुछ भी हो परन्तु जिस धर्म में मनुष्य को मनुष्य नहीं माना जाता है, उससे घृणा की जाती है, वह धर्म, धर्म नहीं है केवल ढोंग है।''[25]

यह भाषण सुनकर लोग एकदम शान्त हो गये कि जो समाज हमारे साथ विकास, लड़ाई, संघर्ष, आजादी, सेवा आदि में हमारे आगे रहता है उसे हम अपने ही धर्म का मानते हैं और उसके साथ ऐसा अमानवीय अत्याचार व भेदभाव! स्वीकारोक्ति में कुछ लोग अपने सिर हिला रहे थे और ये लोग अछूत समाज या फिर वे लोग थे, जिन्हें यह समझ में आ गया था कि वास्तव में अछूतों के साथ जो हो रहा है अमानवीय एवं वैमनस्यता को बढ़ावा देने वाला है, जिससे राष्ट्रीय एकता एवं सम्प्रभुता को खतरा है।

3 दिसम्बर, 1952 को बिहार दलित संघ द्वारा अपने सम्मान में आयोजित एक समारोह में जगजीवन राम ने लोगों को याद दिलाया कि स्वतन्त्रता आन्दोलन में हरिजनों का योगदान अन्य उच्च वर्गों की तुलना में रत्ती भर भी कम नहीं रहा। 'अंग्रेजों ने फूट डालने की कोशिश की, आबादी के हिस्से को दूसरे हिस्से के खिलाफ खड़ा करने का प्रयास किया ताकि वह अपना प्रभुत्व बनाये रख सकें, लेकिन हरिजन उनके द्वारा बिछाये गये जाल में नहीं फँसे। उन्होंने अपने देशवासियों के साथ कन्धे से कन्धा मिलाकर काम किया...। माँगने से सिर्फ भीख मिलती, अधिकार नहीं माँगे जाते, इसके विपरीत उन्हें जबरदस्ती छीना जाता है...। यह सोचना गलत है कि हरिजनों में क्रान्तिकारी भावना का अभाव है या फिर वे अन्याय और बर्बरताओं के खिलाफ अपना सिर नहीं उठा सकते...। अगर लम्बे समय तक हरिजनों को उनके न्यायोचित अधिकारों से वंचित किया गया ''तो भारत वर्ग-संघर्ष में उलझ सकता है।''[26]

जगजीवन राम ने बहुसंख्यक दलितों को अधिकार दिलाने के लिए केन्द्रीय सरकार व राज्य सरकार के समक्ष दलितों के शोषण और अमानवीय कृत्यों को अवगत कराया। दलित समाज के लिए सकारात्मक कार्यों हेतु ऊर्जावान युवाओं को देश की एकता अैर अखण्डता के लिए प्रेरित किया। अपने साथ व अपने समाज के साथ हुए भेदभाव भूलकर देश की प्रगति में सकारात्मक भागीदारी निभाने पर बल दिया। इसी के साथ देश में मजबूत होते लोकतन्त्र और भारत के वैश्विक परिदृश्य में एक नयी छवि बन कर उभर रहा था। ऐसे में भारत के बहुसंख्यक मूल निवासियों पर शोषण और अत्याचार राष्ट्रीयता के लिए बड़ा आघात था। उन्होंने समाज में बेहतर ताल-मेल के लिए सभी वर्गों को साथ लेकर समावेशी समाज बनाने की वकालत की।

"जब तक जाति-प्रथा है, लोकतन्त्र की बातें करना पाखण्ड है। जाति-प्रथा और लोकतन्त्र साथ-साथ नहीं रह सकते। जब तक जाति-प्रथा है, सिर्फ विकृत विकलांग लोकतन्त्र ही सम्भव है। भारत में लोकतन्त्र नहीं, जातितन्त्र है। जिस समाज की सामाजिक हलचलों की सारी ही धारणाएँ जाति तक सिमटी हैं, वहाँ जाति ही लोक का पर्याय बनी रहती है। जातितन्त्र को ही ऐसे लोग लोकतन्त्र समझते रहते हैं।[27]

भारतीय समाज के परिप्रेक्ष्य में सभी राजनीति शास्त्रियों की लोकतन्त्र की परिभाषा को उलट कर ही रख दिया है। अपनी सुविधानुसार सवर्ण शासक वर्ग ने आधुनिक युग में भी लोकतन्त्र के बृहद दायरे को संकुचित कर दिया है। लोकतन्त्र में व्यक्ति की महिमा-मण्डित होती है लेकिन भारतीय उपमहाद्वीप में इस तरह की तर्क और मानवतापूर्ण सारी संकल्पनाओं को धूलधूसरित करते हुए जातितन्त्र तक ही सीमित रखा गया है।

बिहार में मुंगेर जिले में पिछड़ा वर्ग सम्मेलन के उद्घाटन भाषण (मार्च 1953) में जगजीवन नाम ने कहा—"मैं वर्ग-संघर्ष नहीं चाहता। पर जिनके पास लक्ष्मी है, उनसे मैं यह अवश्य कहन चाहता हूँ कि बर्दाश्त करने की यह सीमा होती है और उन्हें यह नहीं भूलना चाहिए कि बाँध टूट जाने पर जल की धारा इतनी तीव्र हो जाती है कि वह प्रलय भी मचा सकती है...वर्ण व्यवस्था और जाति व्यवस्था मिटाने के लिए संघर्ष करने की घोषणा करता हूँ—विद्रोह करने को कहता हूँ। मैं सबों को इसके नाश के लिए प्रोत्साहन देता हूँ...आज ऐसे ब्राह्मणों की कमी नहीं है जो कि वेद कितने हैं, उनके नाम क्या हैं, आदि प्रश्नों के उत्तर तक नहीं जानते? एक हरिजन होटल खोल दे तो दिन-दहाड़े जला दिया जाये, पर एक ब्राह्मण यदि जूते का काम करे तो वह ब्राह्मण ही रहेगा...आज सर्वत्र शोषितों और दलितों में चेतना की लहर फैल रही है, और यह शुभ लक्षण है, क्योंकि जब अनुभूति आती है तो विभूति अवश्य आयेगी। यह मानी हुई बात है...जब मैं यह सुनता हूँ कि अमुक व्यक्ति का घर जला दिया गया, अमुक व्यक्ति को गोली से उड़ा दिया गया तो मुझे खुशी होती है। आशा की झलक मिलती है, क्योंकि यही जागृति है और चेतना का सूचक है। अत्याचार का मुकाबला करने की शक्ति और कुर्बानी करने की भावना की प्राप्ति ही हमारा सबसे बड़ा साधन है हमारी लड़ाई जीतने का। एक हुकूमत को हटाने में और समाज की व्यवस्था को हटाने में बड़ा अन्तर है। समाज में कानून बना देने और प्रस्ताव कर देने से परिवर्तन नहीं हो सकता...। हमने आवाज उठाई है...जमीन उसकी हो, जो उसे जोतता हो। मुझे पूर्ण विश्वास है जब ऐसी व्यवस्था नहीं हो जाती तब तक खेतों की उपज नहीं बढ़ सकती। वस्तुतः खेत उसका होना चाहिए, जिसकी बाजुओं में हल चलाने की शक्ति हो...समाज बदलने का रास्ता काँटों का नहीं, वरन् आग का रास्ता होता है।"[28]

भारत में वर्ण-संघर्ष प्राचीन काल से लेकर आधुनिक भारत में समाज के हर वर्ग में व्याप्त है। एक वर्ण का दूसरे वर्ण से विभेद किया गया है, उसके अपने अलग-अलग कार्य तय किये गये हैं। शोषण के नये-नये तौर-तरीकों को शामिल किया गया है, जो कि लोगों के सामाजिक और मानसिक विकास में बाधक हैं। देश में समरसता लाने के लिए धर्म प्रधान समाज न होकर कर्म प्रधान समाज को मान्यता मिलनी चाहिए। अतिवादी धर्मान्ध लोग धर्म की आड़ में अपने फायदे की युक्ति में

रहते हैं। शोषण के नये तौर-तरीकों को विकसित किया गया। मेहनतकश ईमानदार लोगों को धर्म, जाति और वंश के आधार पर विभेद करके समाज में तिरस्कृत किया गया। प्रगतिशील, प्रबुद्धशाली, तार्किक लोगों के समूह के लोगों ने समाज में व्याप्त इन बुराइयों के विरुद्ध आवाज उठाई और उनके विरुद्ध नियम कानून भी बनवाये। जगजीवन राम ने अपनी राय में जहाँ सत्ता को बदलने से ज्यादा कठिन मनुवादी समाज को बदलना माना है, वहीं इसके जोखिम और संघर्ष के साथ सकारात्मक कार्यों द्वारा समरसता लाने का प्रयास किया।

''जिस तरह अंग्रेजों को हटाने के लिए स्वराज का आन्दोलन चला था, उसी तरह सामाजिक-आर्थिक, नाबराबरी को मिटाने के लिए दूसरा मुक्ति आन्दोलन चलाने का आह्वान करता हूँ।[29] देश में समतामूलक समाज की स्थापना के लिए अपनी प्रतिबद्धता को स्पष्ट करते हुए बाबू जगजीवन राम के इस तरह के विचार थे।

भाषा, धर्म, जाति, क्षेत्रीयता आदि अलगाववादी प्रवृत्तियों, गरीबों की समस्या, पिछड़े हुए जमात की समस्याओं के प्रति इनका चिन्तन बहुत ही गहरा था। 5 अप्रैल, 1968 को अपने जन्म दिवस समारोह पर उन्होंने कहा, ''अछूतों की समस्या, गरीबों की समस्या, पिछड़े हुए जमात की समस्या कुछ महत्त्वपूर्ण समस्या बन जाती हैं, मेरी नजरों के सामने। अगर गरीबी नहीं मिटी तो देश टूट जायेगा। अगर अस्पृश्यता नहीं मिटी तो देश टूट जायेगा। आपको एक चुनौती है कि देश नहीं टूटे...भारत के इतिहास में भारत के शासकीय तरीके से सबसे पहले एक हुआ और एक होने के साथ ही इतनी तरह की विभाजक प्रवृत्तियाँ जागृत हुईं, कहीं भाषा के नाम पर, कहीं प्रान्तीयता के नाम पर, कहीं साम्प्रदायिकता के नाम पर, कहीं जातीय स्वार्थ के नाम पर, कहीं दूसरे प्रदेश से आकर दूसरे प्रदेश में बसे हुए लोगों को वहाँ से निकालने के नाम पर जिस तरह से विभीषिकाएँ हो रही हैं, उनसे यह खतरा होने लगता है। इसलिए सवाल हो जाता है कि देश एक कैसे रहे...

"जातीय स्वार्थ के ऊपर देश है, इसको जब तक नहीं मान लेते हैं, देश एक नहीं रहने वाला है। लेकिन हमारी बदकिस्मती तो यह है कि हिन्दू समाज की एक विशाल सामाजिक प्रणाली में व्यक्ति की भक्ति को, देश के प्रति नहीं, अपनी जाति के प्रति बना दिया गया है और इस जाति व्यवस्था से देश को जितना नुकसान हुआ और इसके ऊपर जितने आक्रमण हुए हैं, सब आक्रमणों को मिलाकर जितना नुकसान हुआ होगा, उससे कहीं बढ़कर नुकसान अकेले इस जाति की परम्परा से हुआ है। ...आज बहुत बेचैन नौजवान हैं और इसलिए हिम्मत बनती है। मैं आज फिर यह कहना चाहता हूँ, आखिर मैं फिर दोहराऊँगा कि समाज के सड़न को मिटाने के लिए समाज में एक 'कनफ्यूजन' पैदा करने की आवश्यकता है, नहीं तो इस सड़न की बदबू से घुटन पैदा होती है। नौजवानों को यह भी याद रखना है कि

मुक्ति पाने के लिए बलिदान की आवश्यकता होती है। और उस बलिदान के दौर को हम जितनी ही जल्दी पूरा कर सकेंगे उतनी ही जल्द हमको मुक्ति मिल सकेगी। उससे घबराना नहीं है, और भी तेजी से यह सन्देश आवेंगे कि कहीं इतने अछूतों को मार दिया गया, कहीं इतने अछूतों पर जाली मुकदमा चलाकर, उनकी फँसा कर जेल भेज दिया गया, कहीं कह दिया गया कि यह तोड़-फोड़ में विश्वास रखता है, नेक्सलाइट है इसलिए उसको पकड़वा दिया गया। शासन, पुलिस और शान्ति की व्यवस्था रखने वालों का भी स्वार्थ है कि ये लोग ऊपर नहीं उठने पावें...

"देश के अस्पृश्यों की मुक्ति के माने हैं मानवता की मुक्ति। क्योंकि देश के अछूतों की समस्या को मैं उनकी समस्या नहीं, राष्ट्रीय समस्या माना करता हूँ। उनको मजबूत करने के माने हैं भारत को मजबूत करना, हिन्दुस्तान की राष्ट्रीयता को मजबूत करना।"[30]

सदियों की पराधीनता के कारण देश की आर्थिक स्थिति अस्त-व्यस्त थी, नैतिक पतन था, शिक्षा के क्षेत्र में बहुत गड़बड़ी थी, और सबसे बड़ी बात यह थी कि लोगों के अन्दर साहस और निर्भीकता का अभाव था। इन परिस्थितियों से बाबूजी का मन बहुत उद्वेलित था। दिनांक 3.8.68 को ग्राम बंजारी, हुबली (कर्नाटक) में रचनात्मक कार्यकर्ताओं के सम्मेलन में 'हमारी नैतिकता कैसे उन्नत बने, हमारी शिक्षा में क्या परिवर्तन हो, जिससे वह शिक्षा सिर्फ व्यावसायिक शिक्षा न रहे, बल्कि हमारी मानवता को प्रखर कर सके, हमारा अर्थतन्त्र कैसा हो, जिसमें व्यक्ति, व्यक्ति का शोषण व्यक्तिगत लाभ के लिए न कर सके तथा अर्थतन्त्र सिर्फ व्यावसायिक न हो बल्कि मानव मानव के प्रति सौहार्द्र हो आदि पर उन्होंने अपने विचार प्रकट किये थे।[31]

'राष्ट्रीय एकता बनाम जातिवाद' विषय पर अपने विचार प्रकट करते हुए उन्होंने कहा था कि ''भारतवर्ष को जितना वर्ण व्यवस्था और जातिवाद से नुकसान हुआ है इतिहास का कोई भी विद्यार्थी बता सकता है कि इतने बाहर के आक्रमण यहाँ हुए, उन सभी आक्रमणों को मिलाकर जितना नुकसान को नहीं हुआ, उससे अधिक जातिवाद से हुआ। सिर्फ अस्पृश्यों को हुआ मैं यह नहीं मानता। वर्ण व्यवस्था की कब पैदाइश हुई, यह कहना कठिन है।''

अस्पृश्यता और जाति प्रथा हिन्दू समाज की मूल वृत्ति और मूल आधार है। आज पचासी प्रतिशत लोग पन्द्रह प्रतिशत के सामने हाथ जोड़कर जाते हैं कि हमारे लिए यह कर दो। भावनात्मक एकता कैसे होगी इसलिए मैंने कहा कि भावनात्मक एकता, नेशनल इण्टीग्रेशन, इमोशनल इण्टीग्रेशन एक नारा मात्र है। इसलिए मैं कहता हूँ कि भारत की जो पिछड़ी हुई जातियाँ हैं चाहे वे हिन्दुओं में से, मुस्लिमों में से, ईसाइयों में से हैं, एक सीधी चोट जाति पर करनी है, करना हम ही को है। इसलिए कि हिन्दुस्तान को बचाना है तो जाति को खत्म करना होगा और नहीं तो

क्या होगा इतिहास तो है हमारे सामने, इतिहास की पुनरावृत्ति तो नहीं है।[32]

भारतीय इतिहास में कभी ऐसा समय नहीं आया जब (प्राचीन काल में सम्राट अशोक के युद्ध को छोड़कर) भारत पूर्णरूप से विजयी रहा हो। 1962 में चीन के द्वारा करारी हार का मुँह देखना पड़ा तो 1965 में पाकिस्तान द्वारा भारत को हार ही मिली। यह पहला मौका था जब दिसम्बर 1971 में भारत के रक्षामन्त्री के रूप में जगजीवन राम ने अपने कुशल नेतृत्व में सफल सेनापति व महान योद्धा की तरह वैश्विक परिदृश्य पर भारत का झण्डा ऊँचा किया।[33] बिना शर्त पाकिस्तानी सैनिकों का समर्पण करवाया। यह युद्ध भारतीय जमीन पर न होकर के दुश्मन के क्षेत्र में जाकर लड़ा गया।[34]

भारत के तत्कालीन रक्षामन्त्री के रूप में जगजीवन राम ने इस युद्ध के सम्बन्ध में 03 जनवरी, 1972 को काशी में कहा था, "पिछले चन्द महीनों का इतिहास विश्व के इतिहास का नया अध्याय बन गया है। उसके तरफ जरूर आपका ध्यान खींचना चाहूँगा। हिन्दुस्तान एक बडा देश था और आज भी है। इस मायने में भी नहीं कि हमारी संख्या बहुत बड़ी है बल्कि इस मायने में कि हिन्दुस्तान ही एक ऐसा देश है इस दुनिया में जिसकी कई विशेषताएँ हैं—पहली विशेषता तो यही है कि दुनिया में कोई ऐसा देश नहीं है जहाँ इतने धर्म के मानने वाले लोग इतनी बड़ी तादाद में रहते हैं...हिन्दुस्तान ही एक ऐसा देश है जहाँ हिन्दू, मुस्लिम, सिख, ईसाई, जैन, पार्थी सभी धर्मों के लोग एक साथ मिलकर रहते आये हैं और सबका बराबर अधिकार भारत के ऊपर रहा है। सब चले आ रहे थे शताब्दियों से एक साथ। बीच में जिन्ना साहब पैदा हुए जिन्होंने यह सिद्धान्त दिया कि राष्ट्रीयता का आधार धर्म होता है और उन्होंने दो राष्ट्रीयता वाला सिद्धान्त, टू नेशन थ्योरी दी—हिन्दुओं की राष्ट्रीयता एक है और मुसलमानों की राष्ट्रीयता उससे अलग है। यह विषैला सिद्धान्त उन्होंने फैलाया। उस समय कांग्रेस के नेताओं गाँधी जी और पं. जवाहर लाल नेहरू जी ने यह कहा था कि यह बहुत गलत सिद्धान्त है। गलत बातों के ऊपर इतना हठ किया गया कि हम लोगों को भी उस गलत बात को स्वीकार तो नहीं, अंगीकार कर लेना पड़ा और एक देश से दो देश बने—भारत और पाकिस्तान। पाकिस्तान दुनिया का अजीब राष्ट्र है। 20वीं सदी का अजीब राष्ट्र। 20वीं सदी में जहाँ आधुनिक राष्ट्र बनते हैं, सबका एक मौलिक सिद्धान्त है कि उस देश में जितने भी धर्म के रहने वाले लोग हों सबका अधिकार बराबर होता है। लेकिन पाकिस्तान एक अजीब राष्ट्र निकला कि वहाँ रहने वाले मुसलमानों को तो सब अधिकार मिले लेकिन मुसलमानेत्तर धर्म वालों को सब अधिकार प्राप्त नहीं हुए हैं।

"शरणार्थी समस्या पर प्रधानमन्त्री श्रीमती इन्दिरा गाँधी चीख-चीख कर कह रही हैं इससे शान्ति भंग होगी। याहिया खाँ ने बंगलादेश के निरीह लोगों को भारत में भेजना शुरू किया था। इससे सिर्फ एशिया की शान्ति भंग नहीं होगी बल्कि विश्व

की शान्ति भी भंग हो सकती है...हमारी प्रधानमन्त्री ने कहा हम तो यह चाहते हैं कि शरणार्थी वापस जायें। अगर आज भी लोग हमारी फौजों को हटाने की बात करते हैं तो यह जिम्मेदारी ले लें कि 'एक करोड़ शरणार्थी भारत से अपने घरों को इज्जत के साथ बेखौफ जा सकेंगे' तो हम अपनी फौज को सरहद पर हटाने की बात सोच सकते हैं। 17 अक्टूबर, 1971 का मुझे स्मरण है—जब जालन्धर से मैंने कहा था कि मैं लड़ाई लड़ना नहीं चाहता, लेकिन पाकिस्तान ने हमारी सरहद से छेड़खानी की थी तो इस दफे लड़ाई हिन्दुस्तान की भूमि पर नहीं लड़ी जायेगी, पाकिस्तान की भूमि पर लड़ी जायेगी।"[35]

आदिवासियों की स्थिति एवं उनके अधिकारों के सम्बन्ध में उनका दृष्टिकोण बहुत ही दूरदर्शी था। सन् 1984 में ही उन्होंने आदिवासियों के लिए अलग राज्य की संकल्पना करते हुए कहा था कि, "आज तक कोई आदिवासी केन्द्र में कैबिनेट मन्त्री नहीं बन सका, लेकिन जिस दिन झारखण्ड बनेगा, उस दिन मुख्यमन्त्री तो आदिवासी ही होगा।"[36]

वे लोगों को कांग्रेस से जोड़ने के लिए आरम्भ से ही प्रयत्नशील रहे। लोगों को कांग्रेस से जुड़ने का आवाहन करते हुए 28 दिसम्बर, 1969 को अपने अध्यक्षीय भाषण में कहा था, "हम यह न भूलें कि कीचड़ कीचड़ से साफ नहीं की जा सकती है। इसलिए मैं उपहास का जवाब उपहास से, फुसलाद का जवाब फुसलाव से और गाली का जवाब गाली से नहीं दूँगा। मैं अपने सभी पुराने साथियों को यहाँ भगवान बुद्ध की वाणी याद दिलाना चाहूँगा : 'गाली हवा के बहाव के विरुद्ध थूकने के समान है, यह आपके ऊपर वापस आती है।' सब कुछ होने के बावजूद एकता की बातें हुई हैं और अब भी होती हैं। जहाँ तक यह इच्छा संगठन के भविष्य और लोकतन्त्र के लिए है, मैं इसका स्वागत करता हूँ। तो भी प्रश्न रहता है कि एकता उस उद्देश्य से जुड़नी चाहिए, जिससे इसका अभिप्राय है और जिसे प्राप्त किया जाता है...वे लोग जो हमारे आदर्शों, नीतियों और कार्यक्रमों के प्रति बिना किसी शर्त के वचनबद्ध हैं, हम अपने साथ जुड़ने के लिए उनका स्वागत करते हैं। केवल यही एकता का एक आधार हो सकता है, मुझे और कोई अन्य आधार इस समय नजर नहीं आता...मैं इस अवसर पर सभी प्रगतिशील ताकतों को, जो हमारे आदर्शों में विश्वास करती हैं, अपने संगठन के साथ जुड़ने का निमन्त्रण देता हूँ।"[37]

बाबू जगजीवन राम ने 1971 के भारत-पाक युद्ध के समय एक निर्भीक, कुशल एवं दूरदर्शी रक्षामन्त्री के रूप में योगदान दिया था। उन्होंने पाकिस्तान से कहा था कि भारत-पाक सीमा पर तनावपूर्ण स्थिति होने के बावजूद यदि पाकिस्तान के शासक समय की पुकार को समझें और बंगला देश की इच्छा का आदर करते हुए उसे स्वाधीनता दें, तो युद्ध अब भी टल सकता है।

पाकिस्तान को साफ शब्दों में आगाह करते हुआ कहा कि पाक सेना के

दमनचक्र से भाग कर जो लोग भारत आये हैं, इनमें से 70 हजार युवक पाकिस्तान के चंगुल से अपने देश को मुक्त कराने के लिए अपने को तैयार कर रहे हैं। वे अब तैयार होकर पूरे बंगलादेश में फैल गये हैं और वहाँ की जनता की मदद से अपना काम कर रहे हैं। उन्होंने इस सम्भावना से इन्कार किया कि 1965 की तरह इस बार भी पाकिस्तान भारी संख्या में घुसपैठिए भेज सकता है। उन्होंने कहा कि कश्मीर में जनता और सरकार पूरी तरह सतर्क है।[38]

नवयुवकों को आधुनिक समाज के निर्माण का अग्रदूत बनने का आवाहन करते हुए 16 अप्रैल 1972 को गुरुकुल कांगड़ी विश्वविद्यालय, हरिद्वार में रक्षा मन्त्री डॉ. जगजीवन राम ने अपने दीक्षान्त भाषण में कहा था, ''युगों से चली आ रही सड़ी-गली रूढ़ियों, कुरीतियों और दासता की जंजीरों में आबद्ध भारतवर्ष का एक बहुत बड़ा जन समुदाय धर्म के नाम पर उपेक्षित-सा पड़ा है। आडम्बर ने धर्म का स्थान ले लिया है, निहित स्वार्थ का बोल-बाला है। वैसे अन्धकार से समाज को निकालकर सत्य और सनातन धर्म के ज्योतिर्लोक में लाना बड़ा ही कठिन काम है।

"यदि विचार, वाणी और क्रिया के उस आदर्श को हिन्दू संस्कृति कहेंगे जो उपनिषदों की शिक्षा में निहित है, तो क्या यह तर्कसंगत नहीं है कि संस्कृति के उन स्रोतों तक पहुँचने का निर्बाध अधिकार सबको होना चाहिए...वेदों में वर्णित समाज, अनवरत संघर्ष और उमंग से भरा, एक स्वस्थ ग्रामीण समाज था, लेकिन इतिहास का प्रवाह उस समाज को पीछे छोड़ कितनी और भी सामाजिक व्यवस्थाओं के उद्भव और विनाश का कारण बनता हुआ, हमें आज यहाँ तक लाया है। अब पीछे मुड़कर हम उस बीते युग की ओर नहीं पहुँच सकते, वैसी समाज व्यवस्था स्थापित नहीं कर सकते। वह न सम्भव है और न व्यक्ति या समाज के हित में है। लेकिन, कछ विचार ऐसे होते हैं जो शाश्वत होते हैं।

"गुलामी या दासता तब पूरी होती है जब किसी व्यक्ति या समाज की आत्मा, संस्कृति से प्रभावित हो। महर्षि दयानन्द के समकालीन बहुत युवक, युवतियाँ न केवल भारतीयता को बुरा समझने लगे बल्कि इसका सार्वजनिक रूप से उपहास भी करने लगे। दुर्भाग्यवश हमारे समाज में बहुत सी ऐसी कुरीतियाँ और आडम्बर थे जिनका उपहास हो सकता था और इसीलिए भारतीय संस्कृति के विरोधियों को बल मिलता गया।"[39]

समाज में व्याप्त विषमता और बेकारी के कारण आज के युवक के सामने केवल एक अनिश्चित भविष्य है, एक अन्धकारमय भविष्य है। ऐसी परिस्थिति में घोर निराशा के कारण यदि उसमें आस्था का नितान्त अभाव हो जाता है, तो क्या उसके लिए हम उसे ही दोष दे सकते हैं? विद्यार्थी एक ऐसी अवस्था में स्कूल जाता है जब उसकी हालत कच्ची मिट्टी की होती है। हम उसका कुछ न बना पायें, उसमें ऊँचे आदर्शों का स्फुरण न जगा पायें, तो दोष उसका नहीं, हमारा है। जो

समाज समाजवाद की बात करता है सर्वप्रथम उसे अपनी शिक्षा पद्धति की ओर निगाह करनी चाहिए।

गाँधी जी के देहावसान के बाद, गैर सरकारी क्षेत्रों में हरिजन समस्या को लेकर किये जाने वाले प्रयत्न लगभग समाप्त हो गये। इस दिशा में हरिजन सेवक संघ कुछ काम करता रहा, लेकिन उसका कोई खास असर न तो सवर्णों पर पड़ा और न हरिजनों पर। राजनीतिक संस्थाओं ने उनकी समस्याओं में जो दिलचस्पी ली, उसमें उनकी दृष्टि संकुचित रही। स्वार्थसिद्धि के लिए, चुनावों में उनसे वोट लेने के लिए, राजनीतिक दलों ने उनकी मदद का नारा दिया, पर उन्होंने भी कोई मदद नहीं की। हरिजन समस्या पर उन्होंने कहा कि, ''यह तथ्य तो सर्वविदित है कि जाति के आधार पर विभिन्न समाजों के अन्दर भेदभाव है और उसके फलस्वरूप यह अस्पृश्यता पैदा हुई। इससे सिर्फ अस्पृश्यों को ही नुकसान हुआ हो, ऐसी बात नहीं है इससे सारे समाज को नुकसान हुआ है। इसलिए मैं मानता हूँ कि अस्पृश्यों की समस्या, केवल उनकी ही समस्या नहीं है। यह एक राष्ट्रीय समस्या है और जब तक हम उसको राष्ट्रीय समस्या मानकर राष्ट्रीय स्तर पर सुलझाने का व्यापक प्रयत्न नहीं करेंगे, तब तक इसे सुलझाया नहीं जा सकेगा। हिन्दू समाज की रक्षा करते हुए, इस समस्या को सुलझा सकें, इस दृष्टि से इस समस्या का समाधान करना होगा।[40]

अस्पृश्यों ने अपनी मुक्ति का संग्राम और मजबूत किया है और अकेले अपनी लड़ाई लड़ने की तैयारी की है। ऐसी स्थिति में यह आवश्यक है कि उनको अकेले न छोड़ा जाये। वास्तव में भारतीय समाज में अस्पृश्यता की भावना सर्वत्र व्याप्त हो गयी है। मैंने जानबूझ कर ''भारतीय समाज'' का इस्तेमाल किया, केवल हिन्दू समाज का नहीं। हिन्दू समाज का भारतीय समाज पर इतना गहरा प्रभाव पड़ा है कि उदार से उदार धर्म भी इससे वंचित नहीं रह सका और यही कारण है कि आज ईसाइयों में भी जाति-पाँति है। मुसलमानों में भी जाति-पाँति है। और सिख धर्म में भी है, जो मूलतः इसके विचार के विरोध में ही स्थापित किया गया था।

"आये दिन अमानुषिक अत्याचारों के समाचार मिलते हैं। क्रोध आता है, पर साथ में खुशी भी होती है। खुशी इसलिए होती है कि प्रतिरोध की भावना के कारण ही सही, उनमें अन्याय के खिलाफ सर उठाने का साहस आयेगा। यह सच है कि जितना प्रतिरोध होगा, उतना ही अत्याचार बढ़ेगा। पर यदि अत्याचार बढ़ता गया और वे दब गये, तो उनका मुक्ति का संग्राम असफल हो जायेगा। अगर नहीं दबे, तो आज, कल, परसों उनका मुक्ति-संग्राम अवश्य सफल होगा। इतिहास तो यही बतलाता है कि जब कभी दलित और शोषित समुदाय न्याय के लिए लड़ा है, वह सफल अवश्य हुआ है।

"जितने कुएँ हैं, सब सर्वजनिक ही होते हैं और हिन्दू-परम्परा में तो जब तक उनको सबके लिए उत्सर्ग नहीं किया जाता, तब तक कुएँ का मालिक भी पानी

नहीं पीता। पर यह बात समझ में नहीं आती कि वे अपवित्र कैसे हो जाते हैं? सर्वसाधारण के लिए तो प्रत्येक कुआँ सार्वजनिक ही होता है, बन्द नहीं होता। केवल हरिजनों के लिए ही बन्द होता है। असलियत तो यह है कि इन कुओं के द्वारा भी आर्थिक शोषण किया जाता है, सामाजिक परम्पराओं के नाम पर, आर्थिक व्यवस्था के नाम पर और धार्मिक स्वतन्त्रता के नाम पर।''[41]

"गुजरात में आरक्षण विरोधी आन्दोलन एवं कानून व्यवस्था की स्थिति पर 5 मार्च, 1981 को लोकसभा में बहस करते हुए बाबू जगजीवन राम ने कहा था कि, ''मैं सरकार से पूछना चाहूँगा–क्या कभी आपने यह जाँच की है कि एक व्यक्ति पोस्ट ग्रेजुएट में लिया गया जिसके 80 प्रतिशत मार्क्स थे और एक दूसरा व्यक्ति लिया गया जिसके 50 प्रतिशत मार्क्स थे, क्या पोस्ट ग्रेजुएट परीक्षा में 80 प्रतिशत मार्क्स वाला 50 प्रतिशत मार्क्स वाले से सर्वदा आगे रहता है। ऐसा नहीं होता है। क्या इससे यह नतीजा नहीं निकलता है कि डिविजन से आदमी पीछे नहीं हो जाता है? इसमें काम करने में अकुशलता की बात कहाँ आती है, मरीज के जीवन में खतरे की बात कहाँ आती है? क्या कहीं यह इन्तजाम कर रखा है कि पोस्ट-ग्रेजुएट की जो परीक्षा होगी उसमें हरिजन या आदिवासी या पिछड़ी जातियों के लोगों के लिए मार्क्स कम रखे जायेंगे? अगर मार्क्स कम रखे जायेंगे तो मैं इसका विरोध करूँगा। कहीं ऐसा नहीं है तब फिर अकुशलता और लोगों के जीवन में खतरे की तोहमत इन लोगों पर क्यों लगाई जा रही है?

"गुजरात में जो कुछ हो रहा है–7 प्रतिशत के ऊपर यदि 90 प्रतिशत लोगों का आक्रमण शुरू हो जाये तो उसके बचने की गुंजाइश कहाँ है? अखबार वालों की तारीफ यह है–पथराव हरिजनों पर हो रहा है लेकिन लिख रहे हैं कि हरिजन पथराव कर रहे हैं। क्या किसी भी समझदार व्यक्ति के दिमाग में यह बात आ सकती है–जिसकी आबादी 7 प्रतिशत है, वह पहले आक्रमण करेगा? यह समझने की बात है। इसकी भी जाँच होनी चाहिए और न्यायिक जाँच होनी चाहिए कि गुजरात के इस उपद्रव में कितने लोग मरे हैं, कितनों के घर जलाये गये हैं? आज कौन इसको देखता है? यह केवल अहमदाबाद की बात नहीं है, आज गाँवों में क्या हो रहा है? कितने घर जला दिये गये हैं–इसके आँकड़े कौन इकट्ठे करेगा? वहाँ की पुलिस और शासन पर लोगों को भरोसा नहीं रह गया है।

"क्लास फोर में भी अनुसूचित जाति और जनजाति के लोगों को पूरा ध्यान नहीं मिलता है। वहाँ भी ब्राह्मण रहता है और इसलिए रहता है कि जरूरत पड़ने पर खाना भी पका देगा। दक्षिण में तो ब्राह्मण चौथे दर्जे में नहीं आता है लेकिन उत्तर प्रदेश और बिहार में तो उसकी मोनोपोली बन जाती है। जब उससे बचता है तो दूसरों को दिया जाता है। हम ज्यादा नहीं चाहते। एक स्केवेंजर, सफाई मजदूरों में भी 18 परसेंट ही इन्हें दे दीजिए बाकी दूसरों को दे दीजिए।

"आज 32 वर्षों तक हम हिन्दू समाज के निकट नहीं आ पा रहे हैं। मैं पूछना चाहता हूँ कि क्या कोई कुशल से कुशल मुसलमान भाई चाँदनी चौक में जलेबी की दुकान रख सकता है, या खोल सकता है? क्या कोई कुशल से कुशल हरिजन रसोइया, खाना बनाने वाला, चाँदनी चौक में होटल चला सकता है? आज तक जितने दरवाजे हमारे लिए बन्द थे, वे इन 32 वर्षों में भी पूरे खुले नहीं है।"[42]

दलितों को अपने अधिकारों के लिए सफलता प्राप्ति तक निरन्तर संघर्ष करते रहने का आवाहन करते हुए उन्होंने कहा, "हिन्दुस्तान में बसने वालों में ज्यादा लोग आज दुःखी हैं। हम दुःखी भारत के बारे में आज सोच रहे हैं। हिन्दुस्तान की आबादी का करीब 80 फीसदी लोग दुःखी हैं। किसी न किसी वजह से दुःखी हैं। अपने दुख को महसूस करते हैं या जो जाहिर करने की हैसियत नहीं रखते, जाहिर करने में संकोच करते हैं या डर जाते हैं। ये तीनों बातें किसी मुल्क के लिए खतरनाक हैं। खासकर उस मुल्क को जो दावा करता है कि हमारे यहाँ प्रजातन्त्र है, जम्हूरियत है, डेमोक्रेसी है। अगर उसके नागरिकों की कोई जमात अपने दिल की बात करने से डरती है तो उस मुल्क की जम्हूरियत और डेमोक्रेसी के लिए ये खतरे की बात है।

"इस मुल्क की असलियत कह लो, इस मुल्क के पसमान्दाओं में, इस मुल्क के दलित कमजोर हो सकते हैं, लेकिन वो कमजोर उसी वक्त तक हैं जब तक उनको अपनी ताकत का, अपनी शक्ति का ज्ञान नहीं है। अज्ञानता इन्सान का सबसे बड़ा दुश्मन है।

"'हरिजन' मैं पसन्द नहीं करता, क्योंकि अगर हरिजन होगा तो दुर्जन भी होगा। हर एक शब्द का विरोधी शब्द होता है। सज्जन होता है तो दुर्जन भी होता है। हरिजन होगा तो दुर्जन होगा। सत्यवादी होता है तो मिथ्यावादी होता है, हम अपने को हरिजन कहते हैं तो दूसरों को दुर्जन कहने का हमें क्या अधिकार है? इसलिए मैं 'हरिजन' नाम को पसन्द नहीं करता। अगर हमारी जमात हरिजन है तो हमारी जमात के अलावा दूसरे दुर्जन हैं।

"हमारी 'मुक्ति' इसी में है कि हम अपने अधिकारों के लिए मरना सीखें। जिस दिन हम इकट्ठे होकर मरने के लिए निकल पड़ेंगे उस दिन कोई हमें मारने वाला नहीं मिलेगा और न ही हमारे अधिकारों को दबाने व छीनने वाला। तब हमारे अधिकारों के खिलाफ कोई बोल भी नहीं पायेगा।"[43]

विराट हिन्दू समाज के अध्यक्ष डॉ. कर्ण सिंह द्वारा धर्म-परिवर्तन पर बाबू जी से अक्टूबर 1981 में माँगे गये सन्देश में उन्होंने वर्णव्यवस्था पर आधारित हिन्दू समाज पर प्रहार करते हुए कहा था, "हिन्दू समाज ब्राह्मणवादी समाज है, वर्णव्यवस्था पर आधारित समाज है। वर्ण से जातियाँ निःसृत होती हैं और इनसे अस्पृश्यता को आश्रय मिलता है। ब्राह्मणवादी समाज असमानता का पर्यायवाची है।

आज सब तरफ से आवाज आती है, अस्पृश्यता मिटाओ, जातिप्रथा मिटाओ। करीब अर्धशताब्दी पूर्व सन् 1932 में गाँधी जी के उपवास के समय पूना में सवर्ण हिन्दू नेताओं ने अस्पृश्यता मिटाने की प्रतिज्ञा की थी। उनकी इस प्रतिज्ञा को ईमानदारी से की गयी मानकर डॉ. आम्बेडकर ने अपनी माँग को, अछूतों की मुक्ति की माँग को छोड़ दिया था। पचास वर्ष के बाद अस्पृश्यता कहाँ तक मिटी है, जाति-प्रथा कहाँ तक टूटी है? सवर्ण हिन्दू स्वयं ईमानदारी से बतावें। इन्हें मिटाने के लिए क्या सहभोज और स्नेह-सम्मेलनों के अतिरिक्त कोई ठोस कदम उठाया गया है? जाति-प्रथा तोड़े बिना समाज से असमानता और अस्पृश्यता नहीं मिट सकेगी।

"ब्राह्मणवादी समाज विषमता के आधार पर अवलम्बित है। विषमता और असमानता की सीढ़ियाँ हैं। छोटाई-बड़ाई, उच्चता-नीचता की शृंखलाएँ हैं। इनको धर्मशास्त्रों का समर्थन प्राप्त है। स्मृतियों में इनका विवरण है। मनु मर गये हैं, पर मनु भारत के हर गाँव में जीवित हैं। स्मृतियाँ, कानून, परम्परा और परिपाटी बनकर हिन्दू समाज में व्याप्त हैं। सिर्फ अछूत ही उनके शिकार हैं, ऐसी बात नहीं है। अछूत, बहिष्कृत शूद्र तो हिन्दू धर्म और समाज की परिधि के बाहर हैं, इनका तो कहना ही क्या? पर शूद्र और वर्तमान में पिछड़ी जातियाँ समझी जाने वाली अनेकों जातियों का स्थान भी तो स्मृतियों में अनादर, निन्दा और घृणा का ही है। सैकड़ों जातियाँ हैं, जो आज भारत की सुरक्षा और समृद्धि की रीढ़ हैं। उनके लिए समाज में अनादर और अपमान का स्थान रहे, तो समाज में समता और सम्मान कैसे आवे। इसलिए सभी स्मृतियों और धर्म-ग्रन्थों का संशोधन किया जाये और उनमें से आपत्तिजनक अंश, किसी भी जाति को घृणित कहने वाला अंश तथा अवैज्ञानिक अंश निकाल दिये जायें। इसके लिए 'हिन्दू धर्म रक्षा समिति' और 'विराट हिन्दू समाज' शीघ्र एक कमिटी बनावे, जो एक वर्ष के भीतर अपनी रिपोर्ट दे।"[44]

वे देश के सर्वहारा वर्ग को सबल बनाने के प्रबल हिमायती थे, 24 दिसम्बर 1981 को पार्लियामेण्ट (लोकसभा) में उन्होंने कहा था, "दिल्ली शहर में कोई अनुसूचित जाति वाला हिन्दू के मकान में किराये पर नहीं रह सकता है। उसको या तो मुसलमान के मकान में रहना पड़ता है या गैर हिन्दू के मकान में रहना पड़ता है। इस प्रकार वह मुख्य धारा में आवे कैसे। यह दल का सवाल नहीं है। मैं यह नहीं मानता हूँ कि डाकू जब आक्रमण करता है, तो सोच लेता है कि गैर कांग्रेसी है और इसके ऊपर करना चाहिए। सबके लिए मिलीजुली समस्या है।

"अनुसूचित जातियों पर अत्याचार तो सामाजिक संघर्ष है। चाहे जनता पार्टी की सरकार रही हो या आपकी सरकार रहे या किसी और की सरकार रहे, इस दोष से किसी को मुक्त नहीं किया जा सकता। किसी को यह सन्तोष हो सकता है कि अत्याचार किसी साल कम हो गया, किसी साल ज्यादा हो गया। लेकिन इसका अर्थ यह नहीं है कि यह कम हो रहा है। मैं यह नहीं मानने वाला हूँ कि यह कम होने

वाला है। क्योंकि अनुसूचित जाति और अनुसूचित जनजाति से भी एक बहुत बड़ा वर्ग सर्वहारा समुदाय है जिसमें हिन्दू, मुसलमान, सिख, ईसाई सभी हैं। उन पर भी आज उत्पीड़न है। जिस स्थिति में वे रखे गये हैं, उस स्थिति से वे निकलना चाहते हैं। अगर आसानी से निकल सके तो आसानी से निकलेंगे, संघर्ष करके निकल सके तो संघर्ष करके निकलेंगे।

जब सर्वहारा वर्ग उठने लगता है तो निहित स्वार्थ उसको दबाता है। यह दुनिया का नियम है। यह हर एक मुल्क में हुआ है, यहाँ भी होगा और वह प्रक्रिया आरम्भ हो चुकी है। उसका विश्लेषण आपको करना चाहिए। आपके सचिवालय को उसके लिए एक महकमा खोलना चाहिए।"

बाबू जगजीवन राम ने कहा कि "मजबूत वर्ग की कमजोर वर्गों के प्रति बदला लेने की शक्ति अधिक होती है। इसलिए यह कह देना चाहता हूँ कि सभी अपराधों को बराबर मानना चाहिए। सुनने में अच्छा लगता है कि समानता का अर्थ इक्विलिटी (न्यायपूर्ण समानता) हर मामले में सिमिलरटी या एकरूपता नहीं होती। इस अन्तर को समझने की जरूरत है...मैं कहना चाहता हूँ कि सिर्फ अनुसूचित जाति के लिए ही नहीं, ठाकुरों और ब्राह्मणों के लिए भी उनके बच्चे अनाथ हो जाते हैं। तय कर लिया जाय कि जिस परिवार में सीमित साधन हो या आय हो उन सभी बच्चों के लिए आप एक पब्लिक स्कूल शुरू कीजिए। बच्चों का कोई अपराध नहीं है। यह काम आप कर सकते हैं। बहुत बड़ी रकम नहीं खर्च होगी और होगी तो किसी परिवार की रकम नहीं खर्च होगी, हिन्दुस्तान की जनता की रकम खर्च होगी।" आगे उन्होंने कहा कि एक हवाईजहाज का पैसेन्जर मरता है तो उसको एक लाख मुआवजा देते हैं और इस तरह से लोग मर जाते हैं जिनका अर्जन करने वाला व्यक्ति खत्म हो जाता है। उनके लिए इतना तो कीजिए कि उनका गुजारा हो सके।

"एक बात और कहूँगा कि यह वर्ग-संघर्ष नहीं है, यह जाति-संघर्ष है। झारखण्डे जी ने कहा कि अनुसूचित जातियों के साथ सभी गरीबों को आना चाहिए। मैं भी चाहता हूँ कि सभी गरीब साथ आयें, लेकिन हमारा सामाजिक जीवन दोहरी चाल (दुरंगी) है। कारखाने में काम करने वाला ब्राह्मण मजदूर के साथ आता है, लेकिन गाँव में आकर वह मजदूर के साथ नहीं जा सकता। इस चीज को आप कैसे भुला सकते हैं। जब गाँव में संघर्ष होगा तो ऊपर की जाति वाला ऊपर की जाति वालों के साथ और नीचे की जाति वाला नीचे की जाति वालों के साथ जायेगा। अनुसूचित जाति के लोग आइसोलेट (अकेले) नहीं हैं। सर्वहारा वर्ग का बड़ा समुदाय उनके साथ रहेगा। इसमें सन्देह नहीं है कि सर्वहारा में हिन्दू होंगे, मुसलमान होंगे, ईसाई होंगे और यह प्रक्रिया शुरू हो चुकी है, चल रही है और इसको समझने की आप कोशिश करें।"[45]

बाबू जगजीवन राम ने देश में बहुसंख्यक दलित, पिछड़े और कमजोर वर्ग

के लोगों को मुख्य धारा में लाने के लिए सरकार द्वारा किये गये प्रयासों की वास्तविक स्थिति का आकलन करते हुए यह कहा कि इस वर्ग को ऊपर उठाये बगैर समावेशी समाज का निर्माण करना स्वप्न मात्र है। वास्तविक अर्थों में देखा जाय तो देश के विकास में उनकी महत्त्वपूर्ण भागीदारी है, लेकिन उनके विकास में देश की कोई भागीदारी नहीं है। देश में सुविधाभोगी लोगों का एक वर्ग पनप रहा है, जो उनके कल्याण की योजनाओं को उन तक पहुँचने में बाधा उत्पन्न कर रहा है और वह सरकार में अच्छे-अच्छे पदों पर आसीन, परम्परागत अधिकार प्राप्त वर्ग ही लोग है।

असमानता को मिटाने के लिए वे मुक्ति आन्दोलन चलाने की वकालत करते थे। उनका कहना था, ''जिस तरह अंग्रेजों को हटाने के लिए स्वराज्य का आन्दोलन चला था, उसी तरह से इस नाबराबरी को मिटाने के लिए यह दूसरा मुक्ति आन्दोलन चलाने की जरूरत है। सत्तर करोड़ के देश में इन्दिरा गाँधी के आँकड़ों के हिसाब से चालीस-पचास करोड़ गरीबी रेखा से नीचे हैं। दुनिया में कितने मुल्कों की आबादी चालीस-पचास करोड़ है? इतनी बड़ी आबादी की मुक्ति का आन्दोलन दुनिया के इतिहास का सबसे बड़ा आन्दोलन होगा। आइए, हिन्दू, मुसलमान, सिक्ख, बौद्ध, ईसाई सब, जिन्हें गरीबी और नाबराबरी से तकलीफ है, समता और सम्मान की लड़ाई लड़ें।''[46]

उनका मानना था कि बड़े से बड़ा भौतिकवादी भी नैतिक आधार के बिना नहीं चल सकता। उन्होंने कहा, ''विश्व के बड़े से बड़े भौतिकवादी नेता को भी यह मार्ग अपनाना पड़ेगा। यदि कोई राजनीतिज्ञ मानव जाति को विनाश की ओर तेजी से नहीं ढकेलना चाहता है तो उसे अपने कार्यों का आधार नैतिक मूल्यों को ही मानना होगा। उसे एक नये ढंग के समाज की रचना करनी होगी। उसे मनुष्यों की भौतिक आवश्यकताओं के अतिरिक्त बहुत सी बातों की पूर्ति करनी होगी। मानव जाति और समाज को बदलने के लिए हमें व्यक्ति को बदलना होगा। नैतिक शस्त्रीकरण की बात भारत वासियों के लिए विशेष आकर्षक है क्योंकि वह अपनी आजादी के लिए लड़े हैं।''[47]

निष्कर्षतः बाबू जगजीवन राम ने देश में बहुसंख्यक दलित, पिछड़े और कमजोर वर्ग के लोगों को मुख्य धारा में लाने के लिए अनवरत संघर्ष किया, यही संघर्ष उनके भाषणों, लेखों और संसदीय बहसों में भी परिलक्षित होता है।

सन्दर्भ

1. चौधरी, प्रसन्न कुमार, श्रीकान्त; बिहार में दलित आन्दोलन 1912-2000, पूर्वोद्धृत, पृ. 311
2. चौधरी, प्रसन्न कुमार, श्रीकान्त; बिहार में दलित आन्दोलन 1912-2000, पूर्वोद्धृत, पृ. 58
3. राम, इन्द्राणी, जगजीवन; देखी, सुनी, बीती, बातें, भाग-1, पूर्वोद्धृत, पृ. 74

4. मौर्य, ओम प्रकाश; आधुनिक भारत के निर्माता बाबू जगजीवन राम, पूर्वोद्धृत, पृ. 16
5. राम, जगजीवन; भारत में जातिवाद और हरिजन समस्या, पूर्वोद्धृत, पृ. 37
6. राम, इन्द्राणी, जगजीवन; देखी, सुनी, बीती, बातें, भाग-1, पूर्वोद्धृत, पृ. 74
7. 'स्मारिका' 1986-87, बाबू जगजीवन राम स्मृति विशेषांक प्रकाशक अनुसूचित जाति अनुसूचित जनजाति छात्र संगठन, काशी हिन्दू विश्वविद्यालय वाराणसी, पृ. 9
8. राम, इन्द्राणी, जगजीवन; देखी, सुनी, बीती, बातें, भाग-1, पूर्वोद्धृत, पृ. 89
9. वही, पृ. 89
10. चौधरी, प्रसन्न कुमार, श्रीकान्त; बिहार में दलित आन्दोलन 1912-2000, पूर्वोद्धृत, पृ. 172
11. बाबू जगजीवन राम द्वारा दलित वर्ग संघ की स्थापना के अवसर पर अध्यक्षीय भाषण के अंश, 'द इण्डियन नेशन' दैनिक समाचार पत्र, 29 जुलाई, 1935 से उद्धृत।
12. चौधरी, प्रसन्न कुमार, श्रीकान्त; बिहार में दलित आन्दोलन 1912-2000, पूर्वोद्धृत, पृ. 151-152
13. वही, पृ. 153-154
14. हरनोटिया, जसराम; समता के स्तम्भ बाबा साहब और बाबू जी, पूर्वोद्धृत, पृ. 12
15. वही, पृ. 213-214
16. चौधरी, प्रसन्न कुमार, श्रीकान्त; बिहार में दलित आन्दोलन 1912-2000, पूर्वोद्धृत, पृ. 152-153
17. वही, पृ. 175-176
18. चौधरी, प्रसन्न कुमार, श्रीकान्त; बिहार में दलित आन्दोलन 1912-2000, पूर्वोद्धृत, पृ. 177
19. हरनोटिया, जसराम; समता के स्तम्भ बाबा साहब और बाबू जी, पूर्वोद्धृत, पृ. 214
20. कमियाँ : कमियौती प्रथा में ऐसे भूमिहीन श्रमिक जो एक ही मालिक की सेवा करने में बँधे होते थे। शादी-ब्याह, बीमारी के इलाज, आर्थिक तंगी अथवा भुखमरी की स्थिति में जमींदारों या धनी रैयतों से कर्ज लेते समय उनसे यह बाण्ड लिखाया जाता कि जब तक वह कर्ज की राशि नहीं चुका देते, तब तक वह, उसकी पत्नी, उसकी आने वाली पीढ़ी कर्ज देने वाले के यहाँ काम करती रहेगी, किसी दूसरे के यहाँ नहीं यानी बन्धुआ मजदूरी।
21. चौधरी, प्रसन्न कुमार, श्रीकान्त; बिहार में दलित आन्दोलन 1912-2000, पूर्वोद्धृत, पृ. 178
22. हरनोटिया, जसराम; समता के स्तम्भ बाबा साहब और बाबू जी, पूर्वोद्धृत, पृ. 217
23. वही, पृ. 216
24. राम, इन्द्राणी जगजीवन; देखी, सुनी, बीती, बातें, खण्ड-2, पूर्वोद्धृत, पृ. 39
25. राम, इन्द्राणी जगजीवन; देखी, सुनी, बीती, बातें, खण्ड-2, पूर्वोद्धृत, पृ. 39
26. चौधरी, प्रसन्न कुमार, श्रीकान्त; बिहार में दलित आन्दोलन 1912-2000, पूर्वोद्धृत, पृ. 251
27. प्रसाद, इं. राजेन्द्र; मुक्ति के अग्रदूत बाबू जगजीवन राम (भाषण संग्रह), भाग-2, पूर्वोद्धृत, पृ. 74
28. चौधरी, प्रसन्न कुमार, श्रीकान्त; बिहार में दलित आन्दोलन 1912-2000, पूर्वोद्धृत, पृ. 252
29. प्रसाद, इं. राजेन्द्र; मुक्ति के अग्रदूत बाबू जगजीवन राम (भाषण संग्रह), भाग-2, पूर्वोद्धृत, पृ. 75
30. 'स्मारिका' 1986-87, बाबू जगजीवन राम स्मृति विशेषांक प्रकाशक अनुसूचित जाति अनुसूचित जनजाति छात्र संगठन, काशी हिन्दू विश्वविद्यालय वाराणसी, पृ. 39-43
31. वही, पृ. 46-54
32. वही, पृ. 30-34
33. प्रसाद, उपेन्द्र (पत्रकार); नवभारत टाइम्स, नयी दिल्ली से 14-12-2010 को लिए गये साक्षात्कार के अंश
34. कुमार, अवधेश (सम्पादकीय); 16 दिसम्बर 1971 विजय दिवस के उपलक्ष्य में, जन सन्देश टाइम्स, लखनऊ, 16-12-2011

35. 'स्मारिका' 1986-87, बाबू जगजीवन राम स्मृति विशेषांक, प्रकाशक : अनुसूचित जाति अनुसूचित जनजाति छात्र संगठन, काशी हिन्दू विश्वविद्यालय वाराणसी, पृ. 17-18
36. प्रसाद, इं. राजेन्द्र; मुक्ति के अग्रदूत बाबू जगजीवन राम (भाषण संग्रह) भाग-1, पूर्वोद्धृत, पृ. 21
37. मौर्य, ओम प्रकाश; आधुनिक भारत के निर्माता बाबू जगजीवन राम, पूर्वोद्धृत, पृ. 104-105
38. हिन्दुस्तान, 01 दिसम्बर, 1971 नयी दिल्ली से प्रकाशित।
39. प्रसाद, इं. राजेन्द्र; मुक्ति के अग्रदूत बाबू जगजीवन राम (भाषण संग्रह) भाग-2, पूर्वोद्धृत, पृ. 67-73
40. बाबू जगजीवन राम (लेख), अस्पृश्यता से मुक्ति : सबसे बड़ी क्रान्ति, धर्मयुग पत्रिका, 25 अप्रैल 1976
41. प्रसाद, इं राजेन्द्र; मुक्ति के अग्रदूत बाबू जगजीवन राम (भाषण संग्रह) भाग-1, पूर्वोद्धृत, पृ. 151-162
42. प्रसाद, इं. राजेन्द्र; मुक्ति के अग्रदूत बाबू जगजीवन राम (भाषण संग्रह) भाग-2, पूर्वोद्धृत, पृ. 61-66
43. वही, पृ. 45-52
44. प्रसाद, इं. राजेन्द्र; मुक्ति के अग्रदूत बाबू जगजीवन राम (भाषण संग्रह) भाग-1, पूर्वोद्धृत, पृ. 74-77 व 80
45. 'स्मारिका' 1986-87, बाबू जगजीवन राम स्मृति विशेषांक पूर्वोद्धृत, पृ. 17, 18, 19 और 20
46. प्रसाद, इं. राजेन्द्र; मुक्ति के अग्रदूत बाबू जगजीवन राम (भाषण संग्रह) भाग-1, पूर्वोद्धृत, पृ. 16-24
47. हिन्दुस्तान, 20.06.1950

जगजीवन राम और दलित उत्कर्ष

जगजीवन राम आजादी के पहले एक दलित वर्ग के प्रतिनिधि राजनेता के रूप में स्थापित हो चुके थे। उनके द्वारा किये गये कमजोर तबकों के प्रति कार्यों को देखते हुए उन्हें 1946 में गठित अन्तरिम सरकार के मन्त्रिमण्डल में 'श्रम मन्त्री' का पद दिया गया। 1934 में कलकत्ता में रविदास सभा का गठन कर श्रमिकों को संगठित करने का प्रयास किया। उन्होंने 1935 में 'दलित वर्ग संघ' और 1937 में 'खेत मजदूर सभा' का गठन कर संगठित रूप से श्रमिकों की आवाज को और दलितों और कमजोरों को मंच प्रदान किया, जिससे अब वे इसके माध्यम से अपने दुःख-दर्दों, कष्टों को जनता के समक्ष रख सकते थे। अपने शोषण के विरुद्ध आवाज उठा सकते थे।

Jagjivan Ram says, "Real Swaraj lies in installing the worker in the field and factory to his rightful place in society. Let us work for that and build the India of our dream."

भारत में उच्च जातियों की जनसंख्या कम है परन्तु अधिकांश प्राकृतिक संसाधन जैसे भूमि, वन, बाग-बगीचे आदि के स्वामी वही हैं, जो बहुसंख्यक दलित वर्ग से सम्बन्ध रखने वाले लोग हैं, उनके पास संसाधन, भूमि आदि नाम मात्र की है। अतएव दूसरों के खेतों, मिलों, बाग-बगीचों में काम करना उनकी मजबूरी बन गयी थी।

बाबू जगजीवन राम 1934 ई. में गाँधी जी द्वारा स्थापित 'हरिजन सेवक संघ बिहार' के महामन्त्री बनें। जब उन्होंने देखा कि इस संगठन से काम नहीं चलेगा तो 'अखिल भारतीय दलित वर्ग संघ' की नींव रखी। इस संस्था के द्वारा दलितों को संगठित किया।[1]

कलकत्ता में मजदूरों की दशा अधिक दयनीय थी। वहाँ की जूट मिलों, सूती मिलों, हड्डी उर्वरकों की मिलों में श्रमिकों का हित न होकर सिर्फ पूँजीपतियों पर ही ध्यान दिया गया था। बाबू जगजीवन राम ने न्यूनतम मजदूरी की समस्याओं पर ब्रिटिश सरकार को उनकी (श्रमिकों) ओर से ज्ञापन दिया और साथ ही साथ इस सम्बन्ध में मजदूरों के साथ धरना भी दिया तथा मजदूरों की गृहणियों को एकत्र कर

सदैव घरों की सफाई रखने और बच्चों को शिक्षित करने को कहा जिससे मजदूर का बेटा फिर मजदूर न बने।

इसके तहत उन्होंने कलकत्ता में अनेक बस्तियों मे पाठशालाएँ स्थापित कीं। जिससे श्रमिकों के बच्चों को शिक्षा सुलभ पहुँच सके। वह देश के बुनियादी ढाँचें में क्रान्तिकारी परिवर्तन लाने के पक्षधर थे। भारत में बीसवीं शताब्दी के चौथे दशक में मजदूरों पर अत्याचार चरम पर था, इन बातों को देखते हुए उन्होंने 1937 में 'खेतिहर मजदूर सभा' बनायी जो मुख्यतः खेतों में काम करने वाले श्रमिकों के शोषण के खिलाफ वास्तविक संगठन थी।[2]

'खेतिहर मजदूर सभा' द्वारा खेतों में बेगार करवाने, कम मजदूरी पर काम करवाने वाले और श्रमिकों पर ज्यादतियों के विरोध में बिहार असेम्बली पर प्रदर्शन भी हुआ। युवा जगजीवन राम ने तो श्रामिकों को संगठित किया और उनमें अपने अधिकारों के प्रति जागरूकता पैदा की। साथ ही साथ 1938 के भारतीय राष्ट्रीय कांग्रेस के वार्षिक अधिवेशन हरिपुरा के समय 'खेतिहर मजदूर सभा' का अधिवेशन हरिपुरा में करवाया।

भारत में कमजोर तबकों के शोषण का क्रम आज भी जारी है। बदलते परिदृश्य में सिर्फ शोषण करने के तरीकों में बदलाव हुआ और जब अंग्रेज भारत में आये तो वह भारत के शिल्पी वर्ग को खत्म करने की फिराक में रहे ताकि उन्हें अधिक से अधिक कच्चा माल प्राप्त हो सके और सफलता प्राप्त की। भारत में उद्योग-धन्धों पर भी अंग्रेजों का नियन्त्रण था। उसका संचालन करने वाले कुछ भारतीय भी थे जो उनकी ही विचारधारा को मानने वाले हिन्दी भाषी थे। धन की लोलुपता और अधिक मुनाफा कमाने के चक्कर में उन्होंने श्रमिकों (दलितों) का अधिक से अधिक शोषण किया।

आदिकाल से आज तक दलितों की दशा पर नजर डालने से पता चलता है कि अनेक परिवर्तनों के बावजूद दलितों की हालत आज भी समाज के आखिरी पायदान पर जीवन मौत के संघर्ष में ही बीत रही है। प्रख्यात समाजशास्त्री एम. एन. श्रीनिवास ने 1966 में प्रकाशित अपनी पुस्तक 'सोशियोलॉजिकल स्टडी ऑफ मॉर्डन इंडिया' में लिखा था—'दलित कृषि में कुछ आवश्यक आर्थिक कार्य पूरा करते हैं, वे प्रायः गाँव के सेवकों, हरकारों और मेहतरों का काम करते हैं और गाँव के उत्सवों, त्योहारों पर ढोल पीटते हैं तथा सामुदायिक भोज की पत्तलें उठाते हैं।' यही स्थिति कमोबेश आज भी जारी है। वैदिक काल में ऋग्वेद के पुरुष सूक्त से जो वर्ण व्यवस्था चली वह आज तक जारी है। यहाँ तक कि अंग्रेजों के शासनकाल में भी वर्ण व्यवस्था को प्रोत्साहन मिला। बकौल श्रीनिवास—'मेरा अनुमान यह है कि वर्ण-आदर्श अंग्रेजी काल में विभिन्न परिस्थितियों के फलस्वरूप अधिक लोकप्रिय हो गया जैसे अंग्रेजों द्वारा स्थापित न्यायालयों में 1864 तक ब्राह्मण-पंडितों की

सम्बद्धता, बड़ी मात्रा में धार्मिक साहित्य का संस्कृत से अंग्रेजी में अनुवाद, हर जगह जाति सभाओं का उदय जो संस्कृतिकरण द्वारा अपनी-अपनी जाति के सुधार के लिए यत्नशील थे...' हालाँकि अंग्रेजों ने सती प्रथा, बालिका हत्या, मानव बलि तथा दास प्रथा आदि को हटाने के प्रयास भी किये, पर इन कदमों का भी अधिकतर लाभ दलितेतर जातियों को ही मिला। जहाँ दलितेतर जातियों ने अंग्रेजी शिक्षा आदि का खूब लाभ उठाया, वहीं शिक्षा से वंचित दलित इस अवसर से भी वंचित रह गये।[3]

मेहनत, मजदूरी करने वाले लोगों का शोषण, आर्थिक, शारीरिक, सामाजिक हर प्रकार से किया जाता रहा। जब जगजीवन राम बी.एससी. करने कलकत्ते के विद्यासागर कॉलेज गये तो देखा कि मेहनतकश मजदूर जो बिहार, उड़ीसा और उत्तर-प्रदेश से आये हैं, वे हड्डी की मिलों, उर्वरक बनाने वाली मिलों, चमड़े के कारखानों, जूट की मिलों में काम करते हैं। उन्होंने उनके शोषण को महसूस किया और आवाज उठाई।

उनको कार्य करने और कार्य के बदले श्रमिकों को उनके मेहनताना और सेवाओं का ज्ञान कराया और कहा कि मालिक और श्रमिक दो जुड़वा भाइयों की तरह हैं, जिसमें दोनों का योगदान महत्त्वपूर्ण है। देश में अधिकारों और श्रमिकों के सशक्तीकरण का प्रयास बहुत ही लोकतान्त्रिक और वैचारिक था, जिसमें मिल मालिकों और मिलों को बिना क्षति पहुँचाये जगजीवन राम ने दलितों (श्रमिकों), मेहनतकश लोगों की समस्याओं को उजागर किया और उनके लिए उद्योगपतियों को सन्देश दिया कि श्रमिकों का महत्त्व आप भी जानें।

''हम उन श्रमिकों को भुला नहीं सकते जो असंगठित हैं और ऐसी स्थिति में नहीं हैं कि अपनी माँगों और दुःख को उद्योगपतियों, जनता अथवा सरकार के सामने रख सकें। उनकी सहायता करना तथा उनके वेतन, काम की स्थिति और जब कभी उनमें और उद्योगपतियों में कोई विवाद हो, तो उनकी स्थिति का सुधार करना सरकार का प्रथम कर्तव्य है। यदि मैं और स्पष्ट शब्दों में कहूँ, तो ''आज देश में असंख्य श्रमिक हैं, जो संघों, बागों, फार्मों आदि में काम करते हैं और सबसे अधिक महत्त्व के हैं। लाखों ग्रामीण-श्रमिक खेती का काम करते हैं। इन श्रमिकों की स्थिति अशिक्षा, अज्ञानता एवं निर्बलता के विचार से ही असन्तोषजनक है।''[4]

वह गरीबों, कमजोर, असहाय लोगों के विषय में चिन्तित रहते थे।जो अधिकतर अछूतवर्ग के ही थे। जगजीवन राम ने साम्यवादी विचारधारा से प्रभावित होकर कार्ल मार्क्स की विचारधारा 'दास कैपिटल' का अध्ययन किया और गरीबों, मजदूरों की समस्याओं पर अपने विचारों की समीक्षा करते हुए पाया कि भारत की प्रगति एवं एकता में छुआछूत सबसे भयंकर क्षय रोग की भाँति है, जब तक इसका समूचा विनाश नहीं हो जाता तब तक भारत में दलितों को सामाजिक अधिकार नहीं मिल पायेंगे और यह देश की एकता एवं अखण्डता के लिए बहुत ही खतरनाक है। भारत

में दलितों एवं श्रमिकों की अधिकार चेतना 20वीं शताब्दी में मध्यार्द्ध में देखने को मिलती है। अब उनके संगठन बनने लगे। एक मंच से आवाज को निदान के लिए प्रेषित किया जाने लगा।

श्रमिक यूनियन बनने लगी। उनके कार्य के घंटे पारित किये गये। दुर्घटना हो जाने पर परिवार के भरण-पोषण हेतु मालिक का दायित्व था कि वह उसके परिवार के आश्रित को मदद करें। इस प्रकार के परिवर्तन देखने को मिले। जगजीवन राम श्रम की महत्ता को समझते थे। इसलिए वह मालिक और श्रमिक को साझेदार मानते थे।

Babu Jagjivan Ram was the founder President of "Dalit Varga Sangh", one of the biggest Organizations of Dalits in India. He was also the patron of almost all organizations concerned with the problem of downtrodden people in general and Dalits in particular. His philosophy behind forming "Dalit Varga Sangha" was to bring together all the downtrodden people and to form small segments of this organizations in villages. D.V.S. analyses how different aids given to Dalits work. It assist in establishing night school, financial aid during neutral calamities, and other such facilities.

At that time Babuji was Labour Minister in Central Government. Labour Act was passed according to which the minimum wages got fixed for the labors. His idea behind this was that most of the labours belong to Dalit community who will be benefited by this Act. He arranged Provident Fund Scheme for them. First organization of those nature was established in Dhanbad–Coal Mines Welfare Provident Fund. It gives out loan to the workers on special occasions such as marriage etc. Babuji's success can noted by the fact that workers of Dhanbad established a town – Jagjivan Nagar. It was he who had first of all appointed a Coal Mines Welfare Commissioner over there. He propounded housing scheme for the labors which constituted of Dalits mostly.[5]

श्रमिक वर्ग की पर्याप्त सुरक्षा, देखभाल और ध्यान के लिए केन्द्र सरकार में श्रम कानून बनवाये और उन्हें क्रियान्वित किया। श्रमिक श्रम की बेहतरी ही नहीं वरन् जीवन की बेहतरी का इच्छुक है। भारतीय समाज में मेहनतकश श्रमिक स्वतन्त्रता, समता और बन्धुत्व का समर्थक है। भारत की स्वतन्त्रता के आन्दोलन के दौरान बाबू जगजीवन राम श्रमिकों की समस्याओं और उनके उत्थान के लिए चिन्तित थे। वह जानते थे कि देश के गरीब, मेहनती लोग जो बहुसंख्यक हैं, उनके पास अपने से कुछ करने के लिए न ही संसाधन हैं और धन तो उनको दूसरों के यहाँ जाकर मेहनत मजदूरी ही करना है और उनके रोजगार सृजन के लिए भी सरकार इतनी जल्द कुछ नहीं कर सकती थी।

श्रमिकों को उद्योगपतियों के मिलों, कारखानों, खानों में कार्य करना था। अतः उन्होंने श्रमिकों और मालिकों के बीच बेहतर तालमेल का क्रियान्वयन किया। देश की आजादी के बाद श्रमिक वर्ग भी अपनी आजादी के लिए उन्मुक्त था। "यद्यपि हमें 15 अगस्त 1947 को राजनैतिक स्वतन्त्रता प्राप्त हुई है, परन्तु अभी हम आर्थिक स्वतन्त्रता प्राप्त नहीं कर सके। वास्तविक स्वतन्त्रता तो गरीबी और अशिक्षा को मिटाने और देश के करोड़ों मेहनतकशों को उचित सुख और स्वास्थ्यप्रद स्थान में रहने की सुविधाएँ तथा कम से कम दिन में दो बार खाने के लिए भोजन देने में है। यह केवल तभी सम्भव है जब श्रम और पूँजी दो सगे-भाइयों की तरह व्यवहार करें। श्रम की कठिनाइयों का पूँजी द्वारा मान किया जाये और थोड़े से लोगों के हाथों में पूँजी संचित होने से रोकी जा सके।"[6]

जगजीवन राम श्रम की महत्ता को भली भाँति समझते थे। वह देश के विकास, उत्थान एवं पतन में उनकी भागीदारी को आवश्यक मानते थे। श्रमिकों के शोषण और अत्याचार, बिचौलियों द्वारा आर्थिक, शारीरिक दोहन की भी उन्हें जानकारी थी। इसलिए श्रमिकों के सामाजिक स्तर के सुधारने पर उनका ध्यान आकृष्ट हुआ और इस क्षेत्र में उनकी समस्याओं को लेकर कुलीन-तन्त्र की दुर्व्यवहारपूर्ण नीति का जमकर विरोध किया।

श्रमिक वर्ग ने आजादी की लड़ाई में बाबू जगजीवन राम के प्रयासों से बढ़-चढ़कर हिस्सा लिया और अपने प्राणों की आहुति देकर देश को आजाद कराया और आजादी के पहले एवं बाद पूँजीपति समृद्ध हुए जबकि मजदूर, अछूत, दलित भूखे मरे। उनके परिवारों ने कष्ट भोगे और आजादी के बाद स्वशासन और स्वःनिर्णय जैसे सिद्धान्तों की व्याप्ति के बाद भी उनका शोषण किया गया। स्वशासन का सिद्धान्त लोगों को बताता है कि वह अपना शासन स्वयं चलाये, न कि दूसरे लोग उस पर राज करें। आजादी के बाद या उसके पहले मात्र ट्रेड यूनियनों की स्थापना से मजदूरों का हित सम्भव नहीं है। संसदीय लोकतन्त्र, प्रणाली के अन्तर्गत कामगार वर्ग को अपने कल्याण के लिए अवसर खोजने होंगे।

ब्रिटिश संसद में भारतीय स्वतन्त्रता अधिनियम, 1947 के पारित होने के साथ-साथ भारत में ब्रिटिश साम्राज्य का अन्त हो गया और भारत का स्वतन्त्र होने का सपना पूरा हुआ। इससे स्वतन्त्र भारत के नये संविधान की संरचना का मार्ग प्रशस्त हुआ। भारत सरकार ने दलित नेता और केन्द्रीय मन्त्री जगजीवन राम को उस समय लन्दन भेजा था जब ब्रिटिश संसद में स्वतन्त्रता अधिनियम पारित किया जा रहा था।[7] ताकि ब्रिटिश संसद में संवैधानिक कार्यवाहियों के दौरान आवश्यक परामर्श या भारत सरकार के मध्य सम्पर्क सूत्र को कायम रखा जा सके। जगजीवन राम भारतीय राष्ट्रीय कांग्रेस की नीतियों को मानते हुए देश में समरसता स्थापित करने के लिए अग्रसर हुए।

आजादी के बाद भारत में नया संविधान लागू होने के बाद कानून की दृष्टि में कोई अछूत नहीं रह गया। छुआछूत के विषय में वे तमाम आचरण व रिवाज शामिल हैं, जिन्हें भारतीय रीति-रिवाजों में मान्यता प्राप्त है, जिनके द्वारा परिगणित जाति (शेड्यूल कास्ट) के लोगों को गलियों में चलने, मन्दिरों और सार्वजनिक स्थानों में जाने, वाहनों में यात्रा करने, संस्थानों में प्रवेश करने पर रोक लगाई जाती है। इस कुप्रथा को जो मानवता की मर्यादा के नाम पर कलंक है, भारतीय संविधान द्वारा सन् 1950 में समाप्त किया गया। संविधान के अनुच्छेद 17 द्वारा अस्पृश्यता को इस हर रूप में समाप्त घोषित किया गया। "यह अनुच्छेद कहता है कि इस कानून के द्वारा छुआछूत का खात्मा किया जाता है। इसका किसी भी रूप में चलन वर्जित है। छुआछूत का विचार करते हुए किसी प्रकार की अयोग्यता को थोपना एक अपराध माना जायेगा और इसके जुर्म में कानून के मुताबिक सजा दी जायेगी।"[8] भारत के संसद ने सन् 1955 में अस्पृश्यता (अपराध) एक्ट पास किया, जिसमें 1976 में संशोधन किया गया। इस एक्ट का नाम नागरिक सुरक्षा अधिनियम 1955 है। इस एक्ट का उद्देश्य अस्पृश्यता का प्रचार करने या इसको आचरण में लाने, अस्पृश्यता के आधार पर लोगों को अयोग्य ठहराने या उससे सम्बन्धित मसलों के लिए सजा निर्धारित करना है। संविधान में छुआछूत का उन्मूलन कर दिया गया। विवाह तथा उत्तराधिकार सम्बन्धी कानूनों का संशोधन हुआ। इस प्रकार जहाँ तक कानून का सम्बन्ध है भारतीय समाज में एक महान क्रान्तिकारी परिवर्तन हो गया। परन्तु हमारा परम्परागत रवैया वही है। इन कानूनों को प्रभावोत्पादक ढंग से बहुत कम लागू किया जाता है और जनता उन्हें सामाजिक और आर्थिक जीवन का अंग नहीं बना पायी। कानून तथा संविधान की दृष्टि में सभी नागरिक बराबर हैं। परन्तु आज भी भारतीय समाज विषमता पर आधारित है, जिसमें ऊँची-नीची जाति को स्वीकृति दी गयी है।[9] भारतीय समाज ने अपने सामाजिक जीवन के लिए नये मूल्य स्वीकार किये हैं। हिन्दू समाज भावनात्मक स्तर पर कई अंगों में बँटा हुआ है। दलितों के कुछ सामाजिक संगठनों के द्वारा उनको अधिकार दिलाने एवं सामाजिक स्तर के बदलाव के लिए संघर्ष चल रहा है। परन्तु उसका प्रभाव न तो खासकर सवर्ण हिन्दुओं पर पड़ रहा है और न ही अनुसूचित जातियों पर। लेकिन राजनीतिक शक्ति प्राप्त किये बिना सामाजिक समरसता आना असम्भव है।

देश में सफलतापूर्वक समाज कैसे स्थापित हो यह सबसे बड़ी समस्या थी, क्योंकि पूँजी सम्पन्न लोग, जमींदार वर्ग कभी भी किसी प्रकार का समझौता करने के लिए तैयार नहीं थे। उन्हें दलितों, अछूतों, कमजोरों को सबल होते देखना भी कष्टकारी था। वह अंग्रेजों की गुलामी सहन कर सकते थे लेकिन दलितों को तनिक सा अधिकार भी देने से घबरा जाते थे। वर्गों में बँटे समाज में वर्ण व्यवस्था

आज स्वतन्त्रता के समय भी हावी थी। व्यक्ति का मूल्यांकन उसकी शान या कर्म के आधार पर न होकर जाति आधारित था। समरूपता में बाधक इस तरह की ऊँच-नीच की अमानवीय अव्यवस्था व्याप्त थी।

भारत कृषि प्रधान देश होने के नाते देश की लगभग सत्तर प्रतिशत जनता गाँवों में रहती है, जहाँ खेती ही आजीविका का एक मात्र साधन है। इस देश में खेती से जीविका चलाने वालों को दो स्पष्ट भागों में बांटा जा सकता है। एक वे जो बड़ी-बड़ी जोत (खेत) के मालिक हैं। लेकिन खेती स्वयं नहीं करते दूसरों से कराते हैं। उनके पास श्रम शक्ति (Man Power) बहुत कम होती है। श्रमिकों को बन्धुवा कर्ज देकर आपसी झगड़े लगाकर अपनी खेती के लिए काम करने को मजबूर करते हैं।

दूसरे वे हैं जो न तो खेती की जमीन के मालिक और न ही उनके पास करने के लिए खेत हैं। लेकिन यही वर्ग खेती के सहारे अपना और अपने परिवार का जीवन गुजारता है। ये खेतिहर मजदूर कहलाते हैं। इनका शोषण सैकड़ों सालों से होता चला आया है, क्योंकि इनका कोई संगठन नहीं होता है। जिसके द्वारा असहाय अशिक्षित बेचारे अपने दुःख-दर्द को जनता एवं सरकार के समक्ष रख सकें।

असंगठित क्षेत्र के ये मजदूर गाँव में ही मजदूरी करने से शहर एवं कस्बों की जानकारी और अपने अधिकारों को ही नहीं जान पाते हैं। शोषण पूर्ण कार्यों के खिलाफ आवाज उठाने की हिम्मत नहीं जुटा पाते। सबसे विचित्र बात यह है कि दस प्रतिशत लोग लगभग सम्पूर्ण जोत (खेती योग्य जमीन) के मालिक हैं। नब्बे प्रतिशत लोग खेतिहर मजदूर हैं, जो दलित, शूद्र (अछूत) वर्ग से ही होते हैं। खेती (कृषि) एक टिकाऊ व्यवसाय है।[10] जमीन एक स्थाई सम्पत्ति है। इसलिए पुराने समय से राजा-महाराजाओं के खानदान वाले, जमींदार, तालुकेदार, जिलेदार उनके पटवारी व मुनीम (मुंशी) भी बड़ी-बड़ी जोत (खेती) योग्य भूमि के मालिक बन बैठे।

भारत में स्वतन्त्रता प्राप्ति के बाद जहाँ लोगों को समानता का अधिकार दिया गया वहीं जमींदारी उन्मूलन का भी प्रावधान किया गया। इतनी बड़ी संख्या में लोग भारत-पाकिस्तान के बँटवारे में बेघर हुए थे, उन्हें रहने के लिए छत मुहैया कराना सरकार की नैतिक जिम्मेदारी बन गयी थी। लाखों लोग उधर से (पाकिस्तान) भारत में प्रतिस्थापित (Migrate) होने से समस्या ने विकराल रूप ले लिया था। अब उनको भी भारत में सृजन के लिए भूमि, रहने एवं जीविका चलाने के लिए खेती योग्य कृषि भूमि चाहिए थी।

दूसरे, जो बड़ी जोत के मालिक थे वह अपनी जमीन परिवार के सभी सदस्यों के नाम अलग कर रिश्तेदारों एवं उससे भी ज्यादा जाली (फर्जी) नामों से रखने लगे। लेकिन जमीन के बँटवारे को दलितों एवं कमजोर वर्गों तक नहीं होने दिया। अगर मजदूर खेत का मालिक हो जायेगा तो उसके खेतों में काम कौन करेगा। इस

बात को ध्यान में रख सामन्ती सोच के लोगों ने कभी भी खेत मजदूर को खेत का मालिक नहीं बनने दिया। खेतिहर मजदूर दिन-रात मेहनतकर अन्न उपजाते हैं, जिसकी अस्सी प्रतिशत उपज मालिक के घर एवं कुछ ही अंश खेत मजदूर को मिला पाता है। सम्पत्ति वाले लोग गाँव-देहात में बेशुमार खेत खरीद लेते हैं।

खेतिहर मजदूर सपरिवार रात-दिन ठंड, गर्मी, बरसात में परिश्रम करके अपनी जरूरत की मौलिक वस्तुएँ जुटा पाते हैं। श्रमिकों को कभी भी पूरे फसल भर में जजमानी व्यवस्था के तहत साल भर में एक बार तयशुदा भाग ही मिल पाता था। यह भारतीय समाज की विचित्र व्यवस्था थी। उनको जीवन की एक शाम को भी सन्तुलित भोजन नहीं मिल पाता। कितने शोषण व बदनसीब हैं ये मजदूर जिन्हें मानव समझा ही नहीं जाता। लोग पशुवत व्यवहार करते हैं। जबकि श्रमिकों को खेती का साझीदार जगजीवन राम मानते थे। कृषि के तीन तत्वों—श्रम, पूँजी, भूमि की आवश्यकता होती है। इसमें 'श्रम' तत्त्व की महत्ता सबसे अधिक है। कहने का मतलब यह है कि जिसके पास श्रम है उसे ही खेत (भूमि) रखने की मान्यता (इजाजत) होनी चाहिए।[11]

असंगठित क्षेत्र में कार्यरत लाखों मेहनतकश लोगों के ऊपर अमानवीय अत्याचार आज भी जारी है। संगठित क्षेत्रों जैसे मिलों, कारखानों, फैक्ट्रियों में जहाँ ट्रेड यूनियनें हैं वहाँ तो मजदूरों की बात फैक्ट्री मालिक एवं जनता और सरकार में समझ आ जाती है, लेकिन खेती एवं गाँवों जैसे असंगठित क्षेत्र में मजदूरों की समस्याएँ बहुत ही दर्दनाक है। अन्तरिम सरकार में आने से पहले जगजीवन राम ने असंगठित क्षेत्रों में कार्यरत लाखों मेहनतकश श्रमिकों की समस्याओं उनके दुःख-दर्दों को समझा था, अतएव 1936 ई. में ही खेतिहर मजदूर सभा बनाई थी। यह संगठन मुख्यतः बिहार में व्याप्त खेत मजदूरों के शोषण के विरुद्ध था। कुछ ही समय में उत्तर भारत के सभी प्रान्तों में फैल गया था। इसका कार्य-क्षेत्र शहर, कस्बों, नगरों एवं मुख्यतः गाँवों में खेती के कार्य करने वाले मजदूरों के लिए था। जब बाबू जी अन्तरिम सरकार में श्रम मन्त्री थे तो उन्होंने असंगठित क्षेत्र के श्रमिकों के पक्ष में औद्योगिक विवाद को सुलझाते समय कहा[12]

"I want to make it clear that only the factory labour does not represent the labouring classes of the country. There are other categories of labouring classes much more in number that the workers employed in factories. We cannot lose sight of those labours who are not at all organised. Very few of the labour leaders have ever cared to look into their conditions and try to organized them with a view to improving their conditions. While considering this measure we must keep in view these vast malteds of labouring classes of the country who have so far been neglected by the Government and by the labour leaders. I am afraid, sir, for the workers who are a bit organized, who are in a position to place their demands and grievances before the employers, before the public, before the Government, this measure might not be so necessary. But it is very necessary for those workers who are not organised, who cannot think of standing on their own legs, who cannot think of making their demands and grievances effectively heard by either the Government or the employers.

For them it is very essential and necessary that Government should go to their help and try to improve their condition of work when there is a conflict between them and employers. If I were to make it more clear, there are vast multitudes of workers employed in mines in plantains and above all in lakhs of villages of this country in Agricultural labour."

खेतिहर मजदूरों को दस घंटें तक काम करने के बाद उनको एक रुपये मजदूरी मिलती है। एक सालदार (ठेके पर श्रमिक) को 600 रुपये से 800 रुपये की सालाना आय से सन्तुष्ट होना पडता है। उसे बहुधा रात में भी काम करना पड़ता है, इसके अलावा जमींदार के लिए उसे गन्दे से गन्दा काम करना पड़ता है। जमींदार की सनक और मजदूरी की गरज से मजदूरी का परिणाम निश्चित होता है। मजदूर को कोई छुट्टी नहीं मिलती थी। अपने परिवार (बहुधा दस तक सदस्य) को भूखों मरने से बचाने के लिए उसे महाजन से कर्जा लेना पड़ता है, जो मौजूदा सम्बन्धों के तहत वह अपने जीवन भर में कभी चुका नहीं पायेगा। इस प्रकार मालिक, गुलाम सम्बन्ध बनता है और वह मजबूर होता है कि वह अपने सारे परिवार को दासता में लगाए, जिसका निर्णय पूरी तरह जमींदार के हाथ में होता है।[13]

उन्होंने श्रमिकों की समस्याओं को उजागर करते हुए असंगठित क्षेत्र में कार्यरत श्रमिकों की ओर सरकार को ध्यान दिलाया। उन्होंने कहा कि आज हमारा देश सांस्कृतिक करने वाले से गुजर रहा है। जातिवाद और छुआछूत की समस्याएँ भारतीय समाज में व्याप्त हैं। ये समस्याएँ इतनी गहरी और जटिल हैं कि हमें इनका दिन प्रतिदिन समना करना पड़ता है। इस तरह के अन्यायपूर्ण कार्यों को समाज में परम्परा बना दिया गया था।

भारत में तथाकथित उच्च वर्ण के लोग जब संस्कृति एवं सभ्यता की बात करते हैं तो ऐसा लगता है कि उनके समान न ही कोई संस्कृति है और न सभ्यता। जबकि उसके भीतर क्रूरतम सभ्यता एवं संस्कृति छिपी पड़ी है। उच्च मानव मूल्यों और आदर्शों की स्थापना की बात भर ही करते हैं। लोकतन्त्र की स्थापना की बात होती है। मशीनी आर्थिक प्रगति की बात की जाती है। लेकिन बाबू जी की मान्यता थी कि जब तक जाति प्रथा इस देश से समाप्त नहीं हो जाती तब तक ये सभी बातें करना अर्थहीन है।[14]

जाति के आधार पर व्यक्ति का मूल्यांकन करना अमानवीय है। आजादी मिलने के समय तक जगजीवन राम दलितों को मुख्य धारा में लाने के लिए उनके साथ हो रहे जातिगत अत्याचारों राष्ट्रवादी नेताओं के समक्ष उजागर करने में सफल हुए। उन्होंने कहा यह निर्विवाद सत्य है कि गत वर्षों में देश में असन्तुष्टि का स्तर अत्यन्त बढ़ा है। असन्तुष्टि मूलतः हमारी पारम्परिक मूल्यों की भावना के प्रति उदासीनता की अभिव्यक्ति है। नैतिक मानव मूल्य, जो लोकतन्त्र और समाजवाद के स्वरूप का आधार है, को अपनाने में हम अयोग्य हैं। आदर्शों को जीवन में सही तौर पर उतारना कठिन है।

रूढ़िवादी समाज को जगजीवन राम नकारते ही नहीं बल्कि उसे देश की एकता और स्वतन्त्रता के लिए खतरा भी मानते थे। साथ ही साथ समाज में जड़ता का प्रमुख उत्तरदायी कारण समझते थे। रूढ़िवादी व्यक्ति या समाज को नये मूल्यों की न तो समझ थी और न ही उन्हें स्वीकार कर सकते थे। "देश में रूढ़िवादी विचारधारा के लोग राजनीति में भी शामिल थे, जो किसी भी प्रकार का सुधार या कमजोरों के लिए विकास की कोई बात नहीं करते थे। उनके सोचने के तरीके को बदलना आवश्यक था और उसके साथ ही उनकी चिन्तन की प्रणाली को नयी दिशा देना आवश्यक था। लोगों के तथाकथित नैतिक और बौद्धिक दृष्टिकोणों को बदलना उतना ही जरूरी था, जितना कि शताब्दी पुरानी बेड़ियाँ तोड़नी। एक नये कार्यक्षेत्र और नये क्षितिज की खोज भी आवश्यक थी। इस सन्दर्भ में मैंने देखा कि सवर्ण हिन्दू किस प्रकार हरिजनों के कल्याण के कार्यकलाप में लगे हुए हैं। मैंने उन लोगों की भर्त्सना की, जो हरिजनों के मसीहा होने का दम भरते थे। समाचार-पत्रों में मेरा भाषण सही रूप से नहीं छपा और इस कारण गाँधी जी ने डॉ. राजेन्द्र प्रसाद से पूछा कि मैंने वास्तव में कहा क्या था? डॉ. राजेन्द्र प्रसाद ने मेरे बारे में बहुत अच्छे भाव व्यक्त किये। कहने लगे कि यह तो आग में तपा कुन्दन है। उसकी इन भावनाओं के लिए मैं उनका आभारी हूँ। परन्तु मेरा विचार था कि परिवर्तन सुधार के माध्यम से नहीं लाया जा सकता। जब गाँधी जी के विचार बदल गये तो मुझे बड़ी प्रसन्नता हुई।"[15]

अछूतों और कमजोर वर्गों की समस्याओं के बारे में जगजीवन राम के विचार बहुत ही स्पष्ट थे। उनका मानना था कि अछूतों को सामाजिक समस्या ने ही नहीं घेर रखा है बल्कि उन लोगों की समस्या मुख्यतः आर्थिक है। उनका कहना था कि आर्थिक समस्या का समाधान उचित ढंग से कर दिया जाये तो सब ठीक हो जायेगा। साथ ही साथ राजनीतिक और सामाजिक पहलू को भी उपेक्षित नहीं किया जा सकता। जातिवाद राजनैतिक जीवन में विष के समान इतना अधिक फैल गया है कि हमारे लोकतन्त्र का ढाँचा खतरे में पड़ गया है। तनाव बढ़ता जा रहा है, लेकिन अकर्मण्यता का परिवेश ज्यों का त्यों है। सत्ता की होड़ में सभी उच्च जाति के लोग

लाभ उठा रहे हैं। जाति का उपयोग समेकित राष्ट्रवाद के उदय के लिए नहीं बल्कि अपने-अपने संकीर्ण उद्देश्यों की पूर्ति के लिए किया जा रहा है, जिससे राष्ट्र का ताना-बाना कमजोर पड़ता जा रहा है। आवश्यकता इस बात की है राष्ट्र के नैतिक और बौद्धिक साधनों का प्रयोग इस हानिकारक व्यवस्था को समाप्त करने के लिए एक सामाजिक और बौद्धिक आन्दोलन को चलाने के लिए किया जाये। एकता के बन्धन जाति और क्षेत्र की सीमाओं से परे हैं और होने चाहिए इस बात को समझ लेने की जरूरत है। गाँधी जी हिन्दुओं की सामाजिक व्यवस्था में आमूलचूल परिवर्तन करने में सफल नहीं हुए। इस व्यवस्था ने तो इस्लाम और ईसाई धर्म को भी दूषित कर दिया और यह अवश्य हुआ कि "गाँधी जी की सफलता यह थी कि उन्होंने अछूतों को आज़ादी की राह पर अवश्य ला खड़ा किया। सवर्ण हिन्दुओं को पुरानी रूढ़ियों के बन्धन से मुक्त होना चाहिए था लेकिन ऐसा नहीं हुआ। दलितों के बारे में वर्ग के आधार पर सोचा जाये तो यह समस्या है कि सभी को जीवन की न्यूनतम आवश्यकताएँ, रहने को मकान, रोजगार और स्कूलों की सुविधा प्राप्त हो जिसमें वर्गों के बच्चे शिक्षा पा सकें। हिन्दुओं की सामाजिक व्यवस्था आज भी इतनी जटिल है कि वर्ग की समस्या को जाति की समस्या से अलग नहीं किया जा सकता जो कि नैतिक और बौद्धिक क्रान्ति की समस्या है।"[16]

आजादी के समय लोगों का नजरिया शूद्रों, अछूतों को देखने का दोहरा मापदण्ड था। उन्हें सेवा के कार्य में संलिप्त रखते थे। हिन्दू धर्म से अलग भी नहीं होने देते और छुआछूत भी कायम थी। अब आजादी के बाद भी दलितों के लिए जो बहुसंख्यक थे, रोजगार सृजन एवं समतामूलक समाज बनाने की आवश्यकता थी। उन्हें सही अर्थों में स्वतन्त्र रूप से शोषित हुए बिना देश में खाने-कमाने की स्वतन्त्रता की दरकार थी। जीवन की वर्तमान विचारधारा और उच्च विकसित जीवन प्रवाह प्रक्रिया के सन्दर्भ में यह कहना युक्ति संगत होगा कि हम मनुस्मृति जो एक ही तरह के अपराध पर अनेक समुदायों के लोगों के लिए भिन्न-भिन्न दण्डों के बारे में कानूनों की विवेचना करती है, को स्वीकार नहीं कर सकते। लेकिन इसके लिए हम मनुस्मृति को ही केवल दोषी नहीं ठहरा सकते हैं।

वास्तव में समाज ने इसे प्रतिबिम्बित किया था। उस समय के राजा या शासक के शब्दों को ईश्वर की अभिव्यक्ति माना जाता था। इस सत्य को स्वीकार करने में कोई कठिनाई नहीं हो सकती कि वर्तमान समाज न तो क्षत्रिय धर्म और न ही मनुस्मृति को किसी प्रकार का महत्त्व प्रदान करने की स्थिति में था। यदि लोगों के बौद्धिक और शारीरिक विकास के लिए समान अवसर नहीं दिये जाते हैं। यह बार-बार कहना अर्थहीन होगा कि भारतीय संस्कृति स्थाई और विश्व की अनेक संस्कृतियों से उत्तम है तो इस तरह की सामाजिक और मानसिक संकीर्णता वेदों में और कहीं देखने को नहीं मिलती है।[17] वेदों में हमें एक-एक महत्त्वाकांक्षी व स्वस्थ

ग्रामीण समाज लगातार जूझता हुआ देखने को मिलता है।

इतिहास की धारा ने ऐसे समाज को बहुत पीछे छोड़ वर्तमान युग में अप्रासंगिक व्यवस्थाओं को समाप्त कर अनेक दूसरी प्रासंगिक, सामाजिक व्यवस्थाओं को जन्म दिया है। ''श्रम विभाग में मन्त्री के तौर पर जगजीवन राम ने श्रमिकों की समस्याओं और उनके सामाजिक, आर्थिक विकास में भरसक मदद की।''[18]

देश में सच्चे अर्थों में लोकतन्त्र, समाजवाद और धर्म निरपेक्षता के प्रति स्पष्ट रूप से और अटलता के साथ यह बचनबद्ध है। देश में समतामूलक समाज स्थापित करने में देश का कोई भी कानून जो इन आदर्शों के मार्ग में बाधा बनकर खड़ा है, उसे समाप्त या समुचित रूप से संशोधित किया जाना चाहिए। कोई सामाजिक, आर्थिक या राजनीतिक शक्ति जो मार्ग में बाधा बनती है, उसे सौम्य तथा आम उद्देश्य की सेवा के योग्य बनाया जाना चाहिए। हम सभी महसूस करते हैं कि पारम्परिक, पिछड़े समाज में बगैर समाजवाद के लोकतन्त्र का मतलब सुविधा प्राप्त लोगों के, सुविधा प्राप्त लोगों द्वारा और सुविधा प्राप्त (परम्परागत अधिकार प्राप्त) के लिए शासन की स्थापना है जो किसी विपक्षी की बात को सुनने के लिए तैयार न हों। हम जानते हैं कि समाजवाद एक तरह से प्राचीन भारतीय आदर्श है और यह पश्चिम का उत्तराधिकार नहीं है।

सभी धर्मों के लिए हमारे देश के वैचारिक ढाँचे में समान आदर मूलतः निहित है। दुर्भाग्य से मानवीय और उदार भारतीय विचार कभी एक रूप में सामाजिक ढाँचे में सम्मिलित नहीं हो पाये और नियमित जीवन में कभी व्यवहार में भी नहीं लाये गये। पश्चिम ने इन्हें अपने जीवन में उतारा। ''भारतीय समाज स्वनिर्मित, संचित असमानताओं और मनुष्य के निरादर के कारण मुरझा गया। हमारे लिए विचार नये नहीं हैं। व्यवहार नया है, फिर भी, आधुनिक मनुष्य, वह सब जो मानवीय विचारों में श्रेष्ठ और अच्छा है, उसका उत्तराधिकारी है और इस प्रकार हमारा लोकतान्त्रिक समाजवाद पूर्व और पश्चिम की सभी उत्तम विचारधाराओं का मिश्रण है।''[19]

भारत में अंग्रेजों के आने से जड़वत परम्पराओं, विचारों, संकल्पनाओं में परिवर्तन आया। जैसे परम्परागत वैदिककालीन समाज में लड़ने का कार्य चतुर्वर्ण व्यवस्था में क्षत्रियों को ही था। ब्रिटिश अधिकारियों ने अपनी रेजीमेण्टों में अछूतों को लेना शामिल किया जिससे वह अब लड़ने के कार्य में संलिप्त हो गये। साथ ही साथ अब वे एवं उनके बच्चे अंग्रेजी शिक्षा के सम्पर्क में आ सके।

देश में रेलों के विकास ने गरीब मजदूरों को एक शहर से दूसरे शहर एवं एक क्षेत्र से दूसरे क्षेत्र की सभ्यता, संस्कृति, अच्छाइयों और बुराइयों से रूबरू होने के मौके प्रदान किये। अब अछूत समाज जिसे लोग देखना नहीं चाहते थे, वह भी बढ़-चढ़कर देश की प्रगति का हिस्सेदार बना।

देश में समतामूलक समाज की स्थापना के जातिवाद के दुर्ग गाँवों के दलित

(अछूत) समाज के साथ ही साथ तथाकथित कुलीन वर्ग को भी जाग्रत करने की जरूरत थी। 28 अक्टूबर 1947 को एशियन रीजनल कान्फ्रेन्स नयी दिल्ली में हुई जिसमें जगजीवन राम ने अध्यक्षीय भाषण में कहा कि "Friends, this is a great and historic occasion, the significance of which is greater than what is apparent. This new era of freedom in Asia is a welcome development for the world, for our freedom movements have been a series of crusades against inequality, exploitation and the domination of one country over other. More than 75 percent of the population in Asian countries is working in the land. Most of these workers have full employment for not more than six months in the year. There are in addition, large member dependent for their living on handicrafts and cottage industries. Under employment, excessive pressure on land, low productivity and inadequate physical means for sustaining a decent existence are the dominant features of the economic landscape in most Asian countries.[20]

देश में साम्यवादी, सामाजिक ढाँचे के परिप्रेक्ष्य में ग्रामीण व्यवस्था को हमारे यहाँ मूल इसलिए माना गया है कि वहाँ देश की कुल जनसंख्या का करीब 80 प्रतिशत हिस्सा रहता है। ग्रामीण लोगों, विशेषकर खेतिहर मजदूरों की दशा को सुधारने और वहाँ की अर्थव्यवस्था को सुदृढ़ बनाने के लिए बाबू जगजीवन राम ने कहा "क्या करना है? हम मूल से आरम्भ करें। सत्य है कि उत्पादन का तरीका वितरण व्यवस्था को निर्धारित करता है। इसलिए यदि ग्रामीण क्षेत्रों में आर्थिक शक्ति को समतामूलक बनाना है तो उत्पादन के नये तरीकों को अपनाना चाहिए।"

ग्रामीण नेतृत्व आज सम्भ्रान्त और मझोले कृषकों का ही है और इसमें अभी तक छोटे किसान तथा खेतिहर मजदूरों का कोई स्थान नहीं है। अभी तक वही पुराने जमींदार हैं जो संभ्रांत किसानों में परिवर्तित हो चुके हैं और गाँवों में शासन करते हैं। अभी तक वही पुरानी प्रबल जातियाँ हैं जो कि निरन्तर ग्रामीण जीवन पर प्रभुत्व बनाये हुए है। सरकारी तन्त्र, जाति और ग्रामीण जीवन के वर्ग ढाँचे को प्रतिबिम्बित करते हुए एक सहयोगी रूप में (अगर अधीन नहीं तो) विद्यमान व्यवस्था को स्थाई रूप से कायम रखने का कार्य कर रहा है। इस तरह के कार्य को बदलना है। नये नेतृत्व को उभारना है और गाँव के स्तर पर विश्वसनीय प्रतिनिधि उन स्थानीय लोगों को बनाना है जिनका विकास में योगदान है और जो समर्पित हैं। इन कार्यस्थानों में ऐसे सभी लोग हैं जो भूखे पेट हैं, और कार्य करने के इच्छुक हैं तथा जिनके पास कम या बिल्कुल कृषि योग्य भूमि नहीं है और न ही जिनके पास उत्पादन के कोई साधन ही हैं।

यदि बढ़ते हुए कृषि उत्पादन को प्रगतिशील ढंग से बरकरार रखना है तो ग्रामीण क्षेत्रों में बढ़ता हुआ तनाव तुरन्त समाधान की अपेक्षा करता है। भूमि सुधार

में अब विलम्ब नहीं किया जा सकता। बिचौलियों की समाप्ति, खेतों की क्षेत्र-सीमा का निर्धारण (चकबन्दी), भूमिहीन कृषि मजदूरों के बीच बची हुई सरकारी भूमि का वितरण जल्द ही किया जाना चाहिए।[21] बाबू जगजीवन राम अनुसूचित जाति और अनुसूचित जनजातियों की समस्याओं को भली-भाँति समझते थे उन्हें पता था कि उनके विकास और उनके सामाजिक उत्थान में कितनी ही अड़चनें हैं। अतएव जगजीवन बाबू ने अछूतों की समस्याओं को जनता एवं सरकार के समक्ष रखना प्रारम्भ किया। भूमि सम्बन्धी कानूनी दाँवपेंच बेचारे दलित, अशिक्षित को बिना धन के कैसे अमीरों से न्याय मिल पाता, इस दिशा में मजबूत नियम बनाये गये और उनका क्रियान्वयन किया गया।

सामाजिक न्याय तथा दलित वर्गों के साथ मानवीय अधिकारों के लिए खेतिहर मजदूर से लघु कृषक के रूप में उनका रूपान्तरण होना आवश्यक था इसके लिए वह हमेशा संघर्षरत रहे। कुवाई में एक हरिजन सम्मेलन में अध्यक्षीय भाषण में बाबू जगजीवन राम ने कहा कि "कृषि योग्य भूमि उस पर काम करने वाले व्यक्ति की है।" उनके इस कथन की जोरदार प्रतिक्रिया हुई और कांग्रेस संगठन में ही कार्यरत अनेक भू-स्वामियों के गले से यह बात नीचे नहीं उतरी। बाबू जी खेतिहर मजदूरों को उनका अधिकार दिलाने के प्रबल पक्षधर थे।[22]

उनका विचार था कि बहुसंख्यक दलित समाज अनपढ़ है। जो समाज की मुख्य धारा में नहीं है उसे मुख्यधारा में लाया जाये, साथ ही साथ कल्याणकारी योजनाओं के क्षेत्र और उनको कार्यान्वित करने के तरीके बहुत कुछ सोचने के लिए प्रेरित करते हैं। अछूतों (दलितों) को समाज में समानता प्राप्त करने के लिए उनके स्वाभिमान को जगाना भी जरूरी है। उन्हें अपने अधिकारों के प्रति जागरूक होना चाहिए। वे अपने साथ होने वाले अन्याय पूर्ण-व्यवहार को अस्वीकार करना भी सीखें। उनके साथ यदि पशुवत व्यवहार हो रहा है तो उसको वह कभी भी स्वीकार न करें। इसके लिए एकजुट होकर उस व्यवस्था के विरुद्ध अपनी आवाज बुलन्द करें। अमानवीय अत्याचारों को सहना पाप है। एकता, संगठन और आन्दोलन के जरिये शोषण के विरुद्ध एक-स्वर में विरोध करो।

दिसम्बर 1946 ई. जगजीवन राम को सपरिवार मद्रास के मन्दिरों के दर्शन के लिए मद्रास के मन्त्री सुमैया जी ने निमन्त्रित किया। वहाँ पर मन्दिरों में भ्रमण किया। एक भाषण में जगजीवन राम ने कहा "हम पूर्ण स्वराज की चौखट पर पहुँच गये हैं। हम अपने महान देशभक्त नेता महात्मा गाँधी द्वारा दिये गये अहिंसा के सन्देश से अपने ध्येयपूर्ण स्वराज की चौखट पर पहुँच गये हैं। हो सकता है कि हमें अपने ध्येय की प्राप्ति के लिए अन्तिम लड़ाई लड़नी पड़े, इस लिए हमें अपने को उसके लिए तैयार रखना चाहिए।"[23] भारत और पाकिस्तान के बँटवारे की इच्छाएँ बलवती होती जा रही थीं। अछूतिस्तान की डॉ. बी.आर. आम्बेडकर की माँग को

जगजीवन राम ने आगे बढ़ाया। साम्प्रदायिक दंगों का रूप बढ़ता जा रहा था। ऐसे समय बाबू जी ने राष्ट्र को बँटने से बचा लिया। राष्ट्र को नयी दिशा दी।

तत्कालीन वायसराय लॉर्ड वेवेल काफी परेशान थे। उसकी परिणति यह हुई कि वाबेल की जगह पर कूटनीतिज्ञ और प्रभावशाली व्यक्ति लॉर्ड माउण्टबेटन को वायसराय बनाकर भारत भेजा। मार्च 1947 में लॉर्ड माउण्टबेटन ने भारत के वायसराय के पद की शपथ ग्रहण की। उसके सामने कई लक्ष्य थे, जैसे पूर्व की कैबिनेट मिशन की योजना के आधार पर भारत सरकार की स्थापना की जाये, अन्तरिम सरकार के साथ वैसा ही व्यवहार किया जाये और उससे वैसी ही सलाह ली जाये जैसी औपनिवेशिक सरकार से ली जाती है और उसे रोजमर्रा के प्रशासनिक मामलों में पूरी स्वतन्त्रता दी जाये, भारतीयों के साथ सहयोग किया जाये, सत्ता का हस्तान्तरण करते समय भारत की सुरक्षा के साधनों का पूरा ध्यान रखा जाये।[24] इसके कुछ समय बीतने के बाद जेनेवा में अन्तर्राष्ट्रीय मजदूर संघ (आई.एल.ओ.) की कांग्रेस होने वाली थी। 15 जून 1947 को श्री जगजीवन राम भारत के श्रम मन्त्री होने के नाते देश का प्रतिनिधित्व करने पहुँचे। इनके साथ स्टॉफ में प्राइवेट सेक्रेटरी, विभाग के सचिव तथा एफ.पी.ए. गये। उन्होंने अपना विभागीय सचिव एस. लाल को बनाया था जो आई.सी.एस. थे और उस समय आरा के कलक्टर रह चुके थे जब ये वहाँ के सार्वजनिक कार्य किया करते थे। अन्तर्राष्ट्रीय मजदूर संगठन के तीसवें अधिवेशन को इन्होंने सम्बोधित किया।

This is the first occasion on which I have had the privilege of participating in your proceedings. As one having a deep and abiding interest in the uplift and amelioration of the teeming and tailing massage of my country man and having worked all my life in my humble way to that end, I have watched with keenness and admiration the building up of the go edifice of this organisation.[25]

"उनका चिन्तन था कि श्रम मजदूर, परिवार, समाज तथा राष्ट्र का निर्माण करता है। श्रम मनुष्य का पालक है और श्रमिक उसका उपासक है, पुजारी है", ऐसा निर्बल श्रमिक के परम हितैषी जगजीवन बाबू का विश्वास था।[26]

निश्चित न्यूनतम पारिश्रमिक कानून, विभिन्न सेवा कार्यों की संज्ञा का मान निरूपण एवं महंगाई की दर जैसे सिद्धान्तों के आधार तैयार हुए। इसके साथ ही उचित पारिश्रमिक शर्त नामे, वेतनमान तथा निश्चित समय पर वेतन वृद्धि और औद्योगिक प्रशिक्षण की योजना आदि कार्य प्रारम्भ हुए। फैक्ट्री एक्ट और माइन्स एक्ट में भी व्यापक संशोधन के द्वारा तथा ऐसे स्थलों पर जहाँ किसी न किसी रूप में मजदूर, मजदूरी करता था किन्तु कानून के अन्तर्गत नहीं आता था, के लिए नये कानूनों का निर्माण हुआ तथा ऐसे मजदूर भी लाभान्वित हुए जो ऐसे

लाभों से वंचित थे, जिनके वे वास्तव में हकदार थे।[27] निश्चित रूप से जगजीवन राम समतामूलक समाज और कमजोर तबकों की आर्थिक उन्नति को इसी दर्पण में देखते थे। उनका पूर्ण विश्वास था कि श्रम मजदूरों अर्थात् दलितों का कल्याण जब तक नहीं हो सकता तब तक उनकी आर्थिक उन्नति सम्भव नहीं। क्योंकि गरीबी, निर्धनता समतामूलक समाज की स्थापना के लिए बहुत बड़ा अभिशाप है और समता न स्थापित होने का बहुत बड़ा कारक है।

वह समाज स्वावलम्बी न रहकर सवर्णों (अमीरों) पर आश्रित हो गये। भूखा और कमजोर व्यक्ति समाज में बुराइयों के विरुद्ध नहीं लड़ सकता। वह समाज व अपने ऊपर हो रहे अत्याचारों का विरोध नहीं कर सकता। अपमान, निर्धनता, अस्पृश्यता सहने वाला और जमींदारों, खेतिहर सामन्तों पर पूर्ण रूप से निर्भर बन्धुआ मजदूर कभी भी चिन्तन की बात नहीं सोच सकता, सबसे ज्यादा बल श्रमिक मजदूर, सर्वहारा और दलित को सतर्क रहने की आवश्यकता पर दिया। भारत के मूल निवासियों, श्रमिकों, अतिशूद्र, अछूतों के स्वावलम्बी होने से उनमें स्वतन्त्र चिन्तन आयेगा, जिससे वे समझ सकेंगे कि यदि हजारों वर्षों से चले आ रहे शोषण को खत्म करना है तो सवर्णों को कभी इतनी स्वायत्तता नहीं देनी कि वे उनका (दलित, अछूत) विरोध कर सकें।

सवर्ण समाज की शासक जातियों ने पिछड़े अछूत समाज को सदैव नीच, असभ्य और बर्बर समझा। श्रमिकों को उद्योगों में साझेदार की तरह मानने का सिद्धान्त बाबू जगजीवन राम ने प्रतिपादित किया। देश के इतिहास में पहली बार कृषि और बागान श्रमिकों को संगठित किया गया। उनका विश्वास था कि श्रमिकों के शोषण के विरुद्ध लड़ने वाली यूनियनों को मान्यता प्रदान हो।

"Principle of profit-sharing is the beginning of industrial democracy for all of us have to work together in order that we may advance towards Cooperative Commonwealth, which is our objective."[28]

जब उन्होंने देखा कि कुछ नियोक्ता ऐसे श्रमिकों के संगठनों को, जो सभी वांछित शर्तें पूरी करते थे, मान्यता देने या उनके साथ समझौता करने में रुकावट डालते हैं तो उन्होंने ट्रेड यूनियन एक्ट को संशोधित किया।

इस अधिनियम में संशोधन के पश्चात नियोक्ताओं के पास कोई विकल्प न रह सका और इस तरह उन्हें श्रमिक संगठनों को मान्यता प्रदान करने और उनके साथ श्रमिकों की माँगों के अनुरूप समझौता करने के लिए मजबूर कर दिया। उनकी मान्यता थी कि औद्योगिक समस्याओं का समाधान मात्र नियोक्ताओं और श्रमिकों के बीच आपसी बातचीत और समझौतों के आधार पर ही करना विवेक संगत था। इसी विचारधारा को मूर्त रूप देने के लिए बाबू जी ने श्रमिकों की समस्याओं के समाधान हेतु कोयला, कपड़ा, पटसन, चमड़े की वस्तुओं के निर्माण और सीमेण्ट

उद्योगों से सम्बन्धित त्रिपक्षीय समितियों की स्थापना की।[29]

श्रमिकों की एक-एक कर सारी समस्याओं को परखकर उनका समाधान किया। उन्होंने साक्षर और स्वस्थ जीवन जीने के अधिकार से सबको जाग्रत करने की कोशिश की। लेकिन बदकिस्मती से भारत जैसे देश में जहाँ जाति से किसी व्यक्ति के काम और उसकी जीवन शैली का आकलन किया जाता है, वहाँ ऐसे अनूठे राष्ट्र में अपनी तकदीर बदलना कोई आसान काम नहीं था। व्यक्ति के जो वश में होता है उसे वह करता नहीं, जो उसके अधिकार क्षेत्र से बाहर (वश से) होता है उसका रोना खूब रोता है। कहते हैं व्यक्ति (प्राणी) परिस्थितियों का गुलाम होता है, लेकिन कुछ प्राणी ऐसे होते हैं जिनकी परिस्थितियाँ गुलाम होती हैं। वे समय और परिस्थिति दोनों को बदल देते हैं।

जगजीवन राम के दलितों के प्रति योगदानों को देखते हुए कहा जा सकता है कि दृढ़ इच्छा और उम्मीद ही बेहतर भविष्य की चाभी है। जिसके पास यह खजाना है, उन्हें किसी भी परिस्थिति में किसी से घबराने की जरूरत नहीं। उन्होंने 12 जनवरी 1948 में 'वस्त्र उद्योग की समस्याओं' सम्बन्धी दिल्ली सम्मेलन में बोलते हुए कहा कि ''श्रमिक देश की रीढ़ हैं, हम इनकी उपेक्षा नहीं कर सकते। ये अपने परिश्रम से देश को सुख, आराम पहुँचाते हैं तो सरकार का महत्त्वपूर्ण काम होना चाहिए इन्हें सुख-सुविधा पहुँचाना। मैं इसके लिए कृत संकल्प हूँ। मैं अपने मन्त्रित्व काल में इनके लिए ऐसी योजनाएँ बनाऊँगा जो हमेशा काम आयेंगी।''[30]

श्रमिकों की बहुत समस्याएँ हैं, बहुत कठिनाइयाँ हैं, उनकी दुश्वारियों को समझते हुए जगजीवन राम का मानना था कि "श्रम क्षेत्र में श्रमिकों की समस्याओं को दूर करने के लिए मुझे बहुत काम करना है। उनकी मौलिक जरूरतों के लिए बहुत योजनाएँ बनानी हैं। किसी देश की उन्नति श्रमिकों पर ही निर्भर है। यदि ये श्रमिक खेतों में काम न करें तो अन्न कहाँ से आयेगा। मिलों, फैक्ट्रियों, उद्योग-धन्धों में कार्य न करें तो सारा उत्पादन ठप हो जायेगा।

भवन निर्माण न करें तो लोग बेघर की रहेंगे। भारत में श्रमिकों की संख्या बहुत अधिक है। चन्द पूँजीपति सिर्फ अपने लाभ के विषय में ही सोचते हैं। देश के सर्वांगीण विकास में श्रमिक भागीदार हैं। तो उनके भी विकास का देश को खयाल होना चाहिए। देश में उत्पादन क्षमता में कमी न आने पाये इसके लिए मजदूरों में और उद्योगपतियों, मिल मालिकों में आपस में सामंजस्य बनाये रखना पड़ता है। फिर भी मजदूरों का हित मेरे लिए सर्वोपरि है।''[31]

1947 में आजादी के तुरन्त बाद पाकिस्तान में दलितों की स्थिति और उनके जबरन धर्म परिवर्तन के प्रश्न पर काफी गहमा गहमी रही। दिल्ली में भी शरणार्थियों की समस्या थी, हालाँकि आस-पास के दूर-दराज क्षेत्रों में पाकिस्तान से आये लोगों की समस्या लगभग सुलझ चुकी थी। लेकिन पाकिस्तान में जबरन धर्मान्तरण पर

डॉ. बी.आर. आम्बेडकर और जगजीवन राम ने कड़े वक्तव्य जारी किये।

धर्मान्तरण से तत्कालीन बिट्रिश भारत (आधुनिक पाकिस्तान) में रह रहे दलित-कमजोर व्यक्ति के लिए अपना पैतृक स्थान छोड़ना मुश्किल था। क्योंकि उसके पास जो थोड़ी जमीन थी उसके मोह एवं रिश्तेदारों के मोह ने उसे वहीं का बना रखा था। लेकिन दूसरी तरफ जो अमीर तबका था वह तुरन्त आजाद भारत में आकर नवसृजन में लग गया। उसे अपना धर्म एवं संस्कृति जो बचानी था। लगभग सभी अखबारों ने इस विषय पर, और आमतौर पर दलित-प्रश्न पर लेख तथा सम्पादकीय प्रकाशित किये। तब डॉ. आम्बेडकर भारत सरकार के विधि मन्त्री थे और जगजीवन राम श्रम मन्त्री।

जगजीवन राम ने पाकिस्तान में जबरन धर्मान्तरण के प्रश्न पर कहा– ''पाकिस्तान में हरिजनों की दुर्दशा की अत्यन्त दुःखद तस्वीर उद्घाटित हुई है। निरीह हरिजनों पर अत्याचार की हृदय-विदारक घटनाएँ ऐसी त्रासदी है जिसे शब्दों में बयां करना मुमकिन नहीं...। दमन का सबसे जघन्य रूप उन्हें अपने धर्म का परित्याग करने के लिए विवश करना और मौत के विकल्प के रूप में इस्लाम ग्रहण करने के लिए मजबूर करना।

अभी भी ऐसे लोग हैं जिन्होंने उत्पीड़ित और आतंकित किये जाने के बावजूद अपना धर्म नहीं बदला है। हर क्षण उन पर मौत का साया मंडरा रहा है और इन सब के ऊपर, उन्हें अन्य हिन्दुओं और सिखों के विपरीत, हिन्दुस्तान आने से भी शारीरिक रूप से रोका जा रहा है।''[32] अगर वे अपने सम्मान और धर्म को बचाते हैं तो उन्हें अपनी जान से हाथ धोना पड़ता है और अगर वे अपनी जान बचाते हैं तो उन्हें अपना धर्म और सब कुछ परित्याग करना पड़ता है...पाकिस्तान में हमारे भाइयों को पाकिस्तान सरकार की दया पर नहीं छोड़ा जा सकता है। यह निहायत जरूरी है कि पाकिस्तान सरकार से तुरन्त निम्न गारंटी की माँग की जाये–

(क) जबरन धर्मान्तरण को मान्यता नहीं दी जाय;
(ख) जबरन धर्मान्तरण के लिए जिम्मेदार व्यक्तियों को गिरफ्तार कर कड़ी-से-कड़ी सजा दी जाये जिससे ऐसे दूसरे लोगों को सबक मिल सके;
(ग) हरिजनों को भारत आने की सभी सुविधाएँ मुहैया की जायें;
(घ) भारत और पाकिस्तान की सरकारों के संयुक्त नियन्त्रण में यह काम हो।

हैदराबाद से भी काफी चिन्ताजनक रिपोर्ट आ रही है। वहाँ एक राजनीतिक रणनीति के तहत हरिजनों को इस्लाम ग्रहण करने के लिए बाध्य किया जा रहा है।[33] लालच दिखाकर हरिजनों को अपनी पाँत में शामिल करना मुस्लिम लीग का पुराना खेल रहा है। हरिजन समुदाय ने इस खेल को पहले ही समझ लिया था। हैदराबाद रियासत में अनुसूचित जातियों के खिलाफ 'अजुमन-ए-इत्तेदाह-उल-मुस्लिमीन' ने नियमित अभियान छेड़ रखा है, ताकि हैदराबाद में जिम्मेवार सरकार के लिए होने

वाले आन्दोलन में कभी शामिल न हो सके...किसी को रत्ती भर इस बात में सन्देह नहीं रहना चाहिए कि हरिजन भी उतने ही हिन्दू हैं जितना कोई दूसरा और उन्हें इस बात का गर्व है।

हम अपने सामाजिक अधिकारों के लिए लड़ते आये हैं और लड़ते, संघर्ष करते रहेंगे, लेकिन यह हमारा घरेलू मामला है, जिससे हम किसी बाहरी दखलंदाजी को बर्दाश्त नहीं करेंगे...हरिजन अब तेजी से अपने दम पर उभर रहे हैं और किसी अनिष्ट-सूचक अँधेरे की जगह, मैं तो उधर क्षितिज पर रोशनी की किरणें देख रहा हूँ। यह मुक्ति किसी भी कीमत पर हासिल की जायेगी। सम्भव हो तो सवर्ण हिन्दुओं की सहायता से एवं जरूरी हुआ तो बिना उनकी सहायता के भी। सवर्ण हिन्दुओं के कम से कम प्रगतिशील हिस्सों में हरिजनों के साथ न्याय करने तथा अतीत के अन्याय की क्षतिपूर्ति करने की जो प्रत्यक्ष बेचैनी है, उसे नजरअन्दाज करना अथवा उसे कम करके आंकना उनके साथ अन्याय करना होगा...नये संविधान में सार्विक वयस्क मताधिकार गरीबों और पिछड़ों के लिए वरदान है।[34]

आजादी के प्रारम्भिक वर्षों में दलितों को तमाम समस्याओं और अव्यवस्थाओं का सामना करना पड़ा। चाहे वह पाकिस्तान से भारत प्रवजन का मुद्दा हो या फिर उसे स्वतन्त्र रूप से अपना उद्यम चुनने में कठिनाइयों का सामना करना पड़ा हो। जहाँ एक ओर भूमि सम्बन्धी जटिल नियम उसके सामने मुश्किलें पैदा कर रहे थे वहीं भूमि सम्बन्धी नियम और कानूनों पर क्षेत्रीय जमींदार या लम्बरदार या छोटी-छोटी रियासतों के राजे-रजवाड़े किसानों की जमीनें हड़पकर भू-स्वामी बने हुए थे। कुछ किसानों की जमीनें अंग्रेजों के समय लगान न देने से उनके मुनीम जब्त करा लेते थे। कुछ जमीनें साहूकारों ने ऋण के नाम पर हड़पी हुई थी। जो कृषक वर्ग था उसे देश को स्वतन्त्रता मिलने के बाद भी स्वतन्त्र रूप से खेती करने के लिए जमीन नहीं दी गयी। अतएव उन बहुसंख्यक लोगों को खेतिहर मजदूर बनकर बड़ी-बड़ी जोतों (कृषि क्षेत्रों) में काम करना पड़ा। श्रमिकों को अनेक प्रकार से शोषित किया जाता रहा।

आजादी के बाद भी समाज में परम्परागत स्थितियों में जैसा बदलाव जगजीवन राम चाहते थे वह देखने को नहीं मिला। वह फिर भी राष्ट्रवादी नीति अपनाते रहे। हर समय देश की एकता एवं अखण्डता का भाव सँजोये रहे लेकिन समाज में आम जनता (दलित समाज के लोगों) को तो क्या स्वयं उनको जगन्नाथपुरी के मन्दिर में घुसने नहीं दिया गया और वे पूरे जीवन हिन्दू धर्म का अंग बने रहे। जब उनके साथ ऐसा भेदभाव होता रहा तो आम दलित (अछूत) के लिए कैसा बर्ताव होता होगा। उनके साथ कुछ यूँ हुआ था कि जब जगजीवन राम सपरिवार जगन्नाथपुरी के मन्दिर गये तो इन्होंने बताया कि 'मन्दिर के द्वार हरिजनों के लिए बन्द है। तुम लोग अपने परिवार समेत मन्दिर के बाहर घूम आओ।' अगले दिन जगन्नाथपुरी के

राजा रामचन्द्र देव चतुर्थ की ओर से दो बड़े टोकरों में प्रसाद आया और साथ ही मन्दिर दर्शन का निमन्त्रण। जगजीवन बाबू ने कहा कि "जब तक स्थानीय हरिजनों को मन्दिर प्रवेश की अनुमति नहीं मिलती, मैं मन्दिर में नहीं जा सकता।"[35]

एक सप्ताह बाद मन्दिर के इस नगर जगन्नाथपुरी में कांग्रेस की ओर से एक सार्वजनिक सभा का आयोजन किया गया। उसमें नगर के सभी प्रतिष्ठित व्यक्ति सम्मिलित हुए। मन्दिर के द्वार पर चौक में इस सभा का आयोजन हुआ। हिन्दू धर्म पर कटाक्ष करते हुए कहा, ''हिन्दू धर्म में वर्ण व्यवस्था के नाम पर जो अलगाव और भेदभाव हुआ है, उससे यह धर्म विनाश के कगार पर आ गया है। हिन्दू धर्म में मनुष्य को मनुष्य नहीं जाना जाता है।

हिन्दू को हिन्दू नहीं जाना जाता है। यहाँ तो किसी व्यक्ति को केवल ब्राह्मण, क्षत्रिय, वैश्य, शूद्र के रूप में ही जाना जाता है। किसी जमाने में कर्म के आधार पर वर्ण व्यवस्था स्थापित की गयी थी। चारों वेदों के ज्ञाता ही ब्राह्मण कहलाते थे। आजकल कर्म बदल गये हैं, परन्तु वर्ण वही हैं। ब्राह्मण के घर जन्म लेने से ब्राह्मण कहलाता है, चाहे उसे वेद का एक अक्षर भी नहीं आता हो और शूद्र के घर जन्म लेने से शूद्र कहलायेगा चाहे चारों वेदों का ज्ञाता हो। यह सब चाहे जो कुछ भी हो परन्तु जिस धर्म में मनुष्य को मुनष्य नहीं माना जाता है, उससे घृणा की जाती है, वह धर्म, धर्म नहीं है केवल ढोंग है।''[36]

यह भाषण सुनकर लोग एकदम शान्त हो गये कि जो समाज हमारे विकास, लड़ाई, संघर्ष, आजादी, सेवा आदि में हमारे साथ रहता है, उसे हम अपने ही धर्म का मानते हैं और उसके साथ ऐसा अमानवीय अत्याचार व भेदभाव। स्वीकारोक्ति में कुछ लोग अपने सिर हिला रहे थे और ये लोग अछूत समाज या फिर वे थे, जिन्हें समझ में आ गया था कि वास्तव में अछूतों के साथ जो हो रहा है अमानवीय एवं वैमनष्यता को बढ़ावा देने वाला है, जिससे राष्ट्रीय एकता एवं सम्प्रभुता को खतरा है।

दलितों शताब्दियों तक सामन्तवादी व्यवस्था में दासों की तरह जीवन व्यतीत किया है और आज भी इनकी कोई बहुत अच्छी स्थिति नहीं है, फिर भी इनमें राजनीतिक, सामाजिक और आर्थिक आधार पर जो चेतना जन्मी है वह अपने अस्तित्व और पहचान के लिए संघर्ष कर रही है। इस संघर्ष को दलित आन्दोलन का नाम दिया गया है। इस आन्दोलन के माध्यम से इसने वर्ण व्यवस्था और जाति व्यवस्था पर सीधे प्रहार किया। जब तक ये व्यवस्थाएँ समाज से जड़-मूल से उखाड़ फेंक नही दी जाती, तब तक समतामूलक और सर्वधर्म, समभाव की स्थापना नहीं हो सकती है। जाति और धर्म के आधार पर समाज को ही नहीं विभाजित किया वरन् मनुष्यों को भी ऊँची-नीची श्रेणियों में विभाजित किया जाता है।[37]

जगजीवन राम श्रमिकों को देश के विकास का साझीदार मानते थे–

"Government of India's Labour policy aimed at the creation of a classless society, where labour and Capitalist could be treated as partners in Industry. Profit-sharing was only a means of achieving its cherished end but not an end in itself."[38]

श्रमिकों के प्रति अपनी विकासात्मक संकल्पनाओं को मूर्त रूप देने हेतु 1948 में 'कर्मचारी राज्य बीमा निगम' की शुरुआत की गयी, जिससे देश के सभी सम्बद्ध क्षेत्रों में कार्यरत श्रमिकों के वर्ग लाभान्वित हुए। इस बीमा योजना से बीमार मजदूरों को उनकी बीमारी के दिनों में बीमा का रुपया मिलना अनिवार्य हो गया। मजदूरों की सुविधा का यह सबसे लाभप्रद प्रयास था। इस कानून को बनवाने में शुरू में काफी कठिनाइयों और विरोधों का सामना करना पड़ा। नेहरू जी ने शुरू में तो विरोध किया, परन्तु बाद में वे सहमत हो गये। आश्चर्य की बात यह कि सरदार पटेल भी विरोध में हो गये। बाबू जी ने सरदार पटेल से स्पष्ट कहा कि युगों से कांग्रेस पर लोगों की आशाओं और आकांक्षाओं को मूर्त रूप देने से रोका जाता है तो मन्त्रालय में मेरा कोई आकर्षण नहीं रह जाता।[39] 'राज्य कर्मचारी बीमा निगम' की शुरुआत करते हुए इन्होंने कहा कि–

"We are assembled here today to witness a momentous event an event as momentous as any major social or economic reform in this country. We are about to start on the long road to social security. Social security is a new concept in the evolution of social philosophy and is universally recognized as the only safeguard against violent social and economic upheavals. Through social security measures, society seeks to protect the masses against certain risk to which they are perennially exposed and which they cannot by themselves provide against.

Thus the state has to step in and assume the responsibility of providing the fundamental or basic security to the common man in the economic sphere for the common good. In the context of Indian conditions with the prevalence of diseases and epidemics, the colossal incidence of maternal and infantile mortality the low expectation of life, the misery and destitution caused by hereditary indebtedness and other factors—the provision of social security would appear an impossible task which nothing but a miracle could achieve.

Staggering poverty and lack of development are also factors which would seem to rule out any plan of social security......... .

Thus you will agree that social security is a most desirable objective and also the most urgent national problem.......

I would like to repeat the advice that I have always given to my Labour friends that in the prosperity of the state lies their own prosperity. In the national interests as well as in their own interest the workers must strain every nerve to increase production and efficiency. By doing so they will pave the way for the many far-reaching measures of social security which our government hopes to introduce as early as possible with the co-operation of all parties."[40]

'कर्मचारी राज्य बीमा निगम' की स्थापना के अवसर पर बोलते हुए जगजीवन बाबू ने श्रमिकों, कामगारों की 'सामाजिक सुरक्षा' को महत्त्वपूर्ण बताते हुए उसकी आवश्यकता पर बल दिया। उन्होंने कहा कि "हम सामाजिक सुरक्षा के लम्बे मार्ग पर अपनी यात्रा प्रारम्भ करने वाले हैं। सामाजिक दर्शन के विकास में सामाजिक सुरक्षा एक नवीन धारणा है और इसे सार्वभौमिक दृष्टि से सामाजिक और आर्थिक उथल-पुथल के विरुद्ध एकमात्र रक्षोपाय माना गया है। सामाजिक सुरक्षा के उपायों के माध्यम से समाज निश्चित खतरों से, जो स्थाई तौर से मौजूद हैं और जिनके विरुद्ध कुछ कर पाने में समाज खुद असमर्थ है, रक्षा के तरीके खोजता है। इस प्रकार राज्य को आगे आना है और आर्थिक क्षेत्र में सामान्य भलाई हेतु जन सामान्य के लिए मौलिक और प्रारम्भिक सुरक्षा प्रदान करने की जिम्मेदारी का निर्वाह करना है।

भारतीय दशाओं के परिप्रेक्ष्य में बीमारी और महामारी का फैलाव, माँ और शिशुओं की अधिक मृत्युदर, जीवन की कम प्रत्याशा दर, परेशानी और घोर गरीबी-जिसका कारण उत्तराधिकार में प्राप्त ऋणग्रस्तता और अन्य घटक हैं। सामाजिक सुरक्षा के प्रावधान से इन उपरोक्त समस्याओं के निदान सम्भव हो सकते हैं। डगमगाती हुई गरीबी और विकास की कमी भी अन्य घटक हैं जो कि सामाजिक सुरक्षा की योजना को मूर्तरूप देने में बाधक हैं।[41]

कामगारों की दुर्घटना एवं उनके रिटायर (सेवा-निवृत) होने पर उनके पास अपने और अपने परिवार के मौलिक खर्चे को चलाने के लिए कोई तो ऐसी व्यवस्था होनी चाहिए, जिससे वे अपना भरण-पोषण कर सकें और अपनी आजीविका चला सकें। कई बार काम करते समय दुर्घटना हो जाने पर हाथ या पैर को नुकसान हो जाने पर उसके आश्रित को नौकरी या भरण-पोषण हेतु गुजारा भत्ता दिये जाने की व्यवस्था होनी चाहिए। दूसरे, यह कि कृषि मजदूरों को वैधानिक दृष्टि से जो मिलना चाहिए उन्हें दिलाने से मुझे कोई रोक नहीं सकेगा क्योंकि उन्हीं के पसीने और परिश्रम पर देश का पूर्ण जीवन निर्भर करता है। वह असंगठित क्षेत्र में कार्यरत रहे हैं उनकी समस्याएँ बहुत ही कष्टकारी और शोषणपूर्ण हैं। आगे उन्होंने कहा कि निगम का कार्यक्षेत्र अभी सीमित है। प्राथमिक दृष्टि से इसकी स्थापना के नियमानुसार यह सभी नियमित फैक्ट्रियों पर लागू होता है। 'राज्य कर्मचारी बीमा निगम' पाँच प्रकार के लाभ प्रदान करता है—बीमारी लाभ, मातृत्व लाभ, पंगुता लाभ, आश्रित लाभ और चिकित्सा लाभ। ये सभी 'श्रमिक लाभ' देखने में साधारण प्रतीत होते हैं,

लेकिन जब तक इन लाभों को देने के लिए क्षेत्रीय आधार पर एक ठोस व्यवस्था उचित समय पर नहीं की जायेगी और इसके अनुरूप व्यवस्थापकों की नियुक्तियाँ नहीं की जातीं, ये लाभ श्रमिकों तक नहीं पहुँच पायेंगे। इसलिए आवश्यक है कि व्यवस्था का विकेन्द्रीकरण हो। बहुत बड़ी संख्या में क्षेत्रीय कार्यालयों की स्थापना की जानी है और एक केन्द्रीय कार्यालय भी होना चाहिए, जहाँ प्रत्येक क्षेत्र में कार्य करने वाले श्रमिकों, जिनका बीमा हो गया है, की बीमारी लाभों का रिकार्ड रखा जायेगा। इसके अलावा कुछ स्थानीय कार्यालयों की स्थापना भी की जानी है, जो क्षेत्रीय कार्यालयों द्वारा जारी निर्देशों के आधार पर पीड़ित कर्मचारियों को सहायता प्रदान करेंगे।

जगजीवन राम का विचार था कि यह तभी सम्भव हो सकता है, जब श्रमिकों और नियोक्ताओं के संगठनों के बीच मधुर सम्बन्ध होंगे। वे कहते थे कि जहाँ देश की प्रगति के लिए उत्पादन महत्त्वपूर्ण है, वहीं श्रमिक का कल्याण भी।[42]

जगजीवन राम उद्योगपतियों, मिल मालिकों तथा मजदूरों में सामंजस्य बनाये रखने का भरसक प्रयत्न करते रहते। धनबाद झरिया की कोयला खान के मजदूरों के हित के लिए इन्होंने बहुत काम किया। इन मजदूरों की दशा बड़ी सोचनीय थी, न रहने को हवादार धर और न उचित डाक्टरी सहायता। उनके लिए हवादार घर बनवाये, जिससे वे झोंपड़ियों से निकल कर इन घरों में रहें जहाँ उनका शारीरिक और मानसिक विकास अवरुद्ध था। साथ ही कोयला खान मजदूरों के लिए धनबाद में बड़ा अस्पताल खुलवाया और जहाँ मजदूरों की चिकित्सा ढंग से की जाने लगी।

बीमा योजना चालू होने से विपत्ति (दुर्घटना) के समय मजदूरों को आर्थिक सहायता भी मिलने लगी। इस तरह खान मजदूरों की दशा सुधारने के लिए तरह-तरह के उपाय किये। मालिक और मजदूरों के बीच एक ऐसा सन्तुलन स्थापित किया, जिससे दोनों की परेशानियाँ दूर होने लगीं।[43]

बाबू जगजीवन राम ने हर क्षेत्र में श्रमिकों की समस्याओं—चाहे वे संगठित हों या असंगठित—को समझा-परखा और उनके लिए कानून बनाये। आगे बन्दरगाह (गोदी) श्रमिकों की कार्य करने की दशा को सुधारने हेतु बाबू जगजीवन राम ने 22 नवम्बर 1947 को असेम्बली में डाक वर्कर्स (रेगुलेशन ऑफ एम्पलॉयमेण्ट) बिल पेश किया। इस बिल ने भी सामाजिक न्याय की दुनिया में विशिष्ट स्थान बनाया। बिल पर चर्चा करते हुए जगजीवन राम ने कहा कि ''पानी के जहाजों पर कार्य करने वाले श्रमिकों के रोजगार की प्रकृति जहाजों और लाये जाने वाले माल के पहुँचने पर निर्भर करती है। जहाँ माल से भरे जहाजों के पहुँचने की अनिश्चितता और अस्थिरता है वहीं पोतों पर कार्यरत श्रमिकों का रोजगार भी स्थाई नहीं है। पोतों के प्रबन्धक आवश्यकता होने पर श्रमिकों को कार्य करने हेतु बुलाते हैं और जिनको कार्य नहीं मिलता है, बेरोजगार रहकर वापस चले जाते हैं। परिणामस्वरूप

बहुत से श्रमिकों को उस दिन न तो पोतों पर रोजगार ही मिलता है और न ही कहीं और। इस तरह यह श्रमिकों के मध्य कटुता का कारण तो बनता ही है, कभी-कभी यह गम्भीर समस्या भी पैदा कर देता है। श्रममन्त्री जगजीवन राम ने इस तरह की समस्याओं से निपटने के लिए एक प्रावधान किया, जिसके अनुसार बड़े पोतों पर कार्य करने वाले श्रमिकों के बारे में केन्द्र सरकार को अधिकार दिया जाये कि वह श्रमिकों के पंजीकरण के लिए उपयुक्त योजना तैयार करे और ध्यान रखे कि उतने ही श्रमिकों को कार्य हेतु बुलाया जाये, जितनी आवश्यकता हो। जिनके लिए उस तारीख में रोजगार उपलब्ध न हो सके तथा जिन्हें बुलाया गया उन्हें कुछ मजदूरी—आधी मजदूरी या उसका कुछ झंदा दिया जाना चाहिए ताकि वे किसी और रोजगार से जीवन-यापन कर सकें।[44]

प्रस्तावित बिल कर्मचारियों के सामाजिक और कल्याणकारी उपायों से सम्बन्धित ऐसी योजनाओं के निर्माण और कार्यान्वयन के आवश्यक प्रावधानों की ओर इशारा करता है। इस कानून के द्वारा पोतों (बन्दरगाहों) पर कार्य करने वाले लाखों पंजीकृत श्रमिकों को मजदूरी की अदायगी में न केवल स्थायित्व आया, बल्कि पोतों पर काम न मिलने की स्थिति में उन्हें निर्धारित राशि की अदायगी का लाभ भी मिलने लगा। निश्चय ही पोतों पर काम करने वाले श्रमिकों की आर्थिक स्थिति सुधारने की दिशा में यह अधिनियम भी मूलतः सामाजिक न्याय के सिद्धान्त पर आधारित था और यह क्रान्तिकारी परिवर्तन जैसा था। यह 'मनसा वाचा कर्मणा' की दिशा में महत्त्वपूर्ण कदम था। देश की गरीब जनता के लिए 'समतामूलक समाज' के निर्माण में महत्त्वपूर्ण कदम था। इन वर्गों की आर्थिक स्थिति को सुदृढ़ किये बिना राष्ट्र में समरसता नहीं आ सकती थी। उन्होंने (बाबू जी) समावेशी (Inclusive) समाज बनाने की वकालत की। उन्हें पूँजीपतियों के बढ़ने से कोई शिकायत नहीं थी बस उन्हें इतनी शिकायत जरूर थी कि आप (पूँजीपति) विकास करो लेकिन श्रमिक वर्ग का नुकसान किये बिना।

जगजीवन राम ने श्रमपद्धति उत्पादन अधिनियम 1975 सेक्शन 15 (XV) में भी सुधार किये। इस सेक्शन के आधार पर अग्रिम के नाम पर कोई भी मालिक, फैक्ट्री, मिल आदि श्रमिक को काम करने के लिए बाधित नहीं कर सकता।[45]

"Government of India labour policy aimed at the creation of a classless society. Where labour and capitalist could be treated as partners in Industry. Profit-sharing was only a means of achieving its cherished end but not an end in itself."[46]

वे श्रमिक और पूँजीपतियों को एक-दूसरे का भागीदार मानते थे। उन्होंने 12 जनवरी 1948 को नयी दिल्ली में 'सूती वस्त्र उद्योग' की समस्याओं और उनके निदान पर बोलते हुए कहा कि यह देश की प्रीमियर इण्डस्ट्री है।

I will be able to secure, promote and guarantee such agreements between the employers and workers as will usher in a period of contented and orderly advancement towards a co-operative commonwealth. The cotton textile industry is our premier Industry. It is only right that it should set an example to other Industry. In the matter of organizing a machinery for worker, for increasing efficiency in methods of production and for promoting healthy industrial relations.

I have every hope that this committee will give a lead in these matters. During the last year, for one reason or another, there has been a marked decline in the production of yarn and cloth. Against a monthly production of 125 million lb. of yarn and 401 million yards of cloth in 1944, production in 1947 was only 108 million lb. of yarn and 315 million yards a month. If the production of 1944 ware taken as the standard, there has been an appreciable drop in production. This is admitted by all. We all realize the extreme importance of increasing production. Another important subject which is uppermost in the minds of all is that of social security. As you are aware, we are arranging provision for health insurance. We have not so far taken up the question of provision for old-age on any large scale. Last year, as a result of the recommendation of the conciliation board in the coal industry, a decision was taken to institute a scheme of compulsory provident fund for all coalmine workers. This is a sound decision..... I would suggest for the consideration of this committee that a similar scheme should be introduced in the cotton textile industry as well. A scheme of old age pensions would naturally be the right solution, but we have difficulties in adopting it.[47]

उन्हें असहाय दलितों की स्थिति का आकलन अच्छी प्रकार से था। श्रम क्षेत्र में किन-किन दुश्वारियों का सामना श्रमिकों व दलितों को करना पड़ता है जैसे स्थितियों को उजागर कर उनके विरुद्ध नियम व समाज में श्रमिकों के योगदानों को सरकार एवं जनता तक पहुँचाया। कारखानों में व्याप्त श्रमिकों के शोषण एवं अमानवीय कार्यों के प्रति नये प्रथम फैक्ट्री एक्ट को संशोधित कर नये प्रावधानों को लागू करवाया। उन्होंने 30 जनवरी 1948 को 'लेजिस्लेटिव असेम्बली ऑफ इंडिया' में बहस के दौरान सदन में कहा ''इस बिल का उद्देश्य न केवल काम की दशाओं से सम्बन्धित कानूनों को समाहित करना है बल्कि कुछ निश्चित, महत्त्वपूर्ण तथा नवीन, उपयोगी बातों को भी लाना है। यह बिल अपनी परिधि में अब तक उन सभी इकाइयों को लायेगा जो बिजली से चलती हैं और जहाँ दस या इससे अधिक लोग कार्य करते हैं तथा ऐसी अन्य (बिजली से न चलने वाली) इकाइयां जहाँ बीस या इससे अधिक लोग कार्य करते हैं। इस बिल के कार्य क्षेत्र के विस्तार के परिणाम

स्वरूप इकाइयों की संख्या जहाँ तीन गुनी हो जायेगी वहीं इस बिल के लाभार्थियों की संख्या में 25 लाख से 35 लाख की तुरन्त वृद्धि होगी।"[48]

Even with these changes, the new definition will not cover all workers. I feel, and I am sure the honorable members will agree with me that regulations relating to cleanliness, ventilation, lighting, supply of drinking water, the provision of sanitary conveniences, fencing of machinery, hours of work, weekly day of rest, prohibition of the employment of children, reduced hour of work for adolescents should be applied to all work, places irrespective of the number of people employed. The difficulty in extending these essential provisions is mainly an administrative one. As I have said, the new definition of factories will treble the number of establishments subject to control. The Inspectorate will need considerable strengthening...[49]

Provincial Governments should be given some time to organize a bigger Inspection service. As soon as satisfactory arrangements are made to secure a proper enforcement of the act to establishments covered by it, Provincial Government will be in a position to extend the essential provisions relating to health, safety, welfare, hour of work and age of entry into employment to other work places. To enable them to do so, a provision (Section 86) has been added giving power to Provincial Governments to apply these provisions to any premises where a manufacturing process is carried on, with or without the aid of power, except where the work is done by the worker solely with the aid of his family.[50]

The elaboration of the provisions relating to healthy safety and welfare deserves attention. The existing Act leaves far too many things to be covered by rules or to be done at the discretion of the Inspector.

देश में संविधान लागू होने के पश्चात स्वतन्त्र भारत का प्रथम आम चुनाव 1952 में हुआ। कांग्रेस के घोषण पत्र में अनेक जनहित के सुधारों का उल्लेख किया गया। श्रम के विषय में इस घोषण पत्र में कहा गया था कि "उद्योग में लगे कर्मचारियों के हितों का राज्य संरक्षण करेगा और वर्तमान आर्थिक स्थिति में जहाँ तक भी सम्भव होगा, उनके लिए न्यूनतम मजदूरी, जीवन के अच्छे स्तर, आवास, उचित कार्यावधि और कार्यस्थल की सुविधाओं की व्यवस्था, अन्य उन्नत देशों के अनुरूप करेगा। मालिकों और कामगारों के आपसी झगड़ों के निपटारे के लिए उचित संस्था की स्थापना तथा बुढ़ापा, बीमारी और बेकारी के आर्थिक दुष्परिणामों से रक्षा की व्यवस्था भी राज्य करेगा।"[51]

भारत सरकार द्वारा छुआछूत, भेदभाव समाप्त करने हेतु अस्पृश्यता (अपराध) अधिनियम 1955 पारित करना पड़ा, जिसके अन्तर्गत अस्पृश्यता बरतने वालों के

लिए दण्ड का प्रावधान किया गया। परन्तु इस अधिनियम के लागू होने के बावजूद भी पूरे देश में दलितों के साथ अस्पृश्यता बरती जाती रही, जिसकी जानकारी राज्य सरकारों व भारत सरकार दोनों को थी।

भारत के सभी राज्यों में ऐसी घटनाएँ घट रही थीं, जिनकी प्रत्येक सुशिक्षित आदमी निन्दा करेगा। अतएव भारत सरकार ने 1969 में दलितों की वास्तविक स्थिति का आकलन करने व 'अछूतपन' के बारे में सही-सही जानकारी प्राप्त करने के लिए एल. इलैयापेरुमल की अध्यक्षता में एक सात सदस्यीय केन्द्रीय समिति का गठन किया। इस कमेटी में एल. इलैयापेरुमल चेयरमैन तथा बी.के. गायकवाड, सी. दास, आर. अच्यूतन, पी.एल. मजूमदार, नारायणदीन, वी.वी. वज सदस्य थे। कुछ समय उपरान्त बी.के. गायकवाड की मृत्यु हो गयी और इनके स्थान पर एस. एम. सिंधैया व पी.एल. मजूमदार के स्थान पर जीवनलाल जयराम दास को कमेटी में सम्मिलित किया गया। इस कमेटी ने भारत के सभी राज्यों का दौरा कर जो सामने रखा, वह सभी की आँख खोल देने के लिए पर्याप्त था।[52]

दलितों का सामाजिक क्षेत्र में उच्च जातियों (हिन्दुओं) द्वारा उत्पीड़न व अस्पृश्यता का शिकार होना सामान्य बात थी, किन्तु छोटी जातियाँ भी जैसे नाई व धोबी भी दलितों के साथ भेदभाव बरतते थे। ये लोग उच्च जाति के हिन्दुओं के बहकावे में आकर अपनी जीविका को ध्यान में रखकर भयवश दलितों के बाल नहीं काटते थे और न ही कपड़े धोते थे। उदाहरण के लिए बिहार प्रान्त में पूर्णिया जिले के बनमंखी और सुखिया गाँव के नाई दलितों की हजामत नहीं बनाते थे। इसी तरह केरल में कसेरगुड़ तालुका जिला-कन्नूर में कोई भी दलित किसी सैलून मे जाकर अपने बाल नहीं कटवा सकता था। उड़ीसा प्रान्त के कटक जिले में ब्रह्मगिरि गाँव में न ही कोई धोबी दलितों के कपड़े धोता था और न ही कोई नाई उनके बाल काटता था। पंजाब में पटियाला जिले के दलजीत सिंह ने कमेटी को बताया कि "यहाँ के धोबी दलितों का कोई कपड़ा नहीं धोते और न ही यहाँ का नाई किसी दलित का बाल काटता है।"[53] यह रिपोर्ट ठण्डे बस्ते में चली गयी।

जगजीवन राम अपने भाषणों में समाजवादी समाज के निर्माण के लिए जाति-पाँति को दूर करना जरूरी मानते थे। गुजरात में तत्कालीन संचार मन्त्री जगजीवन राम ने 26 नवम्बर, 1956 को गुजरात चौथे परिगणित जाति सम्मेलन के उद्घाटन में बोलते हुए कहा कि हरिजनों के प्रति व्यवहार बदलने के लिए जाति-पाँति के बन्धनों से जकड़ी हुई हिन्दू जाति में विचार परिवर्तन की आवश्यकता है। उन्होंने कहा हमारे देश में विचार परिवर्तन करना अनिवार्य है, क्योंकि प्रगति के रास्ते में जाति प्रथा बाधक है। विदेशी हमलों और विदेशी शासन ने भी देश को इतना अधिक नुकसान नहीं पहुँचाया जितना जाति प्रथा ने पहुँचाया। उन्होंने हरिजनोद्धार की दिशा में सरकार के कार्यों का उल्लेख करते हुए संशोधित

उत्तराधिकार कानून का भी उदाहरण दिया। भूमि की समस्या पर भी जगजीवन राम ने कहा कि अधिकांश राज्यों में बिचौलिए खत्म किये जा चुके हैं। अभी खेती पर मजदूरों की स्थिति सुधारना आवश्यक है। होना यह चाहिए कि भूमि उन्हीं लोगों को दी जाये, जो अपने परिवार के साथ खुद ही उसे जोतें, इससे कृषि उपज भी बढ़ेगी।[54] खेती के लिए तीन तत्वों की आवश्यकता होती है—खेती, श्रम व पूँजी। इसमें श्रम तत्त्व बहुत ही महत्त्वपूर्ण है। जगजीवन राम ने जो विचार 20वीं शताब्दी के छठे दशक 1960 में दिया था, वह इतना अधिक विस्तृत और महत्त्वपूर्ण था कि आधुनिक युग में बड़ी-बड़ी जोतों के मालिक आज फिर से श्रमिकों का शोषण और मानवीय गरिमा को विखण्डित कर रहे हैं। साथ ही अधिक जमीन होने से अधिक से अधिक उनको श्रमिक चाहिए और बन्धुआ मजदूरी को प्राश्रय मिल रहा है।

उनका मानना था कि अनुसूचित जातियों और जनजातियों की समस्या को समाप्त किये बिना समतामूलक समाज नहीं बन सकता। इन वर्गों की आर्थिक तथा सामाजिक व्यवस्था में आमूलचूल पुनर्संगठन के सन्दर्भ में कार्य करना आवश्यक है। ऐसा किये बिना इस समस्या को हल करना तो सर्वथा असम्भव है। दलितों के कल्याण के लिए जो परियोजनाएँ बनाई गयी हैं और उन्हें जिस ढंग से कार्य रूप में परिणति किया जा रहा है, उससे ऐसा सम्भव प्रतीत नहीं होता कि उनकी समस्याओं का जल्द ही निपटारा हो सकेगा। ग्रामीण क्षेत्रों में नये सिरे से दमन, अत्याचार व शोषण दलितों के साथ हो रहे हैं। यह इस बात का प्रमाण है कि तथाकथित ऊँची जातियों की मनोवृत्ति में वास्तव में कोई परिवर्तन नहीं आया। जब तक वर्ण व्यवस्था बनी रहेगी भारतीय समाज एक सीमित समाज रहेगा और इस प्रकार जातियों की बहुलता के वातावरण में सम्प्रदायवाद को कभी समाप्त नहीं किया जायेगा। हम अपने सोचने के तरीकों में क्रान्तिकारी परिवर्तन लायें। हमें रहन-सहन, दैनिक-विचार, दैनिक जीवन, विचार और कार्य-पद्धति भी बदलने की जरूरत है। लक्ष्य यह होना चाहिए कि प्रत्येक मानव को इस बात की कसौटी पर कसा जाये और यह तभी हो सकता है जब जातिवाद का उन्मूलन हो, तभी जाकर हमारे चिन्तन और परम्परा की मानवतावादी विचारधाराएँ समाज में परिलक्षित होंगी, तभी सम्प्रदायवाद की जड़ें उखाड़ी जा सकेंगी।[55] भारतीय समाज वर्गहीन बन पाया तो उसका रूप ही बदल जायेगा। सवर्ण समाज के स्त्री और दलित को अपने उपनिवेश के रूप में देखता है। महिलाओं के विषय में बाबू जगजीवन राम के विचारों में दलितों में सामाजिक परिवर्तन के लिए महिलाओं की भूमिका बहुत ही महत्त्वपूर्ण है, इसलिए महिलाओं के लिए शिक्षा नितान्त आवश्यक है। उन्होंने मुजफ्फरनगर की एक मीटिंग में मंच से कहा था कि "एक पढ़े-लिखे बाप का बेटा अनपढ़ हो सकता है लेकिन एक पढ़ी-लिखी माँ का बेटा अनपढ़ नहीं हो सकता है, क्योंकि वह रोटी सेकते-सेकते बच्चे को पढ़ा सकती है। इसलिए दलितों की बालिकाओं के लिए

शिक्षा के द्वार उनके माता-पिता द्वारा खुले होने चाहिए। कमजोर वर्गों के सामाजिक परिवर्तन के लिए यह सबसे महत्त्वपूर्ण शक्ति के रूप में उत्तरदायी होगा।''[56] एक पढ़ी-लिखी बेटी कम से कम दो घरों को शिक्षा के चिराग से रोशन करती है। इन दलित वर्गों में आजादी के बाद भी इतनी सामाजिक समृद्धता नहीं आ पायी। जबकि अन्य वर्गों में देखने को मिली। इसका मूल कारण शिक्षा ही था।

बाबूजी के शब्दों में—"काश ऐसा दिन आये जब जाति के आधार पर किसी व्यक्ति के ऊँच-नीच होने का निर्णय न हो। व्यक्तियों की प्रतिष्ठा उनकी शिक्षा और देश सेवा के आधार पर निश्चित हो। जब तक ऐसा दिन नहीं आ जाता तब तक हमारी आजादी अधूरी है।"[57]

एल. इलैयापेरुमल कमेटी ने अपनी रिपोर्ट में कहा कि देश के सभी राज्यों में अस्पृश्यता व भ्रष्ट्राचार अपनी चरम सीमा पर है जिससे दलितों की स्थिति हर क्षेत्र में बड़ी ही सोचनीय व दुःखदायी बनी हुई है। यद्यपि समय-समय पर राज्य सरकारों

समाजवादी समाज के लिए
जात-पांत दूर करना जरूरी
गुजरात परिगणित जाति सम्मेलन में श्री जगजीवन राम का भाषण

'हिन्दुस्तान' में प्रकाशित एक समाचार[58]

व भारत सरकार द्वारा इसे दूर करने का प्रयास किया जाता रहा है।

भारत सरकार ने भारतीय संविधान के अनुच्छेद 338 के आधार पर 01 नवम्बर, 1950 ई. को अनुसूचित जाति, अनुसूचित जनजाति के कमिश्नर की नियुक्ति की थी, जो दलितों के साथ होने वाले भेदभाव को दूर कर सके और उनके विकास के बारे में ध्यान रख सके। बाद में 17 डिप्टी कमिश्नरों की भी नियुक्ति की गयी। इसके बाद 15 जून 1967 ई. को समाज कल्याण विभाग के महानिदेशक की नियुक्ति की गयी। इसी तरह कुछ राज्य सरकारों ने भी अलग से अनुसूचित जाति, अनुसूचित जनजाति कल्याण विभाग का गठन करके अस्पृश्यता समाप्त करने के लिए कार्य किया। उदाहरण के लिए, तमिलनाडु, उत्तर प्रदेश और केरल में हरिजन समाज विभाग की स्थापना सन् 1965 ई. में की गयी। ऐसे ही पब्लिक रिलेशन डिपार्टमेण्ट के आधार पर बिहार, गुजरात, मध्य प्रदेश, मैसूर आदि राज्यों में भी कार्य किया गया। पश्चिम बंगाल सरकार ने अलग से सन् 1964 ई. में हरिजन कल्याण बोर्ड की स्थापना करके दलितों के हित के लिए व अस्पृश्यता समाप्त करने हेतु कार्य किया। भारत सरकार द्वारा अस्पृश्यता संरक्षण अधिनियम 1965 पारित करके अस्पृश्यता को समाप्त करने का प्रयास किया गया।[59] भारत सरकार ने अस्पृश्यता को समाप्त करने के लिए कमिश्नर नियुक्त कर रखा है जो समय-समय पर दलितों की सामाजिक स्थिति का आकलन कर सरकार के समक्ष रिपोर्ट प्रस्तुत करता है। साथ ही साथ दलितों में अधिकारिता सम्बन्धी विषय का भी मूल्यांकन करता है। फिर भी उनकी स्थिति में कम सुधार हुआ।

जगजीवन राम से मिलने अगर कोई व्यक्ति जाता तो वह हर आदमी की बात चाहे जिस वर्ग का हो बड़े ध्यान से सुनते थे चाहे वह विपन्न हो या सम्पन्न हो और उसकी वाजिब समस्याओं का निराकरण भी करते थे। बाबू जगजीवन राम ने राष्ट्रीय दलित साहित्य अकादमी की स्थापना की आवश्यकता बताई ताकि दलित संस्कृति-साहित्य सृजन को बढ़ावा मिले।[60] वर्गहीन समाज की स्थापना के लिए जगजीवन राम ने कहा हमारी अर्थव्यवस्था का पूर्णरूपेण पुनर्गठन कर दिया जाये, पूर्ण रोज़गार की व्यवस्था हो, निर्धन और वंचित वर्गों के लिए सामाजिक सुरक्षा का प्रबन्ध हो और मानव की गरिमा को नष्ट करने वाले व्यवसायों को नष्ट कर दिया जाये। ऐसी परिस्थितियों का निर्माण किया जा सकता है, जिनमें शारीरिक श्रम के प्रति दृष्टिकोण आसानी से बदल जायेंगे और उत्पादक श्रम को महत्त्व मिलेगा और जब पुनर्स्थापना और आर्थिक पुनर्गठन की प्रक्रिया चल रही हो तो यह आवश्यक है कि अनुसूचित जातियों और अन्य पिछड़ी जातियों का इस रचनात्मक प्रक्रिया में उचित योगदान प्राप्त किया जाये और यह तभी हो सकता है जब उन्हें जातिपरक दृष्टिकोण से उत्पन्न होने वाली अनहर्ताओं और भेदभाव से बचाया जाये। उन्हें समाज की मुख्य धारा से अलग नहीं रखा जाना चाहिए। अन्ततोगत्वा राष्ट्र एक

अमूर्त समूह है और उसकी दुर्बलता या शक्ति व्यक्तियों पर निर्भर है और इस बात पर भी कि वह सामूहिक रूप में कैसा सोचते और महसूस करते हैं।

कुछ परम्परागत अधिकार प्राप्त लोग राष्ट्र को अपनी इजारेदारी मानते हैं और उन्हें यह डर है कि कमजोर तबकों के सशक्तीकरण से और उनके विशेष आरक्षणों से विघटनकारी शक्तियों को बल मिलेगा और देश विघटन की तरफ बढ़ेगा, जबकि यह सब निराधार है।[61] भारत में हर छठा भारतीय दलित वर्ग से सम्बन्ध रखता है। देश के समग्र विकास के लिए इन वर्गों के लिए शिक्षा, रोज़गार और कल्याण की योजनाओं को सामान्य जन तक पहुँचाये बिना देश का विकास सम्भव नहीं है। देश की प्रगति में अनुसूचित जातियों एवं अनुसूचित जनजातियों का अहम योगदान है। लेकिन उनकी व्यक्तिगत प्रगति में देश या समाज का योगदान न्यूनतम ही रहता है। 1965 तक पौने छः करोड़ अनुसूचित जातियों के ग्रामीण व्यक्तियों में केवल 01 लाख मैट्रिक पास थे। नगरों में जो 68 लाख अनुसूचित जाति के लोग रहते हैं उनमें केवल 5 हजार स्नातक स्तर तक पढ़े हुए थे और कुल 629 व्यक्तियों के पास तकनीकी शिक्षा की डिग्री थी। जहाँ तक अनुसूचित जनजातियों का सम्बन्ध है लगभग 2 करोड़ 93 लाख की जनसंख्या में केवल 17 हजार मैट्रिक पास हैं और नागरिक क्षेत्रों में रहने वाले अनुसूचित जनजातियों के लोगों में से कुल 1 हजार ऐसे स्नातक हैं जो स्नातक स्तर तक शिक्षा प्राप्त कर चुके हैं। केवल 66 व्यक्ति ऐसे हैं जिन्होंने तकनीकी शिक्षा की कोई उपाधि प्राप्त की है।[62] सम्भव है कि आजादी के 15 वर्षों के बाद इन लोगों की संख्या में यह थोड़ी वृद्धि हुई हो। आज़ादी के पहले तक के आँकड़े तो और भी भयावह होंगे।

आरक्षण के द्वारा ही दलितों की स्थिति में कुछ हद तक परिवर्तन दिखाई पड़ता है। किन्तु संकीर्ण मानसिकता के कारण सवर्णों को यह सह्य नहीं था। अतः समय-समय पर उनके द्वारा आरक्षण विरोधी आन्दोलन के माध्यम से इसे व्यक्त किया जाता रहा। इतना ही नहीं उच्च पदों पर आसीन सवर्णों के कारण विभिन्न प्रकार की सरकारी योजनाओं का वास्तविक लाभ लेने से भी दलित वंचित रह जाता है। रिपोर्ट ने यह खुलासा किया कि केन्द्रीय व प्रान्तीय सरकारों द्वारा दलितों के शैक्षिक विकास हेतु विभिन्न प्रकार की योजनाएँ व अनुदान अवश्य दिये गये, किन्तु वास्तविक रूप में दलित समाज को इसका लाभ नहीं मिल पाया। उनके सर्वांगीण विकास में भारतीय समाज में विद्यमान अस्पृश्यता बाधक बनी हुई है।

दलितों को केवल सामाजिक, धार्मिक, सांस्कृतिक एवं शैक्षिक जीवन में ही अमानवीय प्रतिबन्धों का पालन करने के लिए बाध्य नहीं किया गया, अपितु आर्थिक क्षेत्र में भी उन्हें इसका सामना करना पड़ा। एल. इलैयापेरुमल रिपोर्ट ने दर्शाया है कि समाज में अस्पृश्यता इतनी प्रभावी है कि उसका सीधा प्रभाव दलितों की आर्थिक स्थिति पर स्पष्ट दिखाई पड़ता है। दलितों की आर्थिक स्थिति में कुछ

सुधार होने के बावजूद अभी भी बहुतायत लोगों को दो वक्त की रोटी बड़ी मुश्किल से मिलती है। कमेटी ने सभी राज्यों में भ्रमण के उपरान्त कुल 13 ऐसी घटनाओं का उल्लेख अपनी रिपोर्ट में किया है, जो उनके आर्थिक जीवन के सुधार में बाधक हैं। उदाहरण के लिए, केरल प्रान्त के कन्नूर जिले के वेल्लोर गाँव में कोई भी दलित न ही चाय की दुकान पर नौकरी कर सकता है और न ही वह नारियल बेच सकता है। उड़ीसा प्रान्त में धन्कनल जिले के कन्लो गाँव में दलितों को सार्वजनिक पोखरों या ट्यूबवेलों से सिंचाई हेतु पानी पर भी प्रतिबन्ध था, जिससे वे खेती का काम ठीक ढंग से न कर सकें। सवर्णों द्वारा अकारण आर्थिक दंड लगाकर भी दलितों का शोषण किया जाता है। उदाहरण के लिए, दिल्ली से केवल 13 मील की दूरी पर वाजिदपुर नाम के एक गाँव में वहाँ की पंचायत ने एक दलित स्त्री पर 1.25 रुपये का जुर्माना केवल इसलिए कर दिया था कि वह हिन्दुओं के विरुद्ध उनके खेतों में चली गयी।[63] इस समय तक भी जातीय आधार पर दलितों को समान अवसर से वंचित किया जाता रहा है। जबकि संविधान में और समय-समय पर इस तरह के अमानवीय कृत्यों को देखते हुए सख्त से सख्त नियम बने हैं और व्यावहारिक रूप से उनकी प्रासंगिकता कम ही रही है। पर ऐसे हजारों मामले हैं।

मानव संसाधन विकास मन्त्रालय के आँकड़े के अनुसार वर्ष 2000 में कुल 20.59 करोड़ दलितों में स्नातकोत्तर छात्रों की संख्या केवल 76,928 थी और केवल 618 पी-एच.डी. प्राप्त लोग थे। उच्च शिक्षा की बात छोड़ दें तो दलितों को मामूली प्राथमिक शिक्षा या साक्षरता भी उपलब्ध नहीं हो रही है। दलितों की औसत साक्षरता दर केवल 37 प्रतिशत है, जबकि सवर्णों में यह लगभग 64 प्रतिशत तक पहुँच गयी है। दलित महिलाओं में साक्षरता केवल 19 प्रतिशत है जबकि सवर्ण महिलाओं में साक्षरता का प्रतिशत इससे दूना है।[64]

वास्तविक स्थिति का आकलन सिर्फ आँकड़ों तक ही सीमित नहीं है, जबकि वास्तविकता इससे भी कहीं अधिक भयावह व भिन्न है। राष्ट्रीय दलित मानवाधिकार समिति द्वारा जारी 'ब्लैक पेपर' के अनुसार 83 प्रतिशत सवर्ण बच्चों के मुकाबले केवल 16 प्रतिशत दलित बच्चे ही अपना नाम लिखा पाते हैं। पेट भरने के लिए छोटे-मोटे काम के कारण 83 प्रतिशत दलित लड़कियाँ पढ़ाई के दौरान स्कूल छोड़ देती हैं। विभिन्न क्षेत्रों का पिछड़ापन भी इसमें अपना योगदान करता है। हाल ही मे जारी राष्ट्रीय मानव विकास रिपोर्ट 2001 के अनुसार बिहार की केवल 10 प्रतिशत, राजस्थान की केवल 5 प्रतिशत, महिलाएँ ही साक्षर हैं, 90 प्रतिशत दलित बच्चे सरकारी स्कूल में ही पढ़ते हैं।

दलितों की आर्थिक स्थिति पर नजर डालते हुए यह भयावह तस्वीर सामने आती है कि दलित आज कुल जनसंख्या का लगभग 17 प्रतिशत है और इनकी कुल जनसंख्या का 85 प्रतिशत लोग ग्रामीण क्षेत्रों में ही निवास करते हैं और जहाँ

आजीविका का मुख्य साधन खेती है। दलितों के पास खेती के साधन बहुत कम हैं, जिसके कारण लगभग 49 प्रतिशत दलित खेतिहर मजदूर हैं और 25 प्रतिशत के पास ही थोड़ी बहुत ही जमीन है। परिवार चलाने के लिए भारी जिम्मेदारी के कारण 80 प्रतिशत दलित महिलाएँ खेतिहर मजदूरी का काम करती हैं। संविधान में दलितों को सरकारी नौकरियों में आरक्षण का प्रावधान है पर जातिगत द्वेष के चलते उनके आरक्षण का कोटा कभी पूरा नहीं किया जाता। केन्द्रीय सरकार की नौकरियों में दलितों के लिए आरक्षित प्रथम, द्वितीय व तृतीय पदों में केवल 8.23, 10.47 तथा 14.76 प्रतिशत स्थान भरे जा सके हैं, जो उनकी जनसंख्या के प्रतिनिधित्व के हिसाब से आधे या आधे से भी कम हैं। इसी तरह सार्वजनिक क्षेत्र में प्रथम श्रेणी में आरक्षित पद केवल 4.86 प्रतिशत तथा राष्ट्रीयकृत बैंकों में क्लर्कों तथा अधिकारियों में आरक्षित पद केवल 7.29 प्रतिशत ही भरे जा चुके हैं।[65] इस तरह से संवैधानिक प्रावधान को निष्प्रभावी बनाने के प्रयास किये जाते रहे हैं। शिक्षा स्वास्थ्य रोजगार और आर्थिक प्रगति से भी पहले मानवीय गरिमा के साथ जीने का सवाल प्रमुख होता है। आजादी के इतने वर्षों बाद भी अधिकांश दलित अस्पृश्यता, अपराध, उत्पीड़न और भेदभाव के कारण पशुवत जीवन जीने पर मजबूर हैं। शोधार्थी द्वारा यहाँ पर बाबू जगजीवन राम के समय एवं आधुनिक भारत में दलितों के आँकड़ों के अनुसार स्थिति का तुलनात्मक विवरण देना जरूरी था। वैसे जहाँ रोजगार का सम्बन्ध है, अनुसूचित जातियों की 1 करोड़ 4 लाख जनसंख्या कृषि मजदूरों की है, जबकि इन जातियों के श्रमिकों की कुल संख्या तीन करोड़ तीन लाख है। अनुसूचित जनजातियों के श्रमिकों की कुल संख्या एक करोड़ उनहत्तर लाख है। लेकिन उनमें से कुल तैंतीस लाख मजदूर हैं। इस बात को स्वीकार किया जा चुका है कि कृषि मजदूर विशेषकर वे जिनके पास भूमि नहीं है, उनकी जनसंख्या लगभग पचास प्रतिशत है, इस वर्ग का सबसे बड़ा हिस्सा है। यह मान लेना तर्कसंगत होगा कि वेतनभोगी कृषि मजदूर मुख्य रूप से अनुसूचित जातियों और जनजातियों के होते हैं।

कृषि मजदूर एक वर्ष में 110 दिन तक मौसमी बेरोजगारी का शिकार रहते हैं। सन् 1956-57 की 'कृषि श्रम-जाँच' के प्रतिवेदन के अनुसार औसत वेतन पुरुष मजदूरों के लिए 97 पैसे और महिला मजदूरों के लिए 59 पैसे प्रतिदिन है और इन परिवारों की औसत वार्षिक आय 437 रुपये बैठती है। इस बात को स्वीकार किया जा चुका है कि इस जाँच में कई गम्भीर त्रुटियाँ थीं, परन्तु इस बात से इनकार नहीं किया जा सकता है कि पिछले दशकों में की गयी कार्यवाहियों के बावजूद खेतिहर मजदूरों की स्थिति में कोई सुधार हुआ हो।[66]

बाबू जगजीवन राम 17 अप्रैल 1957 से 10 अप्रैल 1962 तक भारत सरकार के रेल मन्त्री रहे। रेल मन्त्री के रूप में रेलवे का आधुनिकीकरण किया और इसका

विस्तार देश के विभिन्न भागों में किया। लाखों व्यक्तियों को रेलवे में रोजगार दिया। रेलवे स्टेशनों पर भंगी बिरादरी के लोगों को पानी-पांडे के रूप में पदस्थापित किया। 1957 में पहली बार अनुसूचित जाति/जनजाति के सरकारी सेवकों की पदोन्नतियों में आरक्षण का आदेश रेल मन्त्रालय में जारी किया।[67] साथ ही अनुसूचित जाति/जनजाति के छात्रों द्वारा रेलवे परीक्षा देने पर उनके लिए मुफ्त पास की व्यवस्था लागू की। 06 नवम्बर 1960 को लखनऊ में रेलवे सुरक्षा बल प्रशिक्षण केन्द्र की स्थापना की।

1965 के भारत-पाक युद्ध के बाद जब पाकिस्तान की लड़ाई हो चुकी थी। गरीब आदमी और किसान भुखमरी की कगार पर खड़ा था और इसके तुरन्त बाद 1967 में अकाल पड़ा तो अब स्थितियाँ और भी गम्भीर हो चुकी थी।[68] 13 मार्च 1967 को भारत के खाद्य, कृषि, सामुदायिक विकास और सहकारिता विभाग का चुनौतीपूर्ण भार दिया गया। ऐसे में अमेरिका से पीएल-480 की शर्तों के तहत सहायता से मिलने वाला गेहूँ और ज्वार ही भूख मिटाने का मुख्य साधन बन चुका था।[69] ऐसे में अनाज के विदेशी आयात पर निर्भर भारत को आत्मनिर्भर बनाया गया और अधिक अन्न उपजाओं योजना का नारा दिया गया तथा हरित क्रान्ति के प्रेरणास्रोत का खिताब प्राप्त किया गया। हरित क्रान्ति लाने में महत्त्वपूर्ण भूमिका निभायी गयी। डॉ. नॉरमन बोरलाग को भारत लाया गया और हरित क्रान्ति का सूत्रपात किया गया। खाद्यान के क्षेत्र में लड़ाई जीती।

"Soon after joining as Agriculture Minister in 1967, he convened a meeting to review the progress made in the implementation of the new strategy for agriculture initiated by C Subramanian in 1964. He wanted every effort to be made to spread the high yielding semi-dwarf wheat and rice varieties, which had the capacity of yielding 200 per cent to 300 per cent more than the traditional varieties."[70]

इस तरह से भारत में दो-ढाई साल में ही हालात बदल गये और देश की जरूरत से अधिक खाद्यान्य पैदा होने लगा। भारत में हरित क्रान्ति की तकनीकी मदद तो निश्चित रूप से डॉ. नॉरमन बोरलाग से मिली, लेकिन भारत के कृषिमन्त्री बाबू जगजीवन राम ने जबरदस्त राजनीतिक इच्छा शक्ति का प्रदर्शन करते हुए हरित क्रान्ति के लिए जरूरी प्रशासनिक इन्तजाम किया[71] और अनाज के विदेशी आयात पर निर्भर भारत को आत्मनिर्भर बनाया।

18 दिसम्बर 1983 को काशी हिन्दू विश्वविद्यालय, वाराणसी में ऐतिहासिक अखिल भारतीय अनुसूचित जाति/अनुसूचित जनजाति छात्रों के सम्मेलन का उद्घाटन किया गया तथा उनके नेतृत्व में अनेक क्रान्तिकारी प्रस्ताव पारित किये गये। साथ ही छात्रों से मुक्ति का अग्रदूत बनने और स्वतन्त्रता की दूसरी लड़ाई शुरू करने का आह्वान किया।[72] सन् 1981 में कानपुर में चन्द्रशेखर आजाद कृषि

एवं प्रौद्योगिकी विश्वविद्यालय में छात्रों की एक सभा में मुख्य अतिथि के रूप में जगजीवन राम ने युवाओं को आह्वान करते हुए कहा था कि "आप लोग संघर्ष करो, मैं आपके साथ हूँ।"[73]

जगजीवन राम ने भारतीय राष्ट्रीय कांग्रेस के प्रति जीवन भर वफ़ादारी से साथ निभाया। लेकिन कांग्रेस ने उनके साथ को सिर्फ वोट बैंक की राजनीति तक ही सीमित रखा। कांग्रेस को जब-जब जिन विभागों में समस्या आती दिखायी पड़ी, विपत्ति के समय ही सारे के सारे मन्त्री पद उनको दिये गये। उन्होंने अपनी मेहनत, लगन, ईमानदारी, निष्ठा और बेहतर प्रशासनिक क्षमता के बलबूते पर ही सफलता प्राप्त की। 1962 में भारत-चीन युद्ध में भारत को बुरी तरह हार का सामना करना पड़ा। ऐसे में नेहरू प्रशासन द्वारा हार का जिम्मेदार रक्षा मन्त्री की मानते हुए श्री कृष्ण मैनन को रक्षा मन्त्री पद से त्याग पत्र देना पड़ा। लेकिन जब ऐतिहासिक 16 दिसम्बर 1971 में भारत-पाक युद्ध में भारत ने पाँच ही दिनों में पाकिस्तान पर अप्रत्याशित विजय प्राप्त की[74] तब जीत का सेहरा श्रीमती इन्दिरा गाँधी के सिर बाँधा गया।

इतनी मेहनत और लगन से सतही स्तर पर व्यवस्थित प्रबन्ध व प्रशासन जगजीवन राम का ही था। जीत के असली हीरो जगजीवन राम ही थे। इससे पहले जब भारत हार गया तो रक्षामन्त्री को जिम्मेदार ठहराया गया और जब 1971 में जीत मिली तब प्रधानमन्त्री ने 'भारत रत्न' स्वयं ले लिया।[75] कांग्रेस पार्टी ऐसी ही परिवारवादी पार्टी रही है जो सफलता का श्रेय स्वयं अपने और असफलता का ठिकरा दूसरे के सिर मढ़ती रही है। यही कांग्रेस की बौद्धिक बेईमानी रही है। जब कभी नेहरू-गाँधी परिवार की सत्ता खतरे में पड़ी, दोष किसी और पर डालकर अपना पल्ला झाड़ लिया गया।[76]

बिना शर्त ही पाक सैनिकों को सरेन्डर करवाया गया। साथ ही पूर्वी पाकिस्तान को नये देश 'बांग्लादेश' के रूप में मान्यता दिलवायी गयी।[77] जो जगजीवन राम के विशेष प्रशासनिक व कूटनीतिक क्षमता का परिचायक थी। जिसने भारत को वैश्विक परिदृश्य में गौरवान्वित किया। 1971 की विजय में उनके द्वारा किये गये कार्यों की भूमिका महत्त्वपूर्ण थी जैसा कि हर सैनिक टुकड़ी को जाकर प्रोत्साहित किया, स्वयं और उनकी पत्नी ने बंकरों में जाकर सैनिकों के हाल-चाल का जायजा लिया। टॉप टू बॉटम (सैनिक से लेकर जनरल तक बेहतर ताल-मेंल स्थापित किया। जिसका परिणाम हमारे सामने है।[78]

आमतौर पर माना जाता रहा है कि 1971 की लड़ाई में जीत के बाद भारत सही मायनों में दुनिया के कूटनीतिक मंच पर अपनी हैसियत स्थापित करने में कामयाब हुआ था। कभी पूरी दुनिया में खाद्य सहायता के लिए भारत के नेता घूमते देखे जाते थे लेकिन 1971 ने सब कुछ बदल दिया। आमतौर पर 1971 का श्रेय

लगभग पूरी तरह इन्दिरा गाँधी की राजनीतिक नेतृत्व की क्षमता को दिया जाता है लेकिन यह पूरा सच नहीं है। बांग्लादेश के मुक्ति संग्राम में सारी राजनीतिक पार्टियाँ इन्दिरा गाँधी के साथ थीं। कांग्रेस और सरकार के अन्दर भी उस दौर के रक्षामन्त्री जगजीवन राम का योगदान अद्भुत है लेकिन अजीब बात है कि जब भी बांग्लादेश की आजादी का जिक्र होता है तो उसमें बाबू जगजीवन राम का उल्लेख वैसा नहीं होता, जैसा होना चाहिए।[79]

जगजीवन राम ने जीत से पहले कहा था कि हम लड़ाई नहीं चाहते यदि वह हुई तो पाकिस्तान की जमीन पर होगी। बाबूजी ने सेना को विधिवत निर्देश दिया कि "पाक ने हमला किया तो हमारे जवान उसकी सीमा में जाकर लड़ेंगे—रक्षामन्त्री।"[80]

विजय दिवस के अवसर पर प्रकाशित पोस्टर[81]

बाबू जगजीवन राम को 1972 में पाकिस्तान से युद्ध में ऐतिहासिक विजय पर 441 पृष्ठों का कन्हैयालाल चंचरीक द्वारा सम्पादित एवं एस. चाँद द्वारा प्रकाशित अभिनन्दन ग्रन्थ 'एक युग : एक प्रतीक' महामहिम राष्ट्रपति श्री वी.वी. गिरि द्वारा 3 जून 1972 को देश के बुद्धिजीवियों, साहित्यकारों की ओर से भेंट किया गया। कानपुर विश्वविद्यालय द्वारा डॉक्टर ऑफ साइन्स की मानद उपाधि दी गयी।[82]

परिगणित तथा जनजातीय संसदीय मंच नयी दिल्ली के तत्वावधान में 9-10 मई 1973 को आयोजित विचार गोष्ठी के अवसर पर श्रीमती इन्दिरा गाँधी ने उद्घाटन भाषण किया और बाबू जगजीवन राम ने अध्यक्षता की। इस समारोह में सभी दलों के अनुसूचित जाति, जनजातीय सांसद तथा दलित विद्वानों ने भाग लिया। इस अवसर पर इन्दिरा गाँधी ने अपने बाप के लहजे में बोलते हुए कहा कि "अनुसूचित जाति के लोग अपने अधिकारों से अधिक राष्ट्रीय धारा को अधिक समझें और शासन कोई जादू की छड़ी नहीं है जो एक बार छुआछूत समाप्त कर दे और धनी बना दे।" इस पर बाबू जगजीवन राम उठे और उन्होंने इन्दिरा गाँधी को सम्बोधित

करते हुए कहा "यह सच है कि तीन हजार वर्ष से हमारे लोग दबे, कुचले गये हैं, उनके अधिकार छीने गये हैं, उन्हें गुलाम बनाया गया है। हिन्दू की दशा भी अंग्रेज के सामने यही थी फिर हिन्दू कैसे इतने दिनों में आसमान पर पहुँचा गया? यह सत्ता की बेईमानी है क्योंकि सत्ता हिन्दुओं के हाथ में आ गयी और उनके लिए जादू काम कर गया। अछूतों के लिए सत्ताधारियों ने उपेक्षा इसलिए बरती क्योंकि शायद उन्हें भ्रम है कि दलित लोग दुर्बल हैं, ज्ञान शून्य हैं, धन शून्य हैं और उन्हें सम्मान का मूल्य नहीं मालूम। यह माना जा सकता है कि वे ज्ञान और धन शून्य हैं क्योंकि उन्होंने धृष्टता को ज्ञान और पाखण्ड जनित भ्रष्ट्राचार से सृजित धन को कभी नहीं माना पर निश्चित रूप से दुर्बल नहीं हैं। वे भारत के ब्राह्मण, क्षत्रिय, वैश्य तीनों वर्णों की संख्या को मिलाकर गिनने पर भी 15 प्रतिशत अधिक हैं। सम्मान का मूल्य वे कभी नहीं भूले हैं। वे इस धरती के कभी शासक भी थे और जो शासक रहता है वह सम्मान की गरिमा नहीं भूलता। वह राष्ट्रीय धारा में बहने के कारण ही अपमान पी रहा हैं।"[83] इस भाषण के बाद इन्दिरा को भी लग गया कि जो उन्होंने कहा वह ठीक नहीं है इसके बाद वह जीवन भर दलितों का अपमान भरा उद्‌बोधन नहीं कर सकीं।

जगजीवन राम ने सदैव निष्ठा के साथ कांग्रेस का दामन थाम कर आगे बढ़ने का काम किया। 1966 में जब कांग्रेस के बाकी सभी नेताओं ने मिलकर सिंडीकेट बना लिया, कांग्रेस के पुराने नेता उनका साथ छोड़ चुके थे तो बाबू जगजीवन राम ने उनके साथ खड़े होकर उन्हें मजबूती दी और साथ ही पुराने कांग्रेसी नेताओं ने पार्टी के दो टुकड़े कर दिये। उस वक्त जगजीवन राम ने डटकर इन्दिरा गाँधी का साथ दिया।[84]

बांग्लादेश की लड़ाई के वक्त वह उनके रक्षामन्त्री थे और उनकी कुछ सबसे अधिक गौरवशाली घड़ियों में वह उनके साथ थे। लेकिन उन दोनों का सहयोग कुछ उखड़ा-उखड़ा रहा। सच तो यह है कि लोग यहाँ तक सोचने लगे थे कि 1971 के चुनाव में अपनी शानदार जीत से इन्दिरा गाँधी को जो ताकत मिली थी उसका फायदा उठाकर वह जगजीवन राम को मन्त्रिमण्डल से हटा देंगी। लेकिन वह बहुत चालाक व सतर्क थीं। जगजीवन राम को संसद के लगभग अस्सी सदस्यों का समर्थन प्राप्त था; अगर वह अपना हाथ खींच लेने का फैसला करते तो संसद में उनका विशाल बहुमत बहुत घट जाता और 524 सदस्यों के सदन में 361 से घटकर केवल 281 सदस्य उनके साथ रह जाते। श्रीमती इन्दिरा गाँधी ने जगजीवन राम को अलग तो नहीं किया लेकिन बिहार में उनकी जड़ काटने की लगातार कोशिशें करती रहीं। उन्होंने उनकी टक्कर पर ऐसे दूसरे नेताओं को सहारा दिया जिनका हरिजनों में कुछ असर हो सकता था। धीरे-धीरे हालत यह हो गयी कि जगजीवन राम का हर जाना-पहचाना मित्र या समर्थक यह जान गया कि उसे चुनाव लड़ने

का टिकट, या कोई फायदे का काम तभी मिल सकता है जब वह जगजीवन राम से मुँह मोड़ कर श्रीमती इन्दिरा गाँधी का साथ देने लगे।[85] जगजीवन राम ने कोशिश तो बहुत की लेकिन जोड़-तोड़ के मामले में श्रीमती इन्दिरा गाँधी की जो निपुणता थी उसका मुकाबला वह नहीं कर सके।

भारतीय राष्ट्रीय कांग्रेस ने 1969 में ही आने वाले 1971 के लोकसभा के चुनाव में दलितों के वोट का समर्थन प्राप्त करने के लिए जगजीवन राम को कांग्रेस का अध्यक्ष नियुक्त किया व इस समय महासचिव हेमवती नन्दन बहुगुणा थे। इसके फलस्वरूप 1971 के लोकसभा चुनाव में कांग्रेस को स्पष्ट बहुमत प्राप्त हुआ। कांग्रेस को लोकसभा की कुल 524 सीटों में से 352 सीटों पर विजय मिली।

इन्दिरा गाँधी ने अपने प्रतिद्वन्दी राजनारायण को एक लाख से ज्यादा वोटों से हराया था, लेकिन साथ ही रायबरेली से इन्दिरा गाँधी राजनारायण के विरुद्ध जो चुनाव जीता था उसमें इन्दिरा गाँधी को भ्रष्ट आचरण का दोषी ठहराया गया था। राजनारायण के कारण 1971 इलाहाबाद हाईकोर्ट में जस्टिस जगमोहन लाल सिन्हा की बेंच ने "जन-प्रतिनिधित्व अधिनियम की धारा 123 (7) 1971 के अन्तर्गत" इन्दिरा गाँधी को चुनाव में उत्तर प्रदेश की राज्य सरकार के गजेटेड अफसरों को इस्तेमाल करने को लेकर और उसी अधिनियम की उसी धारा 123 (7) के अन्तर्गत "चुनाव में अपनी जीत की सम्भावनाओं को बढ़ाने के लिए प्रधानमन्त्री की सेक्रेटेरियट में ऑफिसर ऑन स्पेशल ड्यूटी के पद पर काम करने वाले भारत सरकार के गजेटेड अफसर श्री यशपाल कपूर की सहायता प्राप्त करने" को लेकर भ्रष्ट आचरण का दोषी ठहराया और इन्हीं दो कारणों से श्रीमती इन्दिरा गाँधी को छः वर्ष तक कोई भी निर्वाचित पद ग्रहण करने के अधिकार से वंचित कर दिया गया।[86] और यह निर्णय आने में चार साल का समय लगा।

इस निर्णय के साथ ही भारतीय लोकतान्त्रिक इतिहास में काला अध्याय माना जाने वाला इमरजेन्सी का प्रस्ताव इसी निर्णय की परिणति थी और इस समय भारतीय राष्ट्रीय कांग्रेस के नेताओं में बड़ी खलबली मची हुई थी साथ ही इस सवाल पर बहस हो रही थी कि अगर सुप्रीम कोर्ट के आखिरी फैसले के इन्तजार में श्रीमती इन्दिरा गाँधी कुछ दिन के लिए अपने पद से हट जाये तो उनकी जगह नेता किसको बनाया जाये। हर तरफ इस सिलसिले में जगजीवन राम के नाम की ही चर्चा हो रही थी। लेकिन उस वक्त श्रीमती गाँधी लोगों की वफादारी को बड़ी सख्ती से परखने लगी थी। इसी बीच 12 जून से 25 जून के बीच वाले पखवाड़े में केन्द्रीय कृषि तथा सिंचाई मन्त्री जगजीवन राम से इन्द्र कुमार गुजराल कई बार चुपके-चुपके मिलने गये थे और इन्दिरा गाँधी को उनकी वफादारी पर शक हो गया, जबकि गुजराल की यह दलील थी कि "अगर मैं उनसे मिलने गया तो इसमें हर्ज़ क्या है, वह उनकी अपनी कैबिनेट के सदस्य थे वह उनके अपने मन्त्री हैं।"[87] इस

प्रकार कूटनीतिक चालों से राजनैतिक सत्ता में काबिज रहने का दौर शुरू हुआ।

इमरजेन्सी के दौरान भी इन्दिरा गाँधी अपने मन्त्रिमण्डल के दो दिग्गजों यशवन्तराव बलवन्तराव चह्वाण और जगजीवन राम का कुछ भी नही बिगाड़ सकीं। जब उन्होंने इसकी कोशिश की तो खुद ही उनके हाथ जल गये, क्योंकि जगजीवन राम के विद्रोह की वजह से सारा बना बनाया खेल बिगड़ गया। राजनीति के जिन मोहरों को उन्होंने खुद बनाया था—दिनेश सिंह, गुजराल, बहुगुणा और दूसरे बहुत से लोग, उनको उन्होंने जब चाहा दूध की मक्खी की तरह निकाल कर फेंक दिया। लेकिन जगजीवन राम के मामले में ऐसा नहीं था बल्कि वह खुलेआम श्रीमती गाँधी का समर्थन करते रहने के बावजूद वह हमेशा उनकी आँखों में काँटे की तरह खटकते रहते हैं, क्योंकि संसद में तथा हरिजनों के बीच उनकी जो साख है और उन्हें जो समर्थन प्राप्त है उसे नजरअन्दाज नहीं किया जा सकता। उनकी ख्याति यह है कि वह बहुत चतुर हैं। उन्होंने कांग्रेस पार्टी के अन्दर श्रीमती इन्दिरा गाँधी के खिलाफ विद्रोह करके 02 फरवरी 1977 को कांग्रेस छोड़ दी, जिसके फलस्वरूप कांग्रेस फॉर डेमोक्रेसी बनी, जो बाद में 5 मई 1977 को जनता पार्टी में विलीन हो गयी। इस समय वे केन्द्रीय सरकार में रक्षामन्त्री बनें। जगजीवन राम के गहरे काले चमकते हुए चेहरे के साथ ही उनमें बहुत ही शान्त तथा सन्तुलित विवेक का जो गुण है, उसके कारण लोग कभी उनके बारे में सही अनुमान नहीं लगा पाते और अपने सबसे गम्भीर संकट की घड़ी में श्रीमती गाँधी तो चकमा खा ही गयीं। फिर भी जगजीवन राम को प्रधानमन्त्री का वह पद न मिल सका जो वह चाहते थे।[88]

जगजीवन राम ने कांग्रेस से अलग होने के लिए पहले से नहीं सोचा था लेकिन परिस्थितियाँ ऐसी बनती गयीं जिससे धीरज का बाँध उस वक्त टूट गया जब युवक कांग्रेस ने 200 सीटें माँगी। उन्होंने महसूस किया कि बड़ी चालाकी से अगली संसद में उनके समर्थकों को उनकी वास्तविक शक्ति के अनुसार सीटें नहीं दी जायेंगी; उन्होंने यह भी महसूस किया कि हर मौके पर उनका जिस तरह अपमान किया जा रहा था वह अब बर्दाश्त के बाहर हो गया था और यह कि अब कांग्रेस में उनके लिए कोई भविष्य नहीं था। इमरजेन्सी अभी तक लगी हुई थी। उन्होंने 1 फरवरी को बड़े शान्त भाव से श्रीमती गाँधी से कहा कि इमरजेन्सी हटा ली जानी चाहिए। उन्होंने बात को टालते हुए धीमे में स्वर में कहा कि वह गृह-मन्त्रालय से इस सवाल के बारे में छानबीन करने को कहेंगी। अगले दिन जगजीवन राम ने न सिर्फ कांग्रेस छोड़ दी बल्कि वह उनके पंजे से भी निकल गये। उन्होंने बहुगुणा और नंदिनी सत्पथी के साथ मिलकर कांग्रेस की टक्कर पर कांग्रेस फॉर डेमोक्रेसी की स्थापना की और चुपचाप लोगों के कांग्रेस छोड़कर निकल आने की प्रतिक्षा करने लगे। इसके बाद तो श्रीमती गाँधी का इमर्जेन्सी के दाँव-पेंच का पूरा किला ही ढह गया। तीन बातें फौरन साफ नजर आने लगीं। श्रीमती गाँधी को पुराने नेताओं की मिन्नत-खुशामद करके उन्हें

अपने साथ रखना था और पार्टी के मामलों में उन्हें फिर उनका उचित स्थान देना था; उन्हें खुद अपने रवैये में कुछ नरमी लानी थी। "बाबूजी ने कभी भी लोकतान्त्रिक मूल्यों से समझौता नहीं किया। वह सच्चे अर्थों में भारत के निर्माता थे।"[89]

1977 में बाबू जगजीवन राम जनता पार्टी की सरकार में रक्षामन्त्री के पद पर आसीन थे तभी मध्य प्रदेश के महू छावनी में जहाँ डॉ. बी.आर. आम्बेडकर का जन्म हुआ था को रक्षामन्त्रालय द्वारा इमारत पुरानी होने के कारण नवनिर्माण हेतु तोड़ा जा रहा था। साथ ही उस स्थान को भी तोड़ा जाना था जहाँ पर डा. बाबा साहब आम्बेडकर का जन्म हुआ था। उस भूमि की रक्षा हेतु भदन्त धम्म शील, महानाम आदि भिक्षुगण बाबूजी से मिले और पूरी बात बतायी। भिक्षुगण के अनुरोध पर विशेष नियम बनाकर यह भूमि बाबा साहब की जन्मभूमि के नाम से आवंटित कर दी गयी।[90]

जगजीवन राम
(1908-1986)

भारत के यशस्वी सपूत, प्रख्यात स्वतन्त्रता-सेनानी, समाज सुधारक, मानव अधिकार और सम्मान के समर्थक, प्रबुद्ध राजनेता, योग्य प्रशासक, जात-पांत रहित तथा वर्गहीन समाज के सृजक तथा दलितों के उत्थान के लिए अथक प्रयास करने वाले महामानव के रूप में समाज के प्रति बाबू जगजीवन राम के योगदानों को देखते हुए भारतीय संसद के परिसर में उनकी नौ फुट ऊँची प्रतिमा का 25 अगस्त 1995 को भारत के तत्कालीन राष्ट्रपति डॉ. शंकर दयाल शर्मा द्वारा अनावरण किया गया।[91]

बाबूजी जातिवाद, वर्णभेद, ऊँच-नीच और सम्प्रदायवाद के कटु आलोचक थे। उन्होंने विभिन्न उपक्रमों-विभागों में दलित-पिछड़ों को जोड़ने, भर्ती करने और मुख्यधारा में लाने की राह प्रशस्त की। इसके फलस्वरूप दलित-पिछड़ों में एक मजबूत मध्यम वर्ग का उदय हुआ। उनकी मान्यता थी कि सही तरीके से अछूतों को न्याय नहीं मिल पाया है। इसलिए वे सभी अछूतों के लिए आरक्षण व्यवस्था जरूरी मानते थे। गरीबी, अस्पृश्यता और विभिन्न अवरोधों के परिवेश में पले बढ़े बाबू जगजीवन राम सारे संकटों-बाधाओं को पार करते हुए जिस मुकाम पर पहुँचे, वह उनकी कुशाग्र बुद्धि, कठोर परिश्रम, अदम्य साहस और दूरदृष्टि का परिचायक है।

सन्दर्भ

1. कुमार, मंजुल; बाबू जगजीवन राम, जन्म शताब्दी वर्ष, 2007, पूर्वोद्धृत, पृ. 19
2. राम, इन्द्राणी जगजीवन; देखी-सुनी बीती बातें, भाग-1, पूर्वोद्धृत, पृ. 106
3. के.बी. सिंह; उत्तर प्रदेश में दलित आन्दोलन का विकास, 'उत्तर प्रदेश' हिन्दी मासिक पत्रिका, अगस्त 2002, सूचना एवं जन सम्पर्क विभाग, लखनऊ, पृ. 28
4. डीन्कर, डी.सी.; स्वतन्त्रता संग्राम में अछूतों का योगदान, पूर्वोद्धृत, पृ. 239
5. Chandra, Ramesh, Sangh Mittra; Phases of Dalit Revolt, edition-2003, Publisher; Commonwealth Publishers New Delhi, pp. 60-61
6. डिन्कर, डी.सी.; स्वतन्त्रता संग्राम में अछूतों का योगदान, पूर्वोद्धृत, पृ. 239
7. चन्द्रा, आर., चंचरीक कन्हैयालाल; आधुनिक भारत का दलित आन्दोलन, पूर्वोद्धृत, पृ. 307
8. मैथ्यू, पी.डी.; अस्पृश्यता उन्मूलन सम्बन्धी कानून (छुआछूत रोकने वाले कानून), अनुवादक; के. एस. जयसवार, प्रथम प्रकाशन 1993, प्रकाशक : भारतीय सामाजिक संस्थान, लोदी रोड, नयी दिल्ली, पृ. 1
9. राम, जगजीवन; भारत में जातिवाद और हरिजन समस्या, पूर्वोद्धृत, पृ. 46
10. हंस, बुद्धशरण; शोषितों की समस्या और समाधान, चतुर्थ संस्करण, सितम्बर 2011, प्रकाशक : डाइवर्सिटी हाउस, कल्याणपुर, लखनऊ, पृ. 9
11. पी. राम; जगजीवन विद्या भवन झण्डेवालान, नयी दिल्ली, 20 दिसम्बर 2010 को साक्षात्कार।
12. Babu Jagjivan Ram; 'Labour Minister' Interim Government of India, Speech commending his bill for the Investigation and settlement of Industrial Disputes etc. on 10th February, 1947. Assembly House, New Delhi
13. सिंह, वी.एन., जनमेजय सिंह; भारत में सामाजिक आन्दोलन, पूर्वोद्धृत, पृ. 88

14. मौर्य, ओम प्रकाश; आधुनिक भारत के निर्माता बाबू जगजीवन राम, पूर्वोद्धृत, पृ. 65
15. राम, जगजीवन; भारत में जातिवाद और हरिजन समस्या, पूर्वोद्धृत, पृ. 44
16. वही, पृ. 45
17. मौर्य, ओम प्रकाश; आधुनिक भारत के निर्माता बाबू जगजीवन राम, पूर्वोद्धृत, पृ. 66
18. साक्षात्कार रोहित कुमार 'राहुल' लखनऊ में दिनांक 25/04/2010 को लिया गया साक्षात्कार।
19. शर्मा, देवेन्द्र प्रसाद; जगजीवन राम : दी मैन एण्ड दि टाइम्स, पृ. 130-131
20. Gurtu, Shachi Rani; Jagjivan Ram on Labour Problems, I Edition 1951, Atma Ram & Sons, New Delhi, p. 93
21. मौर्य, ओम प्रकाश; आधुनिक भारत के निर्माता : बाबू जगजीवन राम, पूर्वोद्धृत, पृ. 107-108
22. वही, पृ. 109
23. 'हिन्दुस्तान' (दैनिक समाचार पत्र), 28/12/1946 को मद्रास संस्करण।
24. राम, इन्द्राणी जगजीवन; देखी, सुनी, बीती बातें खण्ड-2, प्रथम संस्करण 1994, प्रकाशन : जगजीवन विधा भवन, लिंक रोड झण्डेवालान, नयी दिल्ली, पृ. 14
25. अन्तर्राष्ट्रीय श्रम संगठन 'जेनेवा' (120) के 30 वें अधिवेशन दिया गया जगजीवन राम के भाषण का अंश।
26. हरनोटिया, जसराम; समता के स्तम्भ बाबा साहेब और बाबू जी, पूर्वोद्धृत, पृ. 222
27. वही, पृ. 222
28. Gurtu, Shachi Rani; JagJivan Ram on Labour Problems, I Edition 1951, Atama Ram & Sons, New Delhi, p. 159
29. मौर्य, ओम प्रकाश; आधुनिक भारत के निर्माता बाबू जगजीवन, पूर्वोद्धृत, पृ. 115-116
30. राम, इन्द्राणी जगजीवन; देखी, सुनी, बीती बातें, खण्ड-2, पूर्वोद्धृत, पृ. 40-41
31. राम, इन्द्राणी जगजीवन; देखी, सुनी, बीती बातें, खण्ड-2, पूर्वोद्धृत, पृ. 41
32. चौधरी, प्रसन्न कुमार, श्रीकान्त; बिहार में दलित आन्दोलन (1912-2000), पूर्वोद्धृत, पृ. 192
33. वही, पृ. 192
34. 3 और 4 दिसम्बर 1947 'दि हिन्दुस्तान स्टैण्डर्ड' (कोलकाता) तथा, 4 दिसम्बर 1947, दि टाइम्स ऑफ इण्डिया नयी दिल्ली।
35. राम, इन्द्राणी जगजीवन; देखी, सुनी, बीती बातें, खण्ड-2, पूर्वोद्धृत, पृ. 39
36. वही, पृ. 39
37. सिंह, वी.एन., जनमेजय सिंह; भारत में सामाजिक आन्दोलन, पूर्वोद्धृत, पृ. 204
38. Gurtu, Shachi Rani, Jagjivan Ram on Labour Problems, I Edition 1951, Atma Ram & Sons, New Delhi, p. 158
39. राम, इन्द्राणी जगजीवन; देखी, सुनी, बीती बातें, खण्ड-2, पूर्वोद्धृत, पृ. 47
40. Babu Jagjivan Ram, 'Speeches' on, 1948, occasion "Inauguration of Employees State Insurance Corporation" New Delhi
41. मौर्य, ओम प्रकाश; आधुनिक भारत के निर्माता : बाबू जगजीवन राम, पूर्वोद्धृत, पृ. 123-124
42. लेबर गजट ऑफ इण्डिया, (1949) वाल्यूम-1, पृ. 908-915, शास्त्रीभवन लाइब्रेरी, नयी दिल्ली।
43. राम, इन्द्राणी जगजीवन; देखी, सुनी, बीती बातें, खण्ड-2, पूर्वोद्धृत, पृ. 54
44. मौर्य, ओम प्रकाश; आधुनिक भारत के निर्माता : बाबू जगजीवन राम, पूर्वोद्धृत, पृ. 129
45. साक्षात्कार—सुरेश उजाला कवि (उपप्रधान सम्पादक सूचना विभाग, पार्क रोड लखनऊ) से 03.11.2011 साक्षात्कार के अंश।

46. Gurtu, Shachi Rani; Jag jivan Ram on Labour Problems, I Edition, 1951, Atma Ram & Sons, New Delhi, p. 158
47. Gurtu, Shachi Rani; Jagjivan Ram on Labour Problems, I Edition, 1951, Atma Ram & Sons, New Delhi, p. 50-52
48. मौर्य, ओम प्रकाश; आधुनिक भारत के निर्माता बाबू जगजीवन राम, पूर्वोद्धृत, पृ. 129-130
49. Loksabha Secretariat; Babu Jagjivan Ram in Parliament : A Commemorative Volume, 2005 Eidition, Lok Sabha Secretariat, New Delhi, p. 103
50. Debates : Constituent Assembly of India (Legislative), 30 January, 1948. Making a Statement as the Minister of Labour while moving the Factories Bill, 1948
51. मौर्य, ओम प्रकाश; आधुनिक भारत के निर्माता बाबू जगजीवन राम, पूर्वोद्धृत, पृ. 121
52. भारती, डॉ. रामविलास; (शोध पत्र) बीसवीं सदी के उत्तरार्द्ध में दलित समाज : एल. इलैयापेरुमल रिपोर्ट के आलोक में, इतिहास दृष्टि : दिसम्बर 2009, प्रकाशक सैयद नजमुल रज़ा रिजबी, दी. द.उ. गोरखपुर विश्वविद्यालय, पृ. 175
53. वही, पृ. 178
54. राम, इन्द्राणी जगजीवन; देखी, सुनी, बीती बातें, भाग-2, पूर्वोद्धृत, पृ. 252
55. राम, जगजीवन; भारत में जातिवाद और हरिजन समस्या, पूर्वोद्धृत, पृ. 56
56. साक्षात्कार–सुरेश उजाला कवि (उपप्रधान सम्पादक सूचना विभाग, पार्क रोड लखनऊ) से 03.11.2011 से लिया गया साक्षात्कार।
57. हरनोटिया, जसराम; समता के स्तम्भ बाबा साहब और बाबू जी, पूर्वोद्धृत, पृ. 260
58. हिन्दुस्तान, 27 नवम्बर, 1956 में अहमबाद से प्रकाशित।
59. भारती, डॉ. रामविलास; (शोध पत्र) बीसवीं सदी के उत्तरार्द्ध में दलित समाज : एल. इलैयापेरुमल रिपोर्ट के आलोक में, इतिहास दृष्टि पूर्वोद्धृत, पृ. 181
60. साक्षात्कार–सुरेश उजाला कवि (उपप्रधान सम्पादक सूचना विभाग पार्क रोड लखनऊ) से 03.11.2011 से लिया गया साक्षात्कार।
61. राम, जगजीवन; भारत में जातिवाद और हरिजन समस्या, पूर्वोद्धृत, पृ. 61
62. वही, पृ. 63
63. भारती, डॉ. रामविलास; (शोध पत्र) बीसवीं सदी के उत्तरार्द्ध में दलित समाज : एल. इलैयापेरुमल रिपोर्ट के आलोक में, इतिहास दृष्टि पूर्वोद्धृत, पृ. 186
64. सिंह, के.बी.; (लेख) उत्तर प्रदेश में दलित आन्दोलन का विकास, 'उत्तर प्रदेश' हिन्दी मासिक पत्रिका, अगस्त 2002, सम्पादन; सूचना एवं जन सम्पर्क विभाग, लखनऊ, पृ. 29
65. सिंह, के.बी.; उत्तर प्रदेश में दलित आन्दोलन का विकास, पूर्वोद्धृत, पृ. 29
66. राम, जगजीवन; भारत में जातिवाद और हरिजन समस्या, पूर्वोद्धृत, पृ. 63
67. प्रसाद, इं. राजेन्द्र; मुक्ति के अग्रदूत बाबू जगजीवन राम, (भाषण संग्रह) भाग-1, पृ. XVI
68. Paswan, Sanjay; Encylclopaedia of Dalits in India, I Edition, 2002, Published by Kalpaz Publications, Delhi, p. 123
69. दैनिक जागरण, वंचित वर्ग की राजनीतिक आवाज, सम्पादकीय में 5 अप्रैल 2011 को लखनऊ से प्रकाशित।
70. The Hindu, Daily News Papar, 'Jagjivan Ram and Inclusive Agricultural Growth', by M.S. Swaminathan (A member of Rajya Sabha) Thursday, Feb 07, 2008, New Delhi.
71. दैनिक जागरण, वंचित वर्ग की राजनीतिक आवाज, सम्पादकीय में 5 अप्रैल 2011 को लखनऊ से प्रकाशित।

72. प्रसाद, इं. राजेन्द्र; मुक्ति के अग्रदूत बाबू जगजीवन राम (भाषण संग्रह), भाग-1, पृ. XIX
73. पी.सी. कुरील (कुलपति, आचार्य नरेन्द्रदेव कृषि एवं प्रौद्योगिकी विश्वविद्यालय), फैजाबाद से 06 दिसम्बर, 2011 को लिए गये साक्षात्कार से।
74. R.L. Bhagat; Member Secretary: Babu Jagjivan Ram National Foundation, New Delhi, to Dated on 16 Dec. 2010. Inerviewed by me.
75. प्रो. रमेश दीक्षित (राजनीति विज्ञान विभाग, लखनऊ विश्वविद्यालय), लखनऊ से 23/02/2011 को मेरे द्वारा लिया गया साक्षात्कार।
76. दैनिक जागरण, 02 जनवरी 2011, में सम्पादकीय के अंश, लखनऊ से प्रकाशित।
77. The Hindu, on Vijay Diwash, 16 Dec. 2011, p. 22
78. Lt. Gen. P.G. Kamath, "AVSM, YSM, SM,Chief of staff, Hq.s Central Command" 26.02.2011 on the National Seminar on ''External and Enternal thrates to Indian Nation," in D.P.A. aditoriuom University of Lucknow to the interview by me.
79. जनसन्देश टाइम्स, 1971 की विजय के असली हीरो जगजीवन राम, शेषनारायण सिंह द्वारा सम्पादकीय लेख, 16 दिसम्बर 2011, को लखनऊ से प्रकाशित, पृ. 10
80. हिन्दुस्तान, 02 नवम्बर 1971 को नीमच, मध्यप्रदेश से प्रकाशित समाचार के अंश।
81. The Hindu, on Vijay Diwash, 16 Dec. 2011, p. 22
82. प्रसाद, इं. राजेन्द्र; मुक्ति के अग्रदूत बाबू जगजीवन राम (भाषण संग्रह), भाग-1, प्रथम संस्करण, 5 अप्रैल 2006, प्रकाशक : जगजीवन विद्या भवन, झण्डेवालान, नयी दिल्ली, पृ. 17
83. सागर, एस.एल.; दलितों के बाबूजी, 1993, द्वितीय संस्करण, सागर प्रकाशन, मैनपुरी, उत्तर प्रदेश, पृ. 46-47
84. प्रो. रमेश दीक्षित (राजनीति विज्ञान विभाग, लखनऊ विश्वविद्यालय), लखनऊ से 23/02/2011 को मेरे द्वारा लिया गया साक्षात्कार।
85. वासुदेव, उमा; इन्दिरा गाँधी के दो चेहरे, प्रथम संस्करण 1977, प्रकाशक : राधाकृष्ण, दरियागंज, नयी दिल्ली, पृ. 36-37
86. वासुदेव, उमा; इन्दिरा गाँधी के दो चेहरे, पूर्वोद्धृत, पृ. 39
87. वासुदेव, उमा; इन्दिरा गाँधी के दो चेहरे, पूर्वोद्धृत, पृ. 22
88. प्रो. रमेश दीक्षित (राजनीति विज्ञान विभाग, लखनऊ विश्वविद्यालय), लखनऊ से 23/02/2011 को किया गया साक्षात्कार।
89. दैनिक जागरण, वंचित वर्ग की राजनीतिक आवाज, सम्पादकीय में 5 अप्रैल 2011 को लखनऊ से प्रकाशित।
90. हरनोटिया, जसराम; समता के स्तम्भ बाबा साहब और बाबू जी, पूर्वोद्धृत, पृ. 259-60
91. गोपालन, एस.; राष्ट्रीय नेताओं का सम्मान : संसद परिसर में प्रतिमाएँ और चित्र, प्रथम संस्करण 1998, प्रकाशक : लोकसभा सचिवालय, नयी दिल्ली, पृ. 27

उपसंहार

भारतीय समाज का सामाजिक संरचनात्मक ढाँचा लोकतान्त्रिक नहीं है। यह जन्मजात असमानताओं पर आधारित है, और अनेक जातियों, उपजातियों में बँटा हुआ है, जिसमें दलित समाज सबसे निचले पायदान पर विराजमान है और जिनका अतीत बेहद दुखद है। उन्हें कोई सामाजिक, धार्मिक और राजनैतिक अधिकार नहीं हासिल था।

वैसे 'दलितों' के रूपान्तरण में हजारों साल लग गये। पहले उन्हें चतुर्वर्णीय समाज में शूद्र और अतिशूद्र कहा गया। उन्हें अतिशूद्र, अछूत, अन्त्यज, पंचम, अस्पृश्य, हरिजन, पीड़ित, दलित एवं पद दलित, मूक, मजलूम, सर्वहारा अथवा डाउन ट्रोडेन तथा डिप्रेस्ड क्लास जैसे अमानवीय नामों से जाना गया। सैकड़ों वर्षों से चली आ रही अमानवीय कुप्रथाओं को दलित समाज यह मानकर सहता और पालन करता रहा कि उच्च वर्णों का आदेश न मानने या विरोध करने पर वे नाराज हो जायेंगे या फिर उनकी बात न मानने से पाप होगा। ऐसी बहुत सी प्रथाएँ ग्रामीण अंचलों में आज भी प्रचलित हैं जिन्हें दलित समाज अपनी नियति मानकर सह लेता था। उच्च वर्ण सदैव दलितों की मेहनत पर निर्भर रहता है और उन्हीं के साथ छलावा कर स्वयं आगे बढ़ जाता है, जबकि दलितों की स्थिति हजारों वर्षो से जैसी की तैसी है।

भारत में अंग्रेजी राज की स्थापना के बाद जहाँ एक ओर औपनिवेशिक शासन के खिलाफ संघर्ष की शुरुआत हुई, वहीं दूसरी ओर भारतीय समाज की कमजोरियों के आकलन, विश्लेषण तथा उनके निवारण की कोशिशें भी तेज हुईं। अपने समाज की अन्दरूनी कमियों को लेकर प्रबुद्ध भारतवासियों के बीच गहन आत्ममंथन का दौर चला। इसी आत्ममंथन के बीच से कई धर्म सुधार तथा समाज सुधार आन्दोलनों का जन्म हुआ, कुछ नयी राजनीतिक विचारधाराएँ सामने आयीं और कुछ महत्त्वपूर्ण विचार-शाखाओं की नींव रखी गयी। उपनिवेशवादी ताकतों के हृदयस्थल में क्रियाशील वैचारिक स्कूलों का भी अध्ययन-मनन किया गया और प्रगतिशील समाज के निर्माण के सन्दर्भ के रूप में उनका भरपूर उपयोग भी किया गया। इन्हीं परिस्थितियों के बीच दलित आन्दोलन का प्रादुर्भाव हुआ। दलित आन्दोलनों ने न

केवल हिन्दू समाज की विकृतियों और ज्यादतियों की आलोचना की बल्कि साथ ही हिन्दू धर्म पर प्रहार भी किया।

दलित समाज के उत्थान हेतु भारत के प्रथम महान क्रान्तिकारी ज्योतिबा राव फूले ने पूना से आवाज उठाई। उन्होंने स्त्रियों एवं दलितों की शिक्षा के लिए 1848 ई. में स्कूल स्थापित किया। 20वीं शताब्दी के शुरू से ही दलित वर्ग ने पूरे भारतवर्ष में ब्राह्मणवादी संस्कृति के विरुद्ध बगावत की शुरुआत की और महाराष्ट्र में 'महार आन्दोलन', बंगाल में 'नाम-शूद्र', उत्तर भारत में 'आदि हिन्दू', तमिलनाडु में 'आदि द्रविड़', आन्ध्रप्रदेश में 'नामशूद्र', केरल में 'वायकोम सत्याग्रह' व 'गुरुवायूर सत्याग्रह', पंजाब में 'आदि धर्म' आदि दलित आन्दोलन शुरू हुए। इसी क्रम में शाहू जी महाराज, पी.एन. राजभोज, ई.वी. रामास्वामी नैकर पेरियार, नारायण गुरु, स्वामी अछूतानन्द, बिरसा मुण्डा, तिलका माँझी, सिद्धू-कान्हू, ऊदा देवी, झलकारी बाई, अजीवन बाई, महाबीरी देवी भंगी, लोचन मल्लाह, सन्त गाडगे, मंगूराम, बल्लूमेहतर, सरदार ऊधमसिंह, जुब्बा साहनी, प्यारेलाल कुरील, बेगुलाकुर्मय्या आदि दलित चिन्तकों एवं समाज सुधारकों के संघर्ष और त्याग-बलिदान ने एक वास्तविक दलित आन्दोलन को दिशा प्रदान की।

स्वामी अछूतानन्द ने उत्तर भारत में 'आदि हिन्दू' महासभा की स्थापना कर वंचितों, शोषितों के लिए सतही स्तर पर कार्य किया। डॉ. आम्बेडकर का विचार था कि धर्म संस्कृति को बदलता है और इसी बदलाव के लिए उन्होंने दलितों के लिए बौद्ध धर्म को स्वीकार किया था।

इसी बीच बाबू जगजीवन राम एक राष्ट्रवादी, समतावादी एवं समन्वयवादी दलित मसीहा के रूप में उदित हुए। बाबू जगजीवन राम का जन्म बिहार प्रान्त के चन्दवा नामक गाँव में हुआ था। अछूतों का जीवन चन्दवा गाँव में बहुत ही दर्दनाक था। अछूत जाति में जन्म होने से जगजीवन राम को बचपन से ही जातीय शोषण से रूबरू होना पड़ा और उनका प्रारम्भिक जीवन अमानवीय और असमानतापूर्ण जातीय व्यवस्था में बीता। इन्ही सभी दुर्भावपूर्ण व्यवस्थाओं के कारण समाज में व्याप्त इन कुरीतियों से लडने की उनमें ऊर्जा उत्पन्न हुई। समाज में जो लोग जाति एवं वर्ग के नाम पर शोषण कर रहे थे, बाबू जगजीवन राम ने उनके विरुद्ध बड़ी शालीनता से प्रहार किया, और समस्या का निदान भी किया। सामाजिक बुराइयों को समाप्त करने के साथ-साथ उन्होंने विधार्थी जीवन में ही जन-सम्पर्क स्थापित करना प्रारम्भ कर दिया था। अस्पृश्य बच्चों को पढ़ाने के लिए उत्साहित करना, गरीब बीमारों को डॉक्टरी सहायता दिलवाना तथा अत्याचारियों पर मुकदमा करना आदि जन कल्याणकारी कार्य वे बचपन से ही किया करते थे।

जगजीवन राम ने पढ़ाई के साथ-साथ कलकत्ता में दलित समाज में फैली कुरीतियों को समाप्त करने के लिए सामाजिक सम्बन्ध स्थापित किये। दलित श्रमिक

समाज में नशाबन्दी के लिए एवं शिक्षा के प्रचार प्रसार के लिए नुक्कड़ सभाएँ प्रारम्भ कर दीं। इसके अलावा अछूत वर्ग का उदय कैसे हुआ, इनसे घृणा की दृष्टि से व्यवहार क्यों किया जाता है, आदि का पता लगाने के लिए खोजपूर्ण दृष्टि से अनेक पुस्तकों का अध्ययन किया।

भारतीय स्वतन्त्रता आन्दोलन के विरोधाभाषों और अंग्रेजों द्वारा की जा रही अलगाववादी नीतियों के कारण जगजीवन राम का समाज में कार्य करने का अपना अलग तरीका था। वे प्रत्येक स्तर पर जरूरतमन्द लोगों के लिए सदैव खड़े रहे और दलित समाज में व्याप्त नशे एवं अशिक्षा की प्रवृत्ति जैसी बुराइयों को भी दूर करने हेतु प्रयासरत रहे। उनकी मान्यता थी कि यदि दलितों का उद्धार न हुआ तो वे इसी प्रकार दीन-हीन दशा में हिन्दू समाज के तिरस्कृत व बहिष्कृत अंग बने रहेंगे और आजादी प्राप्त करने पर भी हिन्दू समाज के उच्च वर्गों द्वारा इनका शोषण नही मिटेगा। उन्होंने सर्वहारा वर्ग को सबल बनाने की पूरी कोशिश की।

वे दलितों के अन्दर ऐसा शन्तिपूर्ण परिवर्तन लाना चाहते थे, जिससे उनके न केवल रहन-सहन का स्तर सुधरे बल्कि वे अपने योगदान के बारे में भी सजग रहें। वे दलितों की दयनीय दशा बदलना चाहते थे ताकि उनकी आर्थिक स्थिति सुदृढ़ हो और वे अपने बच्चों को अच्छी शिक्षा दिलाकर उन्हें संगठित कर सकें।

बाबू जगजीवन राम ने न्यूनतम मजदूरी की समस्याओं पर ब्रिटिश सरकार को उनकी (श्रमिकों की) ओर से ज्ञापन दिया और साथ ही साथ इस सम्बन्ध में मजदूरों के साथ धरना भी दिया तथा मजदूरों की गृहणियों को एकत्र कर सदैव घरों की सफाई रखने और बच्चों को शिक्षित करने को कहा, जिससे मजदूर का बेटा फिर मजदूर न बने। इसके तहत उन्होंने कलकत्ता की अनेक बस्तियों मे पाठशालाएँ स्थापित कीं, जिससे श्रमिकों के बच्चों को शिक्षा सुलभ पहुँच सके। वे देश के बुनियादी ढाँचे में क्रान्तिकारी परिवर्तन लाने के पक्षधर थे। उन्होंने 1937 में खेतिहर मजदूर सभा बनायी और खेतों में बेगार करवाने, कम मजदूरी पर काम करवाने और श्रमिकों पर ज्यादतियों का प्रखर विरोध किया।

बाबूजी आजादी की लड़ाई में शामिल रहते हुए ऐसे गरीबों, पिछड़े, शोषितों की आवाज बुलन्द करते थे, जिनका कोई ऐसा संगठन या मंच नही था जिससे वे अपनी बात कह सकें या अपने सुख-दुःख को बाँट सकें। बीसवीं शताब्दी के मध्यान्तर तक आते-आते वे 'गरीबों का मसीहा' के रूप में स्थापित हो चुके थे। श्रमिकों के लिए संघर्ष एवं उनके प्रति विचारों को देखते हुए अन्तरिम सरकार ने 2 सितम्बर 1946 को गठित मन्त्रिमण्डल में उन्हें श्रम मन्त्रालय दिया गया। उन्होंने तन्मयता से एवं बड़ी सूझ-बूझ के साथ श्रमिकों की समस्याओं का निपटारा किया एवं श्रमिकों के हितों को सुरक्षित किया। उस समय लागू श्रमिक विधान श्रमिकों के हितों में बाधा बने हुए थे।

बाबू जी की प्रेरणा से अनेक दलित आजादी की लड़ाई में सम्मिलित हुए और उसे शक्ति दी। इसके फलस्वरूप भारत आजाद हुआ। अछूतिस्तान की माँग पर बाबू जी ने तीसरे विभाजन को रोकने में महत्त्वपूर्ण भूमिका अदा की। बाबू जी ने यह प्रावधान कराया कि जो हरिजन जिस जिस जमीन पर मजदूर के रूप में खेती करता आ रहा है, वह उसका मालिक बना दिया जाये। समय-समय पर भूमिहीन दलितों और गरीबों के बीच भूमि वितरित की गयी। फलस्वरूप बड़ी तादाद में भूमिहीन मजदूर भू-स्वामी बन गये।

एक 'राजनीतिक इकाई' के रूप में दलित वर्गों को सबसे पहले 1919 के अधिनियम में स्वीकृति मिली। उन्हें भी समाज में व्याप्त जातिगत ऊँच-नीच का मर्म था। डॉ. आम्बेडकर के प्रति सम्मान के बावजूद, उन्होंने गाँधी के नेतृत्व को चुनौती देने और धर्म परिवर्तन जैसी आम्बेडकर की राह का अनुसरण करने से इनकार कर दिया और भारतीय राष्ट्रीय कांग्रेस की नीतियों को मानते हुए वे कांग्रेस के ध्वज तले अछूतोद्धार में लगे रहे।

जगजीवन राम, गाँधी द्वारा स्थापित ''हरिजन सेवक संघ'' के प्रथम मन्त्री हुए थे, परन्तु आगे चलकर इन्होंने देखा कि हरिजन सेवक संघ में सवर्ण हिन्दुओं का ही प्राधान्य है और उसका कार्य केवल 'हरिजन कल्याण' के रूप में है। उससे समाज सुधार को कोई बल नहीं मिल रहा है। उन्हें अच्छी तरह से मालूम था कि दलितों की दशा और उनको सही दिशा में ले जाने का कार्य सिर्फ और सिर्फ दलित कर सकते हैं। जगजीवन राम चाहते थे कि दलितों के सारे नेता चाहे, वे किसी भी दल के हों, एक मंच पर एकत्रित होकर आवाज उठायें, इस प्रकार इनके प्रस्ताव पर दलित एकता सम्मेलन द्वारा 28 जुलाई 1935 को 'अखिल भारतीय दलित संघ' का निर्माण हुआ।

उनका मानना था कि समाज की मुख्य धारा में रहकर ही बहुमुखी समेकित विकास की बात की जा सकती है। साथ ही उनका यह भी विश्वास था कि बिना आर्थिक, सामाजिक और मनोवैज्ञानिक क्रान्ति के दलित वर्ग के लोग सम्मान, सत्ता और मर्यादा नहीं पा सकेंगे।

24-25 अप्रैल, 1937 को चम्पारण में आयोजित दलित सम्मेलन में अपने अध्यक्षीय भाषण में जगजीवन राम ने दलितों की वर्ग-चेतना, आर्थिक-राजनीतिक अधिकार, धर्मान्तरण, राष्ट्रीय आन्दोलन, आत्मसम्मान तथा स्वावलम्बन जैसे विषयों पर अपने विचारों को स्पष्ट करते हुए कहा था कि, 'मैं यह बिल्कुल साफ कर देना चाहता हूँ कि हमारा संगठन हमेशा खुद को वर्ग संघर्ष और वर्ग-ईर्ष्या से अलग रखेगा। यह रक्षात्मक किस्म का संगठन है जिसका उद्देश्य हमारे समाज को सुधारना और पुनर्गठित करना है। हम देश की अग्रगति में शामिल हैं। साथ ही सवर्ण हिन्दुओं के साथ हमारा मतभेद सामाजिक और आर्थिक है, सांस्कृतिक नहीं।'

साथ ही उन्होंने दलितों के आत्मसम्मान और स्वावलम्बन की भावना पर बल देते हुए सम्मेलन का आह्वान किया कि उत्पीड़न करना पाप है। उत्पीड़न को चुपचाप सहना उससे भी बड़ा पाप है। इसके प्रतिकार में अपने प्राणों की बाजी लगा देना ही मर्दानगी है।

वे दलित आन्दोलन को राष्ट्रीय धारा से जोड़ने में पूर्णतः सफल रहे। वे दलित परिवार में जन्मे उन चन्द पुरोधाओं में थे, जो एक साथ दो मोर्चों पर लड़ रहे थे—अंग्रेजों के विरुद्ध और जाति व्यवस्था के विरुद्ध। जगजीवन राम का चिन्तन एक तरफ यह था कि कांग्रेस के साथ ही दलितों को जोड़ना होगा क्योंकि कांग्रेस की नीतियाँ स्वाधीनता के साथ-साथ दलितों के उत्थान की नीतियाँ भी हैं और दूसरी तरफ उनका चिन्तन था कि अंग्रेजों की दलितों के लिए पृथक राष्ट्र नीति, जिसको कि कुछ अलगाववादी लोग चाहते थे, किसी भी कीमत पर सफल नहीं होने देना है।

जगजीवन राम श्रमिकों को देश के विकास का साझीदार मानते थे। श्रम मन्त्री के रूप में श्रमिकों के प्रति अपनी विकासात्मक संकल्पनाओं को मूर्त रूप देने हेतु उन्होंने 1948 में 'कर्मचारी राज्य बीमा निगम' की शुरुआत की और अपने कार्यकाल में उद्योगपतियों, मिल मालिकों तथा मजदूरों में सामंजस्य बनाये रखने का भरसक प्रयत्न करते रहे। उन्होंने कारखानों में व्याप्त श्रमिकों के शोषण एवं अमानवीय कार्यों के प्रति नये प्रथम फैक्ट्री एक्ट को संशोधित कर नये प्रावधानों को लागू करवाया।

जगजीवन राम ने भारतीय राष्ट्रीय कांग्रेस का जीवन भर वफ़ादारी से साथ निभाया। लेकिन कांग्रेस ने उनके साथ को सिर्फ वोट बैंक की राजनीति तक ही सीमित रखा। कांग्रेस को जब-जब जिन विभागों में समस्या आती दिखायी पड़ी, विपत्ति के समय ही सारे के सारे मन्त्री पद उनको दिये गये। उन्होंने अपनी मेहनत, लगन, ईमानदारी, निष्ठा और बेहतर प्रशासनिक क्षमता के बलबूते पर ही सफलता प्राप्त की। 1962 में भारत-चीन युद्ध में भारत को बुरी तरह हार का सामना करना पड़ा। ऐसे में नेहरू प्रशासन द्वारा हार का जिम्मेदार रक्षा मन्त्री की मानते हुए श्री कृष्ण मैनन को रक्षा मन्त्री पद से त्याग पत्र देना पड़ा। लेकिन जब ऐतिहासिक 16 दिसम्बर 1971 में भारत-पाक युद्ध में भारत ने पाँच ही दिनों में पाकिस्तान पर अप्रत्याशित विजय प्राप्त की तो इस जीत का सेहरा श्रीमती इन्दिरा गाँधी के सिर बाँधा गया। जबकि इस जीत के असली हीरो जगजीवन राम ही थे।

भारत के यशस्वी सपूत, प्रख्यात स्वतन्त्रता-सेनानी, समाज सुधारक, मानव अधिकार और सम्मान के समर्थक, प्रबुद्ध राजनेता, योग्य प्रशासक, जात-पाँत रहित तथा वर्गहीन समाज के सृजक तथा दलितों के उत्थान के लिए अथक प्रयास करने वाले महामानव बाबू जगजीवन राम द्वारा समाज के प्रति योगदानों को देखते हुए भारतीय संसद के परिसर में उनकी नौ फुट ऊँची प्रतिमा का 25 अगस्त 1995 को

भारत के तत्कालीन राष्ट्रपति डॉ. शंकर दयाल शर्मा द्वारा अनावरण किया गया।

बाबू जगजीवन राम और डॉ. बी.आर. आम्बेडकर, दोनों का उद्देश्य कमजोर और पिछड़े वर्ग की स्थिति में परिवर्तन लाना था, परन्तु उनमें वैचारिक रूप से विशेष अन्तर उनकी कार्य शैली में था। जहाँ एक तरफ डॉ. आम्बेडकर ने स्वतन्त्र रूप से पिछड़ों व कमजोरों के लिए कार्य किया, वहीं दूसरी तरफ बाबू जगजीवन राम ने कांग्रेस के साथ दलितों व श्रमिकों के लिए शोषणपूर्ण कृत्यों के खिलाफ राष्ट्रीय स्तर पर अपनी तन्मयता से आवाज बुलंद की थी। उनके लिए प्रावधान भी बनवाये। राष्ट्रवादी नेता के रूप में जगजीवन राम का मानना था कि सबसे पहले देश, फिर समाज, उसके बाद धर्म व जाति का स्थान आता है। उन्होंने इस विचार को जीवन भर चरितार्थ किया। जबकि डॉ. बी.आर. आम्बेडकर ने माना कि सबसे पहले व्यक्ति, फिर जाति, धर्म, समाज और इन सबसे निर्मित राष्ट्र होता है। उन्होंने भारतीय समाज में जातीय श्रेष्ठता व 'वेदों की सत्ता की गुलामी' को सिरे से नकारा और कर्म के आधार पर व्यक्ति की गरिमा को स्थापित करने पर बल दिया। वे समाज में रेडिकल (अतिवादी) बदलाव चाहते थे। उन्होंने हजारों वर्षों की गुलामी से लड़ने के लिए ज्ञान और तर्क के माध्यम से जनजाग्रति को हथियार बनाया। जबकि जगजीवन राम व्यवस्था के साथ मिलकर सामाजिक परिवर्तन के समर्थक थे। शुरुआती दौर में ही जगजीवन राम उत्तर भारत में श्रमिक नेता के रूप में स्थापित हो चुके थे। जिस समय तथाकथित आजादी जो अपने अन्तिम पड़ाव में थी और राष्ट्रवादियों को लग रहा था कि मुस्लिम लीग तो अलग ही राग अलाप रही है, अब बिना अछूतों को मिलाये समग्र रूप से अंग्रेजों से आजादी की लड़ाई नहीं लड़ी जा सकती, ऐसे में पंडित मदनमोहन मालवीय और डॉ. राजेन्द्र प्रसाद की खोज का परिणाम जगजीवन राम थे। उन्हीं दिनों डॉ. बी.आर. आम्बेडकर हिन्दू धर्म से अलग अछूतों के लिए धर्म के परिवर्तन के साथ-साथ अछूतिस्तान की माँग कर रहे थे, जिसको अंग्रेजों की इच्छानुसार प्रचारित भी किया जा रहा था। जगजीवन राम धर्म परिवर्तन को नकारते हुए अंग्रेजों से आजादी की लड़ाई में सम्मिलित रहे। तब जाकर भारत को आजादी मिली।

बाबूजी हरित क्रान्ति के प्रणेता माने जाते हैं। उनके निर्देशन में जो हरित क्रान्ति हुई, खेत में पैदावार बढ़ी, उनमें प्रबन्धन, उर्वरक, सिंचाई, सरकारी सहायता और मजदूरों की हाड़तोड़ मेहनत का अंशदान है। उन्होंने भूमि सुधार कानून, सीलिंग कानून, व्यक्तिगत खर्च पर सीमा कानून बनाने और जमीन उसकी जो हल चलाना जानता हो, का नियम बनाने और उसे कड़ाई से लागू करने की आवश्यकता बताई ताकि मजदूरों, गरीबों, दलितों को उनका वास्तविक हक मिल सके, देश खुशहाली की ओर तेजी से बढ़ सके।

ऐसे समय में बाबू जगजीवन राम की प्रासंगिकता और भी बढ़ती गयी। वे

हिन्दू धर्म में रहते हुए दोनों मोर्चों पर लड़ रहे थे, एक तो भारत की आजादी के लिए और दूसरे जातीय ऊँच-नीच की अमानवीय कुरीतियों के विरुद्ध और इन मोर्चों में वे जीवनपर्यन्त डटे रहे। बाबू जगजीवन राम व्यक्ति नहीं विचार है। वह समावेशी विकास के हिमायती थे, जिसे उन्होंने जीवनभर तन्मयता के साथ चरितार्थ किया व आज के बहुजन से सर्वजन आन्दोलन का बेहतर प्रयोग करने वाले पहले भारतीय राजनेता थे। वे भारतीय राजनीति के ऐसे स्तम्भ थे, जो शिखर पर होने के साथ-साथ बहुत ही सतही थे। वे भारत के ग्रामीण अंचलों, सुदूर क्षेत्रों में रहने वाले हर एक नागरिक का मर्म था।

बाबूजी जातिवाद, वर्णभेद, ऊँच-नीच और सम्प्रदायवाद के कटु आलोचक थे। उन्होंने विभिन्न उपक्रमों-विभागों में दलित-पिछड़ों को जोड़ने, भर्ती करने और मुख्यधारा में लाने की राह प्रशस्त की। इसके फलस्वरूप दलित-पिछड़ों में एक मजबूत मध्यम वर्ग का उदय हुआ। उनकी मान्यता थी कि सही तरीके से अछूतों को न्याय नहीं मिल पाया है। इसलिए वे सभी अछूतों के लिए आरक्षण व्यवस्था जरूरी मानते थे। गरीबी, अस्पृश्यता और विभिन्न अवरोधों के परिवेश में पले बढ़े बाबू जगजीवन राम सारे संकटों-बाधाओं को पार करते हुए जिस मुकाम पर पहुँचे, वह उनकी कुशाग्र बुद्धि, कठोर परिश्रम, अदम्य साहस और दूरदृष्टि का परिचायक है।

बाबूजी प्रजातान्त्रिक मूल्यों के समर्थक थे, समाजवादी समाज संरचना के पक्षधर थे, समतामूलक दर्शन के हिमायती थे और गरीब, शोषित जाति के अभिशाप से हाशिए पर पहुँचे दलित वर्ग के उत्कर्ष के लिए आजन्म संघर्ष करने वाले कर्मयोगी थे।

सन्दर्भ-ग्रन्थ सूची

(Bibliography)

Primary Sources

National Archives of India, New Delhi :

1. File No. I/36, Col. No.-2, Dr. Rajendra Prasad Private Paper, 1936.
2. Private Collection, "Indrani Jagjivan Ram", Search Light Paper, Bihar Publicity Office, 17 December, 1936.
3. File No. 1H/41, "Harijan Sevak Sangh," 1941.
4. File No, 2M/42, Private Paper, Dr. Rajendra Prashad, R.P. Paper, 1942.
5. File No. 15-5/45 Vol.II, Dr. Rajendra Prasad Private Paper, "All India Depressed Classed League, 1945.
6. File No. 15-5/45, Collection I, Vol.II, 1945.
7. File No. 4/F/46, Col. No.1, 1946.
8. File No. 3/N/45-46, 1945-46.
9. File No. 49/32 (47), Western Rajputana State Agency, Jodhpur 1947.
10. File No. E-52/REI-6/3-14/B, Department of Railway's Establishment, 1952.
11. File No. L/3/65/60, Works Housing & Supply (Lands), 1960.
12. File No. 62/H/5/11/Vol.-i, 1962.
13. File No. 203(38), W.I./4, Ministry of External Affairs (Western Division), 1962.

U.P. State Archives, Lucknow :

1. File No.- 33/List No. 25/G.A.D.,1947.
2. File No.- 111/List No. 83B/Deptt. of Labour, 1946-1947.
3. File No.- 01/List No. 83/Prison List of Scheduled Castes, (Two Covers) 1934.

4. File No.- 101/List No. 76/ gfjtu lgk;d, 1947.
5. File No.- 14/Box No. 05/Political, 1947.

Journals (English) :

1. 'The Asian Man', An international Journal, Vol.2, No.1, Jan-June 2008, Published by Asian Institute of Human Science and Development, Lucknow.
2. 'University News', Vol. 48, No. 05, 'A weekly Journal of higher education' Editor : Dr. Setla Rama Devi pani, Publishing Association of Indian University.
3. 'Lucknow Journal of Social Science,' Vol.6, No.1-2, Jan.-Jul. &Jul.- Dec. 2009; Published by Lucknow University Teachers Academic Publication Society, Lucknow, India.
4. 'Sodh Drishti', 'Quarterly Journal of all Research', Vol.02, No.07, October-December 2011, chief Editor : Dr. Abhijeet singh, Published by Srijan Samiti Varanasi, Uttar Pradesh.
5. 'Shodh Prerak', A Multidisciplinary Quarterly International Referred Research Journal, vol.-1, Issue-4, October 2011, Chief Editor : Dr. Shashi Bhushan Punddar, Published by Veer Bahadur Sewa Sansthan Lucknow.
6. 'Social Scientist', Monthly Journal, Volume-35, No. 11-12, Nov.-Dec. 2007, Editor : Prabhat Patnaik, Editorial office : 35/1 , Shahpur Jat , New Delhi.
7. The U.P. journal of Political Science, A Half-yearly Journal, Vol.-XII, No.-I & II, January-December, 2007 (Combined Issue), chief Editor : Nagendra Singh, Publication : The U.P. Political Science Association.
8. 'Indian Social Science Review', A Multi-disciplinary Journal, Vol.-5, No.-2, July-December-2003, chief Editor : Dr. Subhash C. Kashyap, Publication : Indian Social Science Research, Sage Publication, New Delhi.
9. 'World Focus' Special Issue on 'Indian Ocean Issues and Challenges', Indo-centric Foreign Affairs monthly Journal, Vol.-XXIII, No.-10, Oct. 2007, Editor : G. Kishor Babu, Publication : World Focus, B-49, Joshi Colony, I.P. Extension, Delhi.
10. 'Quintessence of Research and Reference', Vol.-1, Issue-III, Jannary-2010, Editor; Mridula Lal, Editorial office, Jai Prakashnagar, Shivpurwa, Varanasi. (U.P.)

11. 'Contemporary Review' A monthly International Journal, Vol.-287,No.-1679, Dec. 2005, Editor : Dr. Richard Mullen, Published by, Oxford University Press England.
12. 'International Studies' ,Vol.-41, no.-2, April-June-2004, chief Editor : C.S.R. Murthy, Published by, Jawaher Lal Nehru University, New Delhi., Sage Publication, New Delhi.
13. 'Folklore', A monthly Journal, Vol.-115. No.-3, Dec. 2004, Editor : Patricia Lysaght, Department of Irish Folklore, University College Dublin, Ireland.
14. 'The English Historical Review', Vol.-XXI, No.-494, Dec. 2006, Edited : Philip Waller & G.W. Bernard, Published by, Oxfarel Journals, Oxford University Press, U.K.
15. 'The Review of Politics' Vol.-67, No.-1, Winter-2005, Editor : Catherine Zuckert, Publishes : 412 Flonner Hall, Notre Dame.

जर्नल्स (हिन्दी) :

1. 'इतिहास दृष्टि', मासिक जर्नल, दिसम्बर 2009, प्रकाशक; सैय्यद नजमुल रजा रिजवी, प्रकाशक : दीनदयाल उपाध्याय गोरखपुर विश्वविद्यालय, गोरखपुर।
2. 'वर्ल्ड फोकस', मासिक जर्नल, अंक-02, वर्ष-01, अक्टूबर 2011, सम्पादक : जी. किशोर बाबू प्रकाशन, दिल्ली।
3. 'पंचशील शोध समीक्षा', त्रैमासिक हिन्दी शोध पत्रिका, वर्ष-03, अंक-09, जुलाई-सितम्बर 2010, सम्पादक : डॉ. हेतु भरद्वाज, प्रकाशक : पंचशील प्रकाशन, जयपुर।
4. 'मानविकी' वर्ष-अंक-09, जुलाई-दिसम्बर 2011, सम्पादक : डॉ. प्रदीप कुमार, प्रकाशक : संचेतना प्रकाशन, महाराणा प्रताप कालेज, गोरखपुर।
5. 'सृजन संवाद', अंक-09, वर्ष, वार्षिक 2010, सम्पादक : डॉ. बृजेश, प्रकाशक : साउथ सिटी लखनऊ।

हिन्दी समाचार पत्र :

हिन्दुस्तान — 15 दिसम्बर, 2006; 14 अप्रैल, 2007; 16 जुलाई, 2007; 04 नवम्बर, 2007; 05 जून, 2008; 08 जनवरी, 2009; 06 दिसम्बर, 2009; 05 अप्रैल, 2010; 10 अक्टूबर, 2011; 08 अक्टूबर, 2011.

दैनिक जागरण (लखनऊ)	13 अप्रैल, 2007; 12 जुलाई, 2007; 18 जुलाई, 2007; 14 अगस्त, 2007; 17 अगस्त, 2007; 14 अप्रैल, 2010; 07 जून, 2010; 02 जनवरी, 2011; 05 अप्रैल, 2011.
राष्ट्रीय सहारा (लखनऊ)	08 मई, 2010; 05 अप्रैल, 2011; 08 अक्टूबर, 2011; 17 दिसम्बर, 2011.
मूलनिवासी नायक, (लखनऊ)	02 अक्टूबर, 2011.
जनसन्देश टाइम्स (लखनऊ)	16 दिसम्बर, 2011; 21 दिसम्बर, 2011.
जनसत्ता (लखनऊ)	20 अगस्त, 2006; 05 अप्रैल, 2007; 05 अप्रैल, 2008; 23 दिसम्बर, 2011; 16 फरवरी, 2012.
अभिमूकनायक (दिल्ली)	मासिक समाचार पत्र, अप्रैल, 2010.
निष्पक्ष प्रतिदिन	05 अप्रैल, 2010.

NEWS PAPERS (English) :

The Times of India	03 April, 2010; 07 April, 2010; 16 May, 2010; 22 Feb., 2012.
The Hindu	16, Dec. 2011; 28 Feb., 2012.

पत्र-पत्रिकाओं से संकलन :

1. 'बयान' 'हिन्दी मासिक', आन्दोलन साहित्य और अस्मिता विशेषांक, वर्ष-5, अंक 57, अप्रैल-2011, सम्पादक : मोहनदास नैमिशराय।
2. 'आम्बेडकर इन इण्डिया', वर्ष-8, अंक-83, अप्रैल-2010, हिन्दी मासिक पत्रिका, सम्पादक : दयानाथ निगम, प्रकाशक : कुशीनगर, उत्तर प्रदेश।
3. 'आउटलुक', हिन्दी मासिक पत्रिका, अंक-7, जुलाई 2010, प्रधान सम्पादक : विनोद मेहता।
4. 'तहलका', हिन्दी मासिक पत्रिका, वर्ष-2, अंक-17, सितम्बर 2011, लखनऊ, सम्पादक : तरुण जीत तेजपाल।
5. 'इण्डिया टुडे' हिन्दी मासिक पत्रिका, वर्ष-26, अंक-8, जनवरी 2012, सम्पादक : एम.जे. अकबर।
6. 'सजग प्रहरी', हिन्दी मासिक पत्रिका, वर्ष-2, अंक-7, अप्रैल 1997, डॉ. आम्बेडकर जयन्ती विशेषांक, सम्पादक : डॉ. चन्द्रभान भारत।
7. 'समतावादी भारत', हिन्दी त्रैमासिक पत्रिका, वर्ष-1, अंक-3, जनवरी-मार्च-2004, सम्पादक : सुधीर हिलसायन।

8. 'मायायुग', हिन्दी मासिक पत्रिका, वर्ष-1, अंक-2, अक्टूबर 2007, सम्पादक : राम प्रसाद मेहरा, प्रकाशन : 2, सरदार पटेल मार्ग, नयी दिल्ली।
9. 'सामाजिक न्याय सन्देश', मासिक पत्रिका, वर्ष-7, अंक-1, जनवरी 2009, डॉ. आम्बेडकर प्रतिष्ठान, सामाजिक न्याय एवं अधिकारिता मन्त्रालय, भारत सरकार, 15 जनपथ, नयी दिल्ली।
10. 'बुद्ध संकेत', त्रैमासिक हिन्दी पत्रिका, वर्ष-2, अंक-3, जुलाई-सितम्बर 2011, सम्पादक : संगम जी 'विद्रोही', प्रकाशक : डॉ. आम्बेडकर साहित्य एवं कला केन्द्र, वाराणसी।
11. 'आधुनिक विप्लव', हिन्दी मासिक पत्रिका, वर्ष-03, अंक-37, जुलाई 2011, सम्पादक : जितेन्द्र कुमार गौरव, प्रकाशन : 6/104, त्रिलोकपुरी, नयी दिल्ली।
12. 'शुक्रवार', साप्ताहिक हिन्दी पत्रिका, वर्ष-04, अंक-39, 27 जनवरी से 02 फरवरी, 2012, सम्पादक : विष्णु नागर, प्रकाशन : सी-125 सेक्टर-19, नोएडा, गौतम बुद्ध नगर उत्तर प्रदेश।
13. 'विजन 2020, राष्ट्रीय हिन्दी मासिक पत्रिका, वर्ष-02, अंक-04, फरवरी 2012, सम्पादक : सुखदेव सिंह तोमर, प्रकाशन : सैटवेल मीडिया प्रा.लि., अशोक बिहार, देहरादून (उत्तराखण्ड)।
14. नकवी सईद, 'परिवर्तन प्रकाश, डॉ. आम्बेडकर के विचार और हमारा समाज', अंक-27।
15. 'उत्तर प्रदेश' हिन्दी मासिक पत्रिका, वर्ष-30, अंक-1, सितम्बर-अक्टूबर 2002, प्रधान सम्पादक : विजय राय, प्रकाशक : सूचना एवं जन सम्पर्क विभाग, पार्क रोड, लखनऊ।
16. 'उत्तर प्रदेश'(अट्ठारह सौ सत्तावन, प्रथम-स्वाधीनता संग्राम विशेषांक) हिन्दी मासिक पत्रिका, वर्ष-34, अंक-12, अगस्त 2007, सम्पादक : सुरेश उजाला, प्रकाशक : सूचना एवं जन सम्पर्क विभाग, लखनऊ।
17. 'फारवर्ड प्रेस', द्विभाषी मासिक पत्रिका, अंक-01, वर्ष-04, जनवरी 2012, मुख्य सम्पादक : आयवन कोस्का, प्रकाशक : फारवर्ड प्रेस, नेहरू प्लेस, नयी दिल्ली।
18. 'रचना क्रम', हिन्दी मासिक पत्रिका, वर्ष-01, अंक-02, अक्टूबर 2011, सम्पादक : अशोक मिश्र, प्रकाशन : डीडीए फ्लैट, कोन्डली, दिल्ली।
19. 'तीसरा पक्ष', सामाजिक सरोकारों का त्रैमासिक, वर्ष-03, अंक-10-11, जून-सितम्बर 2003, सम्पादक : देवेश चौधरी देव, प्रकाशन : भानतलैया, जबलपुर, मध्यप्रदेश।

20. 'संघर्षरत मेहनतकश', द्विमासिक पत्रिका, वर्ष-02, अंक-06, सितम्बर-अक्टूबर, 2011, सम्पादक : शान्तनु, प्रकाशन : चितरंजन पार्क, नयी दिल्ली।
21. 'स्त्रीकाल', मासिक पत्रिका, अंक-08, जनवरी 2012, सम्पादक : संजीव चन्दन, प्रकाशन : दिलशाद गार्डेन, दिल्ली।
22. 'मगहर', त्रैमासिक पत्रिका, वर्ष-01, अंक-प्रवेशांक, जनवरी-मार्च 2012, सम्पादक : मुकेश मानस, प्रकाशन : पी.जी. मेन्स हॉस्टल, दिल्ली विश्वविद्यालय, दिल्ली।
23. 'पीपुल वॉयस', हिन्दी मासिक पत्रिका, वर्ष-08, अंक-07, फरवरी 2012, सम्पादक : डॉ. मुकेश कुमार, प्रकाशन : न्यू सिपाही टोला, पूर्णिया बिहार से प्रकाशित।
24. 'अपेक्षा', त्रैमासिक पत्रिका, वर्ष-10, अंक-35, अप्रैल-जून 2011, सम्पादक : तेज सिंह, प्रकाशन : कृष्णा नगर, दिल्ली।
25. 'युग परिबोध', अनियमित कालीन पत्रिका, सितम्बर 2011, सम्पादक : आनन्द प्रकाश, प्रकाशन : बसन्त कुन्ज, नयी दिल्ली।
26. 'बनास जन', मासिक पत्रिका, वर्ष-01, अंक-01, जनवरी 2012, सम्पादक : पल्लव, प्रकाशन : शालीमार बाग, दिल्ली।
27. 'देशज समकालीन', हिन्दी त्रैमासिक पत्रिका, वर्ष-02, अंक-02, मई-जुलाई 2012, सम्पादक : नरेन्द्र कुमार, प्रकाशन : पंचशील गार्डेन, नवीन शाहदरा, दिल्ली।
28. 'सम्यक भारत', हिन्दी मासिक पत्रिका, वर्ष-08, अंक-04, सम्पादक : मंजू मौर्य, प्रकाशन : रोहिणी सेक्टर-5, नयी दिल्ली।
29. अनुसूचित जाति और जनजाति के बच्चों की समस्याएँ : 'राष्ट्रीय फोकस समूह का आधार पत्र', प्रथम संस्करण जून 2010, प्रकाशक : राष्ट्रीय शैक्षिक अनुसंधान और प्रशिक्षण परिषद, श्री अरविन्द मार्ग, नयी दिल्ली।

Interviews (साक्षात्कार) :

1. Prof. John Webester, 'Dalit Thinker and Historian,' Visitor Professor, to lecture on 21.08.2010 'Studying History of Modern Dalit Movement' in DPA Auditorium, University of Lucknow, interviewed by me.
2. Lt. Gen. P.G. Kamath, (AVSM, YSM, SM, Chief of staff, Hq.s Central Command), 26.02.2011 on the National Seminar on 'External and Eternal threats to Indian Nation,' in D.P.A. Auditorium University of Lucknow, interviewed by me.

3. R.L.Bhagat, (Member Secretary : Babu Jagjivan Ram National Foundation) New Delhi on 16 Dec. 2010, Interviewed by me.
4. डॉ. माता प्रसाद, (पूर्व राज्यपाल अरुणाचल प्रदेश) से 16-05-2010 को मेरे द्वारा इन्दिरा नगर, लखनऊ में उनके आवास पर लिया गया साक्षात्कार।
5. रोहित कुमार 'राहुल', लखनऊ से 25-4-2010 को शोधार्थी द्वारा लिया गया साक्षात्कार।
6. डॉ. रीता बहुगुणा जोशी से पी.सी.सी. कार्यालय लखनऊ में 05-09-2010 को लिया गया साक्षात्कार।
7. उपेन्द्र प्रसाद जी, (पत्रकार, नवभारत टाइम्स) से 14-12-2010 को मेरे द्वारा लिया गया साक्षात्कार।
8. प्रो. नन्दू राम, (प्राध्यापक, जवाहर लाल नेहरू विश्वविद्यालय, नयी दिल्ली) से 19-12-2010 को नयी दिल्ली में लिया गया साक्षात्कार।
9. पी. राम, (जगजीवन विद्या भवन, झण्डेवालान, नयी दिल्ली) से 20 दिसम्बर 2010 को लिया गया साक्षात्कार।
10. प्रो. भूरे लाल, (विभागाध्यक्ष, हिन्दी विभाग इलाहाबाद, विश्वविद्यालय) से 07 फरवरी 2011 को लखनऊ में लिया गया साक्षात्कार।
11. एस.एस. गौतम, (गौतम पब्लिशर्स एण्ड डिस्ट्रीव्यूटर्स, नयी दिल्ली) से 18 सितम्बर 2011 को छात्रावास, हजरतगंज लखनऊ में मेरे द्वारा लिया गया साक्षात्कार।
12. प्रो. तुलसीराम, (दलित चिन्तक, प्राध्यापक, जवाहरलाल नेहरू विश्वविद्यालय, नयी दिल्ली) से 14 दिसम्बर 2010 को मेरे द्वारा लिया गया साक्षात्कार।
13. प्रो. विलास खरात, (निदेशक, डॉ. बाबा साहेब आम्बेडकर रिसर्च सेन्टर, रैगरपुरा, नयी दिल्ली) से 1 अगस्त 2011 को डॉ. बी.आर. आम्बेडकर छात्रावास, लखनऊ में मेरे द्वारा लिया गया साक्षात्कार।
14. डॉ. जयप्रकाश कर्दम से हिन्दी संस्थान, हजरतगंज, लखनऊ में 14 सितम्बर 2011 को मेरे द्वारा लिया गया साक्षात्कार।
15. रूपचन्द्र, से आई.आई.पी.ए., नयी दिल्ली में 16 दिसम्बर 2010 को मेरे द्वारा लिया गया साक्षात्कार।
16. डॉ. एन.एस. परमार, (असिस्टेन्ट प्रो., हिन्दी विभाग, महाराजा शयाजीराव विश्वविद्यालय, बड़ौदा) से 14 सितम्बर 2011 को हिन्दी संस्थान, लखनऊ में मेरे द्वारा लिया गया साक्षात्कार।
17. डॉ. आनन्द प्रधान, (प्रोफेसर, इण्डियन इंस्टीट्यूट आफ मास कम्युनिकेशन, नयी दिल्ली) से 21 अक्टूबर 2011 को मेरे द्वारा लिया गया साक्षात्कार।

18. गुरु शरन ठाकुर, (नायक, बिहार रेजीमेन्ट, निवासी–जिला खगड़िया, बिहार, 1971 के भारत-पाक युद्ध के सैनिक) से उनके निवास पर 25 मार्च 2011 को मेरे द्वारा लिया गया साक्षात्कार।
19. दीपचन्द शंखवार से 10-11-2011 को बाबा साहब भीमराव आम्बेडकर, विश्वविद्यालय, लखनऊ में शोधार्थी द्वारा लिया गया साक्षात्कार।
20. यादकरण याद, (बहुजन चेतना मंडप के संस्थापक) से लखनऊ में 01-11-2011 के शोधार्थी द्वारा साक्षात्कार।
21. राकेश कुमार गौतम, (सहायक प्राध्यापक, संस्कृत विभाग, राजकीय पी. जी. कॉलेज, मुहम्मदाबाद, गोहना, मऊ) से 20-08-2010 को शोधार्थी द्वारा लिया गया साक्षात्कार।
22. सुधीर हिलसायन से डॉ. बी.आर. आम्बेडकर राष्ट्रीय प्रतिष्ठान, नयी दिल्ली में 21-12-2010 को शोधार्थी द्वारा लिया गया साक्षात्कार।
23. सुधीर सावन्त, (ब्रिगेडियर, भारतीय थल सेना) से 24-03-2012 को फरीदाबाद, हरियाणा में शोधार्थी द्वारा लिया गया साक्षात्कार।
24. पी.सी. कुरील, (कुलपति, आचार्य नरेन्द्रदेव कृषि एवं प्रौद्योगिकी विश्वविद्यालय, कुमारगंज, फैजाबाद) से 06-12-2011 को लखनऊ में शोधार्थी द्वारा लिया गया साक्षात्कार।
25. श्री बद्रीप्रसाद, (स्वतन्त्रता सेनानी) बाबूजी के समय के कांग्रेसी नेता से समय 5:32 मिनट, 05-07-2008 को शोधार्थी द्वारा लिया गया साक्षात्कार।
26. सुरेश उजाला, (उपप्रधान सम्पादक, सूचना एवं जनसम्पर्क विभाग, उ.प्र., पार्क रोड, लखनऊ) से 03-11-2011 को मेरे द्वारा लिये गये साक्षात्कार के अंश।
27. डॉ. आकाश गौतम से लखनऊ में शोधार्थी द्वारा 08-03-2010 को लिया गया साक्षात्कार।
28. प्रो. रमेश दीक्षित, (राजनीति विज्ञान विभाग, लखनऊ विश्वविद्यालय, लखनऊ) से 23-02-2011 को मेरे द्वारा लिया गया साक्षात्कार।

Collection of Research Paper, Speeches & Articles on Babu Jagjivan Ram and the Dalit Movement :

1. डॉ. रामविलास भारती, शोध पत्र 'बीसवीं सदी के उत्तरार्द्ध में दलित समाज : एल. इलैयापेरुमल रिपोर्ट के आलोक में', इतिहास दृष्टि : दिसम्बर 2009, प्रकाशक : सैयद नजमुल रज़ा रिजवी, दी.द.उ. गोरखपुर विश्वविद्यालय।

2. सुधीर हिलसायन, 'बाबू जगजीवन राम : दलितोत्थान को समर्पित महानायक', आई.आई.पी.ए. में आयोजित सेमीनार में प्रस्तुत शोध पत्र।
3. सुधीर हिलसायन, 'दलितों के राजनीतिक अस्तित्व के 75 साल व राजनीतिक पहचान के 15 साल' (लेख) 'माया युग' मासिक पत्रिका, सितम्बर 2007।
4. डॉ. कविराज 'उत्तर प्रदेश में दलित नेतृत्व का उभार', शोध-पत्र, ए जर्नल ऑफ सोशल साइंस, वाल्यूम-3, नं.-1, जनवरी-जून 2006 में लखनऊ द्वारा प्रकाशित।
5. डॉ. विवेक कुमार, 'दलित समुदाय और सामाजिक परिवर्तन', (लेख) 'हंस', मासिक पत्रिका, अगस्त 2004।
6. डॉ. निरंजन कुमार, 'हिन्दी नवजागरण एवं दलित चेतना' (आलेख) 'दलित साहित्य', वार्षिकी, 2005, सम्पादक : जयप्रकाश कर्दम।
7. राजेन्द कृष्ण, (लेख) 'भारतीय राजनीति के शिखर पुरुष : श्री जगजीवन राम', मासिक पत्रिका 'आउटलुक', जुलाई 2010।
8. डी.पी. वरुण, 'समतामूलक समाज के महान शिल्पी बाबू जगजीवन राम', 'आम्बेडकर इन इंडिया' हिन्दी मासिक, लखनऊ।
9. डॉ. ऊषा एम. मुंशी, (पुस्तकालयाध्यक्ष, भारतीय लोक प्रशासन संस्थान, (IIPA) नयी दिल्ली) द्वारा दो दिवसीय राष्ट्रीय सेमीनार में 'Role of Babu Jagjivan Ram in Promoting Social Justice in India' विषय पर विचार, 16 दिसम्बर 2009, नयी दिल्ली।
10. माननीया मीरा कुमार, (सामाजिक न्याय और अधिकारिता मन्त्री, भारत सरकार) द्वारा 'बाबू जगजीवन राम पीठ', सामाजिक विज्ञान संकाय, काशी हिन्दू विश्वविद्यालय, वाराणसी के उद्घाटन समारोह के अवसर पर 29 अक्टूबर 2007 को दिया गया भाषण।
11. माननीया मीरा कुमार (सामाजिक न्याय और अधिकारिता मन्त्री, भारत सरकार) द्वारा 'डॉ. एनी बेसेंट स्मृति व्याख्यानमाला', महिला अध्ययन एवं विकास केन्द्र, सामाजिक विज्ञान संकाय, काशी हिन्दू विश्वविद्यालय, वाराणसी, में 29 अक्टूबर 2007 को दिया गया भाषण।
12. संसद चर्चा, 1952-1956, बाबू जगजीवन राम, केन्द्रीय श्रममन्त्री के प्रश्नोत्तर, स्पेशल रिपोर्ट ऑन स्पीच एट आई.एल.ओ. एज ए लेबर मिनिस्टर।
13. Sudhir Hilsayan, Research Paper on 'Babu Jagjivan ram as the Crusader of Dalit Upliftment'.
14. Somnath Chatterjee (Hon'ble Speaker, Lok Sabha), 'Parliamentary Democracy in India,' At 'The function organized

by the Ministry of Social Justice and Empowerment to mark The Birth Centenary of Late Babu Jagjivan Ram' 30 May, 2007, New Delhi.

15. Speeches of Smt. Meira Kumar (Minister for Social Justice and Empowermen,t Govt. of India), on 'Gender Empowerment, Women : Stabilizing an Insecure World' 6 March 2008, at European Commission, Brussels.
16. Speeches of Smt. Meira Kumar (Minister for Social Justice and Empowerment Govt. of India), International Conference on 'Moving Towards Gender Sensitization of Trade Policy' 25-27 February, 2008 Hotel Le Meridian, New Delhi.
17. Speeches of Smt. Meira Kumar (Minister for Social Justice and Empowerment Gov. of India),'Challenges inwomen's Empowerment and Leadership' Pravasi Bhartiya Divas, 8th January Vigyan Bhawan,New Delhi.
18. 1st Annual International Women's Conference entitled 'Shakti, the Strength of Women: Celebrating Success' Speeches of Smt. Meira Kumar (Minister for Social Justice and Empowerment Gov. of India), 2nd-4th June, 2005, Human Values & Ved Vigyan Maha Vidya Peeth, Bangalore.

Parliamentary Debates :

➢ Proceedings of Lok Sabha Questions and Answers, Monday, 10 April 1950.

➢ Proceedings of Lok Sabha Questions and Answers, Monday, 15 November 1950.

➢ Proceedings of Lok Sabha Questions and Answers, Monday, 27 April 1955.

➢ Proceedings of Lok Sabha Questions and Answers, Monday, 28 April 1955.

➢ Proceedings of Lok Sabha Questions and Answers, 23 May 1962.

➢ Proceedings of Lok Sabha Questions and Answers, March 3, 1966 on Textiles Workers' Strike etc.

➢ Proceedings of Lok Sabha Questions and Answers, July 28, 1966 on Strikes by Rubber Workers in Kerala.

➢ Proceedings of Lok Sabha Questions and Answers, May 22 1967 on Food Situation and Starvation : Death in Country.

➢ Proceedings of Lok Sabha Questions and Answers, December 15, 1969 on Sugar Policy.

➢ Proceedings of Lok Sabha Questions and Answers, Monday, 2 January 1972.

Libraries Consulted :

- Babu Jagjivan Vidya Bhavan Library, Link Road, Jhande Walan, New Delhi.
- Babu Jagjivan Ram Memorial, 6, Krishna Menan Road, New Delhi.
- Central Secretariat Library, G Wing, Shastri Bhawan, Central Secretariat, New Delhi.
- Lok Sabha Central Library, New Delhi.
- Indian Council of Historical Research Library, Firojshah Road, New Delhi.
- Central Library, Jawahar Lal Neharu University, New Delhi.
- Tagore Library, University of Lucknow.
- Central Library, Baba Saheb Bheem Rao Ambedker University, Raibarely Road, Lucknow.
- Amiruddaulla Public Library, Kaisarbagh, Lucknow.
- Giri Study Development Institute Library, Sec-O, Aliganj, Lucknow.

Proceedings of National Seminars :

1. Proceedings of the National Seminar on the 'Role of Babu Jagjivan Ram in Promoting Social Justice in India', Dec. 16-17, 2009, Editor: Dr. Lokendra Malik & Dr. Kusum Lata, Organized by Center for Social Welfare Administration and Administration of Justice, Indian Institute of Public Administration, New Delhi.
2. Proceedings of the National Seminar on the 'Role of Babu Jagjivan Ram and Inclusive Society in India', Dec. 16, 2010, Organised by Indian Institute of Public Administration,' New Delhi.

Reports :

1. World Development Report 2012, 'Gender Equality and Development' Published by The World Bank, Washington, D.C.

2. 'The World Bank in India' (Monthly Reports) Vol.-10, No.-4, January-2012, Publisher : 70 Lodi Estate, New Delhi.

द्वितीयक स्रोत (हिन्दी में) :

1. अनुरागी रजनी (सम्पा.); अनुवादक : मानस मुकेश, भारत में जाति : डॉ. भीमराव आम्बेडकर, प्रथम संस्करण 2012, प्रकाशक : आरोही प्रकाशन, सेक्टर-11, रोहिणी, नई दिल्ली।
2. अनुरागी रजनी (सम्पा.); अनुवादक : मानस मुकेश, जाति का खात्मा : एम. एन. श्रीनिवास, प्रथम संस्करण 2011, प्रकाशक : आरोही प्रकाशन, सेक्टर-11, रोहिणी, नई दिल्ली।
3. अनुरागी रजनी (सम्पा.); अनुवादक : शेखर पवार, सांस्कृतिक आन्दोलन का आगाज़, प्रथम संस्करण 2012, प्रकाशक : आरोही प्रकाशन, सेक्टर-11, रोहिणी, नयी दिल्ली।
4. आहूजा राम; सामाजिक अनुसंधान, 2010 संस्करण, रावत पब्लिकेशन, नयी दिल्ली।
5. ओमवेट गेल; दलित और प्रजातान्त्रिक क्रान्ति : उपनिवेशीय भारत में डॉ. आम्बेडकर एवं दलित आन्दोलन, 2009 संस्करण, सेज पब्लिकेशन, नयी दिल्ली।
6. आनन्द, आर.डी.; जाति प्रथा : उत्पत्ति और उन्मूलन, 2006 संस्करण, प्रकाशक : बोधिसत्व प्रकाशन, दिल्ली।
7. आम्बेडकर, डॉ. बी.आर.; राइटिंग और स्पीचेज, खण्ड-10, 1991 एजूकेशन डिपार्टमेन्ट, गवर्नमेन्ट ऑफ महाराष्ट्र।
8. आम्बेडकर, डॉ. बी.आर.; सम्पूर्ण वाङ्मय, खण्ड-11, प्रथम संस्करण 1997, प्रकाशक : डॉ. आम्बेडकर प्रतिष्ठान, कल्याण मन्त्रालय, भारत सरकार, नयी दिल्ली।
9. आम्बेडकर, डॉ. बी.आर.; सम्पूर्ण वाङ्मय, खण्ड-04, द्वितीय संस्करण 1998, प्रकाशक : डॉ. आम्बेडकर प्रतिष्ठान, कल्याण मन्त्रालय, भारत सरकार, नयी दिल्ली।
10. आम्बेडकर, डॉ. बी.आर.; 'शूद्रों की खोज' सातवीं आवृत्ति, 15 जून 2008, प्रकाशक; गौतम बुक सेन्टर, शाहदरा, दिल्ली।
11. आम्बेडकर, डॉ. बी.आर.; अन्याय कोई परम्परा नहीं, संस्करण 2008, प्रकाशक : संगीता प्रकाशन, शाहदरा, दिल्ली।
12. उके, अ.ला.; दलित चिन्तन के विविध आयाम, संस्करण 2011, प्रकाशक : शिल्पायन पब्लिशर्स एण्ड डिस्ट्रीब्यूटर्स, शाहदरा, दिल्ली।

13. ऐरी, श्याम गोपाल; मानव जाति की उत्पत्ति एवं क्रमिक विकास, प्रथम संस्करण 2002, प्रकाशक : लाइफ लाइन बुक्स, शाहदरा, दिल्ली।
14. कमल, एम.पी.; दलित संघर्ष के महानायक, प्रथम संस्करण 2003, प्रकाशक : स्नेह साहित्य प्रकाशन, दरियागंज नयी दिल्ली।
15. कमल, डॉ. राजवीर सिंह; दलित समाज दशा और दिशा, प्रथम संस्करण 2007, प्रकाशक : कांती पब्लिकेशन, साउथ गाउड़ी एक्सटेंशन, दिल्ली।
16. कर्दम, डॉ. जयप्रकाश; इक्कीसवीं सदी में दलित आन्दोलन, प्रथम संस्करण 2007, प्रकाशक : पंकज पुस्तक मन्दिर, ईस्ट आजाद नगर, दिल्ली।
17. कर्दम, डॉ. जयप्रकाश; दलित विमर्श साहित्य के आइने में, प्रथम संस्करण 2009, प्रकाशक; साहित्य संस्थान, लोनी बार्डर, गाजियाबाद, उ.प्र.।
18. कर्दम, डॉ. जय प्रकाश; दलित विचार धारा, प्रथम संस्करण 2010, प्रकाशक : सूरज प्रकाशन, शाहदरा, दिल्ली ।
19. कुमार, डॉ. शत्रुघ्न; दलित आन्दोलन के विविध पक्ष, 2009 संस्करण, प्रकाशक : आकाश पब्लिसर्स एण्ड डिस्ट्रीब्यूटर्स, लोनी बार्डर, गाजियाबाद।
20. कुमार, मंजुल; बाबू जगजीवन राम, जन्म शताब्दी वर्ष, 2007, प्रकाशक : डॉ. राजेन्द्र प्रसाद एकेडमी, राजेन्द्र भवन, नयी दिल्ली।
21. कुमार, निरंजन; दलित साहित्य का समाजशास्त्र : मनुष्यता के आइने में, 2010 संस्करण, प्रकाशक : अनामिका पब्लिशर्स एण्ड डिस्ट्रीब्यूटर्स, नयी दिल्ली।
22. कुमार, डॉ. विवेक; दलित समाज : पुरानी समस्याएँ, नयी आकांक्षाएँ, 2007 संस्करण, प्रकाशक : सम्यक प्रकाशन, नयी दिल्ली।
23. कुन्नहप्पा, मुर्कोट; श्री नारायण गुरु, 1985 संस्करण, प्रकाशक : नेशनल बुक ट्रस्ट इण्डिया, नयी दिल्ली।
24. कोशाम्बी, दामोदर धर्मानन्द; ऐन इन्ट्रोडक्शन टू दि स्टडी ऑफ इंडियन हिस्ट्री, नयी दिल्ली।
25. कौशिक, डॉ. जय नारायण; उभरा दलित बदलता भारत, प्रथम संस्करण 2009, प्रकाशक : अविराम प्रकाशन, विश्वास नगर, दिल्ली।
26. गोपालन, एस.; राष्ट्रीय नेताओं का सम्मान : संसद परिसर में प्रतिमाएँ और चित्र, प्रथम संस्करण 1998, प्रकाशक : लोकसभा सचिवालय, नयी दिल्ली।
27. गुप्ता, रमणिका; आदिवासी स्वर और नयी शताब्दी, 2002 संस्करण, प्रकाशक : स्वर्ण जयन्ती, शाहदरा, दिल्ली।
28. गुप्ता, रमणिका, बलशान सिंह; दलित दर्शन, 2009 संस्करण, प्रकाशक : बालवाणी प्रकाशन, दिल्ली।

29. गुप्ता, रमणिका, सम्पादन—ओम प्रकाश बाल्मीकि; दलित हस्तक्षेप, 2011 संस्करण, प्रकाशक : नेहा प्रकाशन, लक्ष्मीनगर, दिल्ली।
30. गुप्ता, रमणिका; दलित चेतना : साहित्यिक एवं सामाजिक सरोकार, प्रथम संस्करण 2011, प्रकाशक : समीक्षा पब्लिकेशन, गाँधीनगर, दिल्ली।
31. गुप्ता, डॉ. दीप्ती; दलित आन्दोलन और सामाजिक न्याय, 2010 संस्करण, प्रकाशक : राधा पब्लिकेशन्स, नयी दिल्ली।
32. गुहा, सुमित; कमेडिटी एण्ड क्रेडिट इन अपलेंड महाराष्ट्र 1800-1950, इकनोमिक एण्ड पोलिटिकल वीकली, 26 दिसम्बर 1987।
33. ग्रोवर, बी.एल., यशपाल; आधुनिक भारत का इतिहास, प्रथम संस्करण, 1981, प्रकाशक : एस. चन्द प्रकाशन, नयी दिल्ली।
34. गौतम, रूपचन्द्र; दलित मानवाधिकार, प्रथम संस्करण, 2008, प्रकाशक : कांती पब्लिकेशन, साउथ गामड़ी एक्सटेंशन, नयी दिल्ली।
35. गौतम, एस. एस.; भारतीय संस्कृति में दलित और शूद्रों का योगदान, प्रथम संस्करण 2011, प्रकाशक : गौतम बुक सेन्टर, शाहदरा, दिल्ली।
36. चचंरीक, कन्हैयालाल; आधुनिक भारत का दलित आन्दोलन, प्रथम संस्करण 2003, प्रकाशंक : यूनिवर्सिटी पब्लिकेशन, दरियागंज, नयी दिल्ली ।
37. चचंरीक, कन्हैयालाल; दलित आइडेंटी हिस्ट्री एण्ड ट्रेडीशन, संस्करण 2002, प्रकाशक : ओशन बुक, नयी दिल्ली।
38. चमनलाल; दलित साहित्य एक मूल्यांकन, 2009 संस्करण, प्रकाशक : राजपाल एण्ड सन्स, कश्मीरी गेट, दिल्ली।
39. चंचरीक, कन्हैयालाल; जगजीवन राम जीवन और व्यक्तित्व, नयी दिल्ली
40. चंचरीक, कन्हैयालाल; भारतीय दलित आन्दोलन की रूपरेखा, 2007 संस्करण, प्रकाशक : प्रकाशक : यूनिवर्सिटी पब्लिकेशन, नयी दिल्ली
41. चंचरीक, कन्हैयालाल; भारत में दलित आन्दोलन, भाग-दो, प्रकाशक : स्रीस्ट बुक्स, नयी दिल्ली, 2015
42. चंचरीक, कन्हैयालाल; महात्मा कबीर : जीवन और दर्शन, प्रकाशक : यूनिवर्सिटी पब्लिकेशन, 2013
43. चंचरीक, कन्हैयालाल; सन्त रविदास : जीवन और दर्शन, प्रकाशक : यूनिवर्सिटी पब्लिकेशन, 2012
44. चंचरीक, कन्हैयालाल; भगवान गौतम बुद्ध : जीवन और दर्शन, प्रकाशक : यूनिवर्सिटी पब्लिकेशन, 2013
45. चंचरीक, कन्हैयालाल एवं सरोज प्रसाद; भारतीय दलित जाति कोश, भाग-दो, प्रकाशक : यूनिवर्सिटी पब्लिकेशन, 2012
46. चानना, देवराज; प्राचीन भारत में दास प्रथा, प्रथम संस्करण 1989,

प्रकाशक : हिन्दी माध्यम कार्यान्वयन निदेशालय, दिल्ली विश्वविद्यालय, दिल्ली।

47. चोपड़ा, पी.एन., पुरी, बी.एन., दास, एम.एन.; भारत का सामाजिक, सांस्कृतिक और आर्थिक इतिहास, 2004, प्रकाशक : मैकमिलन प्रकाशन, नयी दिल्ली।

48. चौधरी, प्रसन्न कुमार, श्रीकान्त; बिहार में दलित आन्दोलन (1912-2000), द्वितीय संस्करण 2005, प्रकाशक : वाणी प्रकाशन, नयी दिल्ली।

49. चौधरी, उमाशंकर; हाशिए की वैचारिकी (दलित विमर्श-1), 2008 संस्करण, प्रकाशक : अनामिका पब्लिशर्स एण्ड डिस्ट्रीब्यूटर्स, नयी दिल्ली।

50. चौधरी, उमाशंकर; हिस्सेदारी के प्रश्न-प्रतिप्रश्न (दलित विमर्श-2 विवाद), 2009 संस्करण, प्रकाशक : अनामिका पब्लिशर्स एण्ड डिस्ट्रीब्यूटर्स, नयी दिल्ली।

51. चौबे, डॉ. झारखण्ड, डॉ. कन्हैया लाल श्रीवास्तव; मध्ययुगीन भारतीय समाज एवं संस्कृति, तृतीय संस्करण 2000, प्रकाशक : उत्तर प्रदेश हिन्दी संस्थान, लखनऊ।

52. चौबे, देवेन्द्र; आधुनिक साहित्य में दलित विमर्श, 2009 संस्करण, प्रकाशक : ओरियंट ब्लैक स्वॉन, नयी दिल्ली।

53. जोशी, शान्ति; नीतिशास्त्र, प्रथम संस्करण 1956, प्रकाशक : ज्ञान मण्डल, बनारस।

54. झा, डी.एन., श्रीमाली, के.एम.; प्राचीन भारत का इतिहास, प्रथम संस्करण 1981, प्रकाशक : हिन्दी माध्यम कार्यान्वयन, दिल्ली विश्वविद्यालय, दिल्ली।

55. ठाकुर, हरिनारायण; दलित साहित्य का समाजशास्त्र, प्रथम संस्करण 2009, प्रकाशक : भारतीय ज्ञानपीठ, नयी दिल्ली।

56. डॉ. धर्मवीर; दलित आत्मलोचन की प्रक्रिया, द्वितीय संस्करण 2009, प्रकाशक : मुहिम प्रकाशक, हापुड़ (उ.प्र.)।

57. डॉ. धर्मवीर; दलित सिविल कानून, 2009 संस्करण, प्रकाशक : मैत्रेय पब्लिकेशन, दरियागंज, नयी दिल्ली।

58. डॉ. धर्मवीर; दलित चिन्तन का विकास, प्रथम संस्करण 2008, प्रकाशक : वाणी प्रकाशन, दरियागंज नयी दिल्ली।

59. डीन्कर, डी.सी.; स्वतन्त्रता संग्राम में अछूतों का योगदान, चतुर्थ संस्करण, 2007, प्रकाशक : गौतम बुक सेन्टर, शाहदरा, दिल्ली।

60. तेलतुमडे, डॉ. आनन्द; उत्तर आम्बेडकर समय में दलित आन्दोलन, 2005 संस्करण, प्रकाशक : दलित मुक्ति संगठन, करनाल।

61. तेलतुमडे, डॉ. आनन्द; सत्ता, समाज और दलित, 2011 संस्करण, प्रकाशक : ग्रन्थ शिल्पी प्रकाशन, नयी दिल्ली।
62. तेलतुमडे, आनन्द, उत्तर आम्बेडकर-दलित आन्दोलन : दशा और दिशा, प्रथम संस्करण 2012, प्रकाशक : सिद्धार्थ बुक्स, हरदेवपुरी, शाहदरा, दिल्ली।
63. थापर, रोमिला; भारत का इतिहास, संस्करण 2004, प्रकाशक : राजकमल प्रकाशन, नयी दिल्ली।
64. देसाई, ए.आर.; भारतीय राष्ट्रवाद की सामाजिक पृष्ठभूमि, संस्करण 2007, प्रकाशक : मैकमिलन इण्डिया लिमिटेड।
65. दुसाध, डॉ. श्रीधरी; ए ब्रीफ स्केच ऑफ बाबू जगजीवन राम, प्रकाशक : भारतीय दलित साहित्य अकादमी, गोपीनाथ नगर, गुवाहाटी।
66. दुबे, अभय कुमार; आधुनिकता के आइने में दलित, संस्करण 2077, प्रकाशक : वाणी प्रकाशन, नयी दिल्ली।
67. धीर, के.सी., बाबू जगजीवन राम, दलित वर्ग के प्रतिनिधि राजनेता, प्रथम संस्करण, 2009, प्रकाशक : बौद्ध हितकारिणी महासभा, लखनऊ (उत्तर प्रदेश)।
68. नागराज, डी.आर.; फूँकते कदम : एक अध्ययन दलित आन्दोलन का, संस्करण 2000, प्रकाशक : पीस के सहयोग से कदम पब्लिकेशन, नयी दिल्ली।
69. नेहरू, जवाहरलाल; भारत की खोज, प्रथम संस्करण 1996, प्रकाशक : राष्ट्रीय शैक्षिक अनुसंधान और प्रशिक्षण परिषद, श्री अरविन्द मार्ग, नयी दिल्ली।
70. नैमिशराय, मोहनदास; समता की ओर, संस्करण 2000, प्रकाशक : प्रकाशन विभाग, भारत सरकार, नयी दिल्ली।
71. नैमिशराय, मोहनदास; बहुजन समाज, प्रथम संस्करण 2003, प्रकाशक : नीलकण्ठ प्रकाशन, महरौली, दिल्ली।
72. नैमिशराय, मोहनदास; भारतीय दलित आन्दोलन एक : संक्षिप्त इतिहास, संस्करण 2004, प्रकाशक : बुक्स फार चेंज, नयी दिल्ली।
73. नैमिशराय, मोहनदास; 1857 की क्रान्ति में दलितों का योगदान, प्रथम संस्करण 2009, प्रकाशक : श्री नटराज प्रकाशन, दरियागंज, नयी दिल्ली।
74. पासवान, राजू; दलितों के पुरोधा-बाबू जगजीवन राम, संस्करण 2007, लखनऊ।
75. प्रकाश, ओम; प्राचीन भारत का सामाजिक एवं आर्थिक इतिहास, 2001, प्रकाशक : विश्व प्रकाशन (न्यू एज इन्टरनेशनल), नयी दिल्ली।

76. प्रसाद, माता; दलित जातियों का दस्तावेज, द्वितीय संस्करण 2007, प्रकाशक : सम्यक प्रकाशन, नयी दिल्ली।
77. प्रसाद, चन्द्रभान; डाईवर्सिटी से बनेगा दलित पूँजीवाद, दलित दृष्टिकोण, 2006 संस्करण, प्रकाशक : गौतम बुक सेन्टर, शाहदरा, नयी दिल्ली।
78. प्रसाद, चन्द्रभान; भारतीय समाज और दलित राजनीति : दलित दृष्टिकोण, 2006 संस्करण, प्रकाशक : गौतम बुक सेन्टर, शाहदरा, नयी दिल्ली।
79. प्रसाद, राजेन्द्र; मुक्ति के अग्रदूत बाबू जगजीवन राम (भाषण संग्रह) भाग-1, प्रथम संस्करण 2006, प्रकाशक : जगजीवन विद्या भवन, झण्डेवालान, नयी दिल्ली।
80. प्रसाद, राजेन्द्र; मुक्ति के अग्रदूत बाबू जगजीवन राम (भाषण संग्रह) भाग-2, प्रथम संस्करण 2007, प्रकाशक : जगजीवन विद्या भवन, झण्डेवालान, नयी दिल्ली।
81. बक्सी, एस.आर.; जगजीवन राम द हरिजन लीडर, संस्करण 1992, दिल्ली।
82. बड़त्या, सूरज; सत्ता संस्कृति और दलित सौन्दर्यशास्त्र, संस्करण 2010, प्रकाशक : अनामिका पब्लिशर्स एंड डिस्ट्रीब्यूटर्स, नयी दिल्ली।
83. वाल्मीकी, ओमप्रकाश; दलित साहित्य का सौन्दर्यशास्त्र, संस्करण 2007, प्रकाशक : राधाकृष्ण प्रकाशन, दिल्ली।
84. बेसन्तरी, देवेन्द्र कुमार; भारत के सामाजिक क्रान्तिकारी, तृतीय संस्करण 2009, प्रकाशक : दलित साहित्य प्रकाशन संस्था, नयी दिल्ली।
85. बेचैन, डॉ. श्यौराज सिंह; दलित क्रान्ति का साहित्य, प्रथम संस्करण 2009, प्रकाशक : राहुल प्रकाशन, शाहदरा, दिल्ली।
86. भारती, कँवल; दलित विमर्श की भूमिका, प्रथम संस्करण 2002, प्रकाशक : इतिहास बोध प्रकाशन, आजाद नगर, इलाहाबाद।
87. भारती, कँवल; जाति, धर्म और राष्ट्र, संस्करण 2005, प्रकाशक : उदभावना प्रकाशन, नयी दिल्ली।
88. भारती, कँवल; राहुल सांकृत्यायन और डॉ. आम्बेडकर : बौद्ध धर्म, आर्य सिद्धान्त और अछूतोद्धार, प्रथम संस्करण 2007, प्रकाशक : साहित्य उपक्रम, दिल्ली।
89. भूषण, डॉ. मुकेश; दलितों का इतिहास, अतीत एवं वर्तमान के आईने में, संस्करण 2010, प्रकाशक : राधा पब्लिशर्स, नयी दिल्ली।
90. मानस, मुकेश; दलित समस्या और भगत सिंह, प्रथम संस्करण 2011, प्रकाशक : आरोही प्रकाशन, सेक्टर-11, रोहिणी, नयी दिल्ली।
91. मैथ्यू, पी.डी.; अनुसूचित जाति तथा अनुसूचित जनजाति पर अत्याचार के विरुद्ध कानून (रोकथाम व दण्ड), अनुवादक—शालू निगम, प्रथम प्रकाशन

1997, प्रकाशक : भारतीय सामाजिक संस्थान, लोदी रोड, नयी दिल्ली।

92. मैथ्यू, पी.डी.; अस्पृश्यता उन्मूलन सम्बन्धी कानून (छुआ-छूत रोकने वाले कानून), अनुवादक—के.एस. जयसवार, प्रथम प्रकाशन 1993, प्रकाशक : भारतीय सामाजिक संस्थान, लोदी रोड, नयी दिल्ली।

93. मौर्य, ओम प्रकाश; आधुनिक भारत के निर्माता बाबू जगजीवन राम, प्रथम संस्करण 2008, प्रकाशक : प्रकाशन विभाग, सूचना प्रसारण मन्त्रालय, भारत सरकार, नयी दिल्ली।

94. मेश्राम, वामन; एल.पी.जी. : भारत को गुलाम बनाने का कार्यक्रम, द्वितीय संस्करण 2010, प्रकाशक : मूलनिवासी पब्लिकेशन ट्रस्ट, पुणे।

95. मेश्राम, वामन, प्रो. पी.डी. सत्यपाल; डी.एन.ए. अनुसंधान, चतुर्थ संस्करण, 2010, प्रकाशक : मूलनिवासी पब्लिकेशन ट्रस्ट, करोलबाग, नयी दिल्ली।

96. मा. कांशीराम; चमचा युग, चतुर्थ संस्करण 2008, प्रकाशक : सिद्धार्थ बुक्स, शाहदरा, दिल्ली।

97. मंगलमूर्ति; बाबू जगजीवन राम : एक जीवनी, प्रथम संस्करण 2010, प्रकाशक : अनामिका पब्लिशर्स एण्ड डिस्ट्रीब्यूटर्स, दरियागंज, नयी दिल्ली।

98. मिश्र, गिरीश, ब्रजकुमार पाण्डेय; बिहार में जातिवाद : स्वतन्त्रता पूर्व, प्रथम संस्करण 2010, प्रकाशक : स्वराज प्रकाशन, दरियागंज, नयी दिल्ली।

99. यादव, डॉ. वीरेन्द्र सिंह; दलित विमर्श के विविध आयाम, संस्करण 2010, प्रकाशक : राधा पब्लिशर्स, नयी दिल्ली।

100. यादव, डॉ. वीरेन्द्र सिंह; इक्कीसवीं सदी का दलित आन्दोलन : साहित्यिक एवं सामाजिक सरोकार, संस्करण 2010, प्रकाशक : राधा पब्लिशर्स, नयी दिल्ली।

101. राजकिशोर; जाति का जहर, संस्करण 1998, प्रकाशक : वाणी प्रकाशन, नयी दिल्ली।

102. राम, इन्द्राणी जगजीवन; देखी, सुनी, बीती बातें, भाग-1, प्रथम संस्करण 1994, प्रकाशक : जगजीवन विद्या भवन, झण्डेवालान, नयी दिल्ली।

103. राम, इन्द्राणी जगजीवन; देखी, सुनी, बीती बातें, भाग-2, प्रथम संस्करण 1995, प्रकाशक : जगजीवन विद्या भवन, झण्डेवालान, नयी दिल्ली।

104. राम, इन्द्राणी जगजीवन; देखी, सुनी, बीती बातें, भाग-3, प्रथम संस्करण 1997, प्रकाशक : जगजीवन विद्या भवन, झण्डेवालान, नयी दिल्ली।

105. राम, जगजीवन; भारत में जातिवाद और हरिजन समस्या, संस्करण 1996, प्रकाशक : राजपाल एण्ड सन्ज, कश्मीरी गेट, दिल्ली।

106. रामनाथ, प्रो. (पूर्व कुलपति, सी.एस.ए., विश्वविद्यालय, कानपुर); योग्यता मेरी जूती, प्रथम आवृत्ति 2010, प्रकाशक : गौतम बुक सेन्टर, शाहदरा दिल्ली।

107. राम, धनयी; बाबा साहब आम्बेडकर की चुनी हुई कृतियाँ, भाग-1, प्रथम संस्करण 2011, प्रकाशक : डॉ. आम्बेडकर साहित्य एवं कला केन्द्र, वाराणसी।

108. लुईस, डॉ. प्रकाश, प्रसाद, कमला कान्त; वर्ण एवं वर्ग व्यवस्था के शिकंजे में फँसे बिहार के दलित, प्रथम संस्करण 2001, प्रकाशक : भारतीय सामाजिक संस्थान, लोदी रोड, नयी दिल्ली।

109. वासुदेव, उमा; इन्दिरा गाँधी के दो चेहरे, प्रथम संस्करण 1977, प्रकाशक : राधाकृष्ण, दरियागंज, नयी दिल्ली।

110. वियोगी, डॉ. कुसुम; समकालीन दलित कहानियाँ, प्रथम संस्करण 2008, प्रकाशक : जाग्रति प्रकाशन, शाहदरा, दिल्ली।

111. वियोगी, डॉ. नवल; सिन्धु घाटी सभ्यता के सृजनकर्ता : शूद्र और वणिक, एक जातीय विश्लेषणात्मक ऐतिहासिक शोध प्रबन्ध, चतुर्थ संस्करण 2008, प्रकाशक : सम्यक प्रकाशन, नयी दिल्ली।

112. वंद्योपाध्याय, प्रणव कुमार; दलित प्रसंग, प्रथम संस्करण 2000, प्रकाशक : एसकेजी पब्लिशर्स एण्ड डिस्ट्रीब्यूटर्स, शाहदरा, दिल्ली।

113. शर्मा, देवेन्द्र प्रसाद; जगजीवन राम : दी मैन एण्ड दि टाइम्स, संस्करण 1974, प्रकाशन : दि इण्डियन बुक कम्पनी, नयी दिल्ली।

114. शर्मा, राजमणि; दलित चेतना की कहानियाँ : बदलती परिभाषाएँ, प्रथम संस्करण 2008, प्रकाशक : उत्तम प्रकाशन, शाहदरा, दिल्ली।

115. शर्मा, रामशरण; शूद्रों का प्राचीन इतिहास, प्रथम संस्करण 1992, प्रकाशक : राजकमल प्रकाशन, नेताजी सुभाष मार्ग, नयी दिल्ली।

116. शर्मा, आर.एस.; प्राचीन भारत के पक्ष में, संस्करण 1993, प्रकाशक : पीपुल्स पब्लिसिंग हाउस, नयी दिल्ली।

117. शर्मा, रामशरण; भारत में आर्यों का आगमन, प्रथम संस्करण 1999, प्रकाशक : हिन्दी माध्यम कार्यान्वय निदेशालय, दिल्ली विश्वविद्यालय, दिल्ली।

118. शशि, डॉ. श्याम सिंह; डॉ. आम्बेडकर साइमन कमीशन के साथ, संस्करण 1998, नयी दिल्ली।

119. शशि, डॉ. श्याम सिंह; स्वतन्त्रता सेनानी बिरसा मुण्डा', प्रथम संस्करण 1990, प्रकाशक : राष्ट्रीय शैक्षिक अनुसंधान और प्रशिक्षण परिषद, श्री अरविन्द मार्ग, नयी दिल्ली।

120. शुक्ल, आर.एल.; आधुनिक भारत का इतिहास, संस्करण 2006, प्रकाशक : हिन्दी माध्यम कार्यान्वयन निदेशालय, दिल्ली विश्वविद्यालय, नयी दिल्ली।

121. शुक्ल, दुर्गाप्रसाद; ज्योतिबा फूले, प्रथम संस्करण 1991, प्रकाशक : राष्ट्रीय शैक्षिक अनुसंधान और प्रशिक्षण परिषद, श्री अरविन्द मार्ग, नयी दिल्ली।

122. शाह, डॉ. नीलिमा; दलित विमर्श और विवेकी राय की कहानियाँ, प्रथम संस्करण 2007, प्रकाशक : कौशिक प्रकाशन, आलोपीबाग कालोनी, इलाहाबाद।

123. हबीब, इरफान; भारतीय इतिहास में जाति और मुद्रा, द्वितीय संस्करण 2006, प्रकाशक : पीपुल्स पब्लिसिंग हाउस, नयी दिल्ली।

124. हट्टन, जे.एच.; भारत में जाति प्रथा : स्वरूप कर्म और उत्पत्ति, अनुवादक— मंगल सिंह, संस्करण 2002, प्रकाशक : मोतीलाल बनारसी दास, जवाहर रोड, नयी दिल्ली।

125. हरनोटिया, जसराम; समता के स्तम्भ बाबा साहेब और बाबू जी, प्रथम संस्करण 2008, प्रकाशक : नवभारत प्रकाशन, शाहदरा, दिल्ली।

126. हंस, बुद्धशरण; शोषितों की समस्या और समाधान, चतुर्थ संस्करण 2011, प्रकाशक : दुसाध प्रकाशक डाइवर्सिटी हाउस, कल्याणपुर, लखनऊ।

127. स्वरूप, देवेन्द्र; जाति विहीन समाज का सपना, संस्करण 2006, प्रकाशक : ग्रन्थ एकादमी, दरियागंज, नयी दिल्ली।

128. सागर, एस.एल.; दलितों के बाबूजी, द्वितीय संस्करण 1993, प्रकाशक : सागर प्रकाशन, मैनपुरी, उत्तर प्रदेश।

129. सिंह, डॉ. एन.; मेरा दलित चिन्तन, प्रथम संस्करण 2010, प्रकाशक : वैभव प्रकाशन, शाहदरा, नयी दिल्ली।

130. सिंह, जसवीर; गरीबी, प्रथम संस्करण 2000, प्रकाशक : सामायिक वार्ता, सुप्रीम इन्क्लेव, मयूर बिहार, नयी दिल्ली।

131. सत्यप्रेमी, डॉ. पुरुषोत्तम; दलित साहित्य और सामाजिक न्याय, संस्करण 2008, प्रकाशक : समता प्रकाशन, शाहदरा दिल्ली।

132. सरकार, सुमित; विवेकानन्द, प्रकाशक : राजकमल प्रकाशन, नयी दिल्ली।

133. सिंह, डॉ. राजपाल 'राज'; आदि हिन्दू आन्दोलन के प्रवर्तक, स्वामी अछूतानन्द हरिहर, व्यक्तित्व एवं कृतित्व, प्रथम संस्करण 2009, प्रकाशक : सिद्धार्थ बुक्स, दिल्ली।

134. सेन, अमर्त्य; न्याय का स्वरूप, संस्करण 2010, प्रकाशक : राजपाल एण्ड सन्स, नयी दिल्ली।

135. सिंह, बच्चन; भारत में जाति प्रथा और दलित ब्राह्मणवाद, प्रकाशक : विश्वविद्यालय प्रकाशन, चौक, वाराणसी।

136. सर्राफ, डॉ. रामकली; दलित लेखन का अन्तर्विरोध, संस्करण 2011,

प्रकाशक : शिल्पायन पब्लिशर्स एण्ड डिस्ट्रीब्यूटर्स, शाहदरा, दिल्ली।

137. सिंह, योगेन्द्र; भारत में सामाजिक परिवर्तन : संकट और समुत्थानपरकता, संस्करण 2002, प्रकाशक : जवाहर पब्लिशर्स एंड डिस्ट्रीब्यूटर्स, नयी दिल्ली।

138. सिंह, वी.एन., जनमेजय सिंह; भारत में सामाजिक आन्दोलन, प्रथम संस्करण 2005, प्रकाशक : रावत पब्लिकेशन, जयपुर।

139. सिंह, डॉ. रामगोपाल; सामाजिक न्याय, लोकतन्त्र और जाति व्यवस्था, संस्करण 1999, प्रकाशक : रावत पब्लिकेशन्स, नयी दिल्ली।

140. सिंह, डॉ. रामगोपाल; सामाजिक न्याय एवं दलित संघर्ष, द्वितीय संस्करण, 2006, प्रकाशक : राजस्थान हिन्दी ग्रन्थ अकादमी, जयपुर।

141. सिंह, डॉ. रामगोपाल; भारतीय दलित समस्याएँ एवं समाधान, संस्करण 2007, प्रकाशक : मध्य प्रदेश हिन्दी ग्रन्थ एकादमी, भोपाल।

142. सिंह, डॉ. श्योराज, एस.एस. गौतम; मीडिया और दलित, संस्करण 2009, प्रकाशक : गौतम बुक सेन्टर, शाहदरा, नयी दिल्ली।

143. सिंह, बद्रीनाथ; भारतीय दर्शन, संस्करण 2005, प्रकाशक : आशा प्रकाशन, वाराणसी।

144. सक्सेना, एच.एस., श्रीवास्तव, विनय कुमार, चौधरी, सुकान्त के.; सेड्यूल ट्राइब एण्ड डेवलपमेण्ट, संस्करण 2001, दिल्ली।

145. श्रीवास्तव, डॉ. एस.एस.एल.; दलित उत्थान प्रथम संस्करण 2001, प्रकाशक : सिग्मा, मेरठ (उ.प्र.)।

146. श्रीनिवास, एम.एन.; आधुनिक भारत में सामाजिक परिवर्तन, संस्करण 2003, प्रकाशक ; राजकमल प्रकाशन, नयी दिल्ली।

147. श्रीनिवास, एम.एन.; आधुनिक भारत में जाति, संस्करण 2001, प्रकाशक : राजकमल प्रकाशन, नयी दिल्ली।

Secondary Source (Books in English) :

1. Aloysius, G.; Periyar on Islam, Edition 2004, Publisher : Critical Quest, New Delhi.
2. Aloysius, G.; Periyar on Buddhism, Edition 2005, Publisher : Critical Quest, New Delhi.
3. Aloysius, G.; The Brahminical Incribed in Body-politic, Edition 2010, Publisher : Critical Quest, New Delhi.
4. Ambedker, B.R.; Mr. Gandhi & the Emancipation of the Untouchables, Edition 2006, Publisher : Critical Quest, New Delhi.

5. Ambedker, B.R.; Buddha or Karl Marx, Second Impression 2007, Publisher : Critical Quest, New Delhi.
6. Ambedker, B.R.; Annihilation of Caste, Edition 2007, Publisher : Critical Quest, New Delhi.
7. Ambedker, B.R.; Swaraj & the Depressed Classes, Edition 2010, Publisher ; Critical Quest, New Delhi.
8. Ambedker, B.R.; Speeches at Round Table Conference, Edition 2011, Publisher : Critical Quest, New Delhi.
9. Ambedker, B.R.; Reminiscences of Untouchability, Edition 2011, Publisher : Critical Quest, New Delhi.
10. Anand, Mulk Raj, Aliner Gilet; An Anthropology of Dalit Literature, Edition 1992, Published : Gyan Publishing House, New Delhi.
11. Bakshi, S. R.; Jagjivan Ram : The Harijan Leader, Edition 1992, Published : Anmol Publications Pvt.Ltd., New Delhi.
12. Bipinchandra, Mradula Mukharjee, Aditya Mukharjee, K.N. Panikkar, Sucheta Mahajan; India's Straggle for Independence : 1857-194, Edition 1989, Publisher : Pengwin Books India ,New Delhi.
13. Bhuan, Dasarti; Casteism in Indian politics, First Edition 2006, Publisher : Anmol Publication, New Delhi.
14. Bhambhri, Chander Prakash; Democracy in India, First edition 2008, Publisher : National Book Trust, India, New Delhi.
15. Baechler, Jean; Democracy : An Analytical Survey, First Edition 1998, Published : National Book Trust, India, New Delhi.
16. Bayly, Susan; Caste, Society and Politics in India, Edition 1999, Publisher : Cambrige University Press, Cambridge, London.
17. Chatterjee, Sarajeet kumar; The Scheduled Caste in India, (In Four Volumes), First Edtion 1996, Publication : Gyan Publishing House, Ansari Road, New Delhi.
18. Chanchreek, Kanhaiyalal; Jagjivan Ram: A select Bibliography, 1908-1975, Edition1977, Publisher : S.Chand Publications, New Delhi.
19. Chanchreek, Kanhaiyalal; Jagjivan Ram Crusade for Democracy, Edition 1978, Publisher : S.Chand & Company Ltd, New Delhi.
20. Chancreek, Kanhaiya Lal; The National Builder Babu Jagjivan Ram (Two Volumes), First Edition 2006, Published : Shree Publications, Delhi.

21. K.L.Chanchreek; Dalit Identity : History and Tradition, RigVedic Period to New Millennium, First Edition 2002, Published : Ocean Books, Asaf Ali Road, New Delhi.
22. Chalam, K.S.; Caste Based Reservation and Human Development in India, Publication : Sage Publication, New Delhi.
23. Chandra, Prof. Ramesh; Liberation and Social Articulation of Dalits (volumes-2), Edition 2004, Publisher : Isha books, Delhi.
24. Chakravarthi, Uma; The Social Philosophy of Buddhism the Problem of Inequality, Edition 2004, Publisher : Critical Quest, New Delhi.
25. Chanchreek, K.L.; Babu Jagjivan Ram : A Crusader....for Social Equality, Edition 2012, Publisher : Shree Publishes& Distributor, New Delhi.
26. Chanchreek, K.L.; Dalit in Ancient Medivel India, Edition 2010, Publishre : Shree Publisher & Distributor, New Delhi.
27. Chanchreek, K.L.; Dalit in Colonial Era, Edition 2010, Publisher : Shree Publisher & Distributors, New Delhi.
28. Chanchreek, K.L.; Dalit in Post Independece Era, Edition 2010, Publisher : Shree Publisher & Distributor, New Delhi.
29. Chanchreek, K.L.; Shudra's in Ancient India, Edition 2014, Publisher : Shree Publisher & Distributor, New Delhi.
30. Chanchreek, K.L.; Society & Caste in Ancient India, Edition 2014, Publisher : Shree Publisher & Distributor, New Delhi.
31. Sant Kabir : Life is Philosphy, Edition 2007, Publisher : Shree Publisher & Distributor, New Delhi.
32. Sant Ravi Das : Life is Philosphy, Edition 2004, Publisher : Shree Publisher & Distributor, New Delhi.
33. Chandra, Prof. Ramesh, Dr. Sangh Mittra; Phases of Dalit Revolt, Edition 2003, Publisher : Commonwealth Publishers, New Delhi.
34. Dube, Ishita Banerjee; Caste in History, Edition 2008, Publisher : Oxford University Press, Londan.
35. Dipanker, Gupta; Caste in Question: Identity or Hierarchy?, Edition 2004, Publisher : Sage Publication, New Delhi.
36. Fraser, Nancy; Social Justice in the age of Identity Politics, Edition 2006, Publisher : Critical Quest, New Delhi.
37. Fular, Crish; British India are Traditional India : Land, Cast and power, Edit.—Hamza Alwi, Jhon Hairish, Sociology of Development Societies : South Asia, Edition 1989, Publisher : Macmillan Publication, London.

38. Gooptu, Nandini; Caste and Labour : Untouchable social movement in Urban Uttar Pradesh in the Early Twentieth Century, Edition 1993, New Delhi.
39. Gooptu, Nandini; Swami Achhutanand & the Adi Hindu Movement, Edition 2010, Publisher : Critical Quest, New Delhi.
40. Guru, Gopal; Humiliation: Claims and Context, Edition 2009, Publisher : Oxford University Press, New Delhi.
41. Gurtu, Shachi Rani; Jagjivan ram on Labour Problems, First Edition 1951, Publisher : Atma Ram and Sons, New Delhi.
42. Hasnain, N.; Weaker Section : The Psycho-Social perspective, First Edition 1998, Publisher : Gyan Publishing House, Ansari Road, New Delhi.
43. Jogdant, P.G., Prasant P. Bansode, N.G. Meshram; Globalization and Social Justice : Perspectives, Challenges and Praxis, Edition 2008, Publisher : Rawat Publication, New Delhi.
44. Khane, B.D.; Chhatrapati Shahu's Crusade Against Untouchablity, Edition 2006, Publisher : Critical Quest, New Delhi.
45. Kshirsagar, R.K.; Dalit Movement in India and Its Leaders (1857-1956), Edition 1994, Publisher : M.P. Publication, New Delhi.
46. Kumar, Dr. Vivek; Dalit Leadership in India, Edition 2002, Publisher : Kalpaj Publication, Delhi.
47. Loksabha Secretariat; Babu Jagjivan Ram in Parliament : A commemorative Volume, Edition 2005, Publisher : Lok Sabha Secretariat, New Delhi.
48. Michal, S.M.; Dalits in Modern India Visionary Values, First Edition 1999, Publisher : Vistaar Publication, New Delhi.
49. Nehru, Jawaharlal; Selected works of Jawaharlal Nehru, Volume 14, Part-2, Edition 1984, Publisher : Jawaharlal Nehru Memorial Foundation, New Delhi.
50. Omana, S.; Sree Narayana Guru, Edition 2005, Publisher : Critical Quest, New Delhi.
51. Omvedt, Gail; Dalit and the Democratic Revolution, First Edition 1994, Publisher : Sage Publications, Mathura Road, New Delhi.
52. Omvedt, Gail, Bhaarat Patankar; The Dalit Liberation Movement in Colonial Period, Edition 2004, Publisher : Critical Quest, New Delhi.
53. Omvedt, Gail; Jotirao Phule & the Ideology of Social Revolution in India, Edition 2004, Publisher : Critical Quest, New Delhi.

54. Paswan, Sanjay, Paronashi Jaideva; Encyclopedia of Dalits in India, First Edition 2002, Publisher : Kalpaz Publications, Ashok Vihar-III, Delhi.
55. Pai, Sudha; Dalit Assertion and the Unfinished Democratic Revolution, First Edtion 2002, Publisher : Sage Publication, New Delhi.
56. Phuley, Jotirao; Slavery, Edition 2008, Publisher : Critical Quest, New Delhi.
57. Panikkar, K.M.; Caste & Democracy, Edition 2004, Publisher : Critical Quest, New Delhi.
58. Ram, Nandu; Dalit in contemporary India, Volume-I, Edition 2008, Publisher : Siddhant Publication, New Delhi.
59. Ram, Jagjivan; Four decades of Jagjivan Ram's parliamentary career, Edition 1977, Publisher : S. Chand Publications, New Delhi.
60. Rajah, M.C.; The Oppressed Hindus, Edition 2005, Publisher : Critical Quest, New Delhi.
61. Raj, M.C., Jyothi.; Dalitocracy : The Theory and Praxis of Dalit Politics, Edition 2007, Publisher : Ambedker Resource Center Rural Education for Development Society, Karnataka, India.
62. Ram, Jagjivan; Caste Challenge in India, Edition 1980, Publisher : Vision Books, New Delhi.
63. Rawls, John; A Theory of Justice, Fourth Edition 2001, Publishr : The Belknap Press, Harvard University Press, Cambridge, Massachusetts.
64. Ronki Ram, Mangoo Ram; Adi Dharm & The Dalit Movement in Punjab, Edition 2008, Publisher : Critical Quest, New Delhi.
65. Sangh Mittra; Jagjivan Ram And His Times, Edition 2003, Publisher : Commonwealth Publishers, New Delhi.
66. Sen, Amartya.; Social Exclusion : Concept Application Scrutiny, Edition 2004, Publisher : Critical Quest, New Delhi.
67. Singh, Nau Nihal; Jagjivan Ram : Symbol of Social Change, Edition 1977, Publisher : Manohar Publishers & Distributors, New Delhi.
68. Singh, Yogedra; Social Stratification and Change in India, Edition 2006, Publisher : Manohar Publisher and Distributors, New Delhi.
69. Shah, Ghanshyam; Dalit Identity and Politics, Edition 2007, Publisher : Sage Publication, New Delhi.

70. Sharma, Devendra Prasad; Jagjivan Ram: the man and the times, Edition 1974, Publisher : Indian Book Co, New Delhi.
71. Srinivas, M.N.; Social Change in Modern India, Edition 1966, Publisher : University of California Press, Barkley.
72. Shrivastava, Sanjay; Dalit Movement in India Role of Dr. B.R. Ambedker, Edition 2007, Publisher : Book Enclave, Jaipur.
73. Thapar, Romila; Syndicated Hinduism, Edition 2010, Publisher : Critical Quest, New Delhi.
74. Thapar, Romila; Imagined Religious Communities (Ancient History and the Modern Search For a Hindu Identity), Edition 1998, Publisher : Critical Quest, New Delhi.
75. Thorat, Sukhadeo; The Hindu Social System & Human Right of Dalits, Edition 2004, Publisher : Critical Quest, New Delhi.
76. Thorat, Sukhadeo, Umakant; Caste, Race and Discrimination : Discourses in Internationl Context, Edition 2004, Publisher : Rawat Publication, New Delhi.
77. Thorat, Sukhadeo, Aryama Prashant Negi; Reservation and Private sector : Quest for Equal opportunity and growth, Edition 2007, Publisher : Rawat Publication, New Delhi.
78. Tripathy, Rebati Ballav; Dalit : A Sub-Human Society, First Edition 2002, Publisher : S.B. Nangia, Panjabi Bagh, New Delhi.
79. Vakil, A.K.; Reservation Policy and Scheduled Castes in India, First Edition 1985, Publisher : Ashis Publishing House, New Delhi.
80. Zelliot, Eleanor; From Untouchable to Dailt, Second Edition 1996, Publisher : Manohar New Delhi.
81. Zelliot, Eleanor; From Untouchable to Dalit : Essays on the Ambedker movement, Edition 2006, Publisher : Manohar Publisher and Distributors, New Delhi.
82. Zelliot, Eleanor; Ambedkers Conversion, Edition 2010, Publisher : Critical Quest, New Delhi.

Website Collection :

1. http://presidentofindia.nic.in "Valedictory Centenary Lecture by President of India on Jagjivan Ram Centenary Function". President of Indiawebsite. 5 April 2008.
2. http://www.ichr.org.in/news/Jagjivan-Ram-Centenary.htm "PM's Address at Babu Jagjivan Ram Centenary Seminar on Agriculture". ICAR. February 7, 2008.

3. http://hi.bharatdiscovery.org/india
4. http://www.samaylive.com/article-analysis-in-hindi/114977/babu-jagjeevan-ram.html
5. http://hi.wikipedia.org/wiki
6. http://sheshji.blogspot.com/2010/05/blog-post_20.html

❑❑

चित्रमाला

293. अन्तरिम सरकार के सदस्य, सितम्बर 1946, बाएं से शरतचन्द्र बोस, जगजीवन राम, राजेन्द्र प्रसाद, वल्लभभाई पटेल, आसफ अली, जवाहरलाल नेहरू, अली ज़हीर

जवाहर लाल नेहरू, श्यामा प्रसाद मुखर्जी और जयरामदास दौलतराम के साथ, पीछे गोविन्द बल्लभ पन्त हैं।

राष्ट्रपति के साथ केन्द्रीय मंत्रि परिषद के सदस्य, नई दिल्ली, 31 जनवरी 1950

बाई ओर से बैठे हुए: रफी अहमद किदवई, बलदेव सिंह, अबुल कलाम आजाद, जवाहरलाल नेहरू, राजेन्द्र प्रसाद, बल्लभभाई पटेल, जॉन मथाई जगजीवनराम, अमृत कौर, श्यामा प्रसाद मुखर्जी

बाई ओर से खड़े हुए: आर.आर. दिवाकर, मोहनलाल, एन.जी. आयंगार, एन.वी. गाडगिल, के.सी. नियोगी, जयरामदास दौलतराम, के. सन्तानम एस.एन. सिन्हा, बी. वी. केसकर

मुस्लिम लीग के शामिल होने के बाद अन्तरिम सरकार के सदस्य, अक्टूबर 1946, बायें से,

सामने: बलदेव सिंह, जॉन मथाई, सी. राजगोपालाचारी, जवाहरलाल नेहरू, लियाकत अली खाँ, बल्लभभाई पटेल, आई. आई. चुंदीगर, आसिफ अली, सी. एच. भाभा,

पीछे : जगजीवनराम, गजनफर अली खाँ, राजेन्द्र प्रसाद, अब्दुररब निश्तर

स्वतंत्र भारत का प्रथम मंत्रिमण्डल गवर्नर जनरल के साथ

बैठे हुए (बायें से दायें)–श्री जगजीवन राम, डॉ० जॉन मथाई, राजकुमारी अमृत कौर, सरदार वल्लभ भाई पटेल, गवर्नर जनरल श्री सी. राजगोपालाचारी, पंडित जवाहर लाल नेहरू, मौलाना अबुल कलाम आज़ाद, सरदार बलदेव सिंह, श्री रफी अहमद किदवई।

खड़े (बायें से दायें) – श्री जयराम दास दौलत राम, श्री गोपाल स्वामी आयंगर, डॉ० श्यामा प्रसाद मुखर्जी, डॉ० भीमराव अम्बेडकर, श्री के.सी. नियोगी, श्री एन.वी. गाडगिल

Gaya District Depressed Class League.

(गया जिला दलित-वर्ग संघ)

RAMDHAN RAM
President.

BESH LALL
Member D.B.
General Secretary.

Ref. No.

GAYA.

ESTABLISHED 1939
GAYA DISTRICT DEPRESSED CLASSES LEAGUE

Dated 10.7. 1945

To

Dr. Rajendra Prasad,
Member All India
Congress Working Committee,
Armsdell,
Simla.

I beg to forward herewith a copy of my statement ~~of Resolution~~ for favour of your kind perusal.

With best regards,

Yours Sincerely,

Besh Lall

प्रोफेसर जॉन वेबेस्टर (दलित विचारक एवं इतिहासकार) लखनऊ विश्वविद्यालय में शोधार्थी के साथ

CAC meeting under Chairmanship of then
Defence Minister Shri Jagjivan Ram in progress

Shri Jagjivan Ram then Defence Minister of India interacting with foreign cadets

सुरेश उजाला, उप निदेशक, राज्य सूचना जन सम्पर्क विभाग, उ.प्र. व बाबू जगजीवन राम

बाबू जी, मोरारजी देसाई के साथ

बाबू जी हंगरी के मंत्री और सरदार स्वर्ण सिंह के साथ - नई दिल्ली, 1976
Babuji with the Hungarian Minister and Sardar Swarn Singh - New Delhi, 1976

बाबू जी, मोरारजी देसाई, चौ. चरण सिंह, चन्द्रशेखर और अटल जी के साथ भोजन करते हुए।

बिहार के नेताओं के साथ - नई दिल्ली
With the leaders of Bihar – New Delhi

बाबू जी, जॉन मथाई और सरदार पटेल के साथ।

बाबू जी, जुल्फिकार अली भुट्टो, इन्दिरा जी व अन्य शिमला समझौता पर हस्ताक्षर के समय।

सुरेश उजाला, उप निदेशक, राज्य सूचना एवं जन सम्पर्क विभाग, उ.प्र. से साक्षात्कार लेते हुए शोधार्थी।

अन्तर्राष्ट्रीय पुस्तक मेला, 2012 में दलित साहित्यकारों के साथ शोधार्थी।

शोधार्थी हिन्दी संस्थान में दलित साहित्यकारों के साथ।

शोधार्थी ब्रिगेडियर सुधीर सावंत के साथ।

20 जुलाई, 1960 को मास्को में बाबू जगजीवन राम प्रथम राष्ट्रपति डॉ. राजेन्द्र प्रसाद जी के साथ रूस की राजकीय यात्रा पर।

रतनलाल भगत, मेम्बर सेक्रेट्री, बाबू जगजीवन राम नेशनल फाउंडेशन के साथ शोधार्थी।

लेफ्टीनेंट जनरल पी.जी. कामत, जी.ओ.सी. इन चीफ, मध्य कमान के साथ शोधार्थी।